权威·前沿·原创

皮书系列为

“十二五”“十三五”国家重点图书出版规划项目

2019年
湖南经济发展报告

ANNUAL REPORT ON ECONOMY DEVELOPMENT OF HUNAN (2019)

湖南省人民政府发展研究中心
主　编／谈文胜
副主编／唐宇文

社会科学文献出版社
SOCIAL SCIENCES ACADEMIC PRESS (CHINA)

图书在版编目(CIP)数据

2019 年湖南经济发展报告 / 谈文胜主编. -- 北京 : 社会科学文献出版社, 2019. 5

(湖南蓝皮书)

ISBN 978 - 7 - 5201 - 4683 - 8

Ⅰ. ①2… Ⅱ. ①谈… Ⅲ. ①区域经济发展 - 研究报告 - 湖南 - 2019 Ⅳ. ①F127. 64

中国版本图书馆 CIP 数据核字 (2019) 第 068818 号

湖南蓝皮书

2019 年湖南经济发展报告

主　　编 / 谈文胜

副 主 编 / 唐宇文

出 版 人 / 谢寿光

责任编辑 / 陈　颖

文稿编辑 / 王　煦

出　　版 / 社会科学文献出版社 · 皮书出版分社 (010) 59367127

地址: 北京市北三环中路甲 29 号院华龙大厦　邮编: 100029

网址: www. ssap. com. cn

发　　行 / 市场营销中心 (010) 59367081　59367083

印　　装 / 天津千鹤文化传播有限公司

规　　格 / 开 本: 787mm × 1092mm　1/16

印 张: 24. 25　字 数: 404 千字

版　　次 / 2019 年 5 月第 1 版　2019 年 5 月第 1 次印刷

书　　号 / ISBN 978 - 7 - 5201 - 4683 - 8

定　　价 / 158. 00 元

主要编撰者简介

谈文胜 湖南省人民政府发展研究中心党组书记、主任。研究生学历，管理学博士。历任长沙市中级人民法院研究室主任，长沙市房地局党组成员、副局长，长沙市政府研究室党组书记、主任，长沙市芙蓉区委副书记，湘潭市人民政府副市长，湘潭市委常委、秘书长，湘潭市委常委、常务副市长，湘潭市委副书记、市长。主要研究领域为城市群发展、产业经济等，先后主持“义务教育财政公共投入体制现状分析与研究”“长沙经济发展结构分析及保持持续增长推动力研究”“长株潭半小时经济圈调研报告”等多项课题研究。

唐宇文 湖南省人民政府发展研究中心副主任，研究员。1984 年毕业于武汉大学数学系，获理学学士学位，1987 年毕业于武汉大学经济管理系，获经济学硕士学位。2001 ~ 2002 年在美国加州州立大学学习，2010 年在中共中央党校一年制中青班学习。主要研究领域为区域发展战略与产业经济，先后主持国家社科基金项目及省部级课题多项，近年出版著作主要有《创新引领开放崛起》《打造经济强省》《区域经济互动发展论》《开启湖南全面建设社会主义现代化新征程》等。

摘　要

本书是由湖南省人民政府发展研究中心组织编撰的年度性发展报告。本书系统回顾了2018年湖南经济发展情况，展望2019年湖南经济发展面临的形势，并针对湖南经济发展中存在的问题提出对策和建议。本书共分六个部分，包括主题报告、总报告、部门篇、产业篇、专题篇和附录。“主题报告”是省领导对湖南经济发展的重大问题提出的战略构想和发展思路；“总报告”是湖南省人民政府发展研究中心课题组对2018年全省经济、产业发展情况的分析研究及2019年经济、产业发展形势的思路和对策建议；“部门篇”是从湖南省直部门角度，对2018年全省经济与产业发展情况及2019年工作思路对策的研究；“产业篇”涵盖新能源汽车、新材料、新装备等湖南重点战略性新兴产业，以及有代表性的产业园区本年度发展情况；“专题篇”是全省经济领域的专家学者对湖南经济发展热点问题的前瞻性思考和研究成果；“附录”记录全省2018年经济领域发生的重大事件。

2018年，湖南面对错综复杂的国内外发展形势，全省上下坚持以习近平新时代中国特色社会主义思想为指导，认真贯彻党中央决策部署，深入实施创新引领开放崛起战略，有力有效应对风险挑战，扎实推动高质量发展，保持了经济社会持续健康发展。2019年经济工作，将坚持以习近平新时代中国特色社会主义思想为指导，认真贯彻习近平总书记关于湖南工作的重要指示精神，坚持稳中求进工作总基调，坚持新发展理念，坚持推动高质量发展，坚持以供给侧结构性改革为主线，坚持深化市场化改革、扩大高水平开放，坚持创新引领开放崛起，继续打好三大攻坚战，继续开展产业项目建设年活动，进一步稳就业、稳金融、稳外贸、稳外资、稳投资、稳预期，保持定力、提振信心，迎难而上、担当作为，保持经济持续健康发展和社会大局稳定，为全面建成小康社会收官打下决定性基础，以优异成绩庆祝中华人民共和国成立70周年。2019年经济社会发展的主要预期目标是：经济增长7.5%～8%，城镇调查失业率控制在5%左右，居民消费价格涨幅3%左右，金融财政风险有效防控，农村贫困人口减少60万以上，居民收入增长与经济增长同步，生态环境进一步改善，万元GDP能耗降低2.5%。

Abstract

This book is an annual development report compiled by the Development Research Center of Hunan Provincial People's Government. This book systematically reviews Hunan's economic development in 2018, looks forward to the situation Hunan's economy faces in 2019, and puts forward countermeasures and suggestions for the problems existing in Hunan's economic development. This book is divided into six parts, including the theme report, the general report, the department, the industry, the special topic and the appendix. "Theme report" is the strategic conformation and development thinking of provincial leaders on the major issues of Hunan's economic development; "General report" is the research group of Hunan Provincial People's Government Development Research Center on the economic and industrial development of the whole province in 2018 and the thinking and Countermeasures of the economic and industrial development situation in 2019; "Sector section" is from the perspective of Hunan Province's direct departments, on 2018. This year's economic and industrial development in Hunan Province and the study of countermeasures for the work in 2019; "Industry Chapter" covers key strategic emerging industries in Hunan, such as new energy vehicles, new materials and new equipment, as well as the development of representative industrial parks in this year; "Special Chapter" is the forward-looking thinking and research results of experts and scholars in the economic field of Hunan Province on the hot issues of economic development. "Appendix" records the major events in the economic field of the province in 2018.

In 2018, facing the complicated domestic and international development situation, Hunan Province insisted on taking Xi Jinping's socialist thought with Chinese characteristics in the new era as the guidance, earnestly implementing the decision-making and deployment of the CPC Central Committee, deeply implementing the strategy of innovation leading to open-up and rising, effectively responding to risk challenges, firmly promoting high-quality development, and maintaining the sustainable and healthy development of the economy and society. In economic work in 2019, we will adhere to the guiding ideology of socialism with Chinese characteristics in the new era of Xi Jinping, earnestly implement the important directive spirit of General Secretary Xi Jinping on Hunan's work, adhere to the general tone of steady progress, adhere to the new development concept, adhere to the promotion of high-quality development, adhere to the supply-side structural reform as the main line, adhere to deepening market-oriented reform and expanding high-level opening-up. We will continue to carry out the annual activities of industrial project construction, further stabilize employment, finance, foreign trade, foreign investment, investment and expectations, maintain stability, boost confidence, rise to the challenge and take responsibility to maintain sustained and healthy economic development and social stability, and lay a solid foundation for the completion of a well-off society in an all-round way. Qualitative basis, celebrating the 70th anniversary of the founding of the People's Republic of China with outstanding achievements. The main anticipated objectives of economic and social development in 2019 are: economic growth of 7.5 – 8%, unemployment rate of urban survey of 5%, increase of consumer price of 3%, effective prevention and control of financial and financial risks, reduction of rural poverty population by more than 600, 000, synchronization of income growth with economic growth, further improvement of ecological environment and reduction of energy consumption of 10, 000 yuan GDP by 2.5%.

目　录

Ⅰ　主题报告

Ⅱ　总报告

Ⅲ　部门篇

Ⅳ 产业篇

Ⅴ 专题篇

Ⅵ 附录

CONTENTS

I Keynote Reports

Ⅱ General Reports

Ⅲ Department Reports

Ⅳ Industry Reports

V Expert Reports

VI Appendix

主 题 报 告

Keynote Reports

B.1 坚定信心 抢抓机遇 担当作为 推动湖南经济高质量发展

杜家毫*

中央经济工作会议全面总结了2018年经济工作，深入分析了当前国际国内经济形势，系统阐述了我国发展的重要战略机遇期，明确提出了今年经济工作的总体要求、主要目标、政策取向和重点任务。我们要认真学习领会，全面贯彻落实习近平新时代中国特色社会主义思想，切实把中央决策部署贯彻到经济工作的方方面面，朝着实现高质量发展的目标不断迈进。

一 2018年全省经济呈现总体平稳、稳中有进、稳中向好的良好态势

2018年以来，面对错综复杂的国内外发展形势，全省上下坚持以习近平

* 杜家毫，中共湖南省委书记，湖南省人大常委会主任。

新时代中国特色社会主义思想为指导，认真贯彻党中央决策部署，深入实施创新引领开放崛起战略，有力有效应对风险挑战，扎实推动高质量发展，保持了经济社会持续健康发展。一是全年目标任务较好完成。全年地区生产总值增长7.8%，经济质量和效益进一步改善。产业投资、民间投资较快增长，大工业用电报装同比增长30%，新登记各类市场主体79.48万户。农业农村经济稳定发展，粮食总产600亿斤左右，农业特色产业、农产品加工业加快发展。城镇新增就业79.45万人，超额完成年度目标任务；登记失业率3.2%左右，为近年来最低。物价总体平稳。万元GDP能耗下降3%左右。二是供给侧结构性改革深入推进。按照习近平总书记要求，着力推进供给侧结构性改革，取得明显成效。这些年，我们以壮士断腕的决心关停并转，近3年关闭退出小煤矿462处、化解产能3119万吨，其中上年88处、621万吨；压减或淘汰粗钢产能395万吨，查处涉“地条钢”企业12家；大部分市州整体退出烟花爆竹生产，关闭企业1180家，推动烟花爆竹产业集中化、规模化、智能化、自动化生产，“散小乱”现象得到治理，安全系数大大提高；关停退出非煤矿山1523家、“散乱污”企业3734家；对湘潭竹埠港、株洲清水塘、衡阳水口山、郴州三十六湾、娄底锡矿山等重点流域区域污染企业进行关停搬迁，清水塘老工业区261家企业全部关停到位，花垣县尾矿污染涉矿企业163家全部停产整顿。坚持“房子是用来住的，不是用来炒的”基本定位，加强房地产市场分类调控，坚决打击炒房、整治市场乱象，保持了房价稳定，带来了房价“洼地”、产业集聚“高地”的效应。持续降低国有企业杠杆率，上年规模以上工业企业资产负债率下降0.7个百分点。多措并举降成本、补短板，为企业减税降费125亿元左右；高加工度工业增长10.1%、高技术产业增长18.3%，明显高于规模工业增长水平，研发经费投入占GDP比重提高0.26个百分点；智能制造企业蓬勃发展，长沙国家智能制造试点示范及专项项目27个，总数居全国省会城市第一；一批互联网企业总部或第二总部落户湖南。企业经营效益明显改善，三一重工、中联重科利润分别增长80.1%、66.2%；华菱钢铁销售收入超过1200亿元，成为第一个销售收入超1000亿元的省属国有企业；蓝思科技3D玻璃出货量跃居行业第一，利润增长48.6%。这些年，我们通过推进供给侧结构性改革，过剩产能加快淘汰，传统产业转型升级，新兴产业发展壮大，新旧动能加速转换，一大批企业实现了凤凰涅槃、浴火重生，走上了高质量发展之路。三是三大攻坚战成效显著。摸清政府债务底数，严守保工资、保运转、保基本民生底线，制定PPP和政府购买服务负面清单，“停缓调撤”一批政府性投资项目，推动平台公司市场化转型；严厉打击非法集资，开展互联网金融风险专项整治和交易场所清理整顿，防控重大风险成效明显。狠抓脱贫攻坚作风建设，全省基本完成易地扶贫搬迁任务，上年实现脱贫131万人。着力抓好中央环保督察问题整改，以铁的手腕拆除下塞湖矮围，湘江流域和洞庭湖生态环境治理强力推进，蓝天碧水净土保卫战全面展开，一批突出环境问题得到有效整治，生态环境质量明显改善。四是产业项目建设年开局良好。大力开展产业项目建设年活动，引进、培育了一批技术含量高、带动作用强、经济效益好的重大项目、创新成果、创新产品。“5个100”累计完成投资1300亿元以上，20条工业新兴优势产业链加快成长，规模以上工业企业、“四上”企业分别新增近2000家、6500多家，新引进新金宝、伟创力、施耐德、大陆集团等114家“500强”投资项目177个。岳麓山国家大学科技城、马栏山视频文创园加快建设，长沙等地会展功能明显增强。五是改革开放力度加大。国家部署的重大改革有力有效落实，省级机构改革任务基本完成，国企国资、司法体制、绩效评估等领域改革不断深化。完成省级机关事业单位“三供一业”改革，彻底解决了延续几十年的“大锅饭”问题。扭住“最多跑一次”改革这个牛鼻子，持续深化“放管服”改革，全省营商环境大幅改善。推动大数据和政务信息化建设，建成省级电子政务外网统一云平台，目前已形成全省自然人信息大平台、互联网+监督平台、互联网+政务服务平台和全省法人信息平台、自然资源信息平台。积极对接融入珠三角和粤港澳大湾区建设，对外开放全方位扩大，成功获批湘南湘西承接产业转移示范区、长沙跨境电子商务综合试验区和创新型省份建设，国家级中非经贸博览会落户湖南。六是人民生活不断改善。全省财政民生支出占比达70.1%，12件重点民生实事圆满完成。居民收入增长高于经济增长，城乡居民医保财政补助标准、企业退休人员养老金待遇、城乡基础养老金最低标准继续提高。改造农村危房17.8万户、城镇棚户区28.1万套，开工建设“芙蓉学校”29所。加强社会治理创新和平安湖南建设，抓好安全生产，促进社会和谐稳定，人民群众获得感、幸福感、安全感不断增强。

事非经过不知难。在经济下行压力加大、转型升级困难增加、外部环境挑战增多的情况下，能够取得这些成绩，实属不易。这是以习近平同志为核心的党中央坚强领导的结果，也是全省上下团结一心、砥砺奋进的结果。对经济发展的成绩，我们要充满信心、再接再厉；对克服挑战、迎难而上的经验，我们要科学总结、坚持不懈。经验主要是五条。

一是坚持以习近平新时代中国特色社会主义思想为指导，认真贯彻落实党中央、国务院决策部署。党中央、国务院对湖南工作高度重视，习近平总书记上年4月亲临岳阳视察指导，提出“守护好一江碧水”要求，对下塞湖整治等做出批示肯定。李克强总理参加全国人民代表大会湖南代表团审议并到湖南考察指导，希望湖南在中部崛起中走在前列，争当承接产业转移领头雁。国家有关部门积极落实党中央、国务院支持湖南发展的政策措施。一年来的经济工作，说到底就是学习贯彻习近平总书记对湖南工作一系列重要指示精神的生动实践，是落实党中央、国务院决策部署的积极成果。

二是坚持以中央巡视整改、环保督察整改、脱贫攻坚作风建设为契机，着力营造保障发展的良好政治生态、自然生态和社会生态。推进中央巡视整改、环保督察整改和脱贫攻坚作风建设，提高了广大干部的政治站位，树牢了“四个意识”、坚定了“两个维护”。做好巡视整改，进一步增强了贯彻落实习近平新时代中国特色社会主义思想的自觉性和坚定性，激励了干部担当作为，全省政治生态持续向好。推进环保督察整改，倒逼推动各级干部树立正确政绩观，为高质量发展打扫了战场。以精准扶贫首倡地的高标准推进脱贫攻坚，贫困群众得到更多实惠，促进了社会和谐。良好政治生态、自然生态和社会生态，为高质量发展提供了坚强保障。

三是始终坚持发展第一要务，坚定不移办好自己的事。面对稳中有变、变中有忧的新情况，省委始终保持定力、从容应对，坚持发展是硬道理，坚持高质量发展，坚持推进供给侧结构性改革，坚定实施创新引领开放崛起战略，开展产业项目建设年活动，并没有因为外部环境变化而放慢转型升级步伐，更没有因为经济下行压力加大而放松三大攻坚战、盲目铺摊子上项目。只要始终坚持以经济建设为中心，坚持稳中求进工作总基调，坚持科学发展、高质量发展，保持定力，绵绵用力，就一定能够取得更大发展。

四是端正发展理念和政绩观，坚决打破惯性思维、路径依赖。坚决向超越财力盲目修大马路、建大广场等形象工程说不，向以环境污染为代价的粗放式发展说不，向依靠土地财政和房地产经营城市的传统发展模式说不，推动树牢新发展理念，实现工作重心和发展行动向供给侧结构性改革、保障和改善民生、推动农业现代化聚焦，向高质量发展转变。新发展理念和正确政绩观，是引领高质量发展的指挥棒。只要坚持这个指挥棒，就会有“功成不必在我”的气度、打基础利长远惠民生的行动、全省经济持续健康发展的势头。

五是坚持党对经济工作的领导，发挥好把方向、管大局、保落实作用。我们毫不动摇坚持党的领导，不折不扣贯彻落实党中央关于经济工作的大政方针和政策措施，坚定推动经济发展沿着正确方向前进。坚持问题导向，出台鼓励干部新时代新担当新作为、促进民营经济高质量发展等政策措施，解决发展中的突出问题。妥善应对衡东故意驾车伤人恶性案件、非洲猪瘟疫情等一系列突发事件，确保社会稳定和人民群众生命财产安全。坚持扫黑除恶，依法审理文烈宏等人涉黑犯罪，营造了良好的社会发展环境。依法查办陈杰人案，建设清朗网络空间，积极引导舆论和社会心理预期，维护了湖南发展形象、提振了市场信心。始终以“永远在路上”的坚定信念反腐倡廉、从严治党，严格贯彻中央八项规定精神，形成了明规矩、守纪律的政治氛围。

在充分肯定成绩的同时，也要看到湖南省经济运行中面临的困难挑战，主要是：经济下行压力加大，投资、消费、规模工业等增长放缓，新旧动能转换任务仍然艰巨；实体经济面临困难增多，民营企业和中小微企业融资难融资贵问题尚未有效解决；重点领域风险压力较大，地方政府化解存量债务任务繁重；中美经贸摩擦对湖南省经济运行特别是对企业预期的影响可能进一步显现，等等。对这些问题，我们要认真研究，切实加以解决。

二　全面准确把握用好全省发展的重要战略机遇期

今年经济发展困难挑战较多，我们既要正视困难，更要保持定力和耐力，知难而进、迎难而上。在中央经济工作会议上，习近平总书记强调了我国发展仍处于并将长期处于重要战略机遇期，阐述了重要战略机遇期的新内涵，明确了坚定不移抓机遇、用机遇的工作要求。湖南省与全国一样，也处于发展的重要战略机遇期，面临一系列重大机遇。

一是党中央、国务院高度重视中部崛起带来新机遇。习近平总书记做出的

“一带一部”战略定位，凸显了湖南省在中部地区和国家战略布局中的重要地位。党中央、国务院制定实施促进中部崛起规划，明确了一系列支持政策。习近平总书记在中央经济工作会议上指出，中部地区要夯实制造业基础，延伸产业链，完善产业体系。李克强总理多次强调，湖南发展先进制造业、对接粤港澳具有优势。作为制造业大省，湖南省正在推进制造业高质量发展和产业链建设，符合中央要求，完全可以抓住中部崛起战略中的重大机遇，积极承接沿海产业转移、发展先进制造业，打造成为中部地区先进制造业高地。

二是新产业新动能进一步集聚带来新机遇。近年来，湖南省产业项目建设持续推进，新能源、新材料、电子信息、智能制造、文化创意等一批新产业不断发展壮大，汽车、工程机械等一批传统优势产业加快与人工智能结合，一批有技术有市场的沿海产业集群入驻、产业链入驻，一批优秀人才回乡来湘创新创业，形成了产业集聚、人才集聚的态势，积蓄了发展势能，拓展了就业空间，孕育了新兴技术。

三是打好三大攻坚战带来新机遇。三大攻坚战仗仗艰难，但难中有机。防范化解政府债务风险有利于促进和倒逼深化改革、转变观念，推动经济发展由主要依靠资源和投资等要素转向更多依靠人力资本质量和技术进步，由依靠政府投资转向更多依靠社会投资。脱贫攻坚促进了农村产业发展和结构调整，改变了农村面貌，带动了农民增收，扩大了农村消费，更重要的是把市场经济意识带到穷乡僻壤，调动了千百万农民实现乡村振兴的积极性。污染防治推动“绿水青山就是金山银山”理念深入人心，促进生态、环保、旅游等产业加速发展，培育形成了新的经济增长点。在三大攻坚战中，广大党员干部经受了考验、重塑了理念、锤炼了作风、提升了能力，为未来发展提供了组织保障。

四是创新引领开放崛起带来新机遇。我们坚持创新引领，全社会研发经费大幅增加，突破了一批关键技术，新增了一批高新技术企业，推动创业创新蓬勃发展，增强了发展动力。坚持开放崛起，推进了一批开放平台建设，引进了一批产业和开放型经济人才，有力拓展了发展空间。当前，湖南省创新开放站在了一个新的更高起点上，完全可以顺势而为、乘势而上，使创新之路越走越宽、开放之门越开越大，以创新开放新突破带来生产力新提升。

五是外部环境变化和国内政策调整带来新机遇。中美经贸摩擦是当前外部发展环境中最大的变量，既是挑战也是机遇。比如，美国技术“卡脖子”将倒逼我们卧薪尝胆、奋起直追，努力在关键核心技术创新上取得重大突破。根据国内外形势变化，中央对宏观经济政策做出了一系列调整，比如进一步加大创新研发投入，实施更大规模减税降费，较大幅度增加地方政府专项债券规模，提高直接融资比重，聚焦解决融资难融资贵问题，支持民营经济和中小企业发展，产业政策逐步由差异化、选择性转向普惠化、功能性，等等。这些政策对湖南省微观经济主体是重大利好。

机遇稍纵即逝。我们要善于认识机遇、把握机遇、利用机遇，创造和转化机遇，坚持辩证思维、底线思维，保持战略定力、坚定必胜信心，从最坏处着想，向最好处努力，扎扎实实办好自己的事。

三　牢牢把握今年经济工作的总体要求和基本思路

做好今年经济工作，要以习近平新时代中国特色社会主义思想为指导，认真贯彻习近平总书记关于湖南工作的重要指示精神，坚持稳中求进工作总基调，坚持新发展理念，坚持推动高质量发展，坚持以供给侧结构性改革为主线，坚持深化市场化改革、扩大高水平开放，坚持创新引领开放崛起，继续打好三大攻坚战，继续开展产业项目建设年活动，进一步稳就业、稳金融、稳外贸、稳外资、稳投资、稳预期，保持定力、提振信心，迎难而上、担当作为，保持经济持续健康发展和社会大局稳定，为全面建成小康社会收官打下决定性基础，以优异成绩庆祝中华人民共和国成立 70 周年。

省委考虑，今年经济社会发展的主要预期目标是：经济增长 7.5% ~8%，城镇调查失业率 5% 左右，居民消费价格涨幅 3% 左右，金融财政风险有效防控，农村贫困人口减少 60 万以上，居民收入增长与经济增长同步，生态环境进一步改善，万元 GDP 能耗降低 2.5%。

实现今年主要预期目标，关键是贯彻供给侧结构性改革新要求，紧扣高质量发展，坚持稳中求进，用足用好国家政策，优化发展环境，实现最优政策组合和更好实际效果。

一是财政支出要向高质量发展和民生领域倾斜。树立过紧日子的思想，坚持有保有压，优化财政支出结构，严格压缩一般性支出，重点支持三大攻坚战、科技创新、供给侧结构性改革、“三农”工作、保障和改善民生等领域，提高财政资金配置效率和使用效率。

二是减税降费要向微观主体倾斜。落实国家减税降费政策，以制造业企业和小微企业为重点，切实减轻企业负担；清理规范收费项目，加大对乱收费查处和整治力度，让广大市场主体获得更多实惠。

三是金融资源要向实体经济和企业倾斜。加强财政、信贷、产业政策联动，打通企业融资“最后一公里”，减少政府贷款、增加企业贷款，使资金更多流向企业，更好满足实体经济金融需求。大力发展多层次资本市场，提高直接融资比重，建立降低小微企业融资担保成本的补偿机制，健全民营企业贷款风险补偿机制，扩大优质企业债券发行规模，实施好民营企业债券融资支持工具，解决好民营企业和小微企业融资难融资贵问题。鼓励银行加大信贷投放力度，向企业发行制造业中长期贷款，对生产正常的企业不抽贷压贷断贷。

四是投资要向产业项目和基本公共服务建设倾斜。稳住和扩大有效投资，优化投资结构，重点支持“5 个 100”产业项目和 20 条工业新兴优势产业链建设，加大对脱贫攻坚、农业农村、生态环保、社会民生、公共服务等领域投资力度。

五是就业政策要向大中专毕业生和转移劳动力倾斜。深入实施高校毕业生就业创业促进计划和基层成长计划，鼓励高校、中专、技校生到基层一线和实体企业工作。发展就业容纳大、市场前景好的劳动密集型产业，加大对灵活就业、新就业形态支持，强化就业培训和政策帮扶，促进农村劳动力转移就业。

六是转移支付要向县乡基层和贫困地区倾斜。进一步优化转移支付结构，加大对县乡基层、民族地区、贫困地区的一般性转移支付和专项转移支付。完善县级基本财力保障机制，增强困难地区和基层政府保工资、保运转、保基本民生能力。

供给侧结构性改革是当前和今后一个时期经济发展和经济工作的主线，是改善供给结构、提高经济发展质量和效益的治本之策，必须保持定力、扭住不放。要按照中央经济工作会议提出的“巩固、增强、提升、畅通”八字方针，更多采取改革的办法，更多运用市场化、法治化手段，做好“破旧”“立新”两篇文章，加快新旧动能接续转换。“破旧”，就是破除旧动能，持续推进“僵尸企业”出清，加快煤炭、非煤小矿山、烟花爆竹、造纸、冶炼等领域过剩产能、落后产能市场化退出，坚决防止“地条钢”死灰复燃。“立新”，就是培育新动能，从搞活微观主体入手，以提升产业链水平为目标，充分发挥企业和企业家主观能动性，有效降低企业生产经营成本，建立公平化、法治化、便利化的营商环境，构建亲清政商关系，破除要素流动壁垒，畅通生产、流通、分配、消费循环，激发市场主体活力，让更多优质企业脱颖而出、茁壮成长。

四 着力抓好今年经济工作的重点任务

大力推动产业发展。以产业链招商、优化营商环境、加强要素保障为重点，抓好产业项目建设年活动，持续推进“5 个 100”。突出智能制造这个核心，增强技术创新能力，推动人工智能、大数据等现代信息技术和制造业深度融合，大力推动传统产业改造升级，加快壮大 20 个工业新兴优势产业链，培育发展先进制造业集群，创建制造业高质量发展国家级示范区，打造以中国智能制造示范引领区为目标的现代制造业基地。加快发展金融、工业设计、现代物流、科技服务、博览会展、文化旅游、数字创意等现代服务业。适应产业招商、集群入驻、量身定制、个性服务、培育生态的新趋势新特点，打造“135”工程升级版，为产业建设提供优质服务。

继续打好三大攻坚战。聚焦突出问题，打好重点战役，务求取得实效。防范化解重大风险，重点解决举措不清、债多不愁的问题，坚持精准施策、积极稳妥，严控新增政府债务；坚持防打结合、标本兼治，深入开展非法金融活动风险专项整治；坚持结构性去杠杆，强化国有企业资产负债率和资本金约束，扎实推进国有企业市场化法治化债转股工作；坚持“房子是用来住的，不是用来炒的”基本定位，坚决把房价稳定在合理水平。精准脱贫，重点是聚焦“两不愁三保障”，解决新出现的突出问题；坚持不懈抓好作风建设，推进产业扶贫、政策落实，巩固脱贫成果，减少和防止脱贫人口返贫；突出深度贫困地区和特殊贫困群体脱贫攻坚，确保完成年度脱贫任务。污染防治，要落实习近平总书记“守护好一江碧水”的指示要求，以“一湖四水”系统联治为重点，着力打好打赢蓝天碧水净土保卫战。

深入实施创新引领开放崛起战略。创新引领，要以创新型省份建设为统揽，带动科技、管理、产品、文化等各领域全面创新；以科技创新为重点，持续加大全社会研发投入，加快关键领域核心技术攻关，谋划实施一批科技创新重大专项，推动科技成果转化和产业化；以平台为载体，加快建设长株潭国家自主创新示范区和岳麓山国家大学科技城等科技创新平台，建设和引进一批国家重点实验室、工程技术研究中心和创新研究院，鼓励企业建立健全自主研发机构，打造科技创新基地；以人才为支撑，加大芙蓉人才行动计划实施力度，切实推动产业链、资金链、创新链与人才链融合发展。开放崛起，要深入实施“五大开放行动”，推进更高水平对外开放。重点是办好首届中非经贸博览会；对接融入粤港澳大湾区和长三角，高标准高水平推进湘南湘西承接产业转移示范区建设；深度对接“一带一路”，拓展境外经贸合作园区建设，积极开拓沿线国家市场；巩固外贸向好势头，推进口岸提效降费，支持湘欧快线、空港物流和长江航运发展，培育壮大一批外贸龙头企业，推动加工贸易、服务贸易创新发展，支持消费品、紧缺性资源、关键零部件等产品进口。

积极扩大有效需求。适应物质产品消费升级加快、服务消费增速加快的新趋势，大力发展教育、育幼、养老、医疗、文化、旅游等服务消费，提升产品质量，培育消费热点，促进居民消费在不断升级中实现稳定增长。稳投资对稳增长起着关键作用，要选准领域和项目，加大产业投资和制造业技术改造、设备更新投资力度，加强有利于补短板增后劲的基础设施项目建设，如5G网络、工业互联网、物联网、城际交通、物流、环境保护、市政基础设施、农村基础设施和公共服务设施、自然灾害防治能力建设等。扩大投资必须发挥市场机制作用，放宽市场准入，减少政府直接投资，吸引扩大社会投资。

促进城乡协调发展。大力推进新型城镇化，抓好已经在城镇就业的农业转移人口的落户工作，积极打造智慧城市，加强城市精细化管理，不断提升城市承载能力和人居环境质量。扎实推进长株潭城市群规划、交通、产业、公共服务一体化，确保取得实质性进展。坚持产业立镇，立足资源禀赋，培育发展一批园区社区产区和谐共生、一二三产业融合发展的特色产业小镇，促进县域经济发展。要以乡村振兴战略为总抓手，深入实施“三个百千万”工程和“六大强农”行动，推动农业供给侧结构性改革往深里做、往细处做，抓好农业特别是粮食生产，加强农业综合产能建设，大力发展农村电商，着力推动农业特色优势千亿产业建设，打造以精细农业为特色的优质农副产品供应基地。改善农村人居环境，重点做好垃圾污水处理、厕所革命、村容村貌提升。以土地制度改革为牵引推进农村改革，抓好土地征收制度和农村集体经营性建设用地入市、农村宅基地制度、农村集体产权制度、乡村治理体系、农宅合作社等改革。

推动改革走深走实。全面完成机构改革任务，扎实推进“放管服”改革，深化“互联网+政务服务”改革，实现“最多跑一次”改革省市县乡村全覆盖。深化国企国资改革，加快省属国有资本布局结构调整与企业整合重组，改革国有资本授权经营体制。加强预算绩效管理改革，分领域推进省以下事权和支出责任划分。完善地方金融监管体制，发展民营银行和社区银行，推进城商行、农商行、农信社管理体制改革，健全科技金融创新体制。

全力以赴惠民生保稳定。牢固树立以人民为中心的发展思想，既尽力而为，又量力而行，切实做好民生工作。坚持就业优先，采取限价、扶持企业、加强政府引导等措施，整顿和改善人力资源市场，着力解决就业难、招工难问题；重点抓好高校毕业生、农民工、退役军人、城镇困难人员等群体就业，妥善解决去产能分流职工和中美经贸摩擦带来的失业人员再就业问题。深入推进城乡义务教育一体化发展，引导社会力量加大对学前教育、农村贫困地区儿童早期发展、职业教育的投入力度，积极稳妥解决大班额问题。深化为民惠民医改，着力解决群众“看病难、看病贵”问题。进一步织密扎牢社会保障网，持续扩大各项社会保险覆盖面，做好民生兜底特别是针对特殊困难群体兜底工作。加快发展养老健康产业，以最严标准最严要求抓好食品药品安全。完善住房市场体系和保障体系，解决城镇中低收入居民和新市民住房问题。完善应急管理和防灾减灾体制机制，强化安全生产监管，坚决遏制重特大安全事故发生。深入开展扫黑除恶专项斗争，依法依规化解各类社会矛盾、防范群体性事件，健全维护社会稳定长效机制。

五　进一步提高党领导经济工作的能力和水平

加强党对经济工作的领导。认真贯彻党中央重大决策部署，坚决落实中央经济工作会议精神，确保政令畅通、令行禁止。各级党委要切实加强对经济工作的领导，着力管大事、议大事，发挥把方向、管大局、保落实作用。各级领导干部要善于学习、善于请教、善于调研、善于实践，加强对宏观经济形势的分析研判，加强对经济工作的思考研究，加强向企业和企业家学习，加强实践和操作能力锻炼，学习专业知识，提升做好经济工作的能力，把握经济规律、抢抓重大机遇、推动产业建设，努力成为经济工作的行家里手。要加强宣传舆论引导，及时回应社会关切，合理引导社会心理预期，为经济发展营造良好氛围。

激励干部新时代新担当新作为。树立重实干、重实绩的用人导向，坚持严管和厚爱相结合，坚持“三个区分开来”，改进规范督查工作，健全容错纠错机制，让广大干部卸下包袱、放开手脚。这几年，干部被追责的比较多，但很多干部并没有因为受处分影响干事创业的积极性，继续为党为人民努力工作，这种精神值得表扬和鼓励。纪律不能松懈，失职就要问责，但不能因为追责把干部一棍子打死，该鼓励的还是要鼓励，该使用的还是要使用。各级党委要更好地把握政策、精准执纪、拿捏好度，“惩前毖后、治病救人”，增强干部纪律意识，保护干部的积极性。要鼓励创造性地贯彻落实，立足实际、敢于担当、主动作为，敢干事、会干事、干成事。以干部的担当作为，激发广大群众的主人翁意识，更好发挥企业和企业家作用，调动他们干事创业的积极性主动性。

加强学习培训和调查研究。深入学习领会党中央对经济形势做出的重大判断、对经济工作做出的重大决策，坚持辩证唯物主义思想方法，增强贯彻落实的思想自觉、行动自觉。针对干部本领恐慌、经验盲区、能力弱项，开展精准培训，增强适应新形势、新任务的能力和本领。坚持问题导向，深入基层、深入群众，带着问题去、带着答案回，在调查研究中解决问题、推动工作、取得实效。

坚决反对形式主义、官僚主义。把整治形式主义、官僚主义作为一项重要政治任务，摆在更加突出位置，重点整治不担当、不作为、慢作为、乱作为、假作为和表态多调门高、行动少落实差等严重影响经济发展的突出问题。大力弘扬真抓实干作风，实打实、硬碰硬推进工作，雷厉风行、见底见效解决问题，真正把心思用在抓发展上，把功夫下到察实情、出实招、办实事、求实效上。

做好今年经济工作任务艰巨、责任重大。让我们紧密团结在以习近平同志为核心的党中央周围，深入学习贯彻习近平新时代中国特色社会主义思想和党的十九大精神，齐心协力、真抓实干，攻坚克难、奋发有为，以经济社会发展的优异成绩迎接中华人民共和国成立70周年！

B.2

认真落实习近平总书记关于湖南工作重要指示精神　着力提升湖南高质量发展水平

许达哲*

2018年，我们坚持以习近平新时代中国特色社会主义思想为指导，认真落实习近平总书记关于湖南工作的重要指示精神，坚决贯彻党中央、国务院决策部署，在中共湖南省委的坚强领导下，始终把握"一带一部"战略定位，落实"三个着力"明确要求，不负"守护好一江碧水"的殷殷嘱托，强化"精准扶贫"首倡地的责任担当，大力实施创新引领开放崛起战略，致力推动高质量发展，坚持质量第一、效益优先、安全至上、创新为要，沉着应对经济下行压力、努力推进动能转换结构升级、主动防范化解重大风险，坚决打好三大攻坚战，加快建设经济强省、科教强省、文化强省、生态强省、开放强省，全年地区生产总值增长7.8%、达到3.64万亿元，一般公共预算收入增长6.1%，税收占比提高4.7个百分点，城乡居民人均可支配收入分别增长8.1%和8.9%，城镇调查失业率保持在5%以内，各项约束性指标全面完成，高质量发展迈出坚实步伐。

确保经济持续健康发展和社会大局稳定

2019年是新中国成立70周年，是全面建成小康社会关键之年。我们必须以习近平新时代中国特色社会主义思想为指导，认真贯彻习近平总书记关于湖南工作的重要指示精神，统筹推进"五位一体"总体布局，协调推进"四个全面"战略布局，坚持稳中求进工作总基调，坚持新发展理念，坚持推动高

---

* 许达哲，中共湖南省委副书记、省人民政府省长。

质量发展，坚持以供给侧结构性改革为主线，坚持深化市场化改革、扩大高水平开放，坚持创新引领开放崛起，继续打好三大攻坚战，继续开展产业项目建设年活动，进一步做好稳增长、促改革、调结构、惠民生、防风险各项工作，保持定力、提振信心，迎难而上、担当作为，保持经济持续健康发展和社会大局稳定，为全面建成小康社会收官打下决定性基础，以优异成绩庆祝中华人民共和国成立70周年。

保持定力、坚定信心。深刻体会习近平总书记对形势的科学分析、对面临困难的客观认识、对宏观经济政策的深刻阐述，以正确眼光看待经济运行中存在的问题，把思想和认识统一到党中央对经济工作的重要部署上来，坚定不移地走改革开放之路，坚定不移地走高质量发展的路子，坚定不移地抓好发展第一要务，坚定不移地实施创新引领开放崛起战略，坚定不移地打好三大攻坚战。咬定青山不放松，不徘徊、不犹豫、不打退堂鼓，奋力走好新时代的长征路，力争走在中部崛起前列。

稳中求进、精准施策。突出“稳”的重点，进一步稳就业、稳金融、稳外贸、稳外资、稳投资、稳预期，保持经济稳定运行在合理区间。抓好中央关于简政、减税、降费政策的落实，强化经济舆情引导，帮助解决市场主体面临的困难和问题，提振市场信心，激发微观主体活力。把握“进”的方向，努力在促进制造业高质量发展、提高企业效益上取得新进展，在深化市场化改革、扩大高水平开放上实现新突破，在污染治理、绿色发展上创造新业绩，在改善财税质量、提高居民收入上取得新成效，努力实现更高质量、更有效率、更加公平、更可持续的发展。

统筹协调、综合平衡。善于在长期大势中把握前进方向，在错综复杂的发展形势中抓住主要矛盾，用发展的办法解决前进中的困难和问题。处理好政府与市场的关系，厘清政府与市场的边界，把该由社会办的事情、该由企业抓的项目交给市场来解决，营造法治化、国际化、便利化营商环境。充分发挥社会主义市场经济体制机制的优势，发挥市场配置资源的决定性作用，发挥投资关键作用，进一步激发民间投资活力。处理好速度与质量的关系，既要确保经济增长不滑出底线、不出现大幅波动，又要为产业转型升级创造空间，为高质量发展架桥铺路。处理好防风险与稳增长的关系，科学编制财政预算，统筹安排好各项事业发展资金。

防范风险、守住底线。增强应对风险、防范风险、抵御风险的能力和水平，做好进行具有许多新的历史特点的伟大斗争的准备，真正站在讲政治、讲大局的高度谋划高质量发展，以向核心看齐的行动自觉推进高质量发展。坚决守住民生底线，强化社会政策兜底功能，保障城乡困难群众基本生活；坚决守住生态红线，给子孙后代留下青山绿水；坚决守住安全发展底线，避免发生系统性金融风险，确保社会大局稳定。

大力推动制造业高质量发展

加快建设制造强省。壮大工程机械、轨道交通、航空发动机和电子信息、新材料，以及消费品工业产业集群，建设信息安全和智能制造高地。加快培育 20 个工业新兴优势产业链，发展生物医药、汽车、节能环保等比较优势产业，支持钢铁、建筑、轻工等传统产业改造升级。扶持智能产业、壮大智能企业、研发智能产品、扩大智能应用，建设以中国智能制造示范引领区为目标的现代制造业基地。积极培育大型骨干企业和小巨人企业，力争新增规模工业企业 1000 家以上。继续开展产业项目建设年活动，着力抓好“五个 100”，实施“135”工程升级版，夯实实体经济振兴和制造业发展基础。

促进先进制造业与服务业融合发展。培育卫星应用、移动互联网、软件服务、现代供应链管理、环境服务等新兴服务业，补齐信息、科创、商务、人力资源、工业设计、网络安全等生产性服务业短板，提升家政服务、教育培训、健身休闲、健康养老等服务业质量。深入实施服务业集聚区提升和“双百”工程，支持开展国家服务业综合改革试点。加快国家物流枢纽承载城市建设，完善城乡物流配送网络，建设一批物流示范园区，推行省内多式联运。

深入推进一二三产业融合发展。大力实施“互联网 + 现代农业”行动，构建依托互联网的新型农业生产经营体系，促进智能农业、精细农业发展。推进电子商务与传统农业深度融合，打造地理标志产品和原产地品牌。推动文化与旅游、科技、制造业、创意设计、农业、林业、健康等融合发展，建设马栏山视频文创产业园、丝路荷花国际文化旅游城等重点项目，打造以“锦绣潇湘”为品牌的全域旅游基地。

加快建设创新型省份

以创新平台为依托提升创新能力。打造以长株潭国家自主创新示范区为核心的科技创新基地，推进“三区一极”“三谷多园”建设，支持国家创新型城市试点、可持续发展议程创新示范区创建，加快科技创新型县（市）建设，积极创建国家生物种业技术创新中心，加快建设先进轨道交通装备制造业创新中心，建设好岳麓山国家大学科技城，完善重点实验室、工程（技术）研究中心、产业创新中心的多层次创新平台体系。支持“双一流”高校和特色学科建设，推进产学研用结合。

以企业为主体推进自主创新。继续实施加大全社会研发经费投入三年行动计划，鼓励支持企业参与国家重大科技专项、组建研发平台和机构、组织高校和科研院所开展协同创新。加强关键领域核心技术攻关，与国家自然科学基金委员会合作，实施生态农业、现代种业、新材料、自主可控信息技术等领域基础研究，承担国家重大项目和重点研发计划；突破智能制造、生物医药、应急装备等产业领域，以及环境治理、食品药品安全等重大民生领域的关键技术。打造创新型领军企业，大力培育科技型中小企业，力争高新技术企业新增1000家。

以完善政策机制为重点营造良好创新生态。深化科技奖励制度改革，完善科研经费管理、人才引进、税收减免等制度，落实科研人员股权和分红激励政策，赋予科研人员更大的人财物自主支配权、技术路线决策权。完善科技金融、产业联盟等公共服务，加快建设“双创”示范基地、科技企业孵化器。强化知识产权创造、保护、运用。深入实施“芙蓉人才行动计划”，形成人才辈出、人尽其才的生动局面。

推进军民融合深度发展。积极创建长株潭国家军民融合创新示范区，鼓励支持有条件的市州、园区创建省级军民融合产业示范基地，进一步深化与军工央企战略合作。设立军民融合产业投资基金，开展知识产权军民融合试点。支持校企科技成果“民参军”，建设一批军民融合重点项目，培育壮大航空航天、海工装备等军民融合产业。

继续打好三大攻坚战

着力防范化解重大风险。强化政府债务限额管理与预算管理，用好地方政府债券资金。严禁违法违规举债，抓好政府隐性债务化解，加大政府融资平台公司市场化转型力度，确保政府隐性债务下降。强化省属金融机构风险管控，加强中小法人机构、债券市场、互联网金融、房地产金融、股权质押，以及非法金融活动等重点领域风险预警，清理整顿各类交易场所，加大非法集资积案处置力度，确保不发生区域性金融风险。加快构建更加高效的应急管理、应急处置、风险防控和安全生产监管体系，确保全省生产经营及道路交通领域事故总量、较大事故起数、死亡人数持续下降；加强涉黑、涉恐等领域治安防控，排查化解矛盾纠纷。要坚持底线思维，增强忧患意识，提高风险防控能力，应对各类风险挑战，掌握化险为夷、转危为机的战略主动，为高质量发展创造良好环境。

走好精准、特色、可持续发展的脱贫路子。坚持把脱贫攻坚作为第一民生工程，以自治州为脱贫攻坚主战场，围绕“两不愁三保障”，如期实现 19 个贫困县、718 个贫困村、60 万以上贫困人口脱贫目标。继续聚焦深度贫困，推进东西部扶贫协作和省内对口帮扶，用好城乡建设用地增减挂钩政策，加快改善深度贫困地区发展条件。稳步扩大产业扶贫覆盖面，抓好易地扶贫搬迁和后续帮扶，做好教育扶贫、健康扶贫、危房改造和社会保障等工作。促进脱贫攻坚和乡村振兴战略有机衔接，巩固脱贫成果，提高脱贫质量，统筹贫困地区与非贫困地区、贫困人口与非贫困人口之间的政策平衡。健全扶贫信息化系统和管理平台，管好用好扶贫资金，确保每一分钱都用在“刀刃”上。要着力打造懂扶贫、会扶贫、作风硬的扶贫干部队伍，举全省之力推进脱贫攻坚事业，确保全面小康路上不落下一人。

坚决打好污染防治攻坚战。持续打好蓝天、碧水、净土保卫战和标志性重大战役，全面落实河（湖）长制，继续开展污染防治“夏季攻势”，抓好中央环保督察及“回头看”反馈问题整改，健全省级环保督察长效机制。严格落实长江岸线保护和开发利用总体规划，推进洞庭湖生态环境专项整治三年行动计划，启动湘江保护和治理第三个三年行动计划。推进乡镇级饮用水水源地保护区划分和整治，加快污水管网建设和畜禽水产养殖污染治理，确保国家地表水考核断面水质优良率进一步提升。加强河道采砂管理。严格空气环境质量奖惩，稳步提升城市空气环境质量优良率。推进省级土壤污染综合防治先行区和重金属污染治理项目建设。积极开展国土绿化行动，加大森林、湿地生态保护修复力度，抓好山水林田湖草生态保护修复工程试点。实施“矿山复绿”行动，加强废弃矿山、尾矿库治理，建设绿色矿山。启动“一湖四水”全流域生态补偿，推广退耕还林还湿试点经验。“守护好一江碧水”，把长江岸线打造成美丽风景线，把洞庭湖区打造成大美湖区，把“一湖四水”打造成湖南的亮丽名片。

扎实推进乡村振兴战略

着力推进农业农村现代化。坚持农业农村优先发展，促进乡村产业振兴、人才振兴、文化振兴、生态振兴和组织振兴，落实乡村振兴战略规划，大力促进产业兴旺、生态宜居、乡风文明、治理有效、生活富裕。全面落实粮食安全省长责任制，坚持藏粮于地、藏粮于技，提高粮食综合生产能力。持续推进农业供给侧结构性改革，继续实施三个“百千万”工程和“六大强农行动”、优质粮油工程，培育农村特色千亿产业。建设以精细农业为特色的优质农副产品供应基地，发展“一县一特”“一片一特”，继续抓好国家示范农业产业强镇建设，扶持打造区域公用品牌、特色农产品品牌。推进农业生产标准化，推行农产品气候品质认证和“身份证”制度，保障从田间到舌尖的安全。推广运用先进适用农技和农机，提升农业信息化水平。实施引才回乡计划，培育新型职业农民。落实促进农民收入持续较快增长三年行动计划。

深入开展农村人居环境整治。开展“千村美丽、万村整洁”示范创建。推进重点乡镇污水处理设施全覆盖，完成100个乡镇垃圾中转设施建设和2000个村环境综合整治。加强农业面源污染治理，深入实施化肥、农药使用量负增长和有机肥替代化肥行动，加大废弃物资源化利用力度。开展农村“空心房”“大棚房”整治。全面推进“四好农村路”建设。加快构建农村物流网络，建设冷链物流体系。

有序推进农村改革。完善农村宅基地、土地征收、农村集体经营性建设用地入市制度，规范引导农村土地经营权有序流转。加快农村集体产权制度、农宅合作社和城乡合作建房试点等改革，持续推进“两权”抵押贷款试点。深化供销合作社综合改革，深入开展稻谷收储制度改革。健全自治、法治、德治相结合的乡村治理体系，完善村民议事协商、决策、监督制度，发挥村规民约作用。传承优秀乡村文化，培育文明乡风、良好家风、淳朴民风，让美丽乡村成为令人向往的温馨家园。

促进区域协调发展

提升区域发展水平。把长株潭打造成为引领全省高质量发展的重要引擎，推动长株潭三市规划、交通、产业和公共服务一体化，抓好“三干两轨”建设。优化洞庭湖生态经济区产业结构，创建国家长江经济带绿色发展示范区，打造更加秀美富饶的大湖经济区。支持湘南湘西地区依托承接产业转移示范区建设新的增长极，统筹推进大湘西地区经济和生态建设。加快娄底等资源型城市转型发展。创建湘赣边区乡村振兴示范区，探索协同推进乡村振兴新路径、区域协调发展新模式。

提高新型城镇化质量。加快构建以长株潭城市群为核心，大中小城市和小城镇合理布局、协调发展的新型城镇体系。扎实做好城市修补、生态修复工作，统筹推进城市地下空间开发、海绵城市建设，发展装配式建筑、绿色建筑，促进城市安全、绿色、循环、低碳发展，提升城市综合承载和防灾能力。推进棚户区、城中村和老旧小区改造。抓好城市公共交通建设，推进城市交通与商贸系统无缝对接，完善便民公共厕所等设施，提高城市建设管理服务智能化、人性化水平。创建文明城市、园林城市、节水型城市，保护历史文化名城名镇名村名居。落实“房子是用来住的，不是用来炒的”要求，完善房地产市场体系和住房保障体系，尽最大努力，让群众住有所居。

以投资和消费为重点增强区域市场执行力。投资方面，突出抓好益南、长益复线、龙琅高速公路，渝怀复线、张吉怀、常益长铁路等项目建设，力争黔张常、蒙华铁路湖南段建成通车，做好邵永、长赣铁路等项目前期工作；重点推进莽山水库、毛俊水库、黄盖湖防洪治理、洞庭湖北部地区补水等工程建设，加快犬木塘、椒花、大兴寨水库前期工作；加快西气东输三线中段、新粤浙天然气管道湖南段等能源项目建设；推进信息通信基础设施能力提升行动计划，加强5G、智慧城市、农村4G网络、光纤宽带设施，以及全省自然资源和地理空间数据库建设。消费方面，提档升级吃穿用、住房、汽车、信息等实物消费，提质扩容教育、旅游、文化、体育、健康等服务消费，提速发展网络、定制、智能等新兴消费，积极推行绿色、循环、共享消费。强化消费产品和服务标准体系建设，健全消费质量标准和售后评价、消费者维权机制，探索建立以信用为核心、大数据为支撑的市场监管机制，严厉打击各类非法宣传销售行为，努力建设安全的市场，让群众安心消费。

深化市场化改革扩大高水平开放

深化以供给侧结构性改革为主线的各项改革。在“巩固、增强、提升、畅通”上下功夫，巩固“三去一降一补”成果，增强微观主体活力，提升产业链水平，畅通经济循环。坚决淘汰煤炭、危险化学品等领域落后产能。加大“僵尸企业”市场出清力度，做好债务处置工作，释放沉淀资源。进一步推进降成本、补短板，重点解决企业融资、电力、社保、物流和涉企收费等方面的问题，让企业得到实惠、轻装上阵。

深化国资国企改革。加快省属国有资本布局结构调整与企业重组整合，改革国有资本授权经营体制。积极推进混合所有制改革，建立和完善现代企业制度。健全出资人监督、审计稽查、纪检监察、巡视巡察“四位一体”的监督体系。实行省级党政机关和事业单位经营性国有资产集中统一监管。

着力打造“放管服”改革升级版。继续取消、下放审批事项，强化审批事项后续监管。继续深化“多证合一”“证照联办”“证照分离”等改革。大力推行“互联网+监督”“互联网+政务服务”，实现国家、省、市级政务服务平台对接，实现“最多跑一次”全覆盖。规范政务新媒体管理，整合部门微信公众号资源，给惠民政策贴上“便利签”。

大力支持民营经济发展。认真落实“减轻企业税费负担、解决民营企业融资难融资贵问题、营造公平竞争环境、完善政策执行方式、构建亲清新型政商关系、保护企业家人身和财产安全”等六个方面政策举措。鼓励民营企业通过出资入股、收购股权等多种形式参与国有企业改革，支持具备条件的民营企业参与军工科研院所、军工企业改制重组。支持小微企业开展应收账款融资，组建政策性纾困基金，加快完善融资担保体系。保护民营企业合法权益，依法规范查封、扣押、冻结财产以及各种强制性措施的适用范围，理直气壮为民营企业发展助力。

打造内陆开放新高地。积极对接珠三角、长三角，畅通湖南省出海通道。抓好引进外向型实体企业、外贸综合服务、综保区、跨境电商等项目，建设外贸转型升级示范基地。支持紧缺性资源、关键零部件等产品进口，打造中部进口商品集散中心。推进国际产能和装备制造合作，支持轨道交通、工程机械等优势产业企业“抱团出海”“联合出海”，帮助企业防控海外投资风险。建设好埃塞—湖南工业园等境外合作园区，拓宽友城合作领域。落实外商投资准入前国民待遇加负面清单管理制度，引导广大湘商回湘投资兴业，加大引进三类500强企业力度。精心办好首届中非经贸博览会、湖南—粤港澳大湾区投资贸易洽谈周等重大经贸活动。积极申报中国（湖南）自由贸易试验区。加快长沙临空经济示范区、跨境电商综合试验区建设，完善各类综保区、保税物流中心、保税仓库功能，力争新开一批国际全货机航线、货运班列、水运航线，提升中欧班列湘欧快线、港澳直通车运营能力。着力建设好湘南湘西承接产业转移示范区，推动湘南湘西有序承接、错位发展。完善承接产业转移推进机制，科学确定产业准入标准，优化产业承接布局，引进绿色发展、成长性好、有利于扩大就业的企业，坚决防止高耗能、高排放等落后生产能力转入。

着力解决好人民群众反映强烈的突出问题

办好重点民生实事。有利于百姓的事再小也要做，危害百姓的事再小也要除，要确保把每一件民生实事办好，办到群众心坎里。重点在就业、农村公路、农村饮水、减少义务教育大班额、农村及城镇低保适龄妇女“两癌”免费检查、孕产妇免费产前筛查、提高农村低保标准和救助水平、提高困难残疾人生活补贴和重度残疾人护理补贴发放标准、公立医院和农村医疗设施、农户改厕、农村治安、电网改造、农村高速宽带网络建设等方面，办好一批民生实事。

把稳就业摆在突出位置。落实好湖南省进一步促进就业工作二十条措施，加大稳岗支持力度，抓好高校毕业生、退役军人、农民工、贫困劳动力等重点群体就业创业，确保零就业家庭动态清零。强化产业技能培训，推行企业新型学徒制，完善“互联网+就业服务”。合理确定最低工资标准，保障农民工工资支付。一定要把就业这个最大的民生牢牢抓在手上，千方百计实现最充分的就业。

努力办好人民满意的教育。教育关乎未来，牵动千家万户，要竭尽所能让每个孩子都有成就梦想、人生出彩的机会。交付使用一批“芙蓉学校”，新开工建设12所。重点建设一批卓越中职学校，在12个县（市、区）开展农村中职攻坚。推进教育信息化2.0试点省建设，实施“互联网+教育”行动计划，扩大优质教育资源受惠面。积极稳妥推行高考综合改革。加强乡村教师队伍建设，落实城乡统一的中小学教职工编制标准，依法保障教师地位待遇。抓好校车安全、预防溺水、青少年心理健康和法制教育。提高公办和普惠性民办幼儿园覆盖率。

完善社会保障和救助体系。扶危济困是中华民族的优良传统，要让党的阳光雨露洒到每个人的身上。继续提高退休职工基本养老金水平，完善城乡居民基本养老保险待遇正常调整机制，推进企业养老保险全省统筹。全面推行医保异地就医即时结算，实行药品带量采购。积极发展社区居家养老和农村养老服务。切实完善城市困难职工帮扶、临时救助制度。

加快发展卫生、文化等社会事业。推进健康湖南建设。健全完善现代医院管理、分级诊疗、基本医疗保障、药品供应保障、综合监管制度，推动医联体优质资源下沉，提升县级医院综合能力和乡村卫生服务能力。完善“互联网+医疗健康”保障和支撑体系，建设智慧医院和基层远程诊室。加大对计划生育家庭特别扶助和特殊家庭住院护理补贴力度。大力发展健康产业，推进融合型老年健康服务体系建设。坚持中西医并重，打造中医药产业链。加快文化强省建设步伐，推动以影视出版为重点的文化创意基地建设，繁荣发展文艺、广播电视、新闻出版等事业，加快建设重大文化工程，加强县级图书馆、文化馆达标升级建设，推进县级融媒体中心建设。

做好2019年的经济工作，必须坚持党对一切工作的领导，坚持用习近平新时代中国特色社会主义思想武装头脑、指导实践、推动工作，严格依照宪法

法律行使职权、履行职责、开展工作，深入贯彻中央八项规定精神和省委实施办法，守住廉洁从政底线，把“五个过硬”要求贯穿于政府自身建设各方面，打造忠诚干净担当、为民务实清廉的公务员队伍，加快建设服务政府、责任政府、法治政府、廉洁政府，着力营造推动高质量发展的浓厚氛围。

B.3 在全面建成小康社会关键期奋力谱写湖南"三农"发展新篇章

乌　兰*

今明两年是全面建成小康社会的关键时期，是打赢脱贫攻坚战和实施乡村振兴战略的历史交汇期，做好"三农"工作具有特殊重要的意义。我们要认真落实今明两年"三农"工作必须完成的硬任务，奋力谱写湖南"三农"工作新篇章。

一　贯彻落实中央决策部署，坚定做好"三农"工作的信心和决心

要从战略和全局的高度，深刻认识做好"三农"工作的重大意义，深入领会中央精神，准确把握"三农"工作面临的新形势新要求。

必须深入学习贯彻习近平总书记关于做好"三农"工作的重要论述和中央农村工作会议精神。党的十八大以来，习近平总书记对湖南抓好精准脱贫、着力推进农业现代化等做出了一系列重要指示，这是我们做好"三农"工作的不竭动力和根本遵循。今年的中央农村工作会议，明确了今明两年"三农"工作的大政方针和主要任务。习近平总书记做出重要指示强调，要加强党对"三农"工作的领导，坚持把解决"三农"问题作为全党工作的重中之重，坚持农业农村优先发展，深入实施乡村振兴战略，对标全面建成小康社会必须完成的硬任务，巩固发展农业农村好形势。李克强总理做出批示，要求深入实施乡村振兴战略，全面深化农村改革，切实落实强农惠农富农各项政策，着力改

* 乌兰，中共湖南省委副书记。

善农村基础设施和公共服务，扎实推进农业农村现代化。胡春华副总理出席会议并讲话，对打赢脱贫攻坚战，抓好农村人居环境整治三年行动，确保粮食安全和重要农产品有效供给，大力发展乡村产业，全面深化农村改革，着力改善农村基础设施和公共服务，全面加强农村基层党组织建设等工作进行了全面部署。我们要深入学习贯彻总书记关于做好“三农”工作的重要论述精神，贯彻落实中央农村工作会议精神，对标硬任务，坚持总方针，确保中央“三农”工作决策部署在湖南落地生根、取得实效。

必须认真总结全省“三农”工作成绩和经验。2018 年，全省上下攻坚克难、奋发有为，实施乡村振兴战略实现良好开局。年底召开的中央农村工作会议和全国扶贫开发工作会议，湖南省都做了大会经验交流发言。一是农业发展呈现新亮点。粮食生产保持稳定，优势特色产业加快发展，农产品加工业销售收入再创新高，成功承办第十六届中国国际农产品交易会暨第二十届中国中部（湖南）农业博览会和全球农业南南合作高层论坛。二是脱贫攻坚取得重大决定性进展。全年实现 131 万农村贫困人口脱贫、2491 个贫困村出列。三是改善农村人居环境打开新局面。农村人居环境整治三年行动初见成效，洞庭湖区矮围整治和“大棚房”整治有力有效，农村生产生活条件进一步改善。四是农村改革取得积极进展。全面完成农村承包地确权登记颁证工作，农村集体资产清产核资主体任务基本完成，水利、林业、农垦、供销合作社等改革有序推进。五是乡村治理能力水平持续提升。农村基层党组织“五化”建设扎实推进，扫黑除恶专项斗争取得阶段性成效，移风易俗行动不断深入，非洲猪瘟疫情得到有效防控。

必须巩固发展“三农”持续向好形势。不论工业化、城镇化如何发展，“三农”工作须臾不可放松。从当前看，应对复杂经济形势，必须稳住“三农”这个基本盘。总书记强调，经济形势越复杂，越要稳住“三农”。当前我国经济运行稳中有变、变中有忧，外部环境复杂严峻，经济面临下行压力。越是在这种情况下，越要发挥好“三农”压舱石的作用。从近期看，全面建成小康社会，必须补齐农业农村这块短板，“三农”工作还有很多硬仗要打。完成好这些硬任务，直接关系全面建成小康社会的成色和社会主义现代化的质量。从长远看，实施乡村振兴战略，必须抓实基层基础这个支撑点。实施乡村振兴战略是一项系统工程和长期任务。在开局起步阶段，关键是要把产业基础、组织基础、人才基础、环境基础等各项基础工作抓实抓好。只有基础夯实了、底子打牢了，乡村振兴才能迈入快车道。

二 对标全面建成小康社会硬任务，夺取“三农”工作新胜利

做好当前“三农”工作，要以习近平新时代中国特色社会主义思想为指导，坚持农业农村优先发展总方针，以实施乡村振兴战略为总抓手，以农业供给侧结构性改革为主线，以全面深化农村改革为动力，以加强党对“三农”工作的领导为保障，对标全面建成小康社会“三农”工作必须完成的硬任务，抓重点、补短板、强基础，确保顺利完成到2020年承诺的农村改革发展目标任务。

第一，以实现高质量脱贫为目标扎实做好脱贫攻坚各项工作。2019年是打赢脱贫攻坚战攻坚克难的关键一年。我们要深入学习贯彻习近平总书记关于扶贫工作的重要论述，深入推进脱贫攻坚三年行动计划，确保全年减少农村贫困人口60万以上。

要下足绣花功夫，着力解决影响“两不愁、三保障”突出问题。加快推进贫困地区农村饮水安全巩固提升工程，解决好贫困群众季节性缺水和个别村、组、户安全饮水保障不到位等问题。聚焦失学辍学问题，进一步加大控辍保学力度，确保贫困家庭子女完成义务教育。严格执行县域内定点医疗机构“先诊疗后付费”和“一站式”结算制度，加强贫困地区乡镇卫生院和村卫生室能力建设，重点解决好无村级卫生室和村级卫生室不达标问题。加快危房改造工程建设和资金拨付进度，全面完成4类重点对象存量危房改造，确保应改尽改。

要提高脱贫质量，进一步巩固和拓展脱贫成效。引导支持贫困地区大力发展特色优势产业，扎实推进“一村一品一企一社”工程，着力完善利益联结机制，进一步提升产业扶贫的组织化程度和可持续性。深化扶贫劳务协作，稳步推进扶贫车间建设，适度开发公益性岗位，帮扶贫困劳动力实现稳定就业、就近就业。强化易地扶贫搬迁后续扶持管理，加快完善集中安置区的基础设施和公共服务配套建设，重点做好后续产业和就业扶持。坚持扶贫与扶智扶志结

合，广泛开展“脱贫立志、星级创建”等活动，增强贫困群众自我发展的能力和信心。强化督促指导，补齐非贫困县非贫困村脱贫攻坚短板。做好脱贫攻坚与实施乡村振兴战略的衔接工作。着力解决好边缘贫困户、边缘贫困人口帮扶问题。

要压实工作责任，广泛凝聚脱贫攻坚合力。严格落实“省负总责、市县抓落实”的管理机制和脱贫攻坚“一把手”责任制。扎实抓好驻村帮扶和结对帮扶工作，进一步提升帮扶实效。认真做好社会扶贫工作，深入推进“万企帮万村”等行动。继续抓好对口帮扶和携手奔小康工作。深入推进扶贫领域腐败和作风问题专项治理，着力改进工作方式方法，切实减轻基层负担。强化正向激励，进一步引导好、保护好、发挥好扶贫干部的积极性。

第二，以农业供给侧结构性改革为主线推动农业高质量发展。产业兴旺是解决农村一切问题的前提。深化农业供给侧结构性改革，重点是实施“六大强农行动”，特别是以质量强农、科技强农为抓手，推动品种优化、品质提升和品牌创建工作。

要以市场需求为导向，坚定不移加大农业结构调整力度。首先是要调优品种结构。目前省内有的地方出现椪柑等水果滞销现象，同样是柑橘类，有的滞销堆积，有的供不应求，可以说是“品种不一样，价格两重天”，滞销的大都是老化的品种，应加强新品种改良。就粮食而言，一方面，我们要稳定粮食生产，尤其要稳定粮食产能，争取为保障国家粮食安全做贡献；另一方面，必须调结构，多生产优质粮。如果生产出来的东西不对路，不仅弥补不了产需缺口，还会加剧供求矛盾，影响农民收益和生产积极性。因此，要强化科技支撑，加快优良品种选育和品种更新换代，及早谋划，下决心把低质低效和不对路的品种调减下去。

要以提升质量效益为导向，重点支持发展优势特色产业。就全省而言，要在继续抓好粮食、畜禽、蔬菜产业的同时，加快茶叶、油菜、油茶、水果、水产、中药材、南竹等优势特色产业发展，新增一批千亿级农业产业。各县市区要按照“一县一特、一特一片”的思路，走差异化、特色化发展道路，努力打造十亿级百亿级产业，为全省打造千亿级优势特色产业打基础、作支撑。发展优势特色产业，关键也要靠科技强农、质量强农。从各个产业发展现状看，扩大种养面积和规模的空间有限，但在二三产业环节，在加工增值和提升品牌价值方面有很大潜力。各地各有关部门要从顶层设计入手，引导同行业的企业错位发展、优势互补，加大科技创新力度，提升产业的整体质量效益和竞争力。

要以促进农民增收为导向，大力发展乡村产业。发展乡村产业，关键是要把以农业农村资源为依托的二三产业尽量留在农村，把整个农业产业链条的增值收益、就业岗位尽量留给农民。要坚持因地制宜，用好乡村自然资源和人文资源优势，挖掘农业多元价值，推动加工业前延后伸，加快发展新型服务业，促进乡村产业深度融合。要坚持走高质量特色化的乡村产业发展路子，在做出特色、做出精品、做出品牌上下功夫，创响一批“土字号”“乡字号”特色产品品牌。要利用本地农业资源，大力发展农产品加工业，依托龙头企业延伸产业链条，提高产品的附加值。要积极发展适应城乡居民需要的农村电商、休闲旅游、餐饮民宿、文化体验、健康养生、养老服务等新型服务业。要完善乡村创新创业支持服务体系，落实好减税降费政策，解决好用地、融资等困难，为各类人才返乡下乡创新创业营造良好环境。

第三，以改善农村人居环境为重点扎实推进乡村建设。各地要顺应农民群众对美好生活的向往，全面推进农村人居环境整治和乡村建设，以此增强农民群众的获得感、幸福感、安全感。

要强化乡村规划引领。要以县为单位抓紧编制或修编村庄规划，到 2020 年必须全面完成。县级党委和政府要统筹推进乡村规划工作，做到县域一盘棋。编制村庄规划要科学合理，务实管用，着眼长远发展，通盘考虑土地利用、产业发展、居民点建设、人居环境整治、公共服务设施、生态保护等，实现多规合一。要突出乡村特色，注重保持乡土风貌，决不能照搬城市模式，决不能搞成“千村一面”。要强化规划执行，保持规划的权威性、严肃性和约束力，决不能束之高阁。

要全面推进农村人居环境整治三年行动。要按照“因地制宜、分类施策、梯次推进”的原则和“重点突破、连片示范、全面整治”的思路，对标中央提出的三个不同类型的目标要求，抓紧推动农村人居环境整治由点上示范向面上推开。推进农村人居环境整治，既要落实中央部署的规定动作，又要从湖南省实际出发，总结推广湖南省湘阴、祁阳、永兴等地经验做法，把“一拆二改三清四化”作为总抓手，即拆除“空心房”，推进改厕、改圈，清理农村生活垃圾、清理村内沟渠塘坝、清理畜禽粪污等农业生产废弃物，统筹做好农村净化、绿化、美化、亮化工作。要持续推进“厕所革命”，加快推广农村户用卫生厕所。要学习借鉴浙江经验，实施“千村美丽、万村整治”工程，把“点”上的示范建设与“面”上的全面提升有机结合起来。农村人居环境整治还要与乡村治理、乡风文明建设很好地结合起来，既要抓“硬件”，又要抓“软件”，既要讲究“风貌美”，又要追求“风尚美”。

要完善农村基础设施和公共服务。继续大力抓好农村的水、路、电、气、讯等领域的基础设施建设。要构建基础设施长效管护运行机制，切实做到有制度管护、有资金维护、有人员看护。要全面发展农村教育、医疗卫生、社会保障、文化体育等事业，切实改善农村民生。要根据合乡并村后的新情况，整合资源，抓好村级综合服务平台建设，推动县乡公共服务向行政村延伸，推广应用“互联网+服务”模式，尽量让农民群众“办事不出村”。

第四，以土地制度改革为牵引全面深化农村改革。改革是乡村振兴的重要法宝。要按照习近平总书记提出的“扩面、提速、集成”的要求，进一步加大农村改革力度，充分激发农村发展活力。

要深化农村土地制度改革。处理好农民和土地的关系是农村改革的主线。要巩固完善农村承包地确权登记颁证成果，妥善解决好遗留问题。农村土地征收、集体经营性建设用地入市、宅基地管理制度改革试点将延期至2019年年底，要继续抓好浏阳市三项改革试点，并支持其他有条件的地方推广试点经验，进一步拓展改革试点成果。要稳慎推进农村宅基地制度改革，抓好农民住房财产权抵押贷款、农宅合作社和城乡居民合作建房改革试点，扎实做好农村房地一体宅基地使用权确权登记颁证工作。要严格农业设施用地管理，合理保障农业设施用地需求，巩固“大棚房”问题整治成果。要完善工商资本租赁农地监管和风险防范机制，严防耕地“非农化”。

要加快农村集体产权制度改革。2019年要全面完成农村集体资产清产核资。要做好成员身份确认，注重保护外嫁女等特殊人群的合法权利。要加快推进农村集体经营性资产股份合作制改革，总结推广资源变资产、资金变股金、农民变股东的经验。要建立健全农村产权流转交易市场，推动农村各类产权流转交易公开规范运行。

要创新农业经营方式。要突出抓好家庭农场和农民合作社两类新型农业经营主体，积极发展多种形式的适度规模经营，不断丰富小农户与现代农业有机衔接的有效形式。要抓实新型职业农民培育工程，培育一支规模更加宏大的新型职业农民队伍。要深入推进供销合作社综合改革，真正把供销合作社建成为农服务主力军。还要继续抓好粮食收储制度、农村金融、农垦、农业水价等领域的改革，确保各项改革工作压茬推进、互相衔接、有序开展。

第五，以加强农村基层党组织建设为龙头提升乡村治理能力。乡村振兴，治理有效是基础。要建立健全党组织领导的自治、法治、德治相结合的领导体制和工作机制，打造充满活力、和谐有序的善治乡村。

要抓实农村基层党组织建设。深入推进农村基层党组织“五化”建设，不断提升基层党组织的创造力凝聚力战斗力。坚持抓两头促中间，增加先进支部、提升中间支部、整顿后进支部。对软弱涣散村党组织，要以县为单位抓好“一村一策”逐个整顿，不落一村。全面建立选派第一书记工作长效机制。切实增强培训的针对性，大力提升村干部特别是村支部书记的素质。在村党组织的领导下，充分发挥村级自治组织、社会组织、集体经济组织的作用，强化村级组织服务功能。

要加强农村精神文明建设。深入开展社会主义核心价值观宣传教育，抓好新中国成立 70 周年系列宣传活动，引导农民听党话、感党恩、跟党走。抓好乡村文化服务中心建设，积极开展群众喜闻乐见的文体活动，让群众既“富口袋”，又“富脑袋”。对婚丧陋习、天价彩礼、孝道式微、老无所养等不良社会风气，要引导和鼓励农村基层群众性自治组织采取约束性强的措施进行治理，促进农村形成文明和谐、健康淳朴的乡风民俗。

要推进平安乡村建设。深入推进扫黑除恶专项斗争，杜绝“村霸”等黑恶势力对基层政权的侵蚀，严厉打击黄赌毒、盗抢骗、地下“六合彩”等违法犯罪行为，严密防范敌对势力、邪教组织、非法宗教活动向农村地区渗透。同时，要加强乡村交通、消防、公共卫生、食品药品安全、地质灾害等公共安全事件易发领域隐患排查和专项治理，确保农村安全稳定。

三　加强党对“三农”工作的领导，把农业农村优先发展总方针落实好

办好农村的事，实现乡村振兴，关键在党。各地要切实加强党对“三农”

工作的领导，牢固树立农业农村优先发展的政策导向，不折不扣抓好工作落实。

确保把五级书记抓乡村振兴的责任落实好。全省各级党组织书记要坚持重要工作亲自部署，重大问题亲自研究，重点任务亲自督办。要按照“省负总责、市县抓落实、乡村组织实施”的工作机制，层层压实责任。省里面主要是抓好重要政策制定、重点任务分工、重要资源配置、重点工作考核。各市州要做好上下衔接、域内协调、督促检查等工作，发挥好以市带县、放权强县、带动乡村的作用。各县市区要抓乡促村，全面做好规划布局、项目安排、资金使用、监督管理等工作。县委书记要当好“一线总指挥”，把主要精力和工作重心放在“三农”工作上。乡村两级要充分发挥主观能动性，善于组织群众、宣传群众、凝聚群众、服务群众，抓好工作落实。各级党政分管领导是实施乡村振兴战略的“操盘手”，要强化责任担当，积极主动作为，真正成为“三农”工作的行家里手。

确保把“四个优先”的政策要求贯彻好。要把农业农村优先发展的政策导向牢牢竖起来，坚决落实好。要优先考虑“三农”干部配备。各级党委、政府要把优秀干部充实到“三农”战线，把熟悉“三农”工作的优秀干部充实到各级党政班子，打造一支懂农业、爱农村、爱农民的“三农”工作队伍。要优先满足“三农”发展要素配置。坚决破除妨碍城乡要素自由流动、平等交换的体制机制壁垒，推动资源要素向农村流动，不断激发乡村发展的内生动力。要优先保障“三农”资金投入。坚持把农业农村作为财政优先保障领域和金融优先服务领域，公共财政更大力度向“三农”倾斜，撬动更多社会资本投入农村，确保资金投入与农业农村发展目标任务相适应。要优先安排农村公共服务。推进城乡基本公共服务标准统一、制度并轨，从形式上的普惠向实质上的公平转变。

确保把农民的主体作用充分发挥好。做好“三农”工作，必须把发动群众、组织群众、服务群众贯穿乡村振兴全过程。总的一条，农民自己办不了也办不好的事，政府要切实负起责任；农民自己能办的事，要引导农民自己去办。对于发展生产、房前屋后的绿化净化、室内改厕等，自古以来就是农民自己的事，政府不应该包也包不起。生活垃圾集中收集、村内塘沟清淤等村庄内部的公共事务，农民也应出工出劳或适当付费。要建立健全农民参与的引导激励机制，鼓励农民投身农村建设管理，避免出现“政府干、农民看”“剃头挑子一头热”的现象。要尊重基层实践和农民创造，总结推广好群众探索的好经验、好做法、好路子。

确保把做好“三农”工作的原则和方法掌握好。“三农”工作涉及面宽、政策性强，在推动发展中面临很多新情况、新问题，要掌握好科学的原则和方法。要因地制宜，分类施策。根据本地实际选择适合自身发展建设的模式和标准，体现地域特色，不搞一刀切。要循序渐进，量力而行。充分考虑各地经济社会发展水平，既要尽力而为，又要量力而行，决不能层层加码、搞大拆大建，决不能劳民伤财、搞形式主义。要稳扎稳打，久久为功。科学把握节奏力度，做到质量与进度相协调、当前与长远相结合，一件事情接着一件事情办，一年接着一年干，“一张蓝图”绘到底。要加强督导，狠抓落实。坚持干字当头，实字为先，扎实抓好重点工作督查，以钉钉子精神推动工作落实。同时，要注意改进督查方式方法，减轻基层负担。

B.4

加快文化创新步伐 推动文化产业高质量发展

蔡振红 *

2018 年，全省宣传思想战线坚持以习近平新时代中国特色社会主义思想为指导，认真学习贯彻党的十九大精神，深入贯彻落实全国、全省宣传思想工作会议精神，围绕加快文化强省建设，对标高质量发展要求，大力创新创造，推动文化产业继续保持较快发展势头。

一是总量规模稳步增长，整体实力明显增强。据中国人民大学发布的“中国省市文化产业发展指数（2018）”和“中国文化消费发展指数（2018）”，湖南文化产业综合指数排名连续两年稳居第七，影响力排名第六。2018 年湖南文化产业总产出和增加值稳步增长，其中规模以上文化企业达 3524 家、实现稳步增长，营业收入达 4709.74 亿元、同比增长 7.4%。省管 8 大国有文化企业集团重组整合为 5 家，实现营业总收入 410.9 亿元、同比增长 2.6%，利润总额 35.5 亿元、同比增长 23.9%，年末资产总额 945.8 亿元、同比增长 5.7%，净资产 556 亿元、同比增长 5.8%。中南传媒和芒果传媒获选第十届“全国文化企业 30 强”，天舟文化入围提名企业，创湖南省历史最好成绩。长株潭地区规模以上文化产业企业 1709 家，占全省比例为 48.5%。长沙新增规模以上文化企业 93 家，全市实现营业收入 1455.6 亿元，同比增长 8.6%，增幅分别高于全国、全省平均水平 0.4 和 1.2 个百分点。株洲市规模以上文化企业实现营业收入 242.61 亿元，同比增长 13.35%。二是创新活力充分释放，质量效益明显增强。在全国率先出台《关于加快文化创新体系建设的意见》，大力推动全方位全领域创新。积极推进广电出版深化改革，加快发

* 蔡振红，中共湖南省委常委、宣传部部长，湖南省社科联主席。

展移动互联网产业，强力推进马栏山视频文创产业园等园区、项目建设，其中马栏山视频文创产业园2018年新注册落户文化企业171家，2018年全国排名前10的网络综艺节目中，有8部出自园区制作团队；昭山国家级文化产业示范园、华谊兄弟电影小镇项目、美丽中国华强项目一期工程、南岳天子山火文化园、新华联铜官窑古镇、湘江欢乐城等一批重大文化产业项目取得较大进展。媒体融合发展势头强劲，新湖南、时刻新闻、芒果TV等新媒体持续做大做强；湖南日报投入使用“中央厨房”一期和“报网端云”平台，在人民网发布的《2018全国党报融合传播指数报告》中，湖南日报融合传播力位居全国党报（377家）第10、地方党报第5；湖南广电在世界品牌实验室2018“亚洲品牌500强”排名第93位、比上年上升7位，仅次于中央电视台，芒果TV完成“一云多屏”全终端体系、日活跃用户峰值超6500万；红网新媒体用户数5575万、“时刻”新闻客户端累计下载量2065万。大力实施“文化+”战略，推进文化与多领域融合发展，比如，山猫传媒成功挂牌新三板，北京银行长沙分行在湘开业首家文创特色支行；联合省旅发委遴选确定第四批16个“湖湘风情文化旅游小镇”，促进文化旅游深度融合；举办首届“健康湖南”全民运动会、环洞庭湖新能源汽车拉力赛、2018人民足球嘉年华等活动。文化娱乐消费升级，2018年文化娱乐体育健康类商品实现零售额335.11亿元、同比增长3.8%，全省实现电影票房19.36亿元、同比增长24.3%，增幅高于全国平均水平。长沙作为首批国家文化消费试点城市，探索以供给引导消费、以创新驱动发展，取得良好反响。三是区域合作加速推进，对外开放明显增强。2018年，全省文化产品进出口额25.9亿美元、同比增长12.8%，其中出口24.92亿美元、同比增长10.7%，继续保持高速增长态势。其中音像制品及电子出版物、工艺美术品等门类出口额呈爆发式增长，总量和增速均创历史新高。全省10家文化企业入选2017～2018年度国家文化出口重点企业目录。长沙市获评“全国文化出口基地”，成为中部地区首个国家级文化出口基地。湖南出版投资控股集团全年实现版权输出及合作出版281项，56个项目入选各类“走出去”扶持项目，出版物版权首次输出南美，湘版《书法练习指导》教材版权、《经典国学之中华美德》系列动漫视频版权输出美国。湖南文化企业主动同“一带一路”沿线国家开展文化贸易，湖南出版投资控股集团投资入股法兰克福书展IPR在线版权交易平台，实现从产品出口到资本和服务输出的转型升级。

与此同时，湖南省文化产业也面临一些突出问题和明显短板，主要表现在以下几个方面：一是文化制造产业比重偏高。以规模以上文化制造业企业为例，长沙市占比 49.7%、株洲市占比 90.6%、娄底市占比 76.7%，均远高于全国平均水平，部分市州文化产业增长过度依赖文化制造业。二是优势产业发展放缓。湖南省文化产业在传统业态中有比较优势，但近年来全省传统业态增长不快、产品结构性过剩、融合发展水平有待提升，加上新型文化业态储备不够多、品质不够好，导致湖南省文化产业内生增长动力减缓。三是文化投资与消费"马力不足"。文化产业领域投资和消费呈现"两低"趋势。文化产业领域固定资产投资增速仍保持高位，但从区域来看，部分市州文化产业投资增速出现明显下滑。消费方面也出现一定程度下滑，2018 年文化娱乐体育健康类零售额仅增长 3.8%，体育、娱乐用品类增速仅为 3.1%。

习近平总书记强调指出，我国文化供给的主要矛盾已经不是缺不缺、够不够的问题，而是好不好、精不精的问题。立足新时代，迈向新征程，全省宣传思想战线要以提高文化供给质量为主线，着力构建特色鲜明、活力迸发的文化创新体系，推动文化产业高质量发展，更好满足人民精神文化生活新期待。

一　加快改革创新，释放发展新动能

现在，文化改革已经步入深水区，越往后难度越大。要善于登高望远、较真碰硬，坚持问题导向和目标导向，以敢于自我革命的勇气，以深化改革为牵引，以推动创新为抓手，进一步破解文化发展难题，不断激发文化创新创造活力。

1. 加快推进体制机制改革

坚定不移将文化体制改革引向深入，推动广电、出版整合改革任务逐项落实到位，加大内部整合力度，产生聚合裂变，实现"1 + 1 > 2"，打造千亿集团。推进国有文化企业压缩企业层级，推行文化企业管理扁平化，做强做优主业。推动国有文化企业完善"三重一大"决策机制和内部控制体系，建立健全体现文化企业特点、符合现代企业制度要求的资产组织形式和经营管理模式。深化文化市场综合执法改革，健全综合执法制度机制，完善执法管理制度。创新公共文化服务运行机制，进一步扩大文化馆图书馆总分馆制试点和公共文化机构法人治理结构改革试点，开展社会资本参与公共文化设施建设和运营试点工作。推动文化经济政策落实落地，修订省文化产业发展专项资金管理办法，制定湖南省文化产业专家评审库和评审办法，加强专项资金精细化管理。

2. 大力推进文化创新体系建设

以创新为第一动力，加快落实省委省政府《关于加快文化创新体系建设的意见》：加快构建文化精品创作体系，赋予湖湘文化新的时代内涵，推进哲学社会科学创新发展，激发文艺原创活力，大力发展网络文化；加快构建现代传播体系，推进媒体深度融合，加强新闻舆论工作，提高对外传播水平；加快构建现代公共文化服务体系，加强重点公共文化设施建设，搭建“家门口文化服务圈”，推进公共文化服务数字化建设；加快构建现代文化产业体系和现代文化市场体系，加快国际新型影视创意中心、数字出版高地、动漫游戏创新基地、国内外著名文化旅游目的地等基地建设。提升文化创新创意，组织开展第一届“马栏山杯”文化创意设计大赛，办出湖南特色，办出国际水准，以此推动全省文化创意设计水平和成果的转化利用，打造创新创意高地。

3. 着力培育文化产业新业态

要依托云计算、大数据、物联网、移动互联网等科技手段，加快发展新兴产业，推动传统文化业态转型升级。要重点布局“互联网+”、新媒体、虚拟现实、影视节目、数字出版、动漫游戏、广告会展、演艺娱乐、文化信息、创意设计等领域，重点开发新一代超高清电视和电影、数字音乐、网络广播、互联网内容服务、智慧教育、数字出版、数字化演艺、数字化主题公园、AR和VR+文娱等业态，实现若干关键文化产品、文化领域制造装备的升级和本地生产。

4. 持续深化融合发展

融合这篇文章做得好，就有利于使文化产业成为湖南省经济社会发展的持续亮点。要认真贯彻落实习近平总书记关于关于媒体融合发展的重要论述，遵循新闻传播规律和新兴媒体发展规律，强化互联网思维，坚持传统媒体和新兴媒体优势互补、一体发展，打造一批形式多样、手段先进、竞争力强，具有湖南特色的新型主流媒体。要抓紧抓实文化和旅游领域供给侧结构性改革，进一步健全完善文化市场、旅游市场监管体制，策划推出一批有影响力的文化旅游标志性项目，把湖南省得天独厚的文化旅游资源优势转化为更具竞争力的产业优势、发展优势。要推动文化与科技融合，加强规划协调，以长沙这个国家级文化和科技融合示范基地为核心，健全以企业为主体、市场为导向、产学研相结合的文化科技创新体系。要搭建更多金融支持文化产业的服务平台，加强文化创意企业上市的培育储备，重点推进华声在线、明和光电等重点文化企业上市融资。要鼓励文化创意企业为种养大户、专业合作社、家庭农场、农业企业等新型经营主体开展多种形式的创意设计，强化休闲农业产业体系、景观体系、活动体系建设。要提高文化与体育业的关联度，促进体育衍生品创意和设计开发，支持区县（市）根据本地“江、湖、山、道”自然人文资源特色举办传统民族特色体育活动，丰富群众体育文化活动内容。

二　优化空间布局，形成发展新格局

目前，湖南省文化产业发展不平衡的现象比较突出。要围绕盘活各市州和县市区文化资源，采取有计划、分步骤、有层次的综合举措，优化资源配置，促进差异化竞争，加快推动形成优势互补、错位发展、区域联动的产业发展格局。

1. 打造以长株潭地区为核心的全省文化产业增长极

长沙、株洲、湘潭是湖南省文化产业的核心区和重要增长极，产业基础好、发展后劲足。要紧紧抓住“一带一部”建设的重大机遇，不断提升对全省文化产业发展的辐射带动能力，加快建成具有重要国际影响力的区域性文化创意中心、东亚文化之都和世界媒体艺术之都。当前重点是要以“新技术、新平台、新体系、新模式、新业态”为战略导向，加快发展“互联网 + 新媒体”、影视节目生产、数字出版生产、动漫游戏节目生产、广告会展、演艺娱乐、文化信息服务等相关产业，建设成为新的文化产业增长极。

2. 打造大湘西全省文化旅游融合发展示范区

大湘西地区历史文化厚重、山水风光神奇、民族风情浓郁，发展文化旅游具有得天独厚的资源优势。要加快把资源优势转化为发展优势，做好保护开发工作，对地方优秀文化资源进行保护性开发和利用。要拉长产业链条，抓好

“神秘湘西”文化创意产业园、凤凰县全域旅游项目、凤凰古城旅游保护设施等重点项目建设，办好民族文化旅游节会，开发更多像《烟雨凤凰》的优秀文旅节目、文艺演出，进一步提升“神秘湘西”“烟雨凤凰”文化旅游品牌形象，推动文化和旅游深度融合、和合共生，实现“1 +1〉2”的效果。

3. 打造大湘南全省文化出口加工集聚区

大湘南地区在承接产业专业、推动文化产品出口加工等方面具有独特优势。要加快推动文化产业与装备制造业、出口加工、对外贸易、现代服务业等相关领域融合发展。重点聚焦红色旅游、新兴电子产品及电子商务，新兴轻纺及工艺精品、宝石、工艺美术品加工等产业，积极培育文化创意设计、软件及信息服务等生产性服务业。依托综合保税区、国家级出口加工区、省级工业集中区、加工贸易走廊、高新技术产业开发区等平台优势，打通文化产品和服务出口、出海通道，实现文化资源激活、文化企业培育、文化产品生产和文化品牌创建，使之成为全省文化制造出口加工的集聚区。

4. 打造环洞庭湖全省生态休闲文化产业发展试验区

环洞庭湖区既与既与长株潭地区联动发展、也与周边省域协同融合。要抢抓洞庭湖生态经济区、长江经济带建设等国家战略机遇，要以建设“更加秀美富饶的大湖经济区”为目标，依托大湖、大江等水域资源以及渔猎、农耕、三国等流域文化，优化资源配置、形成差异竞争，实现生态文明建设、文化产业发展协调一致、相得益彰。要明确以生态文化、休闲文化、创意文化为特色的文化产业发展方向，重点发展生态经济、休闲农业、观光体验、科考培训等产业形态，巩固提升以生态休闲文化产业为主导的产业体系，不断带动特色优势产业发展。

三　培育新增长点，打造发展新极核

文化产业是朝阳产业、战略性新兴产业和“两型”产，在新的形势下发展文化产业，要下好马栏山视频文创产业园建设这个“先手棋”，打响做大做强骨干文化企业这个“当头炮”，着力推进一批潜力较强的文化产业项目建设，培育一批来势较好的文化品牌，增强产业发展后劲。

1. 加快中国（长沙）马栏山视频文创产业园建设

省委省政府对马栏山视频文创产业园寄予厚望，要坚持“北有中关村、南有马栏山”的高标准定位，高标准建设、高起点推进、高水平管理，使之成为文化强省的标志性项目。要依托国家级文化和科技融合示范基地建设，突出文化与科技融合，聚焦数字视频内容生产、版权交易，大力引进粤港澳大湾区、长三角地区文化产业投资，鼓励省内外视频产业链相关企业向园区集聚，着力打造全国一流的文创内容基地、数字制作基地、版权交易基地。要努力提升提升园区管理运营服务水平，进一步落实基础设施建设、土地使用、财税优惠、人才激励、金融服务等政策，吸引更多互联网企业和项目入驻，将其打造成为极具全球竞争力的“中国 V 谷”。

2. 做大做强骨干文化企业

以湖南日报报业集团、湖南广播影视集团、湖南出版投资控股集团为代表的骨干文化企业，基础是好的，有些还在国内外有较大影响。但从推动文化产业大发展的角度看，主业突出的骨干文化企业数量还不够多、质量和效益也有不小提升空间。要在继续推动产业关联度高、业务相近的国有文化企业战略性整合的基础上，引导报业、广电、出版等重点文化企业继续实施集团化战略，打破区域限制和行业壁垒，以资本为纽带实行跨地区、跨行业、跨所有制兼并重组，聚焦主责主业做大做强。要加快推动体育产业、演艺产业发展，打造新的百亿产业集群。与此同时也必须看到，民营文化企业是湖南省文化产业的重要力量，要积极引导支持，使其活跃在文化市场最为开放、竞争最为充分的领域，引导其进一步发展壮大。

3. 支持长沙世界媒体艺术之都建设

支持办好长沙媒体艺术节、“一带一路青年创意与遗产论坛”、移动互联网岳麓峰会等活动，不断提升中国（长沙）雕塑文化艺术节等品牌活动的吸引力辐射力，打造长沙媒体艺术节会品牌。支持参与联合国教科文组织“创意城市网络”系列活动，引导文化创意企业主动融入“一带一路”文化贸易拓展计划，培育一批具有湖湘特质和长沙印象的对外文化名片。落实“多方参与、惠及市民”的理念，推动媒体艺术惠及市民，加强文化消费引导，创新文化消费经营模式，不断活跃群众文化生活。

4. 拓展对外文化贸易

要坚持以开放促发展，以长沙获评“全国文化出口基地”为契机，进一步融入“一带一路”战略，参与国际文化合作和竞争，把更多具有湖南特色的优势文化产品和服务推向世界。要深度挖掘湖湘文化资源，依托“广电湘军”“出版湘军”“演艺湘军”等品牌的优势和影响力，支持广播影视、出版印刷、动漫游戏、演艺娱乐、创意设计、工艺美术等产品与服务出口，提高核心文化产品的出口比重。要着眼提升湖南省对外文化贸易整体竞争力，培育一批外向型文化企业，引进境外知名文化企业。要通过对外文化贸易，积极吸收借鉴国外优秀文化成果、先进经营管理理念和有益经验，加快湖南省开放型经济发展。

四　优化发展软环境，提升发展硬实力

推动湖南省文化产业大发展大繁荣，意味着我们既要招好项目、招大项目，也要把优化产业发展环境作为吸引项目和资源的基础和保障，不断强化政策配套、人才支撑和市场环境，形成比较优势。

1. 落实领导责任和政治责任

发展文化产业是一项系统工程，各级党委政府要切实担负起新的文化使命，把加快推进文化强省建设和文化创新体系建设摆在全局工作的重要位置，纳入重要议事日程。全省宣传思想战线要主动担当、积极作为，树立强烈进取意识，用心谋事、尽心干事，当好推动文化产业大发展大繁荣的排头兵、主力军。相关责任单位要强化“一盘棋”理念，把自身工作与文化建设紧密结合起来，支持文化、参与文化、投入文化，形成全党动手、全社会齐抓共管的生动局面。

2. 加强政策配套力度

要保证公共财政对文化建设的支出与经济社会发展总体水平和政府财力增长相适应，鼓励有条件的市州、县市区设立文化事业发展专项资金或文化产业发展专项资金，使其满足文化事业和文化产业发展需要。要改革财政资金对文化竞争性领域的支持方式，有效发挥文化产业扶持资金的辐射效应。要认真贯彻中央和省委省政府关于支持文化改革发展的系列文件精神，推动财税、人

才、土地、金融等支持政策落地落实。要进一步研究制订扶持地方戏曲、保护传承民族民间文化、促进文化消费等政策，让群众得到更多实惠，激发群众文化消费欲望。

3. 加大人才培养和引进力度

坚持人才为基，探索建立“一事一议”“一人一策”机制，打通海外引进人才、高层次创新型人才和急需紧缺人才职称评定的绿色通道，积极对接省里“芙蓉人才行动计划”等政策措施，帮助高层次人才解决后顾之忧。以全省宣传文化系统“五个一批”人才工程为龙头，统筹完善文艺人才扶持三百工程、新闻出版领军人才工程、智库领军人才工程等人才工程体系，继续培养一批懂文化、善经营、会管理的专门人才。充分发挥宣传文化部门的职能优势、阵地优势，加强对优秀人才和先进典型的宣传力度，扩大宣传文化人才的社会知名度和社会影响力，在全社会倡导识才爱才重才敬才的良好风尚。

4. 持续优化营商环境

要全面推进文化领域依法行政，强化综合执法队伍和机制建设，加强知识产权保护，切实保护各类投资者合法权益。要加快推进“放管服”改革，完善市场准入和退出机制，制定文化市场行业行政审批标准，进一步规范行政审批权限，强化事中事后监管，鼓励各类市场主体公平竞争、优胜劣汰。要认真落实省委关于激励广大党员干部强化担当作为的系列决策部署，积极构建“亲清”政商关系，引导各级宣传文化系统积极为文化企业出主意、解难题，以更高的标准、更实的举措推动湖南省文化产业实现新的跨越。

B.5
以“红色引擎”为牵引 推动湖南省国资国企实现高质量发展

张剑飞*

习近平总书记指出，“坚持党的领导、加强党的建设是国有企业的‘根’和‘魂’，是我国国有企业的独特优势。”推动新时代国资国企高质量发展，必须充分发挥国有企业党组织的“红色引擎”作用，以党的建设引领国资国企改革发展，不断提高国有经济竞争力，促进国有资本做强做优做大。

大力推进国有企业高质量发展

充分认识高质量发展的丰富内涵。习近平总书记指出，高质量发展就是体现新发展理念的发展，是经济发展从“有没有”转向“好不好”。如果说改革开放40年的高速增长，成功解决了“有没有”的问题，现在强调高质量发展，就是要解决“好不好”的问题。“有没有”的问题主要是数量问题，“好不好”的问题主要是质量和效益问题。怎么判断衡量发展“好不好”？主要看是不是体现了新发展理念，是不是实现了生产要素投入少、资源配置效率高、资源环境成本低、经济社会效益好的发展要求。推动高质量发展，关键是要以供给侧结构性改革为主线，推动经济发展质量变革、效率变革、动力变革。要把重点放在推动产业结构转型升级上，把实体经济做实做强做优。总而言之，高质量发展是能够很好地满足人民日益增长的美好生活需要的发展，是创新成为第一动力、协调成为内生特点、绿色成为普遍形态、开放成为必由之路、共享成为根本目的的发展。

* 张剑飞，中共湖南省委常委、省人民政府国有资产监督管理委员会党委书记。

要聚焦主业发展。“人贵有自知之明”。国有企业也要有“自知之明”，找准自身定位，对能干什么、不能干什么要有清晰的认识。国有企业的数量不是越多越好，经营范围也不是越大越好。要紧紧聚焦主业，原则上不投资非主业项目，在这方面省属企业也是有深刻教训的。有的企业问题就出在多元化经营上，乱铺摊子、乱上项目，导致管理跟不上、监管缺位，最终成了“烂尾工程”。省属企业一定要“咬定青山不放松”，坚持有所为有所不为，专心致志、一心一意、心无旁骛地做好主业，把主要精力和优势资源投入到主业板块上来，把关键核心技术牢牢抓在手里，全面提升企业的核心竞争力。

要紧盯一个目标。近年来，中央对国有企业的整体要求是“做强做优做大”，这是一个内在联系的整体，其中做强做优是基础，其逻辑关系是要通过做强做优来实现做大。如果只做大，不讲究效益，那就是“虚胖”。目前，有些企业的营收还有一部分来自贸易，虽然数字上去了，但是没有实实在在的利润，这种发展是毫无意义的，蕴藏着极大的风险。今后对企业的营收统计，除非是专门做贸易的，否则都要把贸易收入剔除出去，靠生产增收才是真正的本事。至于并购，也要具体分析，对于那些仅仅增加体量、不产生利润的并购，要坚决制止，这样的并购虽然扩张很快，但是增加了财务成本、背上了债务包袱，影响企业长远发展。高质量发展就是要始终盯紧做强做优，只有做强做优了，长期来看才能做大。

要注重开拓市场。省属企业中真正生产能力不足的很少，大部分都是有富余的。即使生产能力不足，也可以靠外协来解决。在产能过剩、库存增加的大背景下，企业想要继续发展，不断开拓新的市场才是长存之道。增加市场份额，事实上就是把闲置的生产能力充分利用起来，就等同于增加了一份利润。在当前情况下，没有任何措施比全力开发市场来得更有效，一定要把营销放在更加重要的位置。一方面，巩固已有市场，现在竞争很激烈，稍不留意就会丢失市场，时刻要有危机意识；另一方面，拓展新领域、新市场，寻找新的利润增长点。

要强化降本增效。国有企业家大业大，随便一点“跑冒滴漏”都不是个小数字，所以要强化管理。经济学上讲企业利润最大化，但利润最大化的必要条件是成本最小化。目前省属企业整体成本费用率是97.31%，纵向对比有所进步，但与发达省市对标还有较大差距。在这方面，企业管理还需要再紧一紧，成本还需要进一步往下压。要突出质量和效益，进一步规范生产经营，加强内控管理，抓好现金管控，不断挖潜增效、降本增效、节支增效。要向精细化、集约化、标准化管理转型，下大力气抓产供销衔接，提高资本的运营质量和效益，紧抓物耗、能耗、费用三个重点，加快盘活存量资产，严格控制非生产性支出，止出血点、促盈利点。

要突出创新驱动。一是要抢占产业链的制高点。这方面省属企业有一定的基础，比如在材料方面，有湘投金天的三个制造基地；在人工智能方面，有长泰机器人公司；在军民融合方面，有湘电集团、兵器集团、通达电磁能公司；在建筑装备制造方面，也有几个企业发展得还不错。但是从省属企业1万多亿元的国有资本规模、众多的产业门类来看，这样的项目还是太少，从规模到效益，都还有较大的提升空间。二是要推动技术创新。整体上看，省属企业在科技创新上有一定的进步，取得了一定的成效。截至2018年6月，省属企业的有效发明专利为2623件，年均增长19.8%；2016年和2017年，企业研发经费的比重分别为1.2%和1.62%，呈上升趋势。但全省社会研发投入占GDP的比重为1.9%，全国的比重是2.5%，北京、深圳等超过了3%。国有企业应该在科技创新、实体经济发展等方面担当责任，为全省经济社会发展做出更大的贡献。三是要培育创新人才。谁拥有一流的创新人才，谁就拥有了创新的优势和主导权。省属企业要坚持党管人才原则，形成“一把手抓第一资源”的效应，根据需求引进人才，把关注重点聚焦到引进高端人才、急需紧缺人才、行业领军人才和创新团队上来。同时，加强激励关怀，培养好、使用好企业现有人才，创造拴心留人的好环境，让他们安心、安身、安业，对企业有认同感、自豪感。

加强国有企业党的建设，为高质量发展提供政治保证

夯实党建工作基础，提高党建工作质量，关键是要强“根”固“魂”。首先是要“强基础”。基础不牢，地动山摇。要压实党建工作责任，严格落实党委书记、副书记、党委委员责任清单，层层传导压力。深入推进党支部“五化”建设，实施“党组织带头人素质提升行动”，注重从优秀经营管理人员中选拔党支部书记，同时也要把优秀的党支部书记使用到经营管理岗位上来，让

“红色基因”代代相传。其次是要“壮筋骨”。党建工作要与企业改革发展、生产经营深度融合才有生命力，应当做到一体谋划、一体部署、一体检查、一体考核。党的建设要渗透到企业经营管理的各个过程、各个领域、各个环节，实现党建融入一切工作，切实把党建打造成为企业价值链上的重要一环。第三是要“树品牌”。要以更加宽广的视野抓好国企党建工作，强化国企党建在全社会的影响力、穿透力，使之成为国资系统的一张靓丽名片，树立起国企党建的品牌。在抓党建过程中，也要防止形式主义，不要在会议数量、汇报材料、活动场所等方面做表面文章。关键是要加强党的领导，把党的建设真正融入企业日常工作和活动中去。

搞好国有企业，核心是要抓住“关键少数”。政治路线确定以后，干部就是决定的因素，干部队伍就是“关键少数”。第一，要锤炼党性。对党忠诚，是党对国有企业领导人员的第一要求。国有企业负责人是党的干部，不是“红顶商人”，更不能把自己等同于“老板”。企业领导人员必须增强党的意识，牢记自己的第一职责是为党工作，把爱党、忧党、兴党、护党落实到经营管理各项工作中去。要按照习近平总书记对国企领导人员的“20 字”要求，切实加强党性修养，永葆共产党人政治本色。第二，要信仰坚定。信仰是共产党人精神上的“钙”，没有理想信念，理想信念不坚定，精神上就会“缺钙”，就会得“软骨病”。企业领导人员一定要坚定共产党人的理想信念，切实做到“知行合一”。第三，要培养谋事干事的能力。面对诸多的难关和挑战，企业领导人员必须增强观大势、谋全局、干实事的本领和能力，努力成为经营管理的行家里手，避免“本领恐慌”、“路径依赖”。第四，要敢于担当。领导干部，“干”字当头，关键在干。没有使命感，缺乏担当意识就不是合格的企业负责人，更不是一名优秀的企业家。要树立重实干、重实绩的用人导向，把忠诚干净担当的干部使用起来，把不作为、乱作为的干部调整下去。要坚持“三个区分开来”，精准执纪问责，激励干部作为，让真正能干事、干实事的干部放下包袱、轻装上阵，为敢于担当负责的企业家撑腰鼓劲。第五，要严守廉洁底线。党和人民把国有企业交给企业领导人员经营管理，是莫大的信任。信任是最大的关怀，但信任不能代替监督，关心不能忘了严管。企业领导人员一定要牢固树立正确的人生观价值观，谨慎用权，坚决守住廉政底线，确保不出问题。

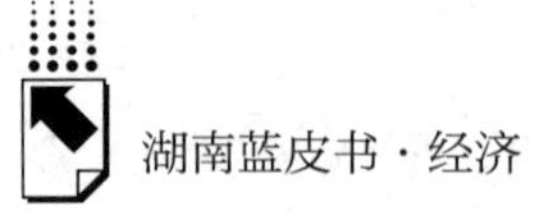

突出优化监管，为高质量发展创造良好环境

要推动职能转变。要做强做优做大国有企业，靠管是管不出来的，要把企业的内生动力调动起来。国资监管机构要用“负面清单”的方法，告诉企业不能做什么。至于能做什么、该做什么，由企业根据市场供求关系自主作出判断。要贯彻落实“放管服”要求，加快实现从管企业向管资本转变，分类清理出现有的监管事项，该管的一定要管住、管好，不该管的要放手，真正做到不缺位、不错位、不越位。

要寓“监管”于“服务”之中。做强做优做大的主体是企业，各项工作必须要由企业来实现，只有企业做好了，才有真正的成绩。国资监管机构要始终把工作的重心放在服务企业上，监督和管理要依照法律法规来执行，寓“监管”于“服务”之中，不能用过多的规定去束缚企业的发展。既要杜绝“门难进、脸难看、事难办”的现象，也要防止出现“门好进、脸好看、事还是难办”的问题。一方面，企业要充分发挥主体作用，坚决杜绝“等靠要”的思想；另一方面，国资监管机构也要当好企业的“推销员”、“后勤部长”。有些历史遗留问题，单靠企业是很难解决的，必须要靠党委政府的关心支持，必须要靠国资监管机构的协调服务。要满腔热忱地帮助企业解决问题，让他们卸下包袱、轻装上阵。

要切实转变机关工作作风。一方面，要深入调查研究。没有调查就没有发言权。机关干部不能高高在上、指手画脚，要深入企业、深入基层，倾听群众呼声，掌握第一手情况，和企业一起研究解决问题的办法。另一方面，要为企业减负。有的企业反映，现在会议多、文件多、考核多、检查多，企业不堪重负。中央高度重视这些问题，专门下发了文件，省委也提出了具体要求，部署了集中整治工作。国资监管机构要认真梳理，今后能不开的会议尽量不开，能不发的文件一律不发，能不搞的考核检查一律不搞，能合并的一律合并，把企业领导人员从一些无谓的事务中解脱出来，集中精力专心谋发展。

要关心企业干部。习近平总书记讲，国有企业干部，是党在经济领域的执政骨干。一方面，要给企业领导人员压责任、压担子，严格要求，使之有动力、有压力。另一方面，现在对干部的要求高、要求多，管理部门的同志要换位思考，设身处地地为企业领导人员着想，理解他们的难处，满腔热忱地帮助他们解决困难。同时，问责、追责都必须在党委领导下，本着实事求是的原则，严格按组织的要求来，严格依法依规执行。

B.6
乘势而上　加快打造内陆开放新高地

何报翔*

一　2018年湖南开放型经济发展亮点纷呈

2018 年湖南开放型经济发展捷报频传、硕果累累。一是实绩看涨。年度目标任务完成良好，全省外贸进出口总额 3079.5 亿元，同比增长 26.5%，增幅居全国第四位，中部第一位；实际使用外资 161.9 亿美元，同比增长 11.9%；实际到位内资 6002 亿元，同比增长 17.7%。“破零倍增”企业新增进口额超 500 亿元，补短板效应显现；外贸主体进一步壮大，有外贸实绩企业达 4630 家。国际物流体系建设成效明显，湘欧班列扩容提质，开通国际全货机航线 4 条，客货运航线覆盖五大洲；岳阳城陵矶进口指定口岸业绩居全国同类口岸前列。园区主阵地作用进一步发挥，园区外贸综合服务中心基本实现全省覆盖，加工贸易项下白银出口审批简化实现重大突破。“产业项目建设年”活动深入推进，新增首次落户 500 强企业 11 家，创近年新高。电子商务进农村综合示范成绩突出，贫困县覆盖率、项目绩效优秀率远高于全国平均水平。自贸区经验复制推广稳步推进，3 批共 56 项自贸区经验，以及 2 批 12 项典型案例全部复制推广到位。二是地位提高。国家层面，湖南省商务和开放型经济各项主要指标增长较快、综合排名不断攀升，外贸增幅继续保持全国前列；内贸流通限上企业突破 1 万家，数量从中部六省的第四位上升到第二位；商务工作领域有 9 项工作在全国性会议上作经验推介。省级层面，开放崛起五大专项行动加快实施，形成了强有力的开放发展工作机制。特别是 2018 年 11 月开放强省暨湘南湘西承接产业转移示范区建设推进大会后，各级党委、政府将发展开放型经济作为重要工作目标，全省各地“以开放促改革、以改革促发展”

* 何报翔，湖南省人民政府副省长。

的共识进一步增强。三是平台升级。平台申报实现重大突破，成功获批湘南湘西承接产业转移示范区、中国（长沙）跨境电商综合试验区、岳阳城陵矶港汽车平行进口试点、湖南高桥大市场市场采购贸易方式试点等重大开放平台；中非经贸博览会永久落户湖南，实现湖南省国家级常设经贸平台零的突破。开放格局进一步优化，长沙开放型经济总量和质量创历史新高，核心增长极作用进一步凸显；湘南湘西加速承接产业转移态势正在形成，湘北口岸功能平台建设成效明显。开放合作范围持续扩大，对接“一带一路”等新兴市场步伐加快，全省各地竞相开放发展的局面逐步形成。

二　当前湖南省开放型经济发展机遇和挑战并存

发展商务和开放型经济，要善于分析、精于研判、审时度势、顺势而为、借势而进、乘势而上。要找准自身优势，发现自身短板，寻找发展机会，既要研判国际国内宏观大势，更要清醒分析本地局部环境；既要正视眼前现状，更要充分预估长远来势。

一方面，湖南开放发展面临诸多历史机遇。从发展基础来看，通过多年的坚持，湖南的商务和开放型经济已经形成了良好的发展态势，破零倍增、限上企业培育、外贸主体培育等政策和措施逐步释放政策红利，给市场注入了活力。2018 年，全省内外贸、内外资、外经、航空货运物流、500 强企业项目投资都保持了较高增长，平台和政策逐步发力，“破零”企业超过 1200 家、“倍增”企业超过 700 家，新增限额以上批零住餐企业 1800 家。从发展机会来看，国家层面，新一轮扩大开放带来了诸多政策利好。例如，放宽市场准入和扩大制度规则的开放，削减制度性成本和推动贸易便利化，出口市场的多元化和主动扩大进口，“一带一路”向纵深推进以及国际合作机制化建设，大规模减税降费等等，这对湖南未来发展都是利好机会。特别是随着汽车平行进口试点、跨境电商综试区、市场采购贸易方式试点、湘南湘西承接产业转移示范区、中非经贸博览会五大国家级开放平台落地并全面推进，湖南的开放发展迎来了前所未有的历史机遇。

另一方面，湖南高水平对外开放也面临不少挑战。既有稳增长、保目标的压力，也面临国际经济形势不稳定、区域竞争加剧的挑战。当前，中美贸易摩擦仍然变化无常、局势不明。过去一年，湖南省与美国的贸易额在逆势中虽然保持了一定增长，但今后局势难以预估。区域竞争方面，我们与湖北、河南、江西等兄弟省市在国际物流通道、产业培育、开放发展投入等方面都还有较大差距。从自身产业基础来讲，湖南大进大出的产业基础仍然薄弱，一些县市区、省级以上开发园区仍然缺乏开放型产业支撑，一些县市区、园区在利用外资、外贸进出口等方面甚至没有实现零的突破。此外，开放意识不强、开放环境欠优、开放人才紧缺，等等，这都将严重制约湖南下一步高水平对外开放和高质量发展。

三　乘势而上，进一步推动湖南省开放型经济高质量发展

2019 年是新中国成立 70 周年，也是决胜全面建成小康社会的关键一年，全省上下要以习近平新时代中国特色社会主义思想为指引，深入贯彻“开放崛起、创新引领”战略，紧盯目标任务，乘势而上，积极进取，推动湖南省商务和开放型经济成果不断巩固和扩大，加快将湖南省打造为内陆开放新高地。

（一）紧盯目标任务，把握商务和开放型经济发展方向

2019 年，我们要围绕“着力打造内陆开放新高地”和“大力推进湘南湘西承接产业转移示范区建设”两大任务，按照“思路项目化、工作数据化、数据目标化、目标责任化”原则，将省政府工作报告确定的目标任务分解到部门、市州、园区和企业，开足马力、铆足干劲，稳扎稳打，扎实推动商务和开放型经济持续快速发展。外贸方面，要继续巩固外贸跨越发展的良好势头。重点要把海关特殊监管区、跨境电商综试区、市场采购贸易方式试点、汽车平行进口等平台的业绩做起来。要继续提高外贸综合服务，下大力气拓展航空货运、国际水运、国际班列这三条生命线，加快开通长沙与非洲的直航。要形成通道 + 平台 + 产业的良性循环，国际通道拓展到哪里，生意就要做到哪里，招商引资和外经外贸就应该到哪里。内贸流通方面，要加快推进内贸供给侧结构性改革，推动供需对接，进一步搞活流通扩大消费。要以全国物

流标准化试点为引领，推动商贸物流标准化建设，完善和落实消费促进政策。要继续加强限上企业培育，抓好节庆、会展、线上消费，办好2019中国国际食品餐饮博览会等展会。外经合作方面，要鼓励有实力的制造企业、科技型企业、文化创意企业向外发展，支持轨道交通、装备制造、工程机械等优势产业和企业“抱团出海”。要推动建设一批境外经贸合作园区，积极推荐条件成熟的境外经贸合作园区进入国家级园区。要办好援外培训并用好资源，通过来湘参加培训的学员架桥拓市，促进湖南省优势企业和优质产品走出去。招商引资方面，瞄准三类500强、战略性龙头企业、行业领军企业，大力推进以“建链、补链、强链”为内容的产业链招商，积极推动跨国公司在湘设立研发中心、区域总部等。落实外商投资准入前国民待遇加负面清单管理制度，探索产业链专题招商、股权招商、基金招商、异地孵化招商，引导广大湘商回湘投资兴业。

（二）狠抓项目推动，提升商务和开放型经济发展实效

项目是源头活水，抓开放最终要落到抓项目上。全省各市州均要储备一批重点招商项目。要以举办2019湖南－粤港澳大湾区项目投资贸易洽谈会、第一届中非经贸博览会等重大活动为契机，引进和储备一批优质项目。在项目招商上，要进一步优化湖南省营商环境，落实外商投资准入前国民待遇加负面清单管理制度，依托省内各类开发园区、综合保税区、湘南湘西承接产业转移示范区等平台，开发包装一批重大项目。要继续加大对三类500强企业、战略投资者的跟踪和引进力度，着力引进一批重大项目。要加强前期对接和沟通，争取有一批重大项目在重大经贸活动上签约。在平台建设上，对已获批建设的几大开放平台项目，包括跨境电商综试区、市场采购贸易方式试点、各类指定口岸，要抓好政策配套、系统规划、产业引进，充分发挥平台项目效益和功能。要注重统筹，把湘南湘西承接产业转移示范区打造成中部乃至全国承接产业转移的投资高地、成本洼地、改革创新主阵地。要继续抓好霞凝货场申报一类口岸、条件成熟支线机场临时开放等工作，为湖南对外开放打开更多通道。在项目落地上，对既有签约项目，要加大项目履约率、开工率、资金到位率调度，加强用地、用工、融资等保障，切实优化发展环境，确保签约项目尽快开工，开工项目尽快建成投产。

（三）坚持改革创新，增强商务和开放型经济发展动力

一是进一步解放思想。2019 年，重点做好自贸区经验复制推广、口岸三互大通关、海关特殊监管区创新、投资审批权限下放等改革，进一步解放思想，凝聚共识，创优环境。二是进一步优化政策组合。从目前来看，我们开放政策的组合度仍不够、融合度不高，政策与政策互不链接，甚至相互打架，财政资金效益没有得到充分发挥。2019 年，要对湖南省开放型经济发展政策，从产业扶持、平台推进、项目支持等方面进行优化组合，该创新的一定要创新，该退出的要坚决退出。内贸资金方面，要重点在限上企业培育、电商平台网络建设、流通平台载体等方面发力。外贸资金，要继续培优培强主体，鼓励龙头企业做强做大。对一些重点企业、重大项目，可以多块资金整合联动支持。三是进一步促进创新融合。要通过举办中非经贸博览会等重大经贸活动，带动一批企业和产业走出去，把非洲的好产品、好项目引进来，实现双向联动。对跨境电商、市场采购贸易、保税经济、临空经济等新兴业态、新兴模式，要加大支持力度，推动形成通道 + 平台 + 产业良性发展格局。要全面梳理和落实中央政策措施，对标兄弟省市，出台吸引外来投资的创新政策。在湘南湘西承接产业转移示范区全面落实自贸试验区可复制经验做法，争取在长株潭地区、国家级园区及排位前十的省级开发区试行。四是进一步增强部门合力。各级商务部门要发挥开放型经济领导小组办公室的牵头抓总职能，调动各方资源，全力以赴、步调一致搞开放，领导小组各成员单位要在政策引导、平台搭建、环境营造、服务协调和保驾护航方面，继续加大服务和支持，进一步增强开放发展合力。

B.7

抓好产业扶贫　助推脱贫攻坚

隋忠诚*

习近平总书记强调指出，“发展产业是实现脱贫的根本之策。要因地制宜，把培育产业作为推动脱贫攻坚的根本出路”。突出产业扶贫在脱贫攻坚中的“治本”作用，为全省打赢打好脱贫攻坚战指明了方向。通过持续抓好产业扶贫，从根本上确保全省脱贫效果的稳定性和可持续性。

一　当前产业扶贫工作怎么看?

（一）产业扶贫至关重要

从“五个一批”中“发展生产脱贫一批”的优先摆位，到“五个振兴”中“产业振兴”的首要地位，都表明了习近平总书记对产业扶贫的高度重视，也反映了产业扶贫在脱贫攻坚中无可替代的重要作用。2016 年 4 月，习近平总书记在安徽考察时指出：“要脱贫也要致富，产业扶贫至关重要，产业要适应发展需要，因地制宜、创新完善。”同年 7 月，习近平总书记在宁夏考察时强调，发展产业是实现脱贫的根本之策，把培育产业作为推动脱贫攻坚的根本出路。这些重要论述，把准了打赢脱贫攻坚战的根本，指明了决胜全面小康的方向。发展产业既是带动群众就业、促进群众增收最直接最有效的路径，更是实现“两不愁、三保障”目标最有力最可靠的支撑。领会好、把握好、践行好习近平总书记关于产业扶贫的重要论述，对我们完成历史使命、打赢脱贫攻坚战尤为重要。从这个意义上讲，产业扶贫是最根本的扶贫，也是最长久的扶贫，关乎脱贫攻坚工作全局，

* 隋忠诚，湖南省人民政府副省长。

关乎当前工作任务完成，关乎稳定和可持续脱贫，关乎脱贫攻坚作风建设，是检验脱贫攻坚成效的一块试金石。近年来，省委、省政府把贯彻落实习近平总书记关于扶贫开发的重要论述作为打赢打好脱贫攻坚战的制胜法宝，按照党中央、国务院的决策部署，坚持把产业扶贫摆在脱贫攻坚的重要位置，通过提高认识，加大产业扶贫工作力度；因地制宜，做好产业扶贫特色项目；正视问题，破解产业扶贫难点瓶颈；保持定力，走好产业扶贫可持续发展路子，扎实推动产业扶贫这个实现脱贫的根本之策。当前离2020年还有不到两年的时间，全省脱贫攻坚已经到了攻坚克难的最关键时期，必须把产业扶贫摆在首要位置、突出位置，因地制宜地把产业扶贫抓实抓好。

（二）产业扶贫成效明显

近年来，全省认真贯彻落实党中央、国务院的系列决策部署，为推动产业扶贫做了一些工作，取得了积极成效。一是坚持以“立柱架梁”为先导，搭建了较为完整的产业扶贫政策框架。从《以精细农业为特色的优质农副产品供应基地建设规划》到《关于推进农业产业精准扶贫工作的意见》，从《关于支持贫困地区发展产业扩大就业的若干政策》到《关于深入推进农业“百千万”工程促进产业兴旺的意见》，从《关于进一步加强产业扶贫的指导意见》到《关于打赢脱贫攻坚战三年行动的实施意见》，全省产业扶贫政策措施体系基本形成。二是坚持以“四跟四走”为引领，探索了一批可复制、可推广的产业扶贫经验模式。探索形成了十八洞村精准脱贫和一瞄二选三突出、扶贫车间、旅游扶贫等一批模式，在全国推广。着力实施特色农业、光伏发电、资产收益、生态扶贫、村社合一、股份合作、金融支持等一批模式，增加了贫困群众收入。三是坚持以新型经营主体为带动，布局实施了一批产业链条长、质量效益较好的产业帮扶项目。结合全省农业七大千亿产业打造和“一县一特”“一特一片”产业布局，瞄准一二三产业全产业链，实施了一批产业项目。据统计，2014～2017年，全省通过产业扶贫项目直接帮助200多万建档立卡贫困人口实现增收脱贫。四是坚持以责任落实为重点，构建了一批灵活高效、务实管用的产业扶贫制度。层层建立产业扶贫联席会议制度，明确了召集人、牵头负责部门、责任实施单位，产业扶贫责任得到较好落实。着力完善金融参与产业扶贫机制，开发推出了“财银保”“惠农担－粮食贷”等产业扶贫产品，率先在全国开展扶贫小额信贷。五是坚持以宣传引导为手段，社会各方支持参与产业扶贫的氛围日益浓厚。全省各级人大、政协以及代表、委员对产业扶贫加强监督、大力支持，提出了一批有价值、有分量的建议、提案，为省委省政府决策提供了有益参考。大力推动“万企联万村”“千企帮千村”，在全国率先启动“互联网＋产业扶贫”，形成了全社会关注支持产业扶贫的良好格局。在这些工作成效中，产业扶贫发挥了十分重要的作用，很多可学可用可推广的经验和模式在全国得到推介，为下步推进产业扶贫工作奠定了良好基础。

（三）产业扶贫问题仍存

产业扶贫工作成效显著，但也客观存在一些突出问题，这些问题既有共性的，也有个性的；既有全国普遍存在的，也有湖南自身存在的。从共性、普遍的问题看，比如，产业扶贫不平衡、精力投放不够，工作重心没有很好转到产业扶贫上来的问题。又比如，抓产业扶贫信心不足的问题，扶贫产业培育时间长、见效慢，而且面临产销市场、自然灾害等多重风险挑战，对此部分地方存在畏难情绪。再比如，从实际情况看，存在“四多四少”的问题，即扶贫非产业项目多，考虑扶贫产业项目少；短期效益项目多，考虑长远效益项目少；产业链短加式能力差的项目多，规避市场风险考虑少；简单扶贫方式多，考虑扶贫造血功能少。存在产业扶贫利益联结不长久、不稳定、不合理等问题，以及农产品产销、农业生产、2020 年脱贫后返贫、负面舆情等风险问题。从个性、自身的问题看，比如，政策落实的问题，近年来，湖南省相继制定出台了一批含金量高、针对性和操作性强的政策文件，但一些地方对这些政策文件重视不够、研究不深，导致很多政策落不了地、生不了效。又比如，主导特色产业谋划不够的问题，一些地方存在扶贫产业规划参差不齐、产业同质重复、产业链条不长等一系列问题。再比如，小额信贷存在还贷风险管控的问题。同时，产业扶贫覆盖面、资金投入、新兴业态等问题，都与湖南省的工作实际紧密相连。对于存在的这些问题，必须要有清醒的认识，增强推动产业扶贫工作的紧迫感。

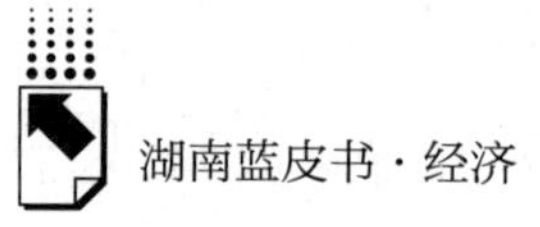

二　下步产业扶贫工作怎么抓?

（一）提高产业扶贫摆位

近年来，全省各地在推进产业扶贫方面做了大量工作，但总体还存在重视不够、注意力和精力投入不够等问题，这是当前及今后一个时期全面打赢全省脱贫攻坚战需要着重解决的问题。下一步，各级各部门在提高工作摆位上，一定要把推进产业扶贫摆到脱贫攻坚的头等重要位置，投入更多精力、花费更多心思，推动扶贫产业发展，夯实脱贫攻坚质量，实现长久稳定脱贫。在落实市县主体责任上，产业扶贫的主体责任在市县，一定要夯实市县脱贫攻坚职责，层层落实责任，真正把产业扶贫工作抓起来。在落实牵头部门责任上，省农业农村部门作为这项工作的牵头部门，要切实担负起全省产业扶贫统筹协调、业务指导的牵头职责，认真深入研究，梳理产业扶贫存在的问题，提出进一步推进产业扶贫的有力措施。各地农业农村部门要结合各地实际，切实负起牵头职责。在落实扶贫队工作责任上，驻村扶贫工作队身处脱贫攻坚的第一线，对贫困村产业发展最有发言权，一定要落实好责任、发挥好作用。

（二）落实产业扶贫政策

落实政策是产业扶贫的重要前提。近些年来，中央和省里围绕产业发展出台了一系列文件，为全省贫困地区产业发展提供了有力的政策保障。比如，省里出台《关于支持贫困地区发展产业扩大就业的若干政策》《关于深入推进农业“百千万”工程促进产业兴旺的意见》《湖南省“一县一特”主导特色产业发展指导目录》等三个文件，每一个文件的含金量都很高，对贫困地区农业产业政策优惠、企业费用降低、企业上市融资、地理标志产品打造、区域公用品牌和特色农产品品牌打造、优质农副产品供应示范基地建设、现代农业产业园建设、三产融合、特色主导产业培育等数十个方面，提出了十分明确的鼓励和优惠政策措施，针对性和操作性都很强。这些优惠实在的产业政策颁布已经有一段时间了，一些地方的领导干部甚至还不清楚，工作中也没有很好地对标开展工作。下一步，各地要在学懂弄通做实现有产业扶贫政策上下功夫，结合实际情况，用好用活用足现有产业扶贫政策，切实打好产业扶贫政策的“组合拳”，推动产业扶贫政策落地生效，真正发挥政策在推动产业扶贫中“四两拨千斤”的作用。

（三）构建产业扶贫长效利益联结机制

建立稳定的利益联结机制是产业扶贫的长远之计。当前，有的地方产业扶贫还存在一些突出问题：在政府层面，一些市县缺乏系统考虑，就产业扶贫论产业扶贫，要么是简单地分发产业扶贫资金，要么是简单分发扶贫猪苗、鸡鸭苗等实物，此类扶贫产业都是短期的。在企业层面，一些贫困地区帮扶产业发展方法简单，特别是分红问题，有的地方简单地把产业扶贫资金交给企业，要求企业每年按比例分红给贫困群众，有的定得很高，企业没有积极性；有的定得很低，贫困群众获益有限。在社会组织层面，农民合作社作为农民自发组织的新型经营主体，是非常接“地气”的产业扶贫利益联结载体，但受管理、市场、人才等因素影响，此类产业扶贫方式有待进一步规范。

构建长效利益联结机制，应当在“长短结合”上着力：一是在紧密联结上着力。要深入研究各类帮扶模式特点，构建紧密利益联结机制，打造扶贫对象和帮扶主体产业共同体、利益共同体。比如，实施“千企帮千村”行动，就要明确双方责任与风险，合理确定利益分配，针对不同情况采用不同的利益分配方式，确保贫困户更多分享产业发展成果。二是在长效稳定上着力。贫困地区与新型农业经营主体合作时，要避免“一锤子买卖”，重在建立持续、长久合作关系。比如，十八洞村与步步高集团合作开发山泉水的产业扶贫模式，就很值得各地借鉴学习。三是在有机衔接上着力。通过推动贫困地区农业社会化服务组织发展，促进小农户与现代农业的有机衔接。四是在模式推介上着力。继续巩固完善扶贫车间、旅游扶贫、特色农业、村社合一、农村电商、资产收益、金融支持等一批成熟的模式，稳步推进园区产业带动、龙头企业带动、混合推进等一批模式，探索推进“村有当家产业、户有致富门路、人有一技之长”稳定脱贫新模式。对这些模式，各地要认真对标、梳理研究。

（四）加强产业扶贫投入保障

国家在制定“十二五”规划时，明确要求扶贫资金70%要用在产业扶贫上。但很多市县对产业扶贫实际投入较少，而是将扶贫资金主要投向贫困地区基础设施建设等容易见效的方面，用于产业扶贫的比例偏低。下一步，加大资金保障力度，重点抓好三个方面：一是加大财政投入。整合的涉农资金主要用于产业扶贫，严格执行省里有关规定，凡纳入整合范围的 39 项中央和省财政涉农资金，必须加大比例保障和满足产业发展资金需求。财政涉农资金既可以用于直接发展扶贫产业，也可以投向当地主导产业的薄弱环节，还可以将资金折股量化到贫困户头上建立利益联结机制。二是撬动金融参与。要加快创新金融服务和产品，深入推进金融资源、金融手段融入产业扶贫全过程，促进扶贫小额信贷、惠农担、财银保等金融产品健康发展。三是加强项目储备。要根据相关要求，加强产业扶贫项目论证和储备，提高扶贫资金投入精准度和有效性。四是加大招商引资力度。大力推动“迎老乡、回故乡、建家乡”工作，沃康油业就是一个典型例子。

（五）扩大产业扶贫覆盖面

在中央明确提出“五个一批”脱贫措施中，发展生产脱贫是最基本、最根本的脱贫之策。省委、省政府明确要求通过产业扶贫实现 350 万建档立卡贫困人口脱贫，占建档立卡贫困人口的 51.5%。当前，湖南省产业扶贫离这个目标还有较大差距。

下一步，要把提高产业扶贫覆盖面作为检验工作成效的重要标准，重点针对不同贫困对象，分类施策。一是针对有劳动能力的贫困人口，将其作为产业扶贫重点对象，鼓励支持其按照符合自身条件的方式发展产业，力争每户有 1 个以上产业增收项目、有培训意愿的贫困户掌握 1 门以上就业创业技能。二是针对有部分劳动能力的贫困人口，尽可能将其纳入产业扶贫中来，帮助其实现自力更生。三是针对丧失劳动能力的贫困人口，主要依靠社会救助兜底保障。四是针对已经脱贫的原贫困人口，继续统筹抓好产业扶贫，巩固脱贫成果，包括易地扶贫搬迁贫困人口产业支撑。

（六）加快发展产业新兴业态

贫困地区具有良好的生态环境、丰富多样的绿色优质农产品，具有发展新兴业态的巨大潜力。一方面，新业态基础比较薄弱。当前，贫困地区新兴业态发展有一定的基础，但总体水平相对滞后，乡村旅游开发尚处在初级阶段，农家乐大多地处偏远、数量有限、规模较小，农旅结合效益不高。农业初级产品多、精深加工少，链条比较短，绿色优质农产品多在路边销、本地卖，电商上行渠道受限。另一方面，新业态带动能力不强。贫困地区新兴业态结构单一，覆盖面不广、辐射力不强，上下游延伸不够。比如，农家乐、农村电商等均是如此。

促进贫困地区新兴业态发展，需重点抓好三个方面：一是注重抓农产品加工发展。依托“千企帮千村”平台，支持鼓励农业龙头企业在贫困地区建设规模种养基地，拓展建设物流营销和服务网络。大力推广农产品身份证制度，培育优质农副产品品牌，以品牌引领农村一二三产业融合发展。二是注重抓乡村旅游发展。加快推进农业与旅游、健康、教育、文化等产业的深度融合，开发一批有特色、高品位的休闲产品，建设一批功能配套齐全、全国知名的农业（森林、湿地）公园、休闲观光农业园区、特色旅游村镇等。推广“双带双加”旅游扶贫模式，着力构建“旅游 + N”完整产业链条，提升乡村旅游的综合效益。三是注重抓农村电商发展。加快实施贫困地区信息进村入户工程，支持电商、快递、物流企业拓展农村业务。积极主动与大型电商企业合作，发展本土电商、微商，广辟农产品线上销售渠道。抓好“中国社会扶贫网”湖南上线试点工作，推动“互联网 + 社会扶贫”。加强农村电子商务人才教育培训。四是注重抓农产品品牌建设。进一步明确贫困地区农产品品牌建设思路，既抓“顶天立地”的大品牌、区域公用品牌，又抓“铺天盖地”的小众品牌、特色品牌；既打造农业龙头企业的“航空母舰”，又注重培育农产品加工小巨人企业，发展农产品加工产业集群。充分发挥龙头企业等新型经营主体的带动作用，注重产业链条延伸。

（七）重视产业扶贫风险防控

当前，全省推动产业扶贫工作的正效应很多，但也面临着各种潜在挑战和风险，重点是防控六类风险。一是小额信贷的风险。从 2019 年开始，全省扶贫小额信贷逐步进入到期还款高峰期，各地都将面临贷款如期回收的压力和风险。一些地方对此重视不够、措施不多、防得不严，出现逾期明显增多或连续多月有较多逾期的情况，个别地方对户贷企用项目监管不到位，已经出现了企业到期难以正常还款的苗头。湖南省在这方面搞得早，问题也露得早，风险防控必须引起注意和重视。二是农产品产销的风险。近年来，农产品价格大起大落现象较多，加之市场信息不对称，流通体系不健全，农产品“卖难”“贱卖”风险加大，一些贫困地区农产品经常出现滞销。下一步，要加快建设覆盖全省的农产品市场信息发布平台和系统，引导贫困地区农民跟着市场走，生产适销对路农产品。要在帮着卖上下功夫，大力推广农超、农校、农社、农企等产销对接模式，探索开办贫困地区特色农产品直销店，加强与大型商超企业合作。三是农业生产的风险。农业对于自然环境的依赖性很强，“靠天吃饭”的格局还未根本改变，特别是贫困地区农业基础设施薄弱，自然风险防范能力较为脆弱。下一步，要切实加大农田水利、农机等设施装备建设投入力度，着力补齐农业发展短板。加强贫困地区自然灾害监测预警精度，探索建立特色农产品保险和价格指数保险，有效化解农产品的自然风险、市场风险。扎实做好非洲猪瘟、禽流感等防控工作。四是光伏扶贫的风险。目前，全省在光伏扶贫项目推进中仍存在一哄而上、重建轻管、只建不管等问题。对此，各地要认真贯彻落实国家的相关政策要求，电站建设资金要以政府性资金投入为主，不得负债建设，企业不得投资入股。加强运维管理。五是 2020 年脱贫后返贫的风险。目前，贫困地区工作重心主要聚焦在 2020 年整体脱贫上，对于这之后如何巩固稳定脱贫成果，要注重思考各地特别是已经摘帽和即将摘帽的市县，要把这个问题提到重要议事日程，立足本地实际，提前谋划 2020 年整体脱贫后的成果巩固问题，加快形成总体工作思路举措。六是负面舆情的风险。农产品质量问题是全社关注的焦点热点，一旦发生食品安全负面舆情，会给脆弱的贫困地区农业生产带来沉重打击，可能毁掉一个产业，这样的教训案例很多。因此，必须要进一步加大产业扶贫政策、措施、重点等的正面宣传引导力度，加强与媒体进行沟通，形成全社会支持参与的浓厚氛围。

总 报 告

General Reports

B.8

2018～2019年湖南经济发展研究报告

湖南省人民政府发展研究中心课题组*

2018 年，面对国内外复杂多变的形势，湖南省委、省政府坚决贯彻落实党中央和国务院的宏观决策部署，稳中求进、精准施策，大力实施创新引领开放崛起战略，坚决打好三大攻坚战，全省经济运行总体平稳，结构调整和转型升级继续推进，发展质量不断提高。

一 2018年湖南经济发展情况

（一）湖南经济运行的主要特点

1. 经济总量排位上升，经济运行总体平稳

一是经济总量上升至全国第 8 位。2018 年，湖南 GDP 总量达 36425.78 亿元，经济总量由上年全国第 9 位上升至全国第 8 位，但仍居中部省第 3 位；

* 组长：谈文胜（湖南省人民政府发展研究中心党组书记、主任）；副组长：唐宇文（湖南省人民政府发展研究中心副主任、研究员）；成员：李学文、田红旗、张诗逸。

全年 GDP 增长 7.8%，增速同比回落 0.2 个百分点，与上半年持平。二是工业生产增速小幅加快。2018 年，湖南规模工业增加值增长 7.4%，增速同比加快 0.1 个百分点，比上半年加快 0.4 个百分点。三是就业稳步增长。全年湖南城镇新增就业 79.45 万人，同比增加 4.32 万人；城镇登记失业率 3.58%，为近年最低水平。四是物价温和上涨。全年湖南居民消费价格上涨 2%，涨幅比上年扩大 0.6 个百分点；其中，城市、农村分别上涨 1.9%、2.0%。

2. 经济结构调整优化，新动能加快成长

一是服务业比重不断提高。2018 年，湖南服务业占 GDP 的比重达 51.8%，同比提高 2.3 个百分点。二是新兴产业增长较快。2018 年，湖南高加工度产业、高技术产业、战略性新兴产业增加值分别增长 10.1%、18.3%、10.5%，分别比规模工业增速高 2.7、10.9、3.1 个百分点。全年接待国内外游客总人数、实现旅游总收入分别增长 12.5%、16.5%。全年快递业务总量、快递业务收入分别增长 33.4%、25.4%。三是投资结构继续优化。2018 年，湖南工业投资、高新技术产业投资、民间投资分别增长 32.4%、51.1%、25.2%，增速分别比上年提高 25、26.4、10.7 个百分点；工业投资、高新技术产业投资、民间投资增速分别比全省投资高 22.4、41.1、15.2 个百分点。四是出口增速居全国和中部省前列。2018 年，湖南出口增长 29.5%，增速居全国第 2 位、中部第 1 位；其中，民营企业出口增长 35.5%，民营企业出口额占全部出口的比重同比提高 3.5 个百分点。五是农村经济提质增效。2018 年，湖南主动调减单产较低、品质较差的早稻和双季晚稻种植面积 616.40 万亩，同时增加单产较高、品质较优的中稻和一季晚稻种植面积 271.83 万亩，粮食总产量仍然稳定在 600 亿斤以上。

3. “产业项目建设年”成效初显，园区发展稳步提升

一是 500 强和重大项目引进成效明显。2018 年，湖南扎实开展“产业项目建设年”活动，全省新引进 114 家“500 强”投资项目 177 个，其中，11 家世界 500 强企业首次落户，12 个项目投资过百亿。二是园区建设加速推进。全年省级以上园区规模工业增加值增长 8.9%，比整个规模工业快 1.5 个百分点。11 个国家级园区资料显示，2018 年，各园区均有一批重大项目开工建设和竣工投产，如长沙高新区、长沙经开区新引进投资过 10 亿元项目数分别达

12 个和 10 个；2018 年全省共获批 7 家国家级智能制造示范企业，居中部六省第 1 位，7 家国家级智能制造示范企业均在国家级园区。

4. 三大攻坚战初战告捷，持续发展的基础更加稳固

一是着力化解地方债务风险。2018 年，湖南出台了化解地方债务风险的有力举措，对部分政府性投资项目实施“停缓调撤”，在全国率先推行 PPP 与政府购买服务负面清单，着力推动地方融资平台公司市场化转型；严厉打击非法集资，开展互联网金融风险专项整治和交易场所清理整顿，全省政府债务风险总体可控。二是脱贫攻坚已取得阶段性进展。2018 年，湖南 131 万农村贫困人口脱贫，2491 个贫困村脱贫出列，18 个贫困县脱贫摘帽，贫困发生率由 3.86% 下降到 1.5% 以下，湘西十八洞村成为全国精准脱贫样板。三是污染防治强力推进。2018 年，湖南启动污染防治攻坚战三年行动计划，强力拆除下塞湖矮围，关停“散乱污”企业 3734 家，株洲清水塘工业区的 261 家化工冶炼企业已全部退出。湘江干、支流 157 个考核断面中，Ⅰ~Ⅲ类水质断面 155 个，达到 98.7% 。

5. 持续推进重点领域改革，经济活力进一步增强

一是供给侧结构性改革深入推进。去产能，全年化解煤炭产能 621 万吨，关闭淘汰企业 1296 家。房地产去库存，12 月末，全省商品房待售面积下降 14.6% 。去杠杆，2018 年湖南规模以上工业企业资产负债率同比下降 0.7 个百分点。降成本，全年为企业减税 125 亿元左右，降费 6760 万元。二是“放管服”改革。截至 2018 年底，省、市、县行政许可事项分别精简 65% 、46% 和 26% ，非行政许可审批事项全部取消，将原有 63 项报建审批事项减少为 40 项，向省直管县赋权 406 项。三是农村改革取得积极进展。2018 年，全面完成农村承包地确权登记颁证工作，农村集体资产清产核资主体任务基本完成。四是加快商事制度改革步伐。整合 21 个部门 37 个涉企证照实行“多证合一”，不断深化电子营业执照、登记全程电子化、简易注销、“最多跑一次”等改革，大力压缩企业开办时间，全省企业开办的平均时间压缩至 3.81 天。全省新登记市场主体 79.48 万户，新增注册资本 1.15 万亿元。

（二）湖南经济运行中存在的突出问题

1. 工业利润增速持续走低，工业生产存在隐忧

一是工业品出厂价格指数和工业利润增速持续走低。2018 年，湖南工业

品出厂价格指数上涨3.2%，涨幅比上年回落2.6个百分点，比全国同期低0.3个百分点；规模工业企业利润增长9.3%，增速分别比上年同期、2018年上半年回落14.7、8.1个百分点，比全国同期低1个百分点。二是工业生产预期不稳。国家统计局发布的全国2018年12月制造业PMI中的新订单指数为49.7，较11月回落0.7，已连续七个月回落。12月湖南PMI指数比11月和10月也分别回落了0.3个和0.8个百分点；再加上全球贸易保护主义势头明显上升，特别是中美贸易争端的不确定性，也对湖南产品出口和工业生产预期产生不利影响。

2. 投资增长面临较多的困难

一是基础设施投资拖累投资增长。2018年，湖南基础设施投资下降10.1%，而上年同期基础设施投资增长15.9%；在工业投资和房地产投资增速均高于全省投资增速的情况下，基础设施投资下降成为湖南省投资增长乏力的主要原因。二是今年虽然国家加强逆周期调控，但不会搞大干快上和“大水漫灌”。再加上严控地方政府债务风险，大幅增加基础设施投资仍受到较多的制约因素。由于中央遏制房价过快上涨的决心未变，房地产投资有较大的不确定性；需求不足，工业生产领域仍面临产能过剩的困扰，工业投资继续大幅增长缺乏可持续性。三是土地、资金等要素制约园区产业投资增长。2018年以来，部分园区投资增速出现回落或下降，一方面是受到外部环境明显变化的不利影响，另一方面也受到土地、资金等要素制约。长沙经开区剩余开发建设面积不足6000亩，其中3774亩为绿化、公共设施、道路用地及边角余料，土地供给严重不足；湘潭经开区目前有15个项目共约2869亩土地急需报批；反映项目用地不足或用地紧张的园区还有长沙高新区、株洲高新区、衡阳高新区、岳阳经开区、浏阳经开区、宁乡经开区、怀化高新区。融资难、融资贵也是目前很多园区企业反映的普遍问题，中小民营企业特别是轻资产的科技型企业此类问题依然突出，知识产权质押贷款、信用贷款等创新金融产品供给不足、门槛过高。

3. 汽车等升级类消费增速明显趋缓

一是汽车等升级类消费增速明显回落。2018年，湖南交通电器设备类商品零售额增长6.4%，增速比全省消费低3.6个百分点，比上年低3.5个百分点；其中，汽车类、家用电器类商品零售额分别增长6.1%、8.6%，增速分别比上年低3.2、3.8个百分点。文化娱乐体育健康类商品实现零售额增长3.8%，增速比全省消费低6.2个百分点，比上年低8.8个百分点；其中，中西药品类、文化办公用品类、体育娱乐用品类分别增长10.5%、8.6%、3.1%，增速分别比上年低1.8、13.1、7.7个百分点。二是服务类消费快速增长挤压实物消费。由于升级类消费品连续多年快速增长，基数不断扩大，城镇汽车保有量不断上升，再加上目前服务类消费快速增长，服务类消费并未统计在社会消费品零售额中。在城乡居民收入增长稳定的情况下，服务类消费快速增长在一定程度上挤压了汽车等实物消费。

二 2019年湖南经济发展环境分析和走势预测

（一）2019年湖南经济发展环境展望

1. 全球经济增长动能持续减弱，增速或将继续放缓

2018年，全球经济延续复苏态势，但动能有所减弱，主要经济体增长态势、通胀水平和货币政策分化明显。美联储持续加息，贸易保护主义升温，新兴经济体资本流出加剧，金融市场持续震荡。除美国经济依然比较强劲之外，中国、欧元区、日本等主要经济体增速均有所下行。2019年1月IMF最新预测报告显示，2018年全球经济预计增长3.7%，较2017年回落0.1个百分点；其中，发达经济体和新兴经济体2018年分别增长2.3%、4.6%，较2017年均回落0.1个百分点。

展望2019年，受贸易摩擦、地缘政治紧张局势等不确定因素影响，全球贸易和投资增长放缓，经济增长动能将持续减弱。IMF、世界银行、OECD等国际机构纷纷下调2019年全球经济增长预期，1月IMF预测2019年全球经济增长3.5%，较上年10月预测下调0.2个百分点；其中，发达经济体和新兴经济体2019年预计分别增长2.0%、4.5%，较上年10月预测分别下调0.1、0.2个百分点。

美国经济进入扩张后的回调阶段。2018年，美国经济增长2.9%，为2015年以来最佳增速；其中，四季度GDP年化季增率为2.6%，低于三季度的3.4%。美国汽车销量、企业投资、新屋开工量等经济周期敏感指标在四季度

均有所回落，显示美国经济增速将有所回调。展望2019年，从先行指标看，2019年1月和2月密歇根大学消费者信心指数分别为91.2、93.8，低于上年均值98.4，且1月指数创2016年10月以来最低水平。财政刺激效果消退、贸易摩擦以及加息对经济的滞后影响仍是美国经济面临的主要风险。IMF预计2019年美国经济增速为2.5%，较上年下降0.4个百分点。

欧元区仍将在困局中艰难前行。2018年，欧元区经济整体表现不佳，欧元区经济增长1.8%，增速较上年放缓0.6个百分点；其中，四季度GDP环比增长0.2%，创2014年以来最低增速。2019年2月欧元区制造业PMI较上月下滑1.2至49.3，已连续7个月下降，为2013年6月以来首次跌破荣枯线；英国脱欧、意大利经济政治局势、贸易保护主义等风险在进入2019年后依然存在，欧元区经济增速仍将维持下行态势。IMF预计2019年欧元区经济增速较上年下降0.2个百分点至1.6%。

日本经济仍维持低速增长。2018年，日本经济同比增长0.7%，增速较上年放缓1.2个百分点；其中，四个季度经济环比增速分别为-0.2%、0.6%、-0.7%和0.5%，经济运行波动较大。四季度日本个人消费和设备投资有所恢复，但出口不振，核心消费通胀率依然较低。虽然日本经济已连续7年保持增长，但增长势头已显露疲态，日本本轮景气扩张期的平均经济增速仅1.2%，是罕见的低增长。2019年，日本央行继续实施大规模货币宽松政策，东京被选定为2020年夏季奥运会和残奥会的举办地，将刺激基础设施建设需求；新天皇即位或许给日本经济注入生机。IMF预计2019年日本经济增速为1.1%，较上年提高0.4个百分点。但是，全球需求放缓和贸易保护主义升温是2019年日本经济面临的最大风险，10月份提高消费税也是一次重大考验。

新兴经济体内部经济继续分化，总体经济增速仍将下滑。2018年，美联储持续渐进加息，导致新兴经济体面临资本外流压力，贸易紧张局势加剧使得出口环境恶化，新兴经济体内部经济增长出现明显分化，除印度等少数国家之外，其他主要新兴经济体经济增速均有不同程度的回落，部分新兴经济体货币出现不同程度的贬值。展望2019年，全球经济增长动能进一步减弱，不确定性因素增多，下行风险加大，新兴经济体之间经济增长进一步分化，整体经济增速也将小幅下滑。IMF预计2019年新兴经济体经济增速较上年下滑0.1个百分点至4.5%。

2. 我国经济运行将缓中趋稳，仍有望保持在合理区间

2018 年，我国 GDP 增长 6.6%，增速较上年回落 0.2 个百分点，创下 1990 年以来的年度增速新低。虽然外部环境复杂严峻，我国经济面临下行压力，但高技术产业、装备制造业、网上零售增势良好，制造业投资和民间投资增长较快，新旧动能加速转换，我国经济呈现缓中趋稳、稳中有进的发展态势，较好地完成了全年预期增长目标。

展望 2019 年，从宏观经济政策来看，中央明确提出，宏观政策要强化逆周期调节，继续实施积极的财政政策和稳健的货币政策。积极的财政政策加力提效，通过扩大赤字、更大规模减税降费、较大幅度增加地方政府专项债券规模等手段稳定社会预期，增强企业和居民获得感。货币政策更加稳健灵活，保证流动性充裕合理，增强市场活力和创新力。2019 年各项宏观政策目标将聚焦在“六稳”上，主要抓手和具体工作将落在“三大攻坚战”、支持实体经济发展、提振消费、补基建短板等方面。综合考虑国内外各种因素的作用和影响，预计 2019 年我国经济增速将略有回落，但仍保持在合理区间运行。

（二）湖南经济发展前景预测

1. 经济运行仍将延续总体平稳、稳中趋优的发展态势，预计 GDP 增长7.8%左右

2018 年，湖南省 GDP 增长 7.8%，增速同比回落 0.2 个百分点。展望 2019 年，全球经济增长动能持续减弱，全球和全国经济增速都将温和回落，但考虑到“六稳”思路下有利的宏观政策环境，以及湖南省在创新驱动、开放崛起、新旧动能转换等方面向好因素不断累积，预计 2019 年湖南省有望延续总体平稳、稳中趋优的发展态势，预计全年 GDP 将达到 39600 亿元左右，增长 7.8% 左右，其中第一产业、第二产业、第三产业分别增长 3.5%、8% 和 8% 左右。

2. 工业生产仍将在中高速平台波动调整，预计全年规模工业增加值增长7.9%左右

2018 年，湖南省规模工业增加值增长 7.4%，较上年提高 0.1 个百分点。展望 2019 年，从支撑工业生产的有利因素看，一是实体经济发展环境持续改善，围绕中小企业、民营企业等实体经济发展，国家和湖南省在减税降费、改善融资等方面出台了系列政策，未来政策效果将进一步显现。二是随着供给侧

结构性改革深入推进，有利于稳定工业投资和生产。三是工业新兴动能稳步增强，2018 年，全省高技术产业增加值增长 18.3%，工业投资增长 32.4%，其中高新技术产业投资增长 51.1%，预示着未来高新技术产业、战略性新兴产业仍将维持良好发展势头。

从不利因素看，一是需求端仍然面临放缓压力，2018 年 12 月全国制造业 PMI 首次回落至荣枯线下方，在国际、国内经济都将有所放缓的情况下，需求扩张预计将继续放缓。二是企业发展面临的困难依然较多，在防范系统性金融风险、去杠杆背景下，融资难、融资贵问题持续存在；在产业升级、人口红利消退的情况下，技术工人招聘难、劳动密集型企业集中用工阶段招工难等问题依然存在。三是工业领域部分新兴动能增速从高位开始回落，如汽车制造业增速由上年的 44.8% 回落至 12.4%，医药制造业增速也从 13.1% 回落至 8%，对未来工业生产影响较大。综合判断，2019 年湖南省工业生产仍将在目前的中高速平台上波动调整，预计全年规模工业增加值增长 7.9% 左右。

3. 投资增速有望企稳回升，预计全年固定资产投资增长11%左右

2018 年，湖南省固定资产投资增长 10%，较上年下降 3.1 个百分点。展望 2019 年，从推动投资增长的有利因素看，一是在加大基础设施领域补短板力度等“稳投资”政策带动下，作为中部欠发达地区，湖南省在基础设施建设方面有望获得国家更大的支持力度。二是产业投资有支撑，一方面，在持续的减税降费减轻企业负担后，企业投资信心增强；大力解决民营企业生产经营困难，将进一步激发民营经济活力；另一方面，在产业转型升级和消费升级的推动下，高技术产业以及旅游、文化、体育、健康、养老、教育培训等幸福产业投资仍将保持较快增长。三是房地产投资在刚性需求的推动下仍将保持平稳增长。

从不利因素看，一是债务风险对融资的约束依然较强，防范化解政府隐性债务风险仍是未来一段时期的重要任务，基础设施投资资金来源仍将受到较大限制和制约。二是重大项目支撑能力不足，2018 年 1～10 月，全省重大项目投资同比下降 6.3%，呈持续回落态势；新开工重大项目计划总投资更是大幅下降 30.5%，不利于后续投资增长。三是财政收入增长缓慢制约政府在基础设施、民生、生态环保等领域的投资增长。综合判断，2019 年湖南省固定资产投资增速有望企稳回升，预计全年固定资产投资增长 11% 左右。

4. 消费增速将缓中趋稳，预计全年社会消费品零售总额增长10%左右

2018年，湖南省社会消费品零售总额增长10%，较上年回落0.6个百分点。展望2019年，消费仍将继续发挥对经济发展的基础性作用，从促进消费增长的有利因素看，一是城乡居民收入持续稳定增长，尤其是农民收入增速加快，为后期消费稳步运行提供了良好基础。二是个税起征点上调增加了中低收入群体收入，扣除细则的实施将部分减轻购房、教育等对城镇居民消费的影响。三是消费业态的创新和消费短板的补齐有利于释放消费潜力，线上线下联动的新型零售有利于推动消费增长；农村流通体系建设取得明显进展，交通、通信等消费基础设施建设水平明显提高，将极大提高城乡居民共同消费的便利程度。

从不利因素看，一是居民消费能力受限，不管是购房等大额支出对消费的挤出效应，还是经济进入新常态后居民收入增长的放缓，都制约了居民消费能力的进一步提升。二是汽车等高价值商品消费和家具家电等大宗商品消费增长放缓，汽车消费进入中低速增长阶段，房地产调控抑制了关联商品，如家电、家具、建筑装潢材料等消费的增长，都将给消费品市场带来下行压力。综合判断，2019年湖南省社会消费品零售总额增速将缓中趋稳，预计全年社会消费品零售总额增长10%左右。

5. 外贸进出口增长面临较大压力，预计全年出口总额（人民币，下同）增长25%左右，进口总额增长18%左右

2018年，湖南省出口总额增长29.5%，进口总额增长21.2%，较上年分别回落3.8和32.2个百分点。展望2019年，从支撑湖南外贸增长的有利因素来看，一是对接融入“一带一路”成效将进一步显现，2018年，湖南省与俄罗斯联邦、韩国、日本以及东南亚的马来西亚、印尼、泰国、新加坡等国的外贸快速增长，随着经贸往来进一步密切，未来与“一带一路”沿线国家的外贸仍将保持较快增长态势。二是深入扩大开放的机遇，国家层面进一步推动对外开放范围扩展层次提升，为企业提供了海外市场空间和国际产能合作机会；湖南省深入实施开放崛起战略，外贸“破零”企业主体大幅增长，有利于未来外贸的稳定增长。三是中美贸易摩擦的阶段性缓和，首届中国国际进口博览会举办，也有利于外贸进出口的平稳增长。

从不利因素看，一是世界经济增长动能有所减弱，国际贸易在保护主义等

多种因素影响下持续低迷，外部需求不旺制约湖南省进出口增长。二是中美贸易摩擦仍存在不确定性，尽管目前出现阶段性缓和，但考虑到美国以“遏制”为导向的对华战略不会转向，未来贸易摩擦仍存在反复和升级的可能。综合判断，2019 年湖南省外贸进出口增长面临较大压力，预计全年出口总额增长 25% 左右，进口总额增长 18% 左右。

6. 物价水平将有所抬升，预计全年 CPI、PPI 分别上涨2%、1.5%左右

2018 年，湖南省居民消费价格（CPI）总水平上涨 2.0%，工业生产者出厂价格上涨 3.5%。展望 2019 年，CPI 涨幅将有所扩大，前期贸易摩擦下大豆等商品关税提高将推动物价上涨；受饲料价格上涨、非洲猪瘟及进入新一轮猪周期等因素影响，猪肉价格将维持上涨态势；但考虑到需求总体偏弱、粮食产量和库存双高、大宗商品价格稳定等因素，CPI 上涨空间有限。PPI 涨幅将继续回落，由于去产能、环保限产等供给收缩政策的持续，以及工业需求端的走弱，工业品价格或将继续回落，但原油价格在地缘政治风险激化等因素影响下面临上涨压力，使得 PPI 回落幅度较为温和。综合预计，2019 年湖南省 CPI、PPI 分别上涨 2%、1.5% 左右。

表 1　2019 年湖南主要宏观经济指标测算表

指标	单位	2018 年实际		2019 年预测	
		绝对数	增长率%	绝对数	增长率%
国内生产总值*	亿元	36425.78	7.8	39600	7.8
第一产业*	亿元	3083.58	3.5	3200	3.5
第二产业*	亿元	14453.50	7.2	15800	8
工业增加值*	亿元	11911.23	7.4	13200	7.9
第三产业*	亿元	18888.70	9.2	20600	8
规模工业增加值	亿元	—	7.4	—	7.9
固定资产投资	亿元	—	10	—	11.0
社会消费品零售总额	亿元	15638.26	10	17200	10.0
出口总额	亿元	2026.73	29.5	2500	25.0
进口总额	亿元	1052.79	21.2	1200	18.0
居民消费价格指数	上年 = 100	102	2.0	102.0	2.0

注：1. 带 * 指标绝对数为当年价，增长速度按可比价计算；

2. 2013 年起，规模工业增加值绝对数不对外公布；2018 年固定资产投资绝对值未公布。

三　2019年对策建议

2019年是新中国成立70周年，是全面建成小康社会关键之年。全省上下应保持战略定力，坚持以供给侧结构性改革为主线，认真贯彻落实“巩固、增强、提升、畅通”八字方针，继续打好三大攻坚战，进一步做好稳就业、稳金融、稳外贸、稳外资、稳投资、稳预期工作，推动湖南省经济高质量发展。

（一）深入推进供给侧结构性改革

一是巩固“三去一降一补”成果。重点是继续处置“僵尸企业”，进一步加快淘汰落后产能的步伐，降低全社会各类营商成本，有效减轻企业负担。二是增强微观主体活力。政府应更多运用市场化、法治化手段，破除各类要素流动壁垒，进一步减少对资源配置的干预。三是提升产业链水平。重点是加快解决关键核心技术“卡脖子”问题，强化核心基础零部件、关键基础材料、先进基础工艺和产业技术基础等工业基础能力建设，培育和发展新的产业集群。四是畅通国民经济循环。要继续推进“放管服”改革，优化营商环境，提高经济社会的运行效率。

（二）着力推动制造业高质量发展

一是坚持创新引领战略。要抓住湖南获批建设创新型省份的机遇，认真落实《湖南创新型省份建设方案》和《长株潭国家自主创新示范区建设三年行动计划》，优化创新创业生态，进一步发挥湖南科教资源优势，坚持“三区一极”的战略定位，抓好“三谷多园”建设，统筹推进长株潭国家自主创新示范区、国家创新型城市、国家高新区等创新平台载体建设。二是抓住智能制造这个核心，建设以中国智能制造示范引领区为目标的现代制造业基地。要加快制造强省建设，培育壮大新材料、生物医药、电子信息、5G、节能环保等新兴产业，大力促进互联网、大数据、人工智能同实体经济深度融合；扎实抓好湖南省20个工业新兴优势产业链，力争在部分重点领域率先突破，推动湖南省制造业加速向数字化、网络化、智能化、绿色化方向延伸拓展。三是大力发展设计、研发等生产性服务业，推动湖南省制造业向产业价值链高端发展。四是加强产业人才队伍建设。高端人才要坚持引进与本土培养同步的原则，突出需求导向，加快引进重点产业、重点领域创新型领军人才和创新团队；要加大高技能人才培养力度，增加职业教育和职业技能培训投入，进一步加强职业院校与企业的合作，提高技能人才待遇，畅通技能人才晋升通道，弘扬工匠精神，培养和建设知识型、技能型、创新型的技工人才队伍。

（三）聚焦补齐发展短板稳投资

一是抢抓国家政策机遇。要抓住国家“十三五”规划中期调整和加大补短板力度的机遇，围绕基础设施、企业技术创新等关键领域和民生领域的薄弱环节谋划重大项目，加强与国家相关部委的对接，积极争取国家支持。二是加强资金土地等要素保障工作，保证在建项目顺利实施。要加大财政性资金支持力度，尤其是加快地方政府专项债券发行和使用进度；要积极引导金融机构加大对重大建设项目的融资支持力度；对用地存在较大缺口的园区和项目，建议省政府协调在用地指标方面给予支持。三是进一步激发民间投资的积极性。要继续大力清理针对民间资本准入的不合理限制，破除“玻璃门”、“旋转门”和“弹簧门”等隐形壁垒，优化民间投资环境。四是拓宽融资渠道。要抓住国家设立科创板、试点注册制的机遇，积极推动企业上市融资，努力提高直接融资比重。

（四）进一步挖掘消费潜力

一是稳就业，兜底线，努力提高城乡居民收入。坚持就业优先战略，做好重点群体的就业工作，鼓励以创业带动就业；要健全和完善社会保障制度，认真执行社会救助和保障标准与物价上涨挂钩的联动机制，保障群众基本生活；要认真落实好个税改革政策，让纳税人及时尽享改革红利。二是大力发展绿色消费和新兴消费，增加有效供给。要大力发展新能源汽车等绿色产品，增加信息、旅游、文化、体育、健康、养老、教育培训等新兴消费有效供给，满足群众消费升级的需求。三是加快释放农村市场消费潜力。要积极发展农村电子商务，推动农村消费提质扩容，加大支持优质工业品下乡的政策力度。四是着力改善消费环境。继续完善消费者权益保护机制，加大市场监管和执法力度，切实维护消费者合法利益。

（五）大力发展开放型经济

一是进一步降低进出口企业成本。要继续推进海关、边检、海事一次性联合检查和铁路运输货物无纸化通关，进一步压减通关时间并降低通关费用；要清理规范涉企收费，完善出口退税政策，降低出口查验率。二是加快长沙国家级跨境电商综合试验区建设。要积极发展跨境电商、旅游购物、市场采购等新兴业态，加强与“一带一路”国家和地区的合作，扩大湖南省工程机械、轨道交通、电子信息、新材料等优势产品出口规模。三是放宽准入优化环境稳外资。参照广东、福建等省做法，加快出台湖南省鼓励外商投资的政策措施，全面实行准入前国民待遇加负面清单管理模式，不断提升投资贸易便利化水平，切实维护外资企业知识产权等合法权益。

（六）不断提振发展信心稳预期

一要稳定经济增长预期。要引导市场主体和群众正确认识湖南省经济基本面，尽管当前湖南省主要经济指标出现回落，经济发展面临一些新问题新挑战，但湖南省经济长期向好的基本面没有变，对湖南省经济继续保持稳中有进、稳中向好发展态势要有信心。二要稳定政策预期。要保持政策的连续性和稳定性，把握政策力度和节奏，防止政策频繁起落和摇摆；同时，要做好政务信息公开工作，加大政策解释力度，让市场主体和广大群众了解政策背景、政策目的、政策内容、政策对象，防止散布虚假信息。三是及时回应社会关切。要建立健全舆情收集、研判和回应机制，针对社会普遍关注的热点难点问题，要明确改革方向，落实承诺，给市场释放积极信号。同时，应该把困难问题如实向社会披露，动员社会共同面对危机，渡过难关。

B.9
2018～2019年湖南产业经济发展研究报告

湖南省人民政府发展研究中心课题组*

2018年，在省委、省政府坚强领导下，全省上下坚持以习近平新时代中国特色社会主义思想为指导，认真贯彻党的十九大、十九届二中、三中全会精神和党中央国务院各项决策部署，坚持稳中求进工作总基调，对标高质量发展要求，大力实施创新引领开放崛起战略，全省产业经济运行平稳，产业效益明显提升，产业结构不断优化，新兴产业加快壮大，产业高质量发展迈出坚实步伐。产业领域大力推进经济高质量发展，加快建设制造强省，促进先进制造业与服务业融合发展，一二三产业融合发展取得明显成效，建设创新型省份取得重要进展，面对2019年产业发展机遇与挑战并存的新形势，建议坚决落实中央“六稳”方针，继续贯彻“创新引领开放崛起”重大战略，积极减税降费、充分发挥市场手段促进湖南产业经济高质量发展。

一 2018年湖南产业经济运行基本情况

（一）三次产业增长情况

2018年，全省实现地区生产总值36425.78亿元，增长7.8%，与上年相比下滑0.2个百分点，但高于全国平均水平1.2个百分点。

1. 第一产业

2018年，全省紧紧围绕“绿色兴农、质量兴农”发展思路，以农业供给

* 课题组长：谈文胜；副组长：唐宇文；成员：禹向群、李银霞、文必正、侯灵艺、贺超群、言彦。

侧结构性改革为主线，以实施乡村振兴为主题，不断深化农业结构性调整，把推进农业绿色发展、提高农业供给体系质量和效率作为农业发展任务，把绿色高质高效创建作为促进种植业高质量发展的重要抓手。第一产业增加值3083.59亿元，增长3.5%。农林牧渔业实现总产值5361.62亿元，同比增长3.6%。粮食总产量3022.9万吨（604.6亿斤），受调结构影响，比上年减少50.7万吨（10.1亿斤），下降1.6%，但仍处于历史较高水平；受市场需求调节，生猪出栏5993.7万头，存栏3822.0万头，分别下降2%和3.7%，猪肉产量446.8万吨，下降0.6%。分行业看，农业、林业、牧业、渔业、农林牧渔服务业增加值分别增长3.0%、9.5%、0.9%、7.6%、6.9%。

一方面主动调优水稻生产布局。压减单产较低、品质较差的早稻和双季晚稻种植面积共计616.40万亩，增加单产较高、品质较优的中稻和一季晚稻种植面积271.83万亩，共发展高档优质稻达1073万亩，长株潭重度污染区休耕治理改种高效经济作物79.15万亩。全省稻谷播种面积6013.5万亩，比上年减少344.6万亩，下降5.4%；早稻播种面积下降14.5%。粮食单产水平提高，同比增长3.1%。据省农业农村厅数据，2018年湖南省推广稻田养鱼（虾、蛙、鳖）等综合种养370万亩，利用鱼、虾、水稻和水系互利共存的特点，培养出小的生态系统来实现农业产业特别是粮食产业结构上的优化。此外，全省积极推进农业供给侧结构性改革，主动调减单产较低、品质较差的早稻和双季晚稻种植面积616.40万亩，同时增加单产较高、品质较优的中稻和一季晚稻种植面积271.83万亩。各地加快推进蔬菜专业化基地建设，蔬菜生产势头良好。全年播种面积1897.3万亩，产量3822.0万吨，同比分别增长3.7%、4.1%。牛羊家禽扩量增效，湖南草食牧业发展速度加快，尤其是规模养殖场发展迅速，牛羊生产稳定增长。2018年全省牛、羊出栏分别为152.7万头、911.0万只，同比分别增长3.9%、1.0%；牛、羊存栏分别为385.4万头、668.3万只，分别增长1.6%、1.0%；家禽出笼4.2亿羽，增长0.5%。

另一方面加强农业生产方式向精细化转变。家庭农场等精细化农业发展态势良好。目前，湖南省家庭农场认定数已达到3.98万户。过去五年，湖南省财政整合资金5.68亿元，用于“万户”家庭农场工程的实施，在“万户”家庭农场工程的引导下，带动全省家庭农场主自发投资达218.7亿元，形成了种植、养殖、种养结合、休闲观光等特色鲜明、结构合理、类型多样的家庭农场格局。

此外，湖南重点打造特色农产品和品牌。省农业农村厅联合湖南省发展和改革委员会、湖南省林业局、湖南省科学技术厅、湖南省自然资源厅确定了郴州临武县等10个县市区为2018年湖南省特色农产品优势区创建单位，打造了郴州临武县临武鸭、衡阳市祁东县黄花菜、常德市桃源县大叶茶、益阳市沅江市芦笋、张家界市大鲵（人工养殖）、湘西自治州永顺县猕猴桃、邵阳市武冈市铜鹅、娄底市新化县红茶、岳阳市岳阳县肉鸽、长沙市望城区红鲌10个特色主导产品。

2. 第二产业

2018年第二产业发展取得较好成绩，增加值14453.54亿元，增长7.2%，同比提高了0.5个百分点。

首先，工业经济保持平稳发展。规模工业增加值比上年增长7.4%，增速较上年加快0.1个百分点。规模工业中，制造业增加值同比增长7.7%，电力热力燃气及水的生产和供应业增加值增长9.1%；采矿业增加值同比下降6.1%。39个大类行业中，有34个行业增加值保持增长，增长面达87.2%。其中，石油加工炼焦和核燃料加工业、计算机通信和其他电子设备制造业对全省规模工业增长的贡献率均达到两位数，分别为21.2%和15.3%，增加值分别增长101.1%和25.8%，分别拉动全省规模工业增长1.6个和1.1个百分点；对全省规模以上工业增长贡献率超过5%的行业还有汽车制造业、电力热力生产和供应业，增加值分别增长12.4%和9.0%，以上四个大类行业对规模工业增加值增长的贡献率合计达49.6%，拉动全省规模工业增长3.7个百分点。

其次，分行业发展中，部分产业呈现较好增长势头。装备制造业增加值增长11.9%，发展亮点突出，比整个规模工业增速高出4.5个百分点，约拉动全省规模工业增长3.4个百分点，贡献率达45.5%。主要构成行业中，计算机、通信和其他电子设备制造业增长25.8%，拉动增长1.1个百分点，贡献率达到15.3%；汽车制造业拉动规模工业增长0.6个百分点，贡献率为8.0%；金属制品业、通用设备制造业、专用设备制造业分别增长12.3%、9.7%和7.7%，均拉动增长0.3个百分点；铁路、船舶、航空航天和其他运输设备制造业增长11.9%，拉动增长0.2个百分点。另外，仪器仪表制造业、电气机械和器材制造业增加值分别增长5.2%和3.0%。消费品工业稳定增长。食品制造业、农副食品加工业增加值分别增长11.8%和5.9%，均拉动全省规模工业增长0.3个百分点，贡献率均为4%左右。在体量相对较小的其他行业中，皮革、毛皮、羽毛及其制品和制鞋业增长20.4%，拉动规模工业增长0.3个百分点；酒、饮料和精制茶制造业增加值增长5.8%，纺织业增长7.9%，纺织服装、服饰业增长4.5%，木材加工和木、竹、藤、棕、草制品业增长3.0%，家具制造业增长5.0%。另外，烟草制品业增长4.8%，拉动全省规模工业增长0.3个百分点；医药制造业增长8.0%，拉动规模工业增长0.2个百分点。

工业产品生产呈现精深加工产品发展势头更好的特点。规模工业统计产品中，产量增长的有280种，占统计品种数的54.2%。主要产品中，起重机比上年增长104.3%，建筑工程用机械增长31.9%，光缆增长26.7%，混凝土机械增长19.3%，城市轨道车辆增长9.9%，钢材增长7.3%，商品混凝土增长5.6%，大米增长4.8%，汽车增长1.7%。水泥下降1.3%，平板玻璃下降2.4%，硫酸下降9.8%，十种有色金属下降12.5%。

此外，建筑业运行平稳。2018年，全省资质以上总承包和专业承包建筑业企业（以下简称建筑业企业）完成建筑业总产值9581.44亿元，同比增长13.8%。房屋类建筑业企业完成产值6916.61亿元，增长15.2%，高于全省建筑业平均增速1.4个百分点，占建筑业总产值的72.2%，比上年提升0.9个百分点，对建筑业增长贡献率为78.6%，比上年提升5.4个百分点，在全省建筑行业中保持主体地位。土木工程类建筑业企业完成产值2132.13亿元，增长9.4%。建筑安装类建筑业完成产值362.69亿元，增长13.8%。建筑装饰和其他建筑业企业完成产值170.03亿元，增长13.3%。中央企业规模优势突出。在湘中央建筑业企业29家，占全省企业个数的1.1%；签订合同额8076.66亿元，占全省建筑业企业签订合同总额的37.4%，比上年提高1.4个百分点；完成建筑业总产值1921.05亿元，增长8.5%，占全省建筑业总产值的20.0%，户均产值66.24亿元，相当于全省建筑业企业户均规模的23倍。

高资质企业主导作用明显。资质以上建筑业施工总承包企业共2088家。其中，资质等级为特一级的高资质建筑业240家，占企业总数的11.5%，签订合同额15716.33亿元，占全部合同额的72.8%；完成建筑业总产值5508.99亿元，占全部总产值的比重为57.5%。大型企业竞争能力较强。大型企业依靠资本、设备、技术、人才等综合实力在市场竞争中占据优势。80家大型建筑企业仅占全省建筑业企业个数的3.0%，完成建筑业总产值4111.85亿元，比上年增长18.5%，增速高出全省建筑业平均增速4.7个百分点，总产值占比达42.9%，比上年提高1.7个百分点，对全省建筑业产值增长的贡献率高达55.4%。

建筑行业中私人控股企业持续壮大。私人控股建筑业企业1940家，比上年增加356家，其全年建筑业总产值4767.44亿元，增长18.1%，增速高于全省平均水平4.3个百分点；签合同额7914.9亿元，增长13.5%；产值占全省建筑业的49.8%，比上年提高1.8个百分点。私人控股建筑业企业近三年持续快速增长，为全省建筑业发展发挥了积极作用，成为推动全省建筑业发展新的增长点。

3. 第三产业

第三产业呈现较好的发展态势，2018年实现增加值18888.65亿元，增长9.2%。

首先，金融市场运行稳健。12月末，金融机构本外币各项存款余额增长4.8%，本外币各项贷款余额增长14.4%。

其次，交通运输邮电业总体运行平稳。交通运输业稳中趋缓，全省铁路、公路、水路、民航和管道5种运输方式完成客货换算周转量5448.60亿吨公里，同比增长1.8%。铁路运输总体趋于平稳，实现客货运输换算周转量1792.29亿吨公里，增长0.5%，占全部客货换算周转量的32.9%。铁路完成客运量1.39亿人，同比增长8.3%，实现旅客周转量979.54亿人公里，增长0.9%；完成货运量0.45亿吨，增长6.7%，实现货物周转量812.75亿吨公里，与上年同期基本持平。邮政电信业保持高速增长。完成邮政业务总量248.24亿元，增长28.9%。其中，快递业务支撑作用明显，完成快递业务总量7.89亿件，增长33.4%，增幅比上年同期提升11.6个百分点；实现快递业务收入80.47亿元，增长25.4%，增幅较上年同期提高1.0个百分点。传统邮政业务持续下降，其中，订购报纸杂志业务下降2.2%，汇兑业务下降54.8%，函件业务下降14.5%。电信业务总量2473.36亿元，增长167.2%，增幅比上年同期提高100.2个百分点。

房地产行业实现较平稳增长。全省房地产开发投资3945.95亿元，增长15.2%。其中，住宅投资2764.48亿元，增长26.0%，占房地产开发投资的比重为70.1%。房地产开发企业土地购置面积1428.57万平方米，同比增长38.2%；土地成交价款456.94亿元，增长88.1%。房地产开发企业房屋施工面积35781.53万平方米，新开工面积11127.65万平方米，竣工面积4160.98万平方米，分别增长12.9%、35.1%和1.9%。其中，住宅施工面积25985.55万平方米，新开工面积8420.77万平方米，竣工面积3074.98万平方米，分别增长14.1%、38.3%和0.2%。全省商品房销售面积9239.15万平方米，同比增长8.3%。其中，住宅销售面积增长8.5%，办公楼销售面积下降8.1%，商业营业用房销售面积下降2.5%。商品房销售额5353.99亿元，增长20.0%。其中，住宅销售额增长22.6%，办公楼销售额增长14.1%，商业营业用房销售额增长4.9%。

（二）产业结构变化情况

从三次产业结构来看，服务业比重进一步提升。全省三次产业结构调整为8.5：39.7：51.8，第三产业增加值占地区生产总值比重首次突破50%，达51.8%，同比提升2.3个百分点，对经济增长的贡献率达55.1%，比第二产业高14.2个百分点。新兴服务业蓬勃发展，新服务、高技术服务等增长较快。电信业务总量增长167.2%，快递业务量增长33.4%。全省“三新”经济加快成长。“三新”经济增加值占地区生产总值的比重为16.9%，比上年提高0.8个百分点；按现价计算增长12.6%，对经济增长的贡献率为25.4%。

从工业内部结构来看，中高端产业比重进一步提升。高技术产业、高加工度工业、战略性新兴产业增加值分别同比增长18.3%、10.1%和10.5%，分别高于全部规模工业增速10.9个、2.7个和3.1个百分点。其中，电子及通信设备制造业增长26.3%，同比加快6.1个百分点；装备制造业增加值增长11.9%，高于全部规模工业4.5个百分点，对全部规模工业增长的贡献率达45.5%。六大重点耗能行业增加值增长5.5%，远低于规模工业增长速度，而且六大高耗能行业占全部规模工业的比重相比2017年下降明显。中高端产品生产快速增加。工业机器人产量增长5.9倍，微型计算机设备产量增长2.1倍，新能源汽车产量增长1.1倍，机床数控装置产量增长30.9%，电子工业专用设备产量增长85.5%，硬盘存储器产量增长27.4%，集成电路产量增长20%，工业自动调节仪表与控制系统产量增长18.8%。

2018 年全省高新技术产业实现增加值 8468.05 亿元，增长 14.0%，比同期经济增速高 6.6 个百分点，增加值占 GDP 的比重为 23.2%；实现高新技术产品销售收入 27478.35 亿元，增长 12.9%；实现高新技术产品利税总额 2160.40 亿元，增长 8.4%。纳入年度统计的省科技厅认定高新技术企业数 4104 个，比上年同期增加 1276 个，增长 45.1%，实现高新技术产业增加值 5021.89 亿元，增长 14.1%，占全省高新技术产业增加值总量的 59.3%，比上年同期提高 0.3 个百分点。规模以上工业企业研发支出中 85.9% 来自高新技术企业，预计研发投入强度达 1.9% 以上。高技术制造业高新产业增加值、销售收入分别增长 15.6% 和 13.8%。

高新技术产业正围绕着优势领域，逐步实现产业结构的优化升级。全省八大高新技术产业领域中，新材料技术、高新技术改造传统产业、电子信息技术和生物与新医药技术这四大领域的高新技术产业增加值均超过千亿。其中，新材料技术领域和高新技术改造传统产业领域发展尤为凸显，分别实现高新技术产业增加值 1707.67 亿元、1640.94 亿元，占全省高新技术产业增加值比重分别为 20.2%、19.4%。增速方面，全省高新技术领域的平均增速为 14%；其中航空航天技术、资源与环境技术、新材料技术和生物与新医药技术这四大领域发展相对较快，增加值增速分别为 24.0%、18.4%、15.5%、14.7%，其他领域发展相对平缓，但增速均在 11% 以上。此外，非公经济活力较足。

规模工业的所有制结构不断优化，非公有制经济增加值同比增长 7.8%，增速比整个规模工业快 0.4 个百分点。其中，非公经济占主导的股份制企业和外商及港澳台商投资企业增加值分别增长 7.6% 和 15.3%。工业集聚发展态势持续向好。省级及以上产业园区（含省级工业集中区）规模工业增加值同比增长 8.9%，增速比整个规模工业快 1.5 个百分点；增加值占全部规模工业的 69.7%，集聚程度达到较高水平。

规模以上服务业发展势头好。34 个服务业行业大类中，29 个行业实现增长，其中 25 个行业呈现两位数增长，30 个行业实现盈利，行业盈利面 88.2%，同比提升 9.4 个百分点。主体行业中，专业技术服务业增长 19.4%，创年内最高增幅；商务服务业、广电影视录音制作业分别增长 18.4% 和 16.3%，尽管增幅有所回落，但仍保持较快发展势头；道路运输业、信息传输服务业分别增长 3.3% 和 3.2%，延续稳中略有回落的增长趋势。其他领域中，软件和信息技术服务业增长29.7%，研究和试验发展增长28.1%，文化艺术业增长26.4%，娱乐服务增长31.4%。规模以上科技服务业企业实现营业收入2016.76亿元，增长11.0%；规模以上生产性服务业企业实现营业收入2614.01亿元，增长11.5%；规模以上高技术服务业企业实现营业收入1466.67亿元，增长12.5%；规模以上服务业战略性新兴产业实现营业收入671.93亿元，增长10.2%。

此外，企业中“四上单位”增长较快。至2018年底，在库“四上单位”达39684家（其中新增单位6574家），与年初比，净增3143家，增长8.6%。其中，规模以上工业单位达15656家，占全部“四上单位”的39.5%，其中新增单位1995家，占新增单位的30.3%，在库单位数和新增单位数在各专业中均排第一。限额以上批发零售业单位8412家，占21.2%，其中新增单位1889家，占28.7%，在库单位数和新增单位数在各专业中均排第二。规模以上服务业在库单位6463家，占16.3%，其中新增1213家，占18.5%，在库单位数和新增单位数在各专业中均排第三。房地产开发经营业、有资质的建筑业、限额以上住宿餐饮业在库单位分别为4128家、3033家、1992家，分别新增587家、438家、452家。

表1　2018年分专业四上单位情况

单位：个、%

	在库四上单位	占比	新增四上单位	占全部新增的比重
规模以上工业	15656	39.5	1995	30.3
有资质的建筑业	3033	7.6	438	6.7
限额以上批发零售业	8412	21.2	1889	28.7
限额以上住宿餐饮业	1992	5.0	452	6.9
房地产开发经营业	4128	10.4	587	8.9
规模以上服务业	6463	16.3	1213	18.5

（三）投资质量效益明显提高

2018年，全省固定资产投资同比增长10%，比上年同期回落3.1个百分点。第一产业投资同比增长22.7%，占全部投资的比重为3.4%；第二产业投资增长 28.2%，占全部投资的比重为 33.8%；第三产业投资增长 1.7%，占全部投资的比重为 62.8%。工业投资同比增长 32.4%，比上年同期加快 25 个百分点；占全部投资的比重达 32.7%，同比提高 5.6 个百分点；工业投资对全省投资增长的贡献率达 88.1%，拉动全省投资增长 8.8 个百分点。

2018 年全省聚焦“五个 100”，深入推进产业项目建设年活动，产业投资活力明显增强，结构趋优。从产业投资内部看，采矿业投资同比增长 31.2%，制造业投资增长 35%，电力、热力、燃气及水的生产和供应业投资增长 14.4%。分投资方向看，工业技术改造投资同比增长 38.1%，比上年同期加快 34.2 个百分点；高新技术产业投资增长 51.1%，增速比全部投资快 41.1 个百分点。新开工工业投资增长 30.1%；装备制造业投资增长 31.8%，比上年加快 18.7 个百分点。此外，民生和生态环境投资规模不断扩大，2018 年民生投资增长 7.8%，生态环境投资增长 12%；基础设施投资放缓，2018 年下降 10.1%；房地产开发投资保持稳定，增长 15.2%，增速比上半年快 2.5 个百分点。呈现三大主要投资特征。

一是地方主动投资固定资产。从隶属关系看，地方项目完成投资同比增长 9.7%，占全部投资的比重为 98%；中央项目完成投资增长 27.3%，占全部投资的比重为 2%。二是民间投资相对比国有资本更为活跃。从经济类型看，国有经济投资同比下降 8%，占全部投资的比重为 31.5%；非国有经济投资增长 20.9%，占全部投资的比重为 68.5%。其中，民间投资增长 25.2%，增速高于全部投资 15.2 个百分点，比上年同期加快 10.7 个百分点。工业民间投资增长 36.7%，工业民间投资对民间投资增长贡献率达 58.7%，拉动民间投资增长 21.5 个百分点。三是新建项目投资比重较大，改进和技术改造的增长速度更高。新建项目投资同比增长 5.2%，占全部投资的比重为 59.9%；扩建项目投资增长 1.8%，占全部投资的比重为 7.8%；改建和技术改造项目投资增长 35.7%，占全部投资的比重为 14.5%。

（四）工业行业效益情况

2018 年，湖南规模工业实现主营业务收入同比增长 8.1%；实现利润总额同比增长 9.3%，比全国平均增速低 1.0 个百分点，增速在全国排第 22 位。主营业务收入利润率 4.96%，同比提高 0.06 个百分点；每百元资产实现的主营业务收入为136.2元，增加0.8元。全省规模工业中39个大类行业全部实现整体盈利。28个行业利润同比增加，行业增长面为71.8%。其中，专用设备制造业利润同比增长49.4%，拉动全省利润增长3.6个百分点；非金属矿物制品业利润增长37.5%，拉动全省利润增长2.9个百分点；黑色金属冶炼和压延加工业利润增长42.8%，拉动全省利润增长1.8个百分点。从大中小企业来看，大型企业、中型企业和小型企业实现利润总额分别增长7.9%、9.2%和11.0%，分别拉动规模工业利润增长2.5个、2.3个和4.8个百分点。从企业类型来看，国有控股企业实现利润总额同比增长10.1%，拉动规模工业利润增长2.3个百分点；非公有制经济实现利润总额增长8.7%，拉动规模工业利润增长6.6个百分点。

二 2019年湖南产业发展的形势

（一）复杂多变国际形势给产业国际化带来不确定性

全球经济形势仍然面临较多不确定性，总体呈现复苏态势，但分化态势明显。一方面，大部分发达经济体增速回落。在主要发达经济体中，只有美国经济增速表现出上升趋势，欧元区和日本等其他经济体均出现增速回落现象。2018年，美国GDP增长2.9%，同比提高0.7个百分点，联合国预测，美国经济增长率预计将在2019年下降至2.5%。欧元区GDP增长2.0%，同比下降0.4个百分点。日本GDP增长1.7%，同比下降0.6个百分点。英国和加拿大的GDP增速同比分别下降0.3和0.9个百分点。二是新兴市场经济体明显分化，部分主要新兴经济体经济延续增势。亚洲新兴经济体仍然保持了世界上最高的增长率，2018年GDP增长6.5%。但除印度等极少数国家之外，其他主要亚洲新兴经济体均有一定程度的经济增速回落。印度GDP增长率从2017年的6.7%上升到2018年的7.3%，东盟五国的整体GDP增长率从5.4%下降到5.3%。受石油价格回升影响，中东北非地区和俄罗斯经济出现了一定程度的回升。中东北非地区的GDP增长率从2017年的2.2%上升到2018年的2.4%；俄罗斯GDP增长率从2017年的1.5%上升到2018年2.3%，创下六年以来最高增速。拉美地区，巴西经济进一步好转，GDP增速1.1%，实现了继2017

年经济恢复增长之后连续增长。尽管地域政治局势动荡、贸易保护主义和单边主义等问题不容忽视，但从总体态势上来看，全球经济仍呈现周期性复苏态势，且在“一带一路”倡议推进下，新兴经济体有望持续保持稳定增长态势。

（二）国内仍处于战略机遇期，产业发展基础稳固

经历改革开放四十年积累，我国经济形成了最健全的产业门类体系，随着供给侧结构性改革的深入开展，我国开启了高质量发展新时代，产业质量和效益显著提升。2018 年，中国经济虽然处于“攻坚战”与外部“贸易战”叠加，但经济持续增长的态势没有发生改变。通过聚焦深化供给侧结构性改革、建设创新引领协同发展的产业体系、建设统一开放竞争有序的市场体系、建设体现效率促进公平的收入分配体系、建设彰显优势协调联动的城乡区域发展体系、建设资源节约环境友好的绿色发展体系、建设多元平衡安全高效的全面开放体系、建设充分发挥市场作用更好发挥政府作用的经济体制等重点领域，加快构建现代化经济体系，从量的增长到质的提升，我国经济增长的内生动力不断增强。2019 年，全国经济工作重点仍将始终坚持以供给侧结构性改革为主线，深化重点领域改革，加快完善市场机制，全面激发市场主体活力，对经济增长贡献的持续提升，新动能的快速成长，产业结构的持续优化，注入了强劲的发展动力。

（三）创新引领开放崛起带动省内经济高质量转型

“十三五”以来，湖南经济发展方式转变呈现良好态势，全省迈向高质量发展阶段，产业结构继续优化升级，新动能持续成长。2018 年全省深入贯彻落实省第十一次党代会提出的“创新引领开放崛起”战略，聚焦“五个 100”，深入推进“产业项目建设年”活动，把发展经济的着力点放在实体经济上。产业投资活力明显增强，以产品转型升级为主攻方向，实施技术创新“311”工程，建链、补链、强链，打造 20 个工业新兴优势产业链；打造创新创业园区“135”工程升级版，全省近 4000 万平方米标准厂房拔地而起，引进企业 6000 余家。全省上下集中精力谋产业、抓产业、兴产业，现代化经济体系建设加快，经济高质量发展根基不断夯实。

三 2019年湖南产业发展思路及对策建议

2019年湖南经济社会发展的总体要求是：以习近平新时代中国特色社会主义思想为指导，认真贯彻习近平总书记关于湖南工作的重要指示精神，统筹推进“五位一体”总体布局，协调推进“四个全面”战略布局，坚持稳中求进工作总基调，坚持新发展理念，坚持推动高质量发展，坚持以供给侧结构性改革为主线，坚持深化市场化改革、扩大高水平开放，坚持创新引领开放崛起，继续打好三大攻坚战，继续开展产业项目建设年活动，进一步稳就业、稳金融、稳外贸、稳外资、稳投资、稳预期，保持定力、提振信心，迎难而上、担当作为，保持经济持续健康发展和社会大局稳定，为全面建成小康社会收官打下决定性基础，以优异成绩庆祝中华人民共和国成立70周年。

2019年是湖南深入贯彻创新引领开放崛起战略的重要时期，是大力建设实体经济、科技创新、现代金融、人力资源协同发展的现代产业体系建设的重要时期，产业经济工作的目标不仅要保持经济持续健康发展，提升高质量发展水平，还需要坚持创新引领开放崛起，增强高质量发展动能。

2019年湖南产业领域面临的问题主要表现为新兴产业体量不大，大型骨干企业数量较少；投资、消费增速下滑，经济增速放缓；民营企业和中小微企业融资难、融资贵等问题。未来需要积极应对的是发展新动能依然不足，企业经营困难较多，防范化解重大风险压力较大等方面的问题。

随着供给侧结构性改革进入攻坚期，产业高质量发展既是机遇也是挑战，把握好扶旧立新的政策平衡，充分发挥市场在产业发展中的主导作用，不断优化发展环境，多措并举，帮助省内企业顺利迈向高质量发展。

加快高质量发展其时已至，其基已奠，其径已明，根据政府工作报告的精神，推动产业高质量发展仍需坚持减税降费向微观主体倾斜、金融资源向实体经济和企业倾斜、投资向产业项目和基本公共服务建设倾斜。

（一）支持实体经济健康发展

落实“六稳”精神，保障产业经济稳定向好。继续推进产业项目建设年，服务落地企业发展成长。鼓励中小创企业发展，加快“135”工程升级版新政落地，出台促进企业固定资产投资的配套奖励政策，在标准厂房建设和技改投入、科技创新方面给予更多的政策支持和资金扶持。加强省内中小企业发展扶持，继续落实好《进一步扶持小型微型企业健康发展的实施意见》，积极支持实体企业发展。

充分利用金融手段稳定实体经济发展，建立企业纾困专项资金的办法，为省内民营企业短期性资金困难提供帮助。设立市场化运作的政府产业引导基金和股权投资基金，重点设立文创、交通装备、仪器仪表、信息技术等重点产业领域，培育和孵化中小企业，增强市场信心，撬动本地市场投资。补充和获取资金的途径，以及给省内资金链紧张的企业提供股权抵押贷款贴息，降低本地资金成本。

积极贯彻落实中央精神，增强减税降费力度。充分利用国家减税降费政策新政，落实2019年李克强总理政府工作报告中提出的减税降负政策红包，为实体经济减负。加强对小微企业的普惠性减税政策研究，出台配套实施办法，让企业更快更多享受到政策减税红利。此外，加强要素保障，降低企业成本，支持企业发展。出台政策支持和鼓励园区与电厂建立直供电协议，引进能源管理先进模式降低园区电力成本，逐步通过制度创新解决工业用电贵和发电企业开工不足和长期亏损问题。

（二）优化产业发展环境

继续落实好中央防范和化解金融风险的三年行动计划，在2018年全面控制和收紧政府性债务已实现良好开局的基础上，科学判断政府性债务风险，针对性制定行动方案，出台防范化解金融风险的举措，2019年在全面把握好债务风险的情况下，统筹好短中长期政府债务和财政资金使用，做好系统性风险防控工作，积极支持地方优化金融生态环境。及时根据今年年初以来宏观形势和外部环境变化，加强政策预调微调。针对当前企业融资困难问题，出台有力润滑金融环境的政策措施。通过加大对地方性政府担保基金的投入，建设中小微企业的融资风险补偿基金，加大市场资本对本地实体经济的支持和投入，优化本地金融生态，丰富企业的资金来源渠道。

构建新型“亲清”政商关系，支持民营经济发展。鼓励民营企业通过出资入股、收购股权等多种形式参与国有企业改革，支持具备条件的民营企业参与军工科研院所、军工企业改制重组。支持小微企业开展应收账款融资，组建政策性纾困基金，加快完善融资担保体系。保护民营企业合法权益，依法规范查封、扣押、冻结财产以及各种强制性措施的适用范围，为各种市场主体获得稳定的市场预期。

加强和改进公共平台建设，大力投资循环产业园和专业性园区工业，建设标准化的污染处理设施，支持造纸、冶炼、化工等重污染高耗能行业出台搬迁和污染集中治理，降低企业的环境治理成本和环境代价。深入实施服务业集聚区提升和“双百”工程，支持开展国家服务业综合改革试点。加快国家物流枢纽承载城市建设，完善城乡物流配送网络，建设一批物流示范园区，推行省内多式联运，不断降低企业运营成本。

不断提升公共服务水平和能力。打造“放管服”改革升级版。继续取消、下放审批事项，强化审批事项后续监管，推进药品医疗器械审评审批、工业产品生产许可证制度等改革，加快仿制药一致性评价。继续深化“多证合一”“证照联办”“证照分离”等改革。大力推行“互联网+监督”“互联网+政务服务”，实现国家、省、市级政务服务平台对接，进一步完善自然人、法人信息库，实现“最多跑一次”全覆盖。规范政务新媒体管理，整合部门微信公众号资源，给惠民政策贴上“便利签”，降低实体经济行政成本。建设国家级中小企业公共服务示范平台。

（三）引导产业高端化转型

以加快制造强省建设为抓手，推动制造业高质量发展。壮大工程机械、轨道交通、航空发动机和电子信息、新材料，以及消费品工业产业集群。加快培育20个工业新兴优势产业链，发展生物医药、汽车、节能环保等比较优势产业，支持钢铁、建筑、轻工、食品、有色等传统产业改造升级。扶持智能产业、壮大智能企业、研发智能产品、扩大智能应用，培育人工智能及传感器、智能网联汽车等新业态，创建一批绿色工厂和智能制造示范项目、示范车间，建设以中国智能制造示范引领区为目标的现代制造业基地。积极推进国家军民融合产业示范基地建设，运营好军民融合产业投资基金，推进一批军民融合重点研发和产业项目，培育壮大航空航天、海工装备等军民融合产业。

继续开展产业项目建设年活动，高标准抓好“五个100”，实施“135”工程升级版，积极培育大型骨干企业和小巨人企业，实现高质量的增长。引导骨干龙头企业创建国家标准、参与国际标准制定，打造地理标志产品和原产地品牌，让企业成为湖南高质量发展的形象代言人。

积极关注产业和结构优化调整。针对结构调整进入兼并重组的关键期行业、企业给予特别关注，积极帮扶处于结构调整战略机遇期的重点行业，支持本土企业通过资本运作，提升企业的技术水平和能力。

促进现代服务业与先进制造业深度融合。深入实施服务业集聚区提升和“双百”工程，支持开展国家服务业综合改革试点。培育卫星应用、移动互联网、软件服务、现代供应链管理、环境服务等新兴服务业，进一步提升信息、科创、商务、人力资源、工业设计、网络安全等生产性服务业水平，提升家政服务、健康养老等生活服务业质量。

（四）完善创新引领的配套制度

打造以人为中心的湖南科技创新示范省建设模式。立足“科教兴省，人才强省”，支持“双一流”高校和特色学科建设，推进产学研用结合，加强创新成果应用，培育人才。发挥好岳麓山国家大学科技城的作用，强化湖南在国家实验室体系和创新基础平台体系中的独特地位。完善重点实验室、工程（技术）研究中心、产业创新中心的多层次创新平台体系。以芙蓉人才计划等为抓手，加大创新人才引进和利用，激发人才创新活力。

打造湖南科技创新和孵化的样板工程，研究湖南省对接国家实验室和创新中心体系建设的战略，制定省内地区性创新中心建设规划，打造地区性创新中心的对策措施，强化湖南在国家实验室为引领的创新基础平台体系中的独特地位。吸引战略性新兴产业的优势企业来湖南建设地区性研发和创新中心，支持汽车和物流网等热点高增长行业领域的研发中心建设。

支持中小创企业发展，强化科创资源的孵化能力。设立科创平台建设专项资金，探索财政出资与企业合作搭建本地新兴产业重点产业实验室体系，分年分批重点支持一批研发设计、检验检测等小型微型企业公共服务平台建设，构建多层级全覆盖的科研检测体系。加大科技服务的公共服务供应，采取购买或事后服务补助的方式，支持创业辅导、管理咨询、技术推广、人才培训、营销策划、法律援助等服务机构加强对小型微型企业提供优质服务。此外，加强中小企业公共服务平台网络建设，为小型微型企业提供找得着、用得起、有保障的公共网络服务。

积极对接“科创板注册制改革”新政、国家实验室和创新中心体系建设，研究制定省内地区性创新中心建设规划，丰富省内拟上科创板企业储备库，全面对接科创板并试点注册制等重大改革，完善本省创新型企业培育体系，对接创新创业资本市场。对拟在沪、深交易所主板（中小板）、创业板上市，给予IPO奖励，支持本土科创企业发展。进一步丰富省内拟上科创板企业储备库，推动与发展国家战略与设立科创板并试点注册制等重大改革对接，培育完整的创新孵化链。

（五）做实开放崛起关键环节

对接国家重大战略，积极抢抓“一带一路”“雄安新区”“粤港澳大湾区”“京津冀城市群”等国家重大战略机遇，为湖南走出去开放更多大门。落实外商投资准入前国民待遇加负面清单管理制度，探索产业链专题招商、股权招商、基金招商、异地孵化招商，引导广大湘商回湘投资兴业。

加快推进开放崛起专项行动、59条惠台措施等政策，畅通湖南省吸引外资渠道，积极引进外向型实体企业、外贸综合服务、综保区、跨境电商等项目，建设外贸转型升级示范基地，不断增强民间资本入湘投资兴业的吸引力。

利用好开放窗口，当好东道主，充分发挥岳麓峰会、对非投资论坛、中国—非洲经贸博览等开发窗口，办好湖南—粤港澳大湾区投资贸易洽谈周等经贸活动，展示湖南风采，提升湖南经济知名度和外向度。

积极对接粤港澳大湾区、长三角，畅通湖南省出海通道，积极建设中国（长沙）跨境电子商务综合试验区、高桥大市场实施市场采购贸易方式试点等试点示范工程，深化国际贸易“单一窗口”建设和跨境贸易便利化改革，货物整体通关时间再压缩1/3，加开更多的中欧班列湘欧快线等国际航线，提升中欧班列湘欧快线、港澳直通车运营能力。

积极发挥湖南国家农业科技园区、物流枢纽承载城市、可持续发展议程创新示范区等国家级平台的作用，打造高标准的湖南开放平台。加快湘南湘西承接产业转移示范区建设，探索建立示范区与转出地无缝对接的合作机制，加强与东部沿海地区、“一带一路”沿线国家和地区的产能合作，不断完善开放发展平台体系。

部　门　篇

Department Reports

B.10 2018年湖南全面深化改革形势及2019年展望

曾剑光*

2018年是贯彻党的十九大精神开局之年，是改革开放40周年。在党中央坚强领导下，中共湖南省委改革办按照党中央改革决策部署，聚焦实施创新引领开放崛起战略、打赢三大攻坚战、抓好产业项目建设年，突出重点、分类施策，强化责任、健全机制，有力有序推动全省改革取得了显著成效。2018年，中央改革办通过督察考核，评价湖南省“全面深化改革工作总体优良，在全国居于中上水平”。

一　强化领导、完善机制，改革力度持续加大

一是全面贯彻中央改革决策部署。迅速传达重要精神。省委深改委（组）

* 曾剑光，中共湖南省委改革办专职副主任。

第一时间传达学习习近平总书记关于全面深化改革的系列重要论述、中央深改委（组）会议精神等，并结合湖南省实际贯彻落实。隆重举行湖南省庆祝改革开放40周年大会。省委常委会成员集中收看中央庆祝改革开放40周年大会，及时召开省委常委会议传达学习会议精神。坚决落实统一部署。严格按照中央改革决策部署，全力推动党政机构改革、供给侧结构性改革、"放管服"改革、国企国资改革、生态文明体制改革、纪检监察体制改革、司法体制改革等中央统一部署的重大改革事项，取得较好进展和成效。

二是加强省委对全省改革统一领导。将省委全面深化改革领导小组改为委员会，制定"两规则一细则"，完善科学领导和决策、有效管理和执行的体制机制。2018年，省委深改委（组）先后召开5次会议，审议28个改革事项。共推出197项重大改革举措，年初工作要点确定的96项改革任务，已完成81项，因机构改革等特殊原因暂缓或取消9项，未完成6项。改革决策议事效率有效提升，抓落实行动坚决有力。省委、省政府主要负责同志坚持"挑最重的担子、啃最硬的骨头"，抓实改革。杜家毫书记亲自部署推进党政机构改革、绩效评估、"互联网+政务服务"、国有文化企业重组整合、省直机关"三供一业"分离等改革事项。许达哲省长亲自部署推进省属国有资本布局结构调整、河（湖）长制、军民融合、"放管服"、省高速公路体制改革等改革事项。全省形成了"一级带着一级干、一把手抓一把手"推进改革的良好态势。

三是健全改革推进落实机制，创新改革推进方法。坚持分类指导，分三类采取不同方式推进。对直接落实类改革，迅速贯彻、跟踪督办，力求快速落地见效；对持续推进类重大改革，步步为营、久久为功，力求积小胜为大胜；对重点突破类重要改革，集聚合力、集中攻坚，力求干一件成一件。完善改革落实机制。细化工作要点建立改革台账，明确责任人、时间表，运用信息平台，全程监测改革事项推进。加大改革协调力度，召开各类改革协调会议70多次，及时研究解决改革推进中的难题。强化改革督察，对群团改革、国企党建等10项改革进行专项督察，并委托第三方机构，对"政府债务管理改革"等4项改革开展第三方评估。加强改革宣传引导。组织策划了25场湖南省庆祝改革开放40年新闻发布会。挖掘推介长沙市改革过程管理、岳阳市整治农村"空心房"、邵阳"一村一辅警""邵阳快警"等改革典型经验。人民日报、光明日报对湖南省改革督察、国企国资改革、医联体改革、创新驱动发展等改革进行专门报道。

二　纵深推进、次第展开，改革成效叠加释放

（一）经济体制改革不断深化

供给侧结构性改革方面。全年化解煤炭产能621万吨，关闭淘汰企业1296家，查处涉“地条钢”企业12家，大部分市州整体退出烟花爆竹生产，洞庭湖区制浆产能全部退出。加强房地产市场分类调控，保持了房价稳定。持续降低国有企业杠杆率，2018年规模以上工业企业资产负债率下降0.7个百分点。全年为企业减税降费125亿元。创新引领开放崛起方面。湖南省建设创新型省份正式获批，株洲市、衡阳市入选国家创新型城市建设名单。湘江新区综合体制改革稳步推进。推广复制上海自贸区经验109项，其他36项正加快推广。国际贸易“单一窗口”实现关检融合申报。成功获批湘南湘西承接产业转移示范区、长沙跨境电子商务综合实验区。振兴实体经济方面。建立和实施“5个100”协调推进、要素扶持、项目服务等机制。产业园区改革和创新取得新进展，完善了省级及以上产业园区综合评价办法。市场主体激励方面。建立甄别和纠正涉产权错案冤案长效工作机制，中国（长沙）知识产权保护中心揭牌运行。建立省人民政府向省人大常委会报告国有资产管理情况制度。制定省属国有资本布局结构调整与企业整合重组工作方案，2018年减少法人单位127户，近两年共减少260户，完成减少20%企业户数的目标。推进黄金集团等企业开展董事会职权试点。国有企业“三供一业”分离移交工作基本完成。在15家竞争类二级企业中开展职业经理人制度试点。制定激发和保护企业家精神的实施意见。要素市场化配置改革方面。全省农村信用社股份制改革和产权制度改革基本完成。推动电力市场化改革，成立电力市场管理委员会，完善天然气配气价格管理机制。构建营商环境评价指标体系。深入推进“放管服”改革，再取消一批行政许可事项。对全省106项涉企行政审批事项采取直接取消审批等四种方式实现“证照分离”。持续推进“多证合一”，全省企业开办的平均时间压缩至4个工作日。清理规范省政府部门行政审批中介服务事项，精简率达73.4%。全面推进国税地税、市场监管部

门“最多跑一次”。加快社会信用体系建设，先后出台个人诚信、政务诚信、信用修复等领域的政策文件。重大风险防控方面。出台严控债务增长、防范债务风险、化解隐性债务、建立应急预警等制度。全省共压减政府投资项目3200多个，涉及金额9100亿元。在全国率先实施PPP和政府购买服务负面清单管理。全省应压减平台公司已有96.4%实质进入程序。党政机构和政务改革方面。省级党政机构改革已基本到位。全省14个市州的改革方案已全部印发，122个县市区的改革方案已基本完成审核。全省事业单位改革有序推进。改革市州重点工作绩效评估，考核指标从40多项减少到17项，考核“指挥棒”“方向标”作用更加明显。制定公共资源交易管理办法，初步形成全省统一的“一网三平台”公共资源交易体系。持续深化预决算公开，公开度排名全国第一。推动专项资金深度整合，省级专项压减至75项。加快推进省以下财政事权和支出责任划分改革。持续深化资源税改革等增值税三项改革。地勘单位办学校、医院剥离移交工作全面完成。全面启动事业单位公车改革。

（二）农村改革取得积极进展

农村土地制度改革方面。全面完成农村土地确权登记颁证任务。浏阳市农村土地制度“三项改革”试点深入推进。农村集体经营性建设用地入市改革进展加快。农村土地征收制度改革积极推进，新一轮征地补偿标准平均上调28.62%。在浏阳市、洪江市开展林地“三权分置”试点。农村集体产权制度改革方面。基本完成农村集体资产清产核资任务。2018年11月，雨花区井塘股份经济合作社获得全国首批农村集体经济组织登记证。现代农业发展制度体系方面。供销合作社综合改革深入推进，全省14个市级社、103个县级社建立监事会机构。基本完成高标准农田建设综合改革试点。基本完成农村“两权”抵押贷款试点，3个农房试点县（市）累计发放农房抵押贷款54.1亿元。精准扶贫长效脱贫机制方面。建立“三落实”动态管理信息系统平台，启动教育精准扶贫“一单式”信息服务系统建设，推行健康扶贫“一站式”结算，实现“线上+线下”劳务协作精准融合，全年帮助12万多名贫困劳动力实现就业。出台提高脱贫质量、促进稳定脱贫的指导意见。涉农资金统筹整合深入推进，整合中央、省级资金57.75亿元。中央领导就湘西特别是十八洞村探索的精准扶贫经验做出重要指示批示，给予充分肯定。

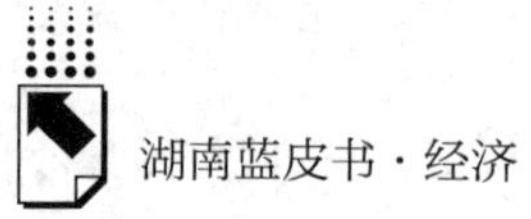

（三）生态文明体制改革加快推进

健全自然资源资产管理和监督体制。浏阳、澧县等地自然资源统一确权登记试点完成。推进南山国家公园体制试点。开展省级空间规划编制研究。开展生态文明示范区创建，张家界武陵源区被授予第二批国家生态文明建设示范市县称号。全面完成长沙市综合管廊国家试点。在洞庭湖地区开展退田还湖、退田还湿试点，共计退耕还湿 2500 亩。加快建立区域与流域相结合，市场化、多元化的生态补偿机制，形成流域生态保护补偿实施方案。组织开展了全省 122 个县市区的资源环境承载能力监测预警评价工作。探索建立乡镇污水垃圾处理收费制度。健全落实生态环境损害赔偿制度，建立生态环境损害赔偿专家库。加快划定生态保护红线、环境质量底线、资源利用上线，加快编制环境准入负面清单，完成长江经济带战略环境评价“三线一单”的技术方案。

（四）民主法制领域和司法体制改革有序推进

健全完善人大讨论决定重大事项制度、各级政府重大决策出台前向本级人大报告制度。建立人大预算审查重点向支出预算与政策拓展的程序和办法。出台加强和改进人民政协民主监督工作的实施意见。司法责任制改革深入推进，完成第二批法官检察官入额遴选工作。以员额法官检察官为中心的新型办案团队和办案机制全面形成。建立健全司法人员权责清单、司法档案、司法绩效管理、法官检察官惩戒等制度。省以下法院检察院人财物省级统管全面实施。以审批为中心的刑事诉讼、公益诉讼、认罪认罚从宽、案件繁简分流等诉讼制度改革加快推进落实。“4 + X”警务机制改革纵深推进，执法勤务警员职务序列改革和警务技术职务序列改革有序推进。完善公共法律服务、深化律师制度和监狱体制改革等司法行政改革加快推进。

（五）文化体制改革持续深化

进一步健全国有文化资产监管制度体系。不断完善文化企业法人治理结构，推进广电、出版等省管企业改革重组，将 8 家省管国有文化企业整合为 5 家，完成 64 家国有文化企业公司制股份制改革。创新现代文化市场体系，大力实施“文化 +”行动计划。不断强化网络安全基础和网络信息安全管控，加快推进网络信息管理立法。

（六）社会体制改革加速推进

深化养老保险制度改革，大幅提高城乡居民基础养老金最低标准。长沙列入房地产长效机制“一城一策”工作试点。高等教育“双一流”建设持续推进，职业教育、民办教育、学前教育改革加快推进。医疗保险制度改革不断深化，改革后各病种患者均次个人自付费用较改革前下降 10.56% ~35%。医疗服务价格和药品保障机制不断完善，全省布局 67 个短缺药品监测预警哨点。稳妥推进公立医院人员总量管理改革、薪酬制度改革、绩效考核改革。依托各级综治中心，完善矛盾纠纷排查调处协调会议制度。健全安全生产责任机制，出台安全生产巡查、约谈等配套措施。探索城区物业管理改革，出台《湖南省物业管理条例》。深化职称制度改革，推进人才分类评价改革。

（七）党的建设制度改革和纪检监察体制改革稳步推进

党的建设制度改革方面。对全省 122 个县市区党政正职开展政治建设考察，先后 2 次得到习近平总书记肯定性批示。改进干部推荐考察考核方式，健全领导班子和领导干部分析研判制度。制定进一步激励广大干部新时代、新担当、新作为的实施意见，出台激励关怀三大攻坚战一线党员干部“五个一批”工作方案。扎实推进党的基层组织建设制度改革，形成了“1 +5 + N”的党支部“五化”建设体系。形成湖南省“1 +6 + X”的人才评价体系，出台人才发展专项资金管理办法。纪检监察体制改革方面。按照中央统一部署，全面、如期完成省、市、县监察体制改革。推动双重领导体制具体化、程序化、制度化。对省属国有企业实行纪委书记委派制，已委派 21 名省属国有企业纪委书记。深入推进省委巡视和市县巡察。省委分两轮对 14 个市州、22 个县市区、16 所本科院校开展常规巡视，对 5 个驻外办事处和 2 个省属金融单位开展“机动式”巡视。出台《关于加强纪检监察干部监督工作的意见》。

当前，改革还存在一些短板和问题。比如，改革对经济社会发展的牵引作用发挥得不够充分，改革亮点不够突出，群众对改革红利的切身感受还不够显著，推进改革的工作机制有待理顺等。

三　2019年工作展望

2019年是新中国成立70周年，是决胜全面建成小康社会第一个百年奋斗目标的关键之年。2019年全省全面深化改革将坚持以习近平新时代中国特色社会主义思想为指导，深入贯彻党的十九大、十九届二中和三中全会精神、习近平总书记关于全面深化改革的重要论述，坚决落实习近平总书记关于湖南工作的重要指示精神，统筹推进“五位一体”总体布局，协调推进“四个全面”战略布局，坚持新发展理念，着力推动高质量发展，按照党中央全面深化改革总体部署，围绕实施创新引领开放崛起战略，聚焦打好三大攻坚战，突出抓重点、补短板、强弱项，分持续推进、重点突破、巩固提升、探索创新四类推进，力争在更高起点、更高层次、更高目标上不断把各领域改革推深做实。

一是进一步提高政治站位。更加注重深入学习、认真领会、切实践行习近平总书记关于全面深化改革的系列重要论述，不折不扣落实好党中央各项改革决策部署。全面对标盘点党的十八届三中全会部署的改革任务，总结评估湖南省贯彻落实情况，统筹推进党的十八大以来部署的改革举措和党的十九大部署的改革任务。

二是进一步强化统筹领导。不断强化各级党委深改委对本地区各领域改革的统筹、谋划、协调、督察作用，着力健全重大议题审议、重大改革调度、改革督察评估、改革调研等统筹协调机制，优化顶层设计，注重总结推广，提升改革效能。以省委改革办单列为省委工作机关为契机，推动全省各级改革办配强配优工作力量，主动担当、深度参与跨领域、跨部门重大改革任务。

三是进一步突出精准施策。围绕中央重大部署、省委中心战略、基层关切热点，厘清思路、抓住重点，坚持问题导向和目标导向相结合，将全年改革事项按持续推进的重大改革、重点突破的关键改革、巩固提升的重要改革、探索创新的试点改革等四大类进行划分，分类施策，力争实现精确改革，打造更多湖南改革经验亮点。

四是进一步压实主体责任。推动省委、省政府领导特别是专项小组组长、副组长，加强对分管领域改革工作的领导指导，强化专项小组对本领域改革的统筹协调。发挥对省直部门的改革绩效评估“指挥棒”作用，压实牵头部门主体责任、参与部门配合责任。健全完善议题审议机制，推动省委深改委会议听取各专项小组、各地区各部门改革工作汇报常态化。

五是进一步狠抓督察落实。重点围绕湖南省重要改革和民生领域改革，铺排全年改革督察任务和第三方评估任务。注重增强督察的专注度、专业性，更多运用改革专项督察的形式，确保督察一项见效一项。建立和用好“改革专家智库”，对重点改革事项开展事前事中事后的第三方评估，创新评估形式、提高评估质量。

B.11 2018年湖南经济社会形势分析与2019年展望

胡伟林*

一 2018年湖南经济社会发展基本情况

2018 年，湖南全省经济保持了总体平稳、稳中向好的发展态势。全年地区生产总值增长7.8%，达到3.64万亿元，各项约束性指标全面完成，高质量发展的特征日趋明显。

（一）着力抓产业、稳内需，实体经济发展动能不断提升

产业项目建设年开局良好。“五个100”累计完成投资1300亿元以上，其中“100个重大产业项目”开工率100%，引进114家500强企业产业投资项目177个。20个工业新兴优势产业链快速成长。工业机器人、新能源汽车成倍增长，装备制造业保持两位数增长，商务服务、软件信息、移动互联网等增速超过20%，规模工业、服务业分别增长7.4%和9.2%。农业基础地位不断巩固。出台乡村振兴战略规划，实施“六大强农”行动，加快农村一二三产业融合发展，全年粮食总产604.6亿斤。内需保持总体稳定。投资增长10%，怀邵衡铁路全线通车，长沙地铁4号线竣工试运行；社会消费品零售总额增长10%，最终消费对经济增长的贡献率达56.9%。实体经济活力不断激发。新登记市场主体79.5万户，民间投资增长25.2%。

（二）着力防风险、补短板，三大攻坚战取得积极进展

摸清隐性债务底数，“停缓调撤”部分政府性投资项目，率先推行PPP与

---

* 胡伟林，湖南省发展和改革委员会党组书记、主任。

政府购买服务负面清单，推动平台公司市场化转型，全省政府性债务风险总体可控。实施打赢脱贫攻坚战三年行动，全年实现130.9万农村贫困人口脱贫，2491个贫困村出列，18个贫困县如期摘帽，易地扶贫搬迁28万人年度建设任务全面完成。启动污染防治攻坚战三年行动计划，持续加强长江岸线整治、湘江治理保护和洞庭湖水环境综合治理，强力拆除下塞湖矮围。市州城市环境空气质量平均优良天数比例为85.4%；全省地表水水质总体为优，预计万元GDP能耗下降3%以上。

（三）着力强创新、优供给，经济结构调整迈出新步伐

创新型省份正式获批，株洲、衡阳获批国家创新型城市试点。长株潭国家自主创新示范区、马栏山视频文创产业园、岳麓山国家大学科技城加快建设，争创国家军民融合创新示范区取得实质性进展。全年研发经费投入占比达1.94%，增幅创历史新高。高新技术产业增长14%。深化供给侧结构性改革。化解煤炭产能600万吨，查处涉“地条钢”企业12家，关闭烟花爆竹企业1180家，洞庭湖区造纸企业制浆产能全部退出。全省商品房待售面积下降14.6%，长沙等重点城市房价上涨势头基本得到控制。规模工业企业资产负债率稳步下降，华菱集团市场化债转股项目获批。为实体经济企业减负超过900亿元，一般公共预算收入增长6.1%，税收占比提高4.7个百分点。工业投资和高新技术产业投资分别增长32.4%和51.1%。

（四）着力促改革、扩开放，经济内生发展动力持续增强

启动“证照分离”和“最多跑一次”改革，扎实推进政务服务“一网、一门、一次”改革，企业开办平均时间压缩至8.5个工作日以内，全省营商环境大幅改善。国企国资改革有序推进，批复完成国有企业混合所有制改革13家。农村承包地确权登记颁证、集体资产清产核资全面完成。财税金融、投融资、价格等重点领域改革持续加力。积极应对中美经贸摩擦，加快推进五大开放行动。进出口总额突破3000亿元，增长26.5%，实际利用内外资分别增长17.7%、11.9%。湘南湘西承接产业转移示范区、长沙跨境电子商务综合试验区获批。中国－非洲经贸博览会落户湖南。德国卓伯根集团中国区总部开工建设，实现外资企业在湘设立中国区总部零的突破。

（五）着力办实事、惠民生，人民生活水平稳步提高

财政民生支出占比达70.1%。城镇新增就业79.5万人，城镇登记失业率3.58%。全体居民人均可支配收入增长9.3%，居民消费价格上涨2%。基本公共服务清单发布实施。城乡居民医保财政补助标准、企业退休人员养老金待遇、城乡基础养老金最低标准、人均公共服务经费补助标准继续提高，城乡低保、城乡救助和残疾人“两项补贴”全面提标。12件重点民生实事圆满完成，改造农村危房17.8万户，城镇棚户区28.1万套；完成所有贫困村电网改造和易地扶贫搬迁项目电网接入；开工建设29所“芙蓉学校”，基本消除超大班额；县级公立医院综合改革、分级诊疗工作得到国家肯定。推进社会治理创新和平安湖南建设，全省生产经营性安全事故起数和死亡人数“双下降”，强力开展扫黑除恶专项斗争，社会大局和谐稳定。

二　2019年湖南发展环境的判断与把握

2019年，受多重因素影响，经济运行稳中有变，发展环境可能更趋严峻复杂。一是国际经贸环境风险上升。中美经贸摩擦带来的负面影响持续显现，世界经济贸易“见顶回落”概率增加，国际金融市场出现震荡并向国内传导的风险加大。二是国内经济下行压力加大。外需走弱态势短期内难以改变，需求不足将继续向供给端传导。关键领域核心技术创新能力不足。债务化解、财政增收面临较大压力。三是省内经济平稳运行困难增多。特别是原材料价格高位运行，人工成本结构性上涨，融资难融资贵问题尚未有效解决，上游行业对下游行业、大型企业对中小企业的利润挤压问题比较突出，实体经济困难可能加重。

但从长远和趋势来看，湖南经济发展健康稳定的基本面没有改变，支撑高质量发展的生产要素条件没有改变，长期稳定向好的总体态势没有改变，保持经济平稳健康发展的有利条件依然较多。一是国家宏观政策更加明朗。积极的财政政策加力提效，实施更大规模的减税降费。稳健的货币政策松紧适度，改善货币政策传导机制，解决好民营和小微企业融资难融资贵问题。结构性政策更突出强化体制机制建设，创造公平竞争的制度环境。二是省内发展面临重大机遇。国家将围绕长江经济带、中部崛起、先进制造业发展等研究出台系列支

持举措，对湖南发展形成利好。随着“一带一路”战略、内陆开放的加力推进，开放发展面临更多机会。特别是湘南湘西承接产业转移示范区获批，粤港澳大湾区建设全面启动，高水平承接产业转移大有可为。三是经济增长具有较好支撑。在产业项目建设年的带动下，20 个工业新兴优势产业链蓬勃发展，“五个 100”重大项目扎实推进。随着国家加大基础设施等重点领域补短板投资力度，湖南薄弱环节项目建设有望提速。一批扩消费政策有望集中出台，乡村振兴对农村消费的带动效应也将持续显现。

三 2019年湖南经济社会发展的主要任务

主要预期目标是：GDP 增长 7.5% ~8%，服务业增长 9% 左右，规模工业增长 7%，投资增长 10% 左右，社会消费品零售总额增长 10% 左右，进出口增长 15%，地方一般公共预算收入增长 4% 左右。R&D 经费支出占 GDP 比重达到 2.2%，高新技术产业增加值增长 14% 左右。常住、户籍人口城镇化率分别提高 1.5 和 2 个百分点左右。能源消费增量 550 万吨标准煤以内，单位 GDP 二氧化碳排放降量下降 3.37%，万元 GDP 能耗下降 2.5%，污染物减排完成国家下达目标。实际利用外资增长 10%。全体居民人均可支配收入与经济增长同步。居民消费价格涨幅 3% 左右，新增城镇就业 70 万人，城镇调查失业率和城镇登记失业率分别在 5% 左右和 4.5% 左右，农村贫困人口减少 60 万人以上。重点抓好以下九项工作。

（一）加力推动产业发展，全面提升经济综合实力

继续实施产业项目建设年活动。以产业链招商、优化营商环境、加强要素保障为重点，持续推进“五个 100”。瞄准“3 个 500 强”，大力开展精准招商，力争新增规模工业企业 1000 家以上。适应产业招商、集群入驻、量身定制、个性服务、培育生态的新趋势新特点，打造“135”工程升级版，扶持 100 个以上优势特色产业园区，建设产业发展、技术支撑、融资担保 3 大平台，引进 5000 家以上产业型企业。开展园区体制机制创新试点。加快建设制造强省。以 20 个工业新兴优势产业链为抓手，以长株潭衡城市群为重点，加快打造工程机械、轨道交通、中小型航空发动机世界级产业集群和电子信息、

新材料国家级产业集群，建设信息安全和智能制造高地。在人工智能、移动互联网等领域抢先布局，加大食品、石化、有色、建材、钢铁、纺织等传统产业改造升级，创建制造业高质量发展国家级示范区，打造以中国智能制造示范引领区为目标的现代制造业基地。大力发展现代服务业。持续推进“双百”工程和示范集聚区提升工程。促进先进制造业与现代服务业融合发展，补齐科创、信息、商务、人力资源等生产性服务业短板，鼓励发展工业设计、现代物流等产业，培育卫星应用、软件服务等新兴服务业。加快湘江新区金融中心和基金小镇建设，以马栏山视频文创产业园为重点打造文化创意基地，以乡村旅游为抓手带动全域旅游基地建设，以争创国家物流枢纽为抓手打造现代物流基地。

（二）坚决打好三大攻坚战，筑牢高质量发展基础

防范化解重大风险。强化政府债务限额与预算管理，推动平台公司市场化转型，健全债务风险预警、舆情监测和处置机制。加强企业债券风险排查。强化国有企业资产负债约束。加快市场化法治化债转股。深入开展非法金融活动风险专项整治。构建房地产市场平稳健康发展长效机制，坚决把房价稳定在合理水平。大力推进精准脱贫。聚焦“两不愁三保障”目标，进一步整合财政资金，加大对武陵山、罗霄山片区等贫困地区倾斜支持，确保全年 19 个贫困县脱贫摘帽，718 个贫困村脱贫出列。抓好易地扶贫搬迁建设收尾提升、搬迁入住，特别是后续产业及就业帮扶、安置点服务管理、拆旧复垦等后续工作，确保实际搬迁入住率和后续帮扶措施覆盖率两个 100%。不断强化污染防治。持续推进湘江保护与治理“一号重点工程”和洞庭湖生态环境专项整治，实施《洞庭湖水环境综合治理规划》，启动一批生态环保项目，继续推进洞庭湖区造纸产能有序退出。持续推进长株潭及传输通道城市大气污染联防联控、重金属污染耕地修复治理。继续实施能耗“双控”、循环发展引领行动。抓好南山国家公园建设。大力发展绿色产业。

（三）深入推进创新开放，加快培育增长新动能

加快创新型省份建设。强化科技创新，继续实施全社会研发经费投入三年行动计划，争取国家“科技创新 2030”重大项目在湘布局，实施一批科技创

新重大专项。加强平台建设，推进长株潭国家自主创新示范区和岳麓山国家大学科技城等科技创新平台建设，积极创建国家生物种业技术创新中心和先进轨道交通装备制造业创新中心。积极创建长株潭国家军民融合创新示范区，创建一批省级军民融合产业示范基地。深入实施“芙蓉人才行动计划”，充分发挥省内高校作用，合理用好本土人才。建设一批科技金融服务中心、企业孵化器和众创空间、星创天地，打造“双创”升级版。加快科技成果转化。推进更高水平对外开放。深入实施“五大开放行动”。大力推进湘南湘西承接产业转移示范区建设，抓紧落实一批能带动和解决当地就业的劳动密集型产业。深度对接“一带一路”，举办好中国-非洲首届经贸博览会和外交部湖南全球推介活动，加强境外经贸合作园区和国际物流通道建设，吸引一批湘商企业总部、项目回归湖南。着力稳定外资外贸。全面落实外商投资准入前国民待遇加负面清单管理制度，废止、修订与现行开放政策不符的文件。推进口岸提效降费，加快长沙临空经济示范区和跨境电子商务综合试验区建设。争取设立湖南自贸试验区。

（四）深化重点领域改革，充分激发市场活力

深入推进供给侧结构性改革。巩固“三去一降一补”成果，增强微观主体活力，提升产业链水平，畅通经济循环。加快煤炭、危险化学品等领域落后产能市场化退出，坚决防范“地条钢”死灰复燃，加大“僵尸企业”出清力度。以制造业企业和小微企业为重点，切实减轻企业负担。强化高质量发展顶层设计。按照国家部署，加快形成促进高质量发展的指标体系、政策体系、标准体系、统计体系、绩效评价、政绩考核办法。开展高质量发展监测评价。深化“放管服”改革。加快推进“四办”和“互联网+政务服务”，推动实现“最多跑一次”省市县乡村全覆盖。全面推开“多证合一”、“证照分离”，进一步优化企业开办和注销程序。加快工程建设项目全流程审批制度改革。扎实推进国企国资改革。改革国有资本授权经营体制，加快国有资本布局结构调整与企业整合重组，积极推进混合所有制改革。规范国有企业投资行为。加快国企内部三项制度改革。深化财政金融改革。全面实施财政预算绩效管理，加强全口径预算管理，大幅压缩专项资金数量，分领域推进省以下财政事权和支出责任划分。推进城商行、农商行、农信社管理体制改革，健全科技金融创新体

制，加快构建覆盖全省的政策性融资担保体系。深化价格体制改革。深入推进农业水价综合改革、完善天然气价格联动机制，逐步实现一般工商业用电与大工业用电同价。健全节能环保电价和污水、固废处理收费机制。进一步降低国有景区门票价格。强化价格监测监管。加快社会信用体系建设。升级省级信用信息共享交换平台，做好信用信息记录、归集、报送等关键环节和工商、税务、金融、司法等重点领域信用建设，不断强化信息共享、场景应用、专项治理。

（五）营造更好环境，支持民营经济发展壮大

落实税费优惠政策。不折不扣落实好扩大小微企业所得税优惠范围，降低社保费率以及中央新一轮大规模减税降费政策，依法依规对一时遇到困难的企业实行税费缓缴政策。清理规范涉企中介收费和各种保证金，建立降低小微企业融资担保成本的补偿机制，健全民营企业贷款风险补偿机制，实施好民营企业债券融资支持工具，鼓励银行加大信贷投放、不随意抽贷压贷断贷。营造公平竞争环境。切实保护民营企业家合法权益。加强产权和知识产权保护，甄别纠正一批侵害企业产权的错案冤案，加大侵权赔偿力度。加强政务诚信和法治政府建设，集中整治政府部门和国有企业违约拖欠民营企业款项行为。健全企业家参与涉企政策制定机制和经常性规范化政企沟通机制，推动构建亲清政商关系。在市州开展营商环境评价。引导扩大民间投资。落实支持民间投资政策措施，按照国家部署，对民间投资进入资源开发、交通、市政等领域，除另有规定外一律取消最低注册资本、股比结构等限制。继续实施促进民间投资六大专项行动，力争民间投资占比达60%以上。建立全省吸引民间投资重点领域项目库，规范有序推广PPP模式，定期梳理PPP项目清单，形成面向社会资本定期推介项目长效机制。

（六）积极释放内需潜力，着力壮大省内市场

激发释放消费潜力。完善促进消费体制机制，放宽文化、体育、健康、养老等领域市场准入。落实好降低汽车、日用消费品进口关税政策，全力推进5G商用部署。积极培育网络消费、智能消费、时尚消费等新热点。开展质量提升行动，严厉打击假冒伪劣和虚假广告宣传。补齐基础设施短板扩大有效投

资。围绕交通能源、农业农村、生态民生等重点领域，加快推进补短板重大项目落地。推进渝长厦通道长赣铁路、呼南通道邵永铁路等前期工作，抓好张吉怀、常益长等铁路项目建设，力争黔张常、蒙华铁路湖南段年内建成通车；抓好南益、长益复线等高速公路和湘西、郴州机场，南岳机场扩建及黄花机场东扩二期前期工作；重点推进莽山水库、毛俊水库、黄盖湖防洪等水利工程，加快犬木塘、椒花、大兴寨水库前期工作，抓好涔天河水库扩建工程灌区等大中型灌区续建配套；加快建设平江电厂、西气东输三线中段、新粤浙天然气管道湖南段、"气化湖南"、电网建设改造等能源项目。推进信息通信基础设施三年行动计划，加强5G、农村4G网络、光纤宽带设施建设。通过地方政府专项债、盘活存量财政资金、扩大优质企业发债支持补短板项目建设，重点保障在建项目资金需求，防止出现"半拉子"工程。

（七）大力实施乡村振兴战略，推动农业农村优先发展

持续深化农业供给侧改革。加快编制乡村振兴专项规划和地方规划，创建一批乡村振兴示范区。实施农业"百千万"工程和"六大强农"行动，加快农业种植结构调整，重点发展农业百亿千亿产业，守住耕地红线，新建高标准农田364万亩，稳定粮食生产。抓好整县推进农村一二三产业融合发展试点，促进农业与旅游、健康、文化等深度融合，实施"互联网+现代农业"行动，建设一批田园综合体。发展"一县一特"，扶持打造区域公用品牌、特色农产品品牌，每个优势产业集中打造1～2个主打品牌，强化农产品质量标准体系建设，加快建设以精细农业为特色的优质农副产品供应基地。打好农村人居环境整治首仗。推进农村人居环境整治三年行动计划，加强农村生活垃圾、生活污水和农业面源污染治理，继续实施农村"厕所革命"，积极开展美丽乡村示范创建和国土绿化行动，启动实施乡镇污水处理设施建设专项行动。同时，加快构建县乡村三级物流配送体系，改造升级农村电网，巩固提升农村饮水安全，抓好"四好农村路"建设。完善农业农村体制机制。提升农民就业增收水平，实施促进农民收入持续较快增长三年行动方案，多渠道拓宽农民增收途径。扎实开展农村集体产权制度改革，实施发展壮大农村集体经济五年行动。盘活集体经营性建设用地。完善农村土地承包经营制度和宅基地制度。推进农村"两权"抵押贷款试点。

（八）促进区域协调发展，拓展经济发展新空间

推进长株潭一体化发展。进一步健全长株潭一体化的工作机制和政策体系。以“三干两轨”为重点，加快构建城市群现代化交通网络，优化长株潭城际铁路运营管理，提升长株潭“半小时经济圈”。依托现有特色园区，推动三市产业特色化、差异化、协同化发展。抓紧推进医疗、教育、文化旅游、养老等公共服务共建共享。放大长株潭辐射带动作用，提升环长株潭城市群的综合实力。推动区域协调协同发展。发挥“一带一部”区位优势，深化与长三角、粤港澳大湾区等区域交流合作。支持洞庭湖生态经济区深度融入长江经济带和长三角区域一体化战略，大力发展沿江绿色产业。支持湘南湘西地区对接粤港澳大湾区更高水平承接产业转移。加大对老少边穷地区的倾斜支持，推动资源型老工业城市转型发展。支持特色产业小镇发展。坚持产业立镇，以制造业为纽带，带动服务业和旅游业发展，支持创建一批园区社区产区和谐共生、一二三产业融合发展的特色产业小镇。提升新型城镇化质量。以“城市双修”为重点，统筹推进污水管网建设和污水处理设施提标改造，大力整治城市黑臭水体，加快推进垃圾分类收集、转运和处置设施建设。推进城中村和老旧小区改造。运用现代信息技术改造提升城市管理服务体系。推进智慧交通、智慧城市建设。

（九）坚持以人民为中心，努力提高民生保障水平

确保就业总体稳定。深入实施高校毕业生就业创业促进计划和基层成长计划，鼓励高校、中专、技校生到基层一线和实体企业工作。发展就业容量大、市场前景好的劳动密集型产业，加大对灵活就业、新就业形态支持，强化就业培训和政策帮扶，促进农村劳动力转移就业。建立就业监测预警机制，加强对美贸易企业和农民工返乡回流等监测，加大稳岗支持力度。持续整顿改善人力资源市场。加强公共服务供给。办好一批重点民生实事。交付使用一批“芙蓉学校”，新开工建设12所；推进国家教育信息化2.0试点省建设，实施“互联网+教育”专项行动，大力推进产教融合。实现所有县市二甲公立医院全覆盖，基本消除村卫生室“空白村”，完善城乡大病保险制度，提高城乡居民大病保险筹资标准、支付比例、年度累计补偿金额，促进“互联网+医疗健

康”发展。研究一批扩面提标政策，完善社会救助体系，保障好城乡生活困难人员基本生活。继续实施城镇棚户区改造和农村危房改造。统筹文化、体育等各项事业发展，不断满足人民美好生活需要。切实维护社会稳定。完善应急管理和防灾减灾体制机制，强化安全监管，切实抓好安全生产，保障交通安全、能源安全、消防安全、食品药品安全，坚决遏制重特大安全事故发生。抓好治安防控，深入开展扫黑除恶专项斗争，依法依规化解各类社会矛盾，确保社会大局和谐稳定。同时，抓紧开展“十四五”规划前期研究，启动“十四五”规划编制。

B.12
2018年湖南科技创新形势及2019年展望

童旭东*

一 2018年湖南科技创新工作情况

2018 年，湖南全省科技战线坚决贯彻中央决策部署，大力实施创新引领开放崛起战略，全力服务打好“三大攻坚战”，引领高质量发展，为经济社会发展提供了强力支撑。湖南获批建设创新型省份，出台《湖南创新型省份建设实施方案》；省政府与国家自然科学基金委建立区域创新发展联合基金，成为首批签约的四个省份之一；高新技术产业实现增加值 8468.05 亿元，增长 14.0%，高于 GDP 增速 6.2 个百分点；新增高新技术企业 1400 家；研发经费投入总量突破 700 亿元、强度预计达到 1.94%；技术合同成交额达 281.7 亿元，同比增长 38.7%；27 项成果获国家科学技术奖励，约占全国总数的 1/10，主持并获一等奖 4 项，占全国一等奖总数的 1/7。各项指标均达到或超过年初预期，圆满完成各项任务。

（一）抓创新型省份创建，创新引领迈入新起点

2018 年全国两会上，湖南代表团提出建设创新型省份的全团建议，获李克强总理的高度重视和重要指示。“两会”以来，省委、省政府领导高位协调，杜家毫书记批示“创新是湖南省走向高质量发展的关键，要始终不渝地抓下去，努力成为名副其实的创新型省份”。许达哲省长、陈飞副省长亲自协调、指导推进。方案编制、专家咨询评议等工作扎实开展。在竞争激烈的情况

---

* 童旭东，湖南省科学技术厅党组书记、厅长，省产业技术协同创新研究院院长（兼）。

下，湖南省创建工作得到充分肯定，10 月 12 日，科技部函复湖南省支持建设创新型省份。获批以来，建设工作有序推进。省委、省政府召开创新型省份建设院士咨询会；与科技部开展工作会商，省部合作进一步深化。12 月 30 日，省政府印发《湖南创新型省份建设实施方案》，日前已召开新闻发布会向社会各界解读。

（二）抓基础研究和自主创新，区域创新能力实现新提升

重大创新成果持续涌现。超级杂交稻百亩片亩产 1152.3 公斤再创新高，低镉水稻、耐盐碱杂交稻试种成功；全球首列时速 160 公里商用磁浮列车正式下线；“鲲龙 500”采矿机器人、广域电磁勘探技术装备等新产品支撑“深海”“深地”探测；国内首个皮肤病人工智能辅助诊疗综合平台、心脑血管医防融合管理平台建成，推动健康医疗迈向智能化。获国家科学技术奖项创历年新高。主持完成 18 项，在全国排第 4 位，技术发明奖一等奖 1 项（全国仅 4 项），科技进步奖一等奖 1 项，科技进步创新团队奖 2 项（全国仅 3 项）。创新源头进一步激活。湖南省获国家自然科学基金项目支持 1409 项，资金 7.2 亿元，同比净增 1 亿元；省自然科学基金恢复创新研究群体项目，新设优秀青年基金，加大杰出青年基金项目和面上项目的资助力度。研发经费投入行动成效显著。健全联席会议制度，制定责任分解方案，召开全省电视电话会议，进一步压实市州、部门主体责任。落实《湖南省支持企业研发财政奖补政策》，首次兑现奖补资金 3.71 亿元，2327 家企业完成研发准备金制度备案。

（三）抓科技成果孵化转化，新动能培育实现新突破

高新技术企业培育成效突出。总数突破 4500 家，较上年增长 40% 以上，一年净增数与过去 5 年的增加数持平；科技型中小企业评价入库企业 2548 家，86.2% 的企业享受了研发费用加计扣除政策，减免税收 28.4 亿元。成果转化服务显著提升。协助省人大做好成果转化“一法一办法”执法检查，科技成果“三权”改革不断深化，相关高校出台多项促进科技成果转化配套政策，潇湘科技要素大市场投入运营。组织开展了 50 余场成果转化对接活动，为 300 多家重点科技企业开展科技投融资服务，帮助获得银行授信 7.2 亿元，股

权融资46.5亿元。推动首批15个县市区开展科技成果转化示范县建设，通过建设县域科技成果转移转化服务体系、支持龙头企业开展科技成果转化示范，支撑特色产业发展。创新创业大赛继续引领“双创”热潮。2748个企业和团队报名参赛，较上届增长44%；21个项目在国家行业总决赛中获奖，获奖数居全国第6；52家参赛企业获银行贷款授信额度5.14亿元，27家企业获得创业投资1.88亿元。创新挑战赛征集发布技术需求177项，企业提供研发经费9.2亿元，18项现场达成合作意向，金额2亿元。

（四）抓重大科技攻关，服务“三大攻坚战”取得新成效

“产业项目建设年”行动落实有力。加强省市协同对接，强化动态管理，统筹资金2.65亿元予以支持，并在人才、平台等方面做好服务支撑。100个重大科技创新项目共完成投资185.8亿元，实现年度计划的117.2%；取得AES100民用涡轮发动机、DSP芯片等一批新产品，累计形成专利、论文等成果2000余项，实现销售收入114亿元；10个项目在省委经济工作会上获通报表彰。科技创新计划紧扣战略需求。新布局实施省科技重大专项10项、自创区重大标志性项目28个、战略性新兴产业攻关项目40个、创新创业技术投资项目68个，撬动社会投资98亿元，支撑重点领域产业升级和新动能培育。落实习近平总书记“守护好一江碧水”的指示精神，以“一江一湖四水一绿心”为主战场，实施洞庭湖污染防治、区域环境治理等科技创新工程，启动水系智能连通、环保清淤等技术攻关项目。强化实验动物源抗体制备技术研发，支撑生物医药产业高端发展。科技扶贫彰显责任担当。湖南省争取中央引导地方科技发展专项资金居全国第2位，集中70%以上用于扶贫，重点对11个深度贫困县和18个当年脱贫摘帽县给予专项支持。大力实施中药材、茶叶扶贫专项。推动科技特派员从单打独斗向团队协同作战转变，组建51个科技扶贫专家服务团，选派科技副县长任团长，实现对贫困县全覆盖，累计建设示范基地（企业）300多家，组织培训3万多人次。中央电视台《新闻联播》对湖南省这一做法进行了专门报道，科技部推介了湖南省科技创新支撑脱贫攻坚典型经验。扎实做好常态化联点督查和驻村帮扶工作，对靖州125个村和社区走访全覆盖，会同县七溪村贫困发生率从16.1%降至1.1%，顺利脱贫出列。

（五）抓科技创新基地建设，区域创新发展呈现新局面

自创区和高新区引领作用增强。编制长株潭自创区空间规划，明确“三谷多园”布局，已通过省政府常务会议审议，报国务院审批。自创区预计可实现技工贸总收入1.1万亿元、高新技术产业增加值2500亿元，均同比增长10%以上。湖南省国家高新区创新能力增长率居全国第2位；长沙高新区综合排名居全国第12位，较上年提升1位；湘潭高新区提升9位，衡阳高新区提升6位。怀化获批国家高新区。对全省高新区首次开展以创新驱动为导向的绩效评价。创新平台建设提标扩面。郴州国家可持续发展议程创新示范区规划和建设方案通过科技部组织的部际专家咨询会，将由省政府和科技部共同呈报国务院；国家生物种业技术创新中心建设方案已通过专家论证，由省政府联合中信集团正式呈报科技部；张家界成功创建国家农业科技园区。新布局建设一批重点实验室、工程技术研究中心、科技企业孵化器、众创空间、星创天地、国际科技合作基地等研发服务平台，其中获国家备案星创天地29家，获批国家级国际科技合作基地5个。科技军民融合助力新兴产业高端发展。军民融合产业园完成建设任务，组建了北斗增强应用、高性能DSP技术、高分遥感智能机器人等军民融合协同创新中心，自主可控计算机、激光陀螺、碳纤维等一批军民科技成果产业化项目成效初显。

（六）抓创新人才队伍建设，人才集聚发展构筑新高地

实施湖湘高层次人才聚集工程，引进支持战略新兴领域紧缺人才78人、创新团队4个、长期在湘工作外国专家1367人，新增60名湖湘青年科技创新人才培养对象。在德国、英国设立5个海外引才联络站，引进海外高层次人才成效突出，总数增至402名。湖南省19人（团队）入选国家创新人才推进计划，创历届新高；1名外国专家获2018年度中国政府“友谊奖”；4名外国专家入选国家第八批高端外专项目专家；新获批国家引才引智示范基地1个。建立了常态化联系服务青年科技人才机制，每名厅领导联系对接5名青年科技人才。组织大学生湘创菁英、科技型企业“双百卓越计划”企业家、科技创新管理干部、技术经纪人等出国（境）培训50批850余人次。

（七）抓科技立法，创新创业环境得到新改善

年度立法任务圆满完成。新修订颁布《湖南省科学技术奖励办法》，奖励范围进一步扩大，奖励标准大幅提高，激励效应和导向作用更加突出。《湖南省高新技术发展条例》获省十三届人大常委会表决通过，2019 年 4 月 1 日施行；《长株潭国家自主创新示范区条例》制定和《湖南省实施〈中华人民共和国促进科技成果转化法〉办法》修订列入 2019 年省人大立法计划。科技改革纵深推进。按照中央和省委要求，牵头制定湖南省落实国家项目评审、人才评价、机构评估改革意见的方案。联合发改、教育、财政等部门印发《湖南省科技计划（专项、基金等）科研诚信管理办法》，对涉及诚信问题的项目实行“一票否决”。突出科研绩效管理导向，完成对 1053 个项目绩效评价。“互联网 + 政务”促进服务便利化。实施信息化建设三年行动计划，积极推进“互联网 + 政务”服务，印发工作方案，梳理行政权力、公共服务目录清单和实施清单，建设政务服务大厅，实现业务系统与省政府一体化平台全方位对接，服务事项“网上办”比例达到 81.5%。创新文化深入人心。围绕“科技创新强国富民”主题，举办科技活动周，协同市州、省直部门组织专题科普活动 200 余场。全省 2 部科普作品入选全国优秀科普作品，省科技厅获第五届全国科普讲解大赛优秀组织奖。组织科技创新新闻发布会 4 场，国内省内主流媒体报道 1000 余条，制作专题片 4 部，策划《谁能不一般》双创纪实秀等 10 余个栏目和专题。

（八）抓科技交流合作，创新开放发展拓展新空间

国际科技合作积极服务“一带一路”战略。依托亚欧水资源研究和利用中心，在匈牙利布达佩斯成功举办欧亚水大会，实现湖南省创新品牌论坛“走出去”零突破；在长沙成功举办“中法矿区废水生态修复与防控论坛”和洞庭湖 - 琵琶湖水生态可持续发展对话会，与日本滋贺县琵琶湖环境部签订科技合作协议，为“一湖四水”综合治理提供国际智力支撑。面向非洲、南美、东南亚等地区举办 20 余期技术培训班。区域科技合作丰富开放发展载体。立足“一带一部”优势，主动对接长江经济带、泛珠、粤港澳大湾区等国家战略，举办湖南科技创新东南大学专场对接会、首届湘台科技交流与产业合作对

接会、第十六次“泛珠三角”区域科技合作联席会议、香港科教代表团对接交流等活动，达成合作协议 2 个，现场签约合作项目 17 个。深化与中国科学院、中国工程院合作。支持行业单位举办系列高端国际论坛 20 多个。科技合作平台链接优质创新资源。湘潭大学与北京大学共建的湖南先进传感和信息技术创新研究院正式挂牌成立，建立东南大学国家技术转移湖南中心、湖南－香港区块链应用联合实验室、湖南香港科技创新技术转移工作站等一批新型研发机构和技术转移转化平台。

（九）抓统筹协调联动，高质量发展凝聚新合力

围绕创新型省份创建和研发经费投入、高企培育等任务，全省上下统一思想认识、明确一个方向，加快推动落实。株洲、衡阳获批创新型城市，浏阳、湘阴、资兴获批国家首批创新型县（市），全国县域创新驱动发展现场会在长沙召开。湘潭、郴州、怀化、永州研发投入完成率居全省前列，岳阳研发投入强度有望突破2.0%。长沙高企数量突破2300 家，占全省总数一半；怀化、张家界较上年翻了一番；永州、邵阳、湘西州、郴州较上年增长超过 50%。益阳大力建设农业科技园、助力精准扶贫成效突出。娄底高新技术产业增加值同比增长超过 20%。常德创新举措深化科技金融结合、加速科技成果转化。省财政连续加大科技创新投入，设立创新型省份建设专项，制定《湖南支持创新型省份建设财政政策措施》。教育、工信、自然资源、生态环境、交通、水利、文化旅游、卫生健康、应急管理、有色金属管理等部门，和省科技厅联合实施了一批基础研究和重点研发项目，共建一批重大创新平台，推动科技创新全面融入“五位一体”战略布局，更加有效服务产业转型升级、生态环保和重大民生改善。

二　2019年湖南科技工作展望

2019 年将迎来建国 70 周年，也是我们全面推进创新型省份建设、加快完成“十三五”科技创新规划各项目标任务的攻坚之年。做好 2019 年科技创新工作的总体思路：以习近平新时代中国特色社会主义思想为指导，深入学习党的十九大及十九届二中、三中全会精神，深入贯彻实施创新引领开放崛起战

略，以创新型省份建设为统揽，聚焦高质量发展和深化供给侧结构性改革，增强高水平科技创新供给，促进科技与经济深度融合，着力加强基础研究和原始创新，培育壮大创新主体，纵深推进科技体制机制改革，加快职能从研发管理向创新服务转变，推动形成全领域、全方位创新的生动格局，为加快高质量发展、建设富饶美丽幸福新湖南，提供强大的战略支撑。

发展目标：全社会研发经费投入强度达到2.2%；高新技术产业实现增加值增速14.5%左右；新增高新技术企业1000家，总数突破5500家，提前完成"十三五"规划目标任务；新增评价入库科技型中小企业1500家左右；全省技术交易额突破300亿元；科技进步贡献率提高到59%左右。

重点开展以下工作。

（一）深入推进区域创新体系建设

立足"一带一部"区位优势，发挥长株潭自创区的核心和辐射带动作用，建设一批创新高地和特色创新功能区，形成承东启西、多点支撑、优势互补、开放合作的创新发展格局。深化长株潭自创区建设。按照"三区一极"目标和"三谷多园"架构，优化发展空间布局，建立一批分园和基地，实施一批重大标志性创新工程，加快推进航空发动机科研设计仿真中心、先进传感与信息技术研究院、机器人产业园等重大平台建设，培育若干"研发+制造+服务"全链条的核心产业集群。加快制定《长株潭国家自主创新示范区条例》。建设若干特色创新功能区。扎实推进国家可持续发展议程创新示范区建设，在水生态保护、有色金属深度开发、产业高效承接等领域加强布局；依托岳麓山国家大学科技城，科学论证完善建设方案，高水平、高标准培育建设岳麓山实验室；依托马栏山视频文创产业园，推动科技与文化融合示范，打造高水平文化创意产业集聚区；依托隆平高科等领军企业，联合中信集团，聚合国内优势科研院校，打造"立足湖南、辐射全国、带动全球"的国家生物种业技术创新中心。打造区域创新增长极。支持湘潭、怀化、常德等市创建国家创新型城市，布局建设一批创新型县（市）和科技成果转移转化示范县。争取岳阳、娄底高新区升级国家高新区，引导和支持一批省级工业园区转型为省级高新区。高标准启动国家农业高新技术产业示范区培育。加快创新开放合作步伐。推动与先进发达国家和地区的科技合作，突出重点合作国别、重点领域和主攻方向，拓宽合作渠道。对接粤港澳大湾区等重大战略布局，加快推动湘港、湘澳、湘台、泛珠科技合作协议和引才引智项目落实落地。举办港洽周科技创新专场、湘台科技合作与对接活动。深化与中国科学院、中国工程院、香港应科院、北京大学、清华大学、东南大学等的合作。推进亚欧水资源研究和利用中心登记成立为国际性社会团体。积极组织人才交流活动和出国（境）培训。

（二）着力培育创新主体

深化“放管服”改革，加强政策引导，建设一批市场化运作、效率更高、机制更活、开放包容的新型创新主体，壮大高质量发展生力军。大力培育高新技术企业和新型研发机构。制定专门政策措施，扶持高新技术企业。健全梯次接续的孵化成长体系，推动科技型中小微企业发展，为培育高新技术企业提供储备。出台管理服务办法，完善资格认定、评估、补助资助等政策，鼓励和引导人才团队、研发服务平台、科研院所、规模以上工业企业建立一批新型研发机构。深化科研院所改革。按照“盘活资源、搞活机制、激活人才”的思路，做好系统设计和分类指导，一院（所）一策，推动省属科研院所改革和转型发展。完善政策措施，扩大科研院所和人员自主权，激发积极性创造性。深入实施加大全社会研发经费投入行动计划。大力落实企业研发奖补政策，鼓励企业成立研发机构，进行研发活动。制定高校、科研院所研发奖补政策的实施细则，鼓励参与承担国家项目，加强与企业研发合作。大力落实研发费用加计扣除、高企税收优惠等政策，降低各类主体的创新成本。

（三）扎实推进协同创新

坚持“三个面向”，聚焦省委、省政府战略部署，加强顶层设计，改革项目形成机制，坚持目标导向和问题导向，鼓励大团队协同创新，促进科技与经济社会深度融合。做好规划顶层设计。抓紧研究编制中长期科技发展规划，以全球视野、全局思维谋划湖南省重大领域、战略举措和重大平台基地。加强科技发展态势研判，做好信息、生物、材料、制造等重点领域的技术评价与技术预测。前瞻部署非对称技术研究和前沿颠覆性技术研究，为湖南省跨越发展、超常规发展做好能量储备。服务产业转型升级。深入实施“产业项目建设年”

行动，切实抓好100个重大科技创新项目实施。实施一批重大科技攻关和成果转化与产业化项目，突破新一代人工智能、装备制造、工程机械、先进轨道交通、中小型航空发动机、生物医药、应急装备等产业关键技术。组织实施区域创新发展联合基金，启动一批重点基础研究项目。服务重大民生改善。加强环境治理、食品药品安全、慢病和出生缺陷防治等重大民生领域的关键技术攻关和示范推广。聚焦“一江一湖四水一绿心”水污染治理、水生态修复、水环境保护的重大需求，启动洞庭湖水系环境治理科技行动，实施一批重点科技攻关项目，加快成果推广应用。建设洞庭湖国家野外科学观测站和洞庭湖生态保护公共科技服务平台。服务乡村振兴和脱贫攻坚。完善科技特派员、“三区”科技人才选派机制，全面组建科技专家服务团，实现所有县市区全覆盖，推动万名科技人员服务农业农村发展。出台科技创新驱动乡村振兴发展实施意见，加强“一县一特”农业产业技术攻关和先进适用技术、品种示范推广。服务军民融合发展。落实国家军民融合创新示范区创建部署，深化科技军民融合。积极创建国家军民科技协同创新平台，健全军民融合公共服务体系。支持高校院所和军工企业在北斗卫星应用、自主可控计算机及信息系统、电磁装备、人工智能、新材料等领域开展协同创新，加快推进高超声速飞行器、飞腾数字信号处理器、碳纤维等重大示范项目。建设一批军民融合协同创新中心，推动湖南省军民融合科技成果转化投资基金尽快落地。

（四）大力促进科技成果转移转化

部署开展“成果转化年”活动，引导企业、高校、科研机构深化产学研合作，打通政策“堵点”，不断健全从基础研究、应用研究到技术开发和产业化发展的成果转化体系。加强政策创新激励。做好《湖南省实施〈中华人民共和国促进科技成果转化法〉办法》修订，加强政策创新，进一步激活创新源泉。抓好已有促进科技成果转化文件政策的落实。鼓励行业、企业发布技术需求，引导高校院所承接，探索建立市场导向的研发机制。加快建设技术转移服务体系。健全潇湘科技要素交易大市场的运行机制和模式，积极引进第三方专业机构，强化服务功能。加快构建全省科技要素市场体系。依托高校、科研院所建设一批国际化、专业化技术转移机构，发展壮大技术转移人才队伍。建设一批科技成果转化中试基地，完善成果转化风险补偿机制。

深化科技金融结合。建设全省科技金融服务中心，推动湖南省科技企业与科创板等资本市场精准对接。加强科技金融产品和服务创新，发挥成果转化引导基金作用，通过开展投贷联动试点、科技型企业上市等方式，培育科技金融生态。

（五）持续强化人才基础工程

贯彻“人才第一资源”理念，落实“芙蓉人才行动计划”，筑牢高质量发展根基。大力培养引进人才。深入实施湖湘高层次人才聚集工程、国家级和省级高端外专项目、“海外名师惠三湘”引智工程。全年引进外国专家800名以上，组织实施30个出国（境）培训团，培训一批高端领军人才和专业技术人才。深入实施省科技领军人才计划、湖湘青年英才计划，启动院士带培计划，引导院士与优秀青年科技人才建立对接合作。完善高层次人才发展体制机制。坚持以信任为前提，以激励为核心，以诚信为底线，在人才放权、松绑、激励、服务等方面加大政策创新力度，打破“四唯”（唯论文、唯职称、唯学历、唯奖项）倾向，引导科研人员弘扬科学家精神，坚守科学伦理，潜心研究、多出高质量原创成果。加强综合服务与支持。将人才的引进培养与科研项目实施、创新平台建设有机结合，制定吸引、留住和保护高端人才措施，加大对青年人才的普惠性支持。对重点引进的人才团队和领军人才给予“一对一”服务和专门政策资金支持。整合人才服务政策，为引进人才做好配偶随迁、就业、子女就学、社保、医疗、住房等配套服务。

（六）不断健全科技创新服务体系

落实习近平总书记“四抓”要求，加强、优化、转变职能，全面提升服务创新引领大局、服务创新主体的能力水平，务实高效推进创新型省份建设。加强宏观统筹。健全监测指标体系，强化市州、县市区责任，形成有机衔接、协调联动的工作推进机制，全力抓好《创新型省份建设实施方案》组织实施。积极推动省部会商各项议题落实落地，逐项分解任务，明确时间进度，建立工作台账，加强调度和督办，争取国家“科技创新2030－重大项目”和国家级重大创新平台在湘布局。争取承接实施国家重大科技基础设施和大科学装置。全面提升创新服务。新建一批产学研合作的研发平台和孵化

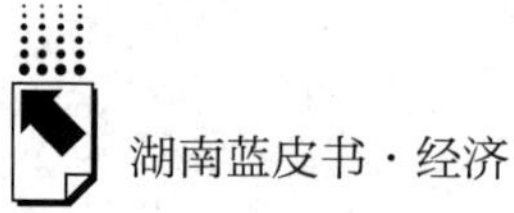

器、众创空间等“双创”服务载体，加大科研基础设施和科研仪器向社会开放共享，不断完善全要素、全覆盖、普惠、共享的服务链条。加强科普能力建设，做好中国公民科学素质基准的宣传与培训。建设科技大数据中心，做好科技数据的挖掘与分析利用，为高效服务创新主体提供技术支撑。加快落实“三评”改革部署。推动建立以质量、绩效和贡献为导向的科技评价体系，健全评审和监督机制，加强科研诚信体系建设，强化导向作用，营造风清气正、宽松优良的科研环境。

B.13

2018年湖南工业和信息化发展情况及2019年展望

曹慧泉*

一 2018年湖南工业和信息化发展情况

2018 年，湖南全省上下以习近平新时代中国特色社会主义思想为指导，坚决落实习近平总书记对湖南工作的重要指示精神以及中央和省委、省政府的决策部署，紧紧围绕制造强省建设，攻坚克难、真抓实干，全面完成各项工作任务。全省工业经济稳中有进、进中向优，呈现排位前移、结构优化、后劲增强的良好态势。全年规模以上工业实现增加值增长 7.4%。新增规模以上工业企业 1929 户（净增 498 户），规模工业企业数量居全国第 8 位。大工业用电报装 569.83 万千伏安，增长 30%。新增小巨人企业 248 家，全省小巨人企业累计达到 480 家。

（一）着力推动供给侧结构性改革，拓展制造强省建设发展空间

下大力气去产能，坚决落实中央巡视整改和中央环保督查整改“回头看”有关工作整改措施。发布依法依规推动落后产能退出的实施意见，公告第一批 39 家落后产能企业名单。打击“地条钢”企业 7 家，取缔不符合国家产业政策的黏土砖及页岩烧结企业 2038 家，淘汰石灰土窑 57 座，对全省 74 条水泥生产线和 9 条平板玻璃生产线进行清查公示并锁定产能基数。发布推进城镇人口密集区危险化学品生产企业搬迁改造实施方案，清查出需关改搬转化工企业 102 家。对烟花爆竹等危爆行业进行了集中化、规模化、智

---

* 曹慧泉，湖南省工业和信息化厅党组书记、厅长（省国防科技工业局局长）。

能化改造。加快绿色发展步伐，获批国家新能源汽车动力蓄电池回收利用试点地区，新获批29家国家绿色制造示范单位、6个国家绿色制造系统集成项目，宁乡成为消费品工业“三品”战略示范城市。促进智能制造提速升级，成功举办中国（长沙）网络安全·智能制造大会，527家知名企业参展，观众超过5.5万人，形成了区域品牌。新获批7家国家智能制造试点示范企业、6个国家智能制造标准化和新模式项目。国家智能网联汽车（长沙）测试区正式授牌，智慧公交示范线首发亮相，开启湖南智能制造、智能驾驶新时代。

（二）凝心聚力抓工业新兴优势产业链，培育制造强省建设产业新动能

坚决落实省领导分工联系产业链制度工作要求，建立分产业链推进工作小组和专家咨询小组，协助省领导调度和分析各产业链发展情况，解决了一些突出困难和问题。集中70%左右的制造强省建设等专项资金支持重点企业、重点项目、重点园区、重点产业。围绕产业链部署创新链。发布制造业重大关键共性技术发展导向目录（2019）和感知智能、海洋工程装备、大功率机车永磁电机等3个技术创新路线图，实施“百项重点新产品推进计划”和“百项专利转化推进计划”，认定了一批省级制造业创新中心、企业技术中心、工业质量标杆企业、工业品牌培育示范企业、工业领域知识产权运用标杆企业。围绕产业链抓项目。110个重大产品创新项目中超过70%的项目属于工程机械、轨道交通装备、航空航天、新材料、电子信息等领域产业链，一批企业效益明显提升，一批产品得到市场认可。坚持靶向培育“专精特新”小巨人企业，480家小巨人企业中有308家与工业新兴优势产业链紧密配套。围绕产业链开展精准招商。加强泛珠三角区域九省合作，推进鄂湘赣三省共建企业家联盟，全年共开展对接合作活动29场，湖南－长三角经贸合作洽谈周签约产业链项目24个，合同金额1129亿元。发布军民两用技术与产品推荐目录，举办军民融合深度发展论坛，总投资70亿元的21个项目成功签约。全年新引进美国惠普、伟创力，德国施耐德、大陆集团，及京东、百度等产业链龙头企业和重点项目，预计工程机械、先进轨道交通装备、新能源装备产业链分别实现营业收入1660亿元、700亿元、800亿元。

（三）坚决落实“产业项目建设年”活动部署，增强制造强省建设产业发展后劲

牵头实施“产业项目建设年”活动重大产品创新项目，建立工作会商机制和督查调度机制等，110 个重大产品创新项目全部开工，23 个项目已竣工投产，新增销售收入 180 亿元。前三批 150 个制造强省建设重点项目进展顺利，伟创力二期、新金宝年产 1300 万台喷墨打印机等项目建设稳步推进，发布总投资 874 亿元的第四批 100 个制造强省建设重点项目，国内最大的第三代半导体碳化硅材料项目开工建设，中电彩虹特种玻璃、伟创力一期、中信戴卡二期等重大项目相继竣工投产。全年工业投资增长 32.4%，技改投资增长 38.1%，比上年大幅提高 25.0 个和 34.2 个百分点。

（四）大力推进创新融合融通发展，激发制造强省建设活力

创新平台建设取得新突破，株洲国创成功创建先进轨道交通装备国家制造业创新中心，开非省会城市先河。5 家企业被认定为国家技术创新示范企业，获评数量全国最多。铁建重工获评“全国质量标杆”，极点智能、铁建重工获评中国优秀工业设计奖。成功获批国家新材料测试评价平台区域中心。大力培育新产业新技术新模式，出台鼓励移动互联网、制造业与互联网融合发展等政策，实施信息通信基础设施能力提升行动计划和第三批电信普遍服务工程，鼓励数字经济发展，移动互联网产业五年迈上千亿台阶，2018 年营业收入达到 1060 亿元，2018 岳麓峰会吸引 120 万网民观看网络直播。大数据产业领域 7 家企业入选国家试点示范，入选数量位居中西部地区前列。大力推进信息化与工业化深度融合，工业互联网领域 3 个项目进入工信部创新发展工程，5 个平台进入工信部制造业“双创”平台试点示范，省级“制造业 + 互联网”示范试点企业 60 家。10 万家中小企业“上云”工程当年启动、当年超额完成任务、当年培育出标杆企业 92 家。累计 5185 家企业开展“两化”融合自评估，11 家企业进入国家“两化”融合管理体系贯标试点。军民融合持续深入，19 家单位新获“民参军”持证资格，三一汽车成为我国首家拥有陆军武器总体型号研制资格的民营企业。大中小企业融通形成特色，5 家企业获评全国第三批制造业单项冠军企业和单项冠军产品，4 家创业创新基地、7 家核心服务机

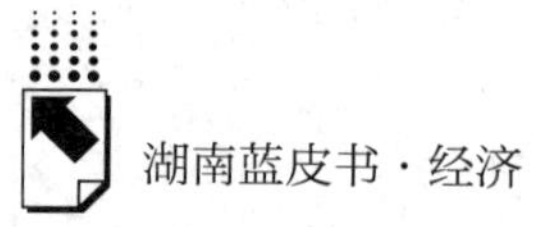

构、2 个园区被分别认定为国家小型微型企业创业创新示范基地、中小企业公共服务示范平台、首批大中小企业融通型特色载体。

（五）想方设法改善营商环境，浓厚制造强省建设工作氛围

坚决落实中央和省委、省政府优化营商环境的政策措施，围绕“五位一体”总体布局营造良好环境。落实“放管服”改革要求，推进法治政府建设，深入开展“规范行政执法示范单位”创建活动，重新修改印发行政处罚裁量权基准，行使执法权进一步规范。开展在湘投资世界 500 强制造业企业走访调研。为 294 家企业兑现技术改造税收增量奖补 1.8 亿元。推动电力市场化改革，全面完成降低一般工商业电价政策落实情况评估等工作。政府部门、国有企业拖欠民营企业账款清偿工作取得阶段性成效，湖南省作为 4 个清欠工作先进典型之一在全国推介。推出服务企业的系列措施，启动“工信云”平台建设，为科学决策、促进制造业高质量发展创造条件。在全国率先制定中小企业“上云”评价指标体系和中小企业管理创新评价指标体系两个地方标准。建立产融合作制造业重点企业“白名单”制度，首批发布重点企业 975 家，开展中小微企业应收账款融资专项行动、举办产融合作对接会和产业链股权投融资撮合对接会，中小企业融资难问题得到一定缓解。与统计部门重构了工业新兴优势产业链等指标体系。首届“创客中国”大赛精选出的项目，有的获全国大奖。组织 14 场工业设计园区行活动，为 1000 多家制造企业提供设计辅导。加强氛围营造。积极开展改革开放 40 周年工业和信息化发展成就系列报道，湖南制造的知名度和影响力得到提升。举办湖南企业家活动日，组织中小企业领军人才培训，大力弘扬企业家精神，企业家成长环境不断优化。

二　2019年湖南工业和信息化发展形势及展望

中央和省委经济工作会议对 2019 年的形势和任务做了深入分析和精准研判，当前外部环境复杂严峻，面临的困难和问题依然较多，经济运行稳中有变、变中有忧，面临下行压力。但是，我国发展仍处于并将长期处于重要战略机遇期，中央和省委高度重视制造业高质量发展。中央经济工作会议提出七项重点工作任务，首要任务就是推动制造业高质量发展。省委经济工作会议再次

组织与会代表考察智能制造企业和项目，并邀请部分重点企业负责人参会，提出要继续开展产业项目建设年活动，表明了省委、省政府发展工业新兴优势产业链、推动制造强省建设、促进制造业高质量发展的坚强决心。

省委经济工作会议和政府工作报告明确提出，2019 年全省规模工业增加值增长 7%。2019 年全省工业和信息化工作要以习近平新时代中国特色社会主义思想为指导，全面贯彻党的十九大精神和中央、省委、省政府的决策部署，做到“五个坚持”，在“巩固、增强、提升、畅通”上下功夫，深入实施“创新引领、开放崛起”战略，以建设制造强省为目标，以供给侧结构性改革为主线，以工业新兴优势产业链为重点，以产业项目建设年为抓手，提升传统产业，壮大新兴产业，促进融合融通发展，全面推动工业和信息化及国防科技工业高质量发展。

（一）持续推进工业新兴优势产业链，打造增长新引擎

一是要突出发展重点。以重点项目、重点企业、重点园区、重点产业为突出重点，努力将工程机械、轨道交通装备、中小型航空发动机打造成为具有国际影响力的世界级产业集群，将电子信息、新材料和消费品工业打造成为国家级产业集群。工程机械要通过举办中国国际工程机械展，培育引进大型土方机械、绿色智能机械和高端配套企业。先进轨道交通装备要以国家制造业创新中心为平台，加快突破技术瓶颈。航空航天要努力争取更多型号总体任务。电子信息要跟踪和改善示范应用，适时抓好推广，在安全可靠领域形成湖南特色。新材料领域要积极参与并突破一批揭榜攻关任务。智能网联汽车要依托国家级测试区，全力打造形成国家智能网联汽车创新及产业化高地。消费品工业要大力实施“三品”工程，继续加大对湘酒、湘瓷、湘药、湘纺等产业支持力度，提高品质、形成优势，着力打造地理标志产品和原产地品牌。省工信厅将进一步明确 20 条工业新兴优势产业链在“3+3”中的产业定位。各市州、重点园区要根据产业定位大力引进龙头企业和重点项目，重点企业要进一步明确主攻方向，密切产业协作。二是要突破技术瓶颈。围绕工业新兴优势产业链，再认定一批省级制造业创新中心，再培育 1~2 家有实力竞争国家制造业创新中心的实体，力争电子信息、重大短板装备等领域一批重点项目列入国家支持范围。列出关键零部件、关键原材料和核心技术等目录清单，借鉴国家揭榜攻关模式，组织企业和高等院校、科研院所等攻克一批关键共性技术，开发一批新产品，制订一批新标准。三是要拓展

产业范围。实施大数据产业发展、人工智能产业发展两个三年行动计划，引进全球行业巨头、央企集团、国内行业领军企业来湘发展下一代信息技术，跟上全球信息化发展步伐。继续支持移动互联网产业发展，办好岳麓峰会，再引进和培育一批龙头企业。各地要深化产业链思维，将工业新兴优势产业链推进机制引入传统产业，通过补链、延链、强链，把传统产业改造成新的工业优势产业链。

（二）持续推进产业项目建设年，突出园区产业特色，汇聚发展新优势

一是要抓项目落地和达产达效。重点抓长三角经贸合作洽谈周、中国（长沙）网络安全·智能制造大会等签约项目的落地实施，抓前四批制造强省重点项目和110个重大产品创新项目情况跟踪调度和服务协调，推动伟创力二期、新金宝、常德中车扩能、蓝思科技智能装备、中联重科起重机械等项目尽快竣工投产。二是要抓项目开发和项目引进。年内再发布一批制造强省建设和百个重大产品创新项目，对照工业新兴优势产业链龙头企业名录和强链、延链、补链目录清单，聚焦500强企业，再引进一批重点企业和重点项目，增强发展后劲。三是要抓园区产业特色。要努力把长株潭衡建设打造成制造业高质量发展示范区。各地要明确园区产业发展主责，引导园区坚持“一主一特”“两主一特”，走专业化、特色化发展路子，加快打造100个以上优势特色产业园区、创新创业园区“135”工程升级版，形成优势和品牌。四是要抓园区产业链发展。推动工业新兴优势产业链发展主要任务在园区。省工信厅将发挥省中小企业公共服务平台体系作用，按照产业链布局，帮助园区完善专业化服务体系，创建一批国家级服务型制造业示范企业、示范项目和示范平台。各园区要优化产业链生态，逐链抓龙头逐链抓配套，畅通内外循环。

（三）持续推动数字经济发展带动传统产业升级，赋予产业发展新动能

一是要抓数字经济发展。大力支持下一代信息技术发展，支持人工智能、云计算、大数据等新技术、新产业推广应用。力争年内培育和推广20个工业互联网平台、100个左右应用工业互联网平台示范项目、10个左右“智慧园区”示范建设。深化电商与供应链的集成创新应用，推动大企业“双创”，培

育基于工业互联网平台的制造业“双创”模式。开展工业设计能力提升专项行动，继续组织“工业设计园区行”活动，组织形式多样的工业设计比赛，支持企业创建国家工业设计研究院。二是要突出智能制造主题。落实技术改造增量税收奖补政策，支持企业技术改造。深入推进互联网与制造业融合发展，各地要尽快出台实施细则。大力推广两化融合管理体系贯标对标，鼓励上下游企业依托工业互联网加强产业链协同，在石化、有色、建材、冶金、轻工、纺织等传统制造业领域，大力实施数字化、网络化、智能化改造，再创建一批国家级、省级智能制造示范企业和示范车间。三是要狠抓绿色制造。巩固“三去一降一补”成果，依法依规推动落后产能退出，坚决防止“地条钢”死灰复燃。稳步推进危化品生产企业搬迁改造、长江干流和主要支流化工企业专项整治、散乱污企业整治、打击稀土违法违规行为专项行动，调优产业布局。持续推进资源综合利用、工业清洁生产和节能减排，力争全年再评估认定50家省级绿色工厂、20家国家绿色制造示范单位。

（四）持续推动大中小企业融通发展，激发市场新活力

一是要大力引进和培育大企业大集团。摸清家底，加大支持力度，力争每年有一批大企业大集团迈向100亿元、500亿元、800亿元乃至1000亿元台阶。要对接500强企业，着力引进国际巨头和央企集团在湘建设重大产业项目。二是要大力培育规模工业企业。发挥“工信云”作用，摸清现有1.5万家规模工业企业家底，增强运行监测的准确性。对1000万~2000万元规模工业企业培育对象进行入库管理，精准支持，力争全年新培育1000家以上规模工业企业。三是要推动中小企业专精特新发展。引导中小企业嵌入产业链和大企业大集团产业分工，开展制造业单项冠军企业培育提升专项行动，再培育300家左右小巨人企业，到2020年力争达到1000家以上，从中打造一批单项冠军、隐形冠军。实施中小企业“上云”专项行动，丰富云平台和云服务机构云上应用产品，为“上云”企业专精特新发展、创造更多价值提供条件。四是要缓解中小企业融资难融资贵问题。强化湖南省产融信息对接服务平台功能。用好国家企业诚信体系，对“白名单”企业实施动态管理，及时新增合规企业、坚决清理违规企业。开展中小企业应收账款融资专项行动，落实小微企业融资担保降费奖补政策，尽最大努力突破中小企业资金瓶颈。

（五）持续推动军民融合深度发展，加快形成新格局

一是要夯实平台和基础条件。全力支持长株潭国家军民融合创新示范区创建，加强省军民融合产业示范基地管理，择地建设航天产业创新孵化基地，加快形成一批军民融合示范产品、建设一批军民融合产业重点项目。二是要强化军民技术协同。推进军民协同创新和军民两用技术联合攻关，支持国防科技大学创新成果产业化，支持三一、中联、株机、中南大学等校企科技成果“民参军”，力争在重点领域再新增一批“民参军”企业。三是要推动合作项目落地实施。跟踪落实省政府与央企集团、军工集团战略合作协议，推动签约项目落地实施，拓展与中国商飞合作领域，研发一批新型高技术航空装备。推进效能型军工核心能力建设，确保科研生产任务按质如期完成，再引进一批重大项目。精心谋划好2019年“中国航天日”主题活动，推进卫星应用等商业航天产业发展，扩大湖南航天影响力。

（六）持续加强区域合作优化发展环境，夯实开放发展新基础

一是要打造区域品牌。大力宣传长沙模式、江华经验，展示湖南构建亲清政商关系、优化发展环境的良好形象。努力把长株潭衡打造成为制造业高质量发展示范区，把湘南湘西打造成为承接产业转移示范区，形成品牌效应，使之成为长三角、粤港澳大湾区知名企业和500强企业来湘投资的吸金石。二是要支持参与国际产能合作。支持有实力的湘企，参与国际产业竞争。支持有愿望的湘企，通过对非投资论坛、2019湖南（欧洲）经贸活动周等涉外产业交流平台，参与国际产能合作，提升湖南国际知名度和影响力。三是要切实优化营商环境。认真贯彻习近平总书记在民营企业座谈会上的重要讲话精神，坚决把中央和省委、省政府的政策措施落实到位。认真清理政府部门和国有企业拖欠民营企业账款，落实企业减负政策措施和企业负担问题交办制度，帮助企业解难题。开展非公有制经济和中小企业先进单位先进个人表彰，弘扬企业家精神。加快中小企业促进法实施办法、无线电管理条例等修订立法进程，深入推进“最多跑一次”改革，落实权力清单和责任清单、行政执法岗位责任制和责任追究制，开展“规范行政执法示范单位”创建活动，推广工作经验。

B.14
2018年湖南财政运行情况及2019年展望

石建辉*

一 2018年全省财政工作进展

2018 年，面对经济下行压力不断加大、大规模减税降费、收支矛盾日益尖锐、各类风险交织叠加的困难和挑战，湖南全省各级财政部门以习近平新时代中国特色社会主义思想为指导，树牢“四个意识”，践行“两个维护”，按照中央和省委、省政府的决策部署，迎难而上，担当作为，继续保持了财政平稳运行的良好态势，各项工作都取得了新的进展。

（一）收支指标基本符合预期

2018 年，全省完成一般公共预算地方收入 2860.7 亿元，增长 3.7%，考虑规范非税收入管理、提高财政收入质量因素，同口径增长 7.3%，加上上划中央收入 1982.3 亿元，总收入 4843 亿元，增长 6.05%，同口径增长 8.18%。税收收入 3941.9 亿元，增长 10.5%；非税收入 901.1 亿元，下降 9.8%，占地方收入比重 31.5%，较 2017 年下降 4.7 个百分点，较 2016 年下降 11 个百分点。全省一般公共预算支出 7479.2 亿元，增长 8.9%，比上年提高 0.5 个百分点，其中民生支出占财政支出比重达到 70.1%。争取中央转移支付取得较大突破，2018 年中央财政下达湖南一般性转移支付 2142.1 亿元，增长 9.2%，其中均衡性转移支付 833.9 亿元，排全国第 3 位。

* 石建辉，湖南省财政厅党组书记、厅长。

（二）服务经济社会发展成效显著

一是推动创新引领开放崛起战略落地见效。推动出台财政贯彻落实创新引领开放崛起战略 20 条政策，促进经济增效，财政增收。大幅增加科技投入，2018 年省级科技投入达到 36.18 亿元，增长 84.87%。出台支持企业研发财政奖补办法，健全科研项目经费管理制度，激发科研人员创新创造活力。统筹安排资金 15.52 亿元支持开放型经济发展，全面实施外贸“财银保”，成功承办第四届对非投资论坛。二是支持产业项目建设和实体经济发展。全面落实新一轮减税降费，全年减免各项税费 913 亿元，其中新增减税约 120 亿元，省级涉企行政事业性收费项目“清零”。统筹资金 6.62 亿元，转贷市县新增专项债券 120 亿元，专门用于支持开展“产业项目建设年”活动。安排制造强省专项资金 13.78 亿元，支持发展 20 条工业新兴优势产业链。创新推出政府采购合同融资、知识产权质押融资，完善财银保、惠农担等政策工具，缓解企业融资难题。三是积极促进城乡协调发展。安排预算内基建资金 221 亿元，支持城乡基础设施补短板。筹集资金 24.34 亿元，支持实施农村“百千万”工程和推进“六大强农行动”，设立农业产业兴旺发展基金，夯实乡村振兴基础。在全国率先推出扶贫惠农补贴“两卡两折”，全年共发放补贴 297.5 亿元。强化村级运转保障，村均运转经费超过 11 万元。

（三）三大攻坚战开局良好

一是政府债务风险管控有力。制定防范化解隐性债务风险、举债问责和政府性债务风险应急预案等制度，成立债务管理常设机构，健全债务风险管控长效机制。压减一批盲目举债建设项目，在全国率先实施 PPP 与政府购买服务负面清单管理，坚决制止违法违规变相举债。制定全省隐性债务化解方案，省领导联点督导，督促高风险市县积极稳妥化解存量债务。大幅压减市县平台公司数量，推动平台公司实质性整合转型。经过一系列疏堵结合的整治措施，全省违法违规举债行为得到有效遏制，债务风险总体可控，未发生重大债务风险事件。二是全力支持精准脱贫。省财政安排扶贫资金 38.1 亿元，增长 13%。51 个贫困县统筹整合财政涉农资金 174 亿元，支持扶贫基础设施、产业项目建设。支持 28 万建档立卡贫困人口乔迁新居，基本完成易地扶贫搬迁任务。

全面开展建档立卡贫困户医疗救助，推进健康扶贫工程。建设扶贫资金动态监控平台，将中央42项、省级36项扶贫资金纳入监控范围。三是大力支持污染防治。国省资金达到169.67亿元，其中省级安排46.14亿元，增长22.9%。出台财政奖补方案，支持洞庭湖生态环境专项治理，推进湘江保护治理“一号重点工程”。建立健全湘资沅澧“四水”、大气、南山国家公园及跨省流域生态补偿机制。成功入围国家山水林田湖草生态保护修复工程试点，争取试点补助20亿元。

（四）社会民生持续改善

一是支持发展公平优质教育。全省教育支出1189.5亿元，连续多年位列财政第一支出。投入89.7亿元，巩固落实“城乡统一、重在农村”的义务教育经费保障机制。安排省级奖补资金16亿元，推动完成化解义务教育超大班额任务。省级补助4.8亿元，支持启动27所“芙蓉学校”建设。安排“双一流”建设专项资金15.8亿元，支持高等教育办出特色、争创一流。二是积极促进就业创业。省级投入3.5亿元，落实扶持政策，加强公共就业服务能力建设，促进重点群体就业创业。打造一批实训基地和校企合作研修平台，推进技工大省建设。推动率先出台促进就业20条措施。三是稳步提高社会保障水平。企业基本养老金“十四连调”，城乡居民基础养老金最低标准提高到每人每月103元，农村低保标准提高到3200元/年，义务兵家庭优待金标准实现城乡统一，达到每户每年1.2万元以上。四是支持医药卫生事业发展。城乡居民医保补助标准提高到每人每年490元，基本公共卫生服务补助标准提高到每人每年55元，县级公立医院综合改革补偿实现全覆盖。五是促进文体事业发展。改变以往定额补助方式，按照实际绩效分配资金，支持公共博物馆、文化馆、体育馆等免费或低收费开放，加快推进马栏山视频文创产业园建设。

（五）财税改革纵深推进

一是一批重大改革走在前列。持续深化预决算公开，在财政部预决算公开评比中，湖南省高居榜首。对省级所有专项资金开展三年整体绩效评价，评价结果作为专项存设和预算安排的重要依据，绩效管理工作连续五年获评全国一等奖。推动出台涉农资金统筹整合长效机制实施意见，贫困县涉农资金统筹整合、扶贫资金绩效管理分别获全国第一名、第二名，获中央奖励资金1.6亿元。在省直部门中率先完成“三供一业”改革。二是一批重大改革不断深化。加强全口径预算管理，政府性基金结转资金超过其当年收入30%部分，调入一般公共预算统筹使用，省级国有资本经营预算调入一般公共预算的比例保持在30%以上。推进专项资金实质性整合，省级专项压减至75项。取消教育、科技、文化、农业、卫生等领域重点支出挂钩事项。全面推进省以下法检两院财物省级统管，强化制度建设和标准化管理，确保了改革平稳高效运行。三是一批重大改革启动实施。拟订基本公共服务领域省与市县财政共同事权与支出责任划分改革方案。首次向省人大常委会作国有资产管理情况综合报告和金融企业国有资产专项报告。开展国有金融资本大清查，推动各级财政部门根据本级政府授权，集中统一履行国有金融资本出资人职责。拟订党政机关和事业单位经营性国有资产集中统一监管实施意见。开征环境保护税，科学调整砂石资源税率。制定政府会计改革“1+X”系统方案。

（六）财政管理水平进一步提升

一是支出结构进一步优化。进一步压减“三公经费”，2018年省级“三公”经费支出执行数5.5亿元，比年初预算减少1.3亿元，结余收回预算，统筹用于民生。持续压专项，扩一般，省财政下达市县一般性转移支付2038.4亿元，增长10.8%，占转移支付的62.8%；专项转移支付1206.5亿元，下降1.8%。坚持财力下沉，突出对贫困地区的支持力度，下达老少边穷转移支付108.8亿元，增长12.9%。二是运行管理进一步加强。部署各级各部门集中学习预算法，高位推进依法理财依法行政。推动出台加强和规范县级财政管理20条意见，强化对县级财政运行的指导、监管与考核。建立库款管理预警机制，对“三保”缺口大、库款保障水平低、债务风险高的市县实行名录管理。严格清理暂存暂付款项，严控对外借款，严禁赤字挂账。完善均衡性转移支付分配模式，增强困难地区“三保”能力。调整省直单位基本支出预算编制定额标准，修订省直会议费、差旅费管理办法。三是管理基础进一步夯实。加强会计领军人才培养，强化会计行业监管，开展财政监督。推动财政投资项目全过程、全范围评审，全年审减金额14.6亿元，审减率9.65%。完成“湖南电子财政”总体框架设计，财税信息综合平台接入49家单位，“互联网+监督”

平台自上线以来，累计点击量11亿人次。非税收入收缴电子化、财政票据电子化和电子票据管理改革稳步推进。

二　当前财政经济形势分析

当前财政工作面临的机遇与挑战同在，利好与隐忧并存，既要坚定信心，保持定力和耐力，又要正视困难，迎难而上，从最坏处着眼，向最好处努力，全力以赴争取最好的成绩。

——从有利的一面看，稳中向好的大势没有变。当前，经济发展的基本面没有改变，长期向好的总体态势没有改变。从全省财政的视角来看，面临着“五大利好”：一是湖南“一带一部”战略优势逐步显现。中央高度重视中部崛起和湖南“一带一部”战略地位，随着内陆开放的加速推进，湖南发展将迎来更多机遇。特别是随着创新型省份、湘南湘西产业转移示范区、长沙跨境电商综合试验区等重大试点获批，国家级中非经贸博览会永久落户湖南，全省创新开放的前景更加光明，财政经济良性发展的空间更为广阔。二是中央释放多重政策利好。今年中央将继续实施积极的财政政策和稳健的货币政策，这有利于构筑“六稳”宽容环境，稳定市场预期和企业信心。同时，国家将围绕长江经济带、中部崛起、先进制造业发展等出台系列支持举措，在基础设施等关键领域加大补短板力度，一大批扩消费政策有望集中出台，在争取国家重大政策支持方面，湖南大有可为。三是财源基石不断夯实。近年来，全省创新引领开放崛起战略深入实施，以“五个100”为标志的重大产业项目建设加快推进，20条工业新兴优势产业链加速布局，现代服务业蓬勃发展，新财源建设工程初见成效，积聚了新发展动能，拓展了就业空间，涵养了新兴财源。四是拥有良好工作基础。近年来，中央下达湖南均衡性转移支付、县级基本财力保障奖补、重点生态功能区转移支付等资金，均排全国前列。今年地方专项债券将大幅增加，中央在脱贫攻坚、生态环保、社保就业等领域安排的资金增量较多，湖南有信心依靠良好的工作作风和优异的工作绩效，最大程度争取中央财力支持和政策倾斜。五是依法理财观念深入人心。近两年，通过提高财政收入质量、防控政府债务风险、规范市县财政运行等一系列措施，财政干部依法理财观念不断强化，应对困难、驾驭风险的能力进一步增强。

——从不利的一面看，稳中有忧的风险也不容忽视。从世界范围来看，中美经贸摩擦是当前外部环境的最大变量。近期，国际货币基金组织等机构纷纷下调2019年世界经济增长预期。从全国及湖南情况来看，2019年经济运行稳中有变、稳中有忧、稳中有危，经济形势错综复杂，下行压力依然较大，要做好打硬仗的心理准备。从全省财政的视角来看，当前许多矛盾问题相互交织、互为影响，有的甚至陷于“两难”困境。总的来看，存在“五大隐忧”：一是宏观经济环境趋紧。基建投资提升幅度有限，扩大消费一时难以见效，外贸出口受中美贸易摩擦影响愈加困难。关键核心技术“卡脖子”问题突出，原材料价格高位运行，人工成本结构性上涨，融资难、融资贵问题尚未有效解决，实体经济困难加重，企业投资意愿不强，增加了财政增收的不确定性。二是政策性减收因素较多。中央将实施更大规模、普惠性、实质性减税降费，这有利于企业实体成长壮大，提振市场主体信心，但短期对财政增收的冲击较大。此外，淘汰落后产能，关停污染企业，继续实施“停缓调撤”，也会造成税收下降，这是全省实现高质量发展必须经受的“阵痛”，也是财政值得付出的“代价”。三是收支矛盾更加尖锐。收入方面，烟草、石化、钢铁等主体税源增长乏力，房地产政策调控还将持续，汽车等热点消费逐步退潮，今年增收将更加困难。支出方面，打好三大攻坚战、基础设施补短板、民生领域兜底线等刚性支出进一步攀升，各种政策性配套频繁推出，债务还本付息包袱沉重，财政收支矛盾更加尖锐。四是风险防控压力较大。湖南债务风险总体可控，但局部风险不容忽视，有的地方形势还十分严峻。隐性债务规模大，市县化债手段单一，主要依赖土地出让收入。部分平台公司难以偿付到期本息，债务舆情事件时有发生，客观上存在“处置风险的风险”。养老、医疗等社保支出提标扩面幅度较大，随着老龄化加速，养老、医保基金缺口将进一步扩大。金融领域风险有向财政转嫁趋势，风险隔离墙尚未有效建立。五是财政管理有待进一步规范。部分市县收支管理失范，收支指标月度间、季度间不平衡。预算执行缺乏刚性约束，暂付款规模较大。省直管县财政体制有待进一步完善，省、市、县三级能动性未充分发挥。在财政部通报的2017年县级财政管理绩效综合评价中，湖南只有5个县市（宁远县、桃源县、溆浦县、澧县、安化县）进入全国前200强。基层财政干部老龄化严重，优秀青年人才进不来、留不住，干部队伍青黄不接。

三 2019年湖南财政重点工作

2019年是中华人民共和国成立70周年，是决胜全面建成小康社会的关键之年，实现第一个百年奋斗目标的关键之年。经报省委、省政府同意，并提交省十三届人大二次会议审查批准，2019年省级和全省一般公共预算地方收入预期增幅按4%左右安排。重点做好六项工作。

（一）坚持积极施为、加力提效，服务经济高质量发展

加力提效实施积极财政政策，促进财政资源更多地向实体、向产业、向创新开放等重点领域和关键环节倾斜。进一步减轻企业税费负担。落实中央新一轮更大规模减税降费举措，研究降低湘南湘西六市州社保缴费比例，推进企业养老保险单位缴费费率过渡试点政策。着力支持产业项目建设。继续推动实施“产业项目建设年”活动，土地储备等专项债券资金向产业项目建设力度大、债务风险低的市县倾斜。推动实施“135”工程升级版，完善园区新增基础设施项目融资贴息补助政策。加快新兴产业基金市场化运作，鼓励运用PPP模式建设运营标准化厂房。发挥政府采购政策功能，加大两型采购力度，优先支持重大产业项目建设和重大产品创新。帮助缓解企业融资难题，发挥好“优质上市公司流动性纾缓专项基金”作用，帮助省内遇到暂时资金困难的上市公司渡过难关。加快构建覆盖全省的融资担保体系，扩大重大产业链上下游企业的融资担保业务。完善贫困县工业园区“财银保”政策，并逐步向全省园区推广。支持创新型省份建设。落实科技创新“财政十条”，推动创新型省份建设。建立绩效导向的奖补制度，引导市县实施创新驱动战略。支持岳麓山国家大学科技城建设，打造国际国内有影响力的创新中心。打造内陆开放新高地。支持实施“五大开放行动”，推进更高水平对外开放。巩固外贸向好势头，推动现代服务业创新发展，完善国际物流通道。

（二）坚持高度聚焦、靶向施策，坚决支持打好三大攻坚战

在巩固已有成果基础上，坚持底线思维，针对突出问题，集中力量打好重

点战役。切实防范化解政府债务风险。按照“堵后门”更严，“开前门”更大的思路，坚决遏制债务增量，积极争取中央加大专项债券安排力度，保障重点项目需求。督促市县落实隐性债务化解方案，妥善化解债务存量。全面完成融资平台清理压减任务，对保留的平台公司实施实名监控。严格将专项债券与项目对应，严控专项债券风险隐患。加强省级监管部门协作，健全债务风险应急机制。支持打好精准脱贫攻坚战。持续加大省级扶贫投入，确保资金增幅不低于中央补助增幅。加大非贫困县和非贫困村的资金投入力度。突出支持重点，着力解决“两不愁、三保障”突出问题。加强资金监管，建立贫困县统筹整合涉农资金长效机制，完善扶贫资金动态监控系统，继续做好财政扶贫领域腐败和作风问题专项治理。支持打好污染防治攻坚战。加大投入力度，支持打好蓝天、碧水、净土三大保卫战和城镇黑臭水体整治歼灭战。出台山水林田湖草生态保护修复工程试点实施意见。建立“一湖四水”全流域生态补偿机制，支持“四水”上下游市县签订横向生态补偿协议，继续推动与江西、湖北、贵州等相邻省份建立跨省流域生态补偿机制建设。设立环境空气质量奖励资金，奖优罚劣。

（三）坚持规划先行，融合发展，推动实施乡村振兴战略

坚持农业农村优先发展，切实加大投入力度，完善财政支持乡村振兴战略的体制机制。推进农业现代化。继续支持“百千万”工程和“六大强农行动”，培育六大重点区域公用品牌，引导油菜、油茶、茶叶、水产、水果、中药材、竹木七大产业迈上千亿台阶。打造一批“好粮油”行动计划重点县，培育3～5家省级示范企业。加快运作农业产业兴旺基金，带动社会资本支持农业产业发展。提高特色农业保险县级奖补额度。加强农田水利建设。推动实施全省高标准农田建设规划，支持建成高标准农田364万亩。加快椒花水库、钱粮湖水库等重大水利工程建设。推进长株潭地区90万亩耕地种植结构调整和休耕治理。促进城乡融合发展。加快农村基础设施补短板，支持农村公路建设、危房改造，完成120万人农村饮水安全巩固提升工程。支持推动农村人居环境整治、“厕所革命”，开展农村生活垃圾和污水处理，支持农业废弃物资源化利用，推进美丽乡村建设提档升级。

（四）坚持尽力而为、量力而行，大力保障和改善民生

坚持经济发展与民生改善相协调，突出保基本、兜底线，确保民生支出占比70%以上。支持稳就业。落实促进就业20条措施和“双创”各项优惠政策，推动创新创业带动就业。健全转岗就业创业、公益性岗位多元化安置渠道，促进重点群体就业。对不裁员或少裁员的参保企业，适度提高稳岗补贴标准。支持教育均衡提质。支持化解55人以上大班额，省财政按新增一个学位1万元、分流消化一个学位5000元的标准给予奖补。按既定标准落实补助资金，支持国贫县建成27所“芙蓉学校”，新启动26所“芙蓉学校”建设。建立省与市县财政前教育生均公用经费共担机制，将完全达标的民办普惠园纳入保障范围。落实中职学校生均拨款制度。推动医药卫生事业发展。城乡居民医保补助标准提高30元，达到每人每年520元，相应提高个人缴费比例。基本公共卫生服务补助标准提高5元，达到每人每年60元。完善卫生健康投入政策，加大医保资金监管力度，提升基层医疗服务能力。支持推进公立医院综合改革。完善社会保障体系。研究制定从预算管理型省级统筹向统收统支型省级统筹模式转变的办法。落实中央基础养老金调整待遇政策，建立正常调整机制。继续提高城乡低保指导标准及救助水平。建立0～6岁残疾儿童抢救性康复救助制度，向有需要的贫困残疾儿童免费提供资助。促进文体事业产业协同发展。继续支持重点文化工程，加快公共文化服务体系建设。促进文旅融合，打造旅游精品线路。加大力度支持马栏山视频文创产业园发展。

（五）坚持统筹协调、突出重点，加速推进财税改革

加强科学谋划，注重统筹推进，着力在关键领域寻求重点突破。全面落实中央税制改革部署。加快地方税体系建设，做好增值税、耕地占用税、资源税、关税等税制改革和配套立法工作。落实新修订的个人所得税法实施条例和六项专项附加扣除政策。推进省与市县财政事权与支出责任划分改革。推动出台基本公共服务领域省与市县共同财政事权和支出责任划分改革方案，改革范围为义务教育等8大类35项基本公共服务。分步分类推进医疗卫生、交通运输等领域财政事权和支出责任改革。全面实施预算绩效管理。推动出台全面实施预算绩效管理的实施意见，加快建立全方位、全过程、全覆盖的预算绩效管

理体系，提高财政资源配置效率和使用效益。加快推进其他重点改革。推进专项资金实质性整合，省级专项资金大幅精简整合到 47 项，在农业领域实施“大专项 + 任务清单”管理模式。加强国有金融资本集中统一管理。推动出台湖南省实施方案，力争省级 3 月底前、市县 6 月底前，完成政府授权财政部门履行出资人职责。推进国有资产管理改革，力争 2020 年 6 月底前，将省级行政事业单位经营性国有资产全部纳入集中统一监管体系。深化政府采购制度改革。强化采购人主体责任，构建权责对等的管理机制，制定采购需求和履约验收等管理办法。完善省以下法检两院财物统管机制，建立办案成本补偿机制，明确基建项目管理办法，完善项目库管理规定。

（六）坚持问题导向、底线思维，持续提升财政管理效能

健全财政管理制度，优化运行机制，夯实工作基础，不断推进法治财政建设。规范财政行为。推进法治财政标准化建设，深化财政“七五”普法。优化国库集中支付审核流程，减少事前审核，加强事中事后监控，提高支付效率。推广会计服务行业网上业务办理，实现会计师事务所执业许可审批“一网通办”。实施“互联网 + 政府采购”行动，建设全省“一张网”的政府采购电子卖场。加强财政监督和内控体系建设，坚决查处各类违法违规行为。启动实施“县级财政规范管理三年提升行动”。制定县级财政预算管理业务操作规程，开展县级预算编制合规性审查试点，完善市县财政综合管理绩效评价指标体系。强化市级财政对省直管县财政的监督管理、业务指导和工作衔接，鼓励市对省直管县给予支持。压实县级监管责任，始终绷紧财政可持续这根弦。筑牢财政管理基础。加强预算执行监测分析，提高预算执行效能。强化预算评审职能，加快项目支出标准体系建设，健全“先评审，后下达”的预算安排机制。加快国库集中支付电子化管理改革，争取年底前实现省、市、县、乡四级全覆盖。强化基层财政管理，推进乡村财政财务绩效管理。全面贯彻落实政府会计制度，加快高端会计人才选拔培养。强化现代信息支撑。加快推进“湖南电子财政”建设，2019 年完成省本级一体化系统和大数据中心主体建设，选择 3 个市州、15 个县市区开展建设试点，为 2020 年系统全线运营打好基础。加速推进省级财税综合信息平台扩围拓面，尽快在建筑安装、烟草零售等领域开展分析运用。

B.15

2018年湖南住房和城乡建设情况及2019年展望

鹿　山*

2018年，湖南全省住房城乡建设系统以习近平新时代中国特色社会主义思想为指导，认真贯彻落实住建部和省委、省政府决策部署，围绕打好三大攻坚战、产业项目建设年，以打造人文住建、绿色住建、智慧住建、廉洁住建为目标，以城市双修、农村双改为载体，改革创新，奋发作为，推动全省住房城乡建设事业高质量发展迈出了新步伐。

一　2018年工作回顾

（一）突出抓好顶层设计，新型城镇化有序推进

全省城镇化水平持续提升，预计2018年全省常住人口城镇化率达56%左右。规划改革全面推进。强化省规委"统筹规划、规划统筹"职能机制，高规格召开省规委全委（扩大）会议，审议出台《湖南省新一版城市总体规划编制工作方案》。完成国家、省两级新型城镇化试点工作评估。建设品质逐步提升。印发《湖南省城市设计技术指南》、《湖南省城市既有住宅增设电梯指导意见》。牵头起草《湖南省农村人居环境整治三年行动实施方案（2018－2020年）》，发布《关于进一步加强村庄建设的意见（试行）》，制定农村非正规垃圾堆放点等技术指南，农村人居环境整治政策标准体系基本建立。新增张家界等省级园林城市（县城）9个。构建历史文化"名城名镇名村"三级

* 鹿山，湖南省住房和城乡建设厅党组书记、厅长。

保护体系，3个县新晋省级历史文化名城，3镇7村喜获国家历史文化名镇名村称号。400个村获批中国传统村落，数量居全国首位。城市管理有效加强。启动了省级数字城管云项目建设，在益阳市开展了智慧城管试点。在城管系统深入开展“强基础、转作风、树形象”行动。城管执法体制改革稳步推进。《湖南省物业管理条例》正式施行。

（二）扎实推进城市双修，城市颜值更加亮丽

出台《湖南省城市双修政策清单》等文件，分解城市双修三年行动任务。海绵城市和综合管廊建设试点扎实推进。全省海绵城市试点累计建成项目202个，完成投资113.5亿元。常德市国家级海绵城市试点成果亮相国家博物馆改革开放40周年展览。地下综合管廊累计建成129公里，长沙市国家级试点通过住建部验收，并获国务院办公厅专报推介。污水垃圾治理力度加强。制定《湖南省城镇污水处理厂主要水污染物排放标准》，新建（扩建）县以上城镇污水处理厂22座，提标改造38座，全省县以上城镇污水处理率达95%。省政府在永州召开全省生活垃圾焚烧处理设施建设推进会，全年新开工、建成生活垃圾焚烧处理设施各3座，全国最大的单体项目在长沙正式运营，全省垃圾焚烧处理占比达37%。完成14座存量垃圾场治理。争取湘江流域存量垃圾场综合治理亚行贷款1.5亿美元，占全省亚行贷款总额43%。黑臭水体整治成效明显。完成113个县以上城市建成区黑臭水体整治任务，地级城市黑臭水体消除比率达95%。顺利通过国家专项督查，长沙市圭塘河流域综合治理获国家督查组好评。

（三）大力推进农村双改，乡村面貌明显改善

农村危房改造超额完成。全年农村危房改造开工20.1万户，竣工17.8万户，超额完成年度任务。争取国家任务指标19.06万户，获得中央补助资金25.13亿元，居全国第三。18个计划脱贫摘帽县实现应改尽改。人居环境整治成效显著。圆满完成十八洞村村容村貌提升任务，获各方好评。创建了7个农村人居环境整治示范市县，培育9个全国农村污水垃圾治理示范县。全年建成99个乡镇污水处理设施，整治41个乡镇黑臭水体。有序推进农村非正规垃圾堆放点整治，建成220个乡镇垃圾中转站，90.2%的村庄实现了

生活垃圾治理。建立了12.3万人农村保洁员队伍，全省农村保洁机制初步建立。

（四）落实“房住不炒”定位，房地产市场有效稳控

调控力度不断加强。建立全省房地产市场监管平台，及时警示、约谈房价过快上涨城市，督促各地落实主体责任。发布“湘十一条”调控新政，长沙出台“6.25”调控政策，岳阳、湘潭等地推出建设限价商品房等措施，房价过快上涨势头得到遏制。全年全省商品房销售面积9239.15万平方米，完成房地产开发投资3945.95亿元，新建商品住宅供应8959.31万平方米，完成房地产税收收入1029.04亿元，占税收总收入比重为26.1%。市场秩序有效整治。出台《湖南省房地产市场经营主体严重失信名单管理暂行办法》，印发《湖南省打击侵害群众利益违法违规行为治理房地产市场乱象专项行动方案》，交叉检查长株潭地区350个在售项目、1148家中介机构，整肃了房地产市场乱象。住房保障工作全面推进。全省28.8万套各类棚户区改造项目开工建设，完成直接投资1463亿元，为省级层面唯一连续两次被国务院表彰为真抓实干成效明显地区。长沙市棚改典型经验做法被国务院通报表扬。新增发放公租房租赁补贴18.56万户；分配入住5.97万套，完成比例为118%，分配入住率居全国前列。下达保障性安居工程建设资金151亿元。住房公积金扩能增效。建成全省住房公积金综合服务平台，基础数据全面实现标准化。出台低门槛缴存住房公积金等优惠政策。全年发放住房公积金贷款427亿元，同比增长13.3%，充分发挥了服务民生、助力宏观调控的作用。

（五）强力推动绿色发展，建筑业稳步转型升级

预计全年实现建筑业和工程咨询业总产值分别达9581.44亿元和2600亿元，同比增长13.7%和18%。质量安全监管进一步加强，创建鲁班奖6项、国家优质工程奖13项，评选芙蓉奖87项、省优质工程奖243项。建筑施工安全生产形势总体平稳，连续十年被省委、省政府评为安全生产工作优秀单位。装配式建筑形成示范。全国装配式建筑交流大会在长沙召开，首家装配式建筑技术创新基地落户湖南。《湖南省绿色装配式建筑评价标准》成为首个省级地方评价标准。全省市州中心城市全年新建装配式建筑1276万平方米，占新建

建筑比重19.95%，居全国首位。圆满举办第三届湖南“筑博会”。绿色建筑蓬勃发展。《湖南省绿色建筑发展条例》列入立法规划，发布《湖南省建筑节能与绿色建筑发展规划（2018－2020）》等文件，绿色建筑发展形成制度体系。召开全省首届绿色建筑发展大会，成立省级住房城乡建设科技创新联盟。全年新增绿色建筑评价标识项目151个，居全国前列。全省市州中心城市新建绿色建筑3225万平方米，占新建建筑比重61%。行业信息化速度加快。启动全省“智慧工地”系统平台建设。发布建筑工程信息模型和BIM技术交付标准，BIM技术应用步入全国先进行列。建筑业“走出去”凝聚势能。开展“建筑强企”命名活动。全过程工程咨询和工程总承包稳步推进。举办湖南省建筑业发展对外交流论坛，成立粤港澳大湾区湖南建筑业服务中心、湖南省建筑业“走出去”战略合作联盟，“走出去”加速凝聚新势能。

（六）践行以人民为中心思想，“放管服”改革落到实处

大力打造智慧住建，印发《智慧住建发展规划（2018－2020）》，助推“放管服”改革落实落地。“最多跑一次”改革初显成效。全面开展审批事项自查，大幅削减优化审批环节、缩短办理时限，审批环节由6个削减优化为3个，14项行政审批事项原则上在13个工作日办理完毕，基本实现线上全流程办理。工程建设项目审批制度改革率先推进。建立了省直部门联席会议制度和全省工程项目动态监管平台，率先在全国非试点地区出台《关于推动工程建设项目审批制度改革的指导意见》。施工图审查制度改革深入拓展。实施“互联网＋图审”、政府购买服务等举措，完成“多审合一”“多图联审”改革目标，实现施工图审查“零跑路”“零付费”“零接触”，施工图审查信息管理引领全国。事中事后监管机制逐步健全。在全国率先出台“打招呼登记”“黑名单管理”“标后稽查”“联合查处”等制度，实施“投标担保”、信用评价，“1＋X”制度体系日趋完善。出台《湖南省建筑市场信用管理暂行办法》。

（七）强化党建引领，能力建设全面加强

坚持把学习贯彻习近平新时代中国特色社会主义思想和党的十九大精神摆在首位，树牢“四个意识”，坚定“四个自信”，落实“两个维护”，高标准落实中央和省委巡视反馈意见整改，高质量通过国务院大督查，高要求配合完成

中央环保督察“回头看”工作。切实履行主体责任，召开了厅直机关第七次党员代表大会，开展“不忘初心牢记使命”主题教育活动，扎实推进党支部标准化建设。严格遵守中央八项规定及实施细则和省委九条规定，贯彻《中国共产党纪律处分条例》，出台纠正“四风”加强作风建设任务分解清单，开展违规收受红包礼金等自查自纠，组织廉政警示和爱国主义教育活动，坚定不移推动党风廉政建设和反腐败斗争。指导强化行业党委履职，召开系统省级行业协会学会工作会议，开展“三清理”工作，建立“三清单”制度。在厅本级探索建立以岗位绩效考核为核心的公务员考核评价机制。

二 2019年重点工作

2019 年，全省住房和城乡建设系统将以习近平新时代中国特色社会主义思想为指导，深入贯彻落实党的十九大、十九届二中和三中全会、十九届中央纪委三次全会精神，认真贯彻习近平总书记关于湖南工作的重要指示精神，全面落实省委十一届七次全会、省委经济工作会议和省“两会”精神，以及住建部和省委、省政府的各项决策部署，坚持以人民为中心，坚持稳中求进，坚持新发展理念，坚持创新引领开放崛起，按照高质量发展要求，继续聚焦打好“三大攻坚战”，强力落实新型城镇化、乡村振兴战略，以城市双修、农村双改为载体，全力打造人文住建、绿色住建、智慧住建、廉洁住建，促进城乡一体化发展，努力开创全省住房和城乡建设事业高质量发展新局面，以优异成绩庆祝中华人民共和国成立 70 周年。

重点抓好以下八个方面的工作。

（一）推进新型城镇化，促进城乡建设一体化

着力推进以人为核心的新型城镇化，逐步破解城乡建设发展不平衡问题，促进城镇化高质量发展。

一是促进区域协调发展。加快建设以长株潭城市群为核心、市州中心城市为主体、县域城市为基础、重点镇为补充的湖南特色新型城镇体系，推进长株潭一体化发展，大力支持“三干、两轨、四连线”建设。积极参与湘南湘西承接产业转移示范区建设。协调抓好在城镇就业农业转移人口的落户工作。

二是推动城乡融合发展。推动县城加快提质扩容建设步伐，提升县城综合承载能力。大力推进重点镇、中心镇建设，促进基础设施逐步向乡村延伸覆盖，引导就地就近城镇化。启动小城镇建设省级试点，探索“园林乡镇”创建活动。加强历史文化名城名镇名村和传统村落保护和利用。

三是抓好新型城镇化试点。强化新型城镇化日常工作的统筹和协调。加强新型城镇化试点建设，扎实推进第二阶段工作，逐步推广试点地区经验做法。注重体制机制创新，继续开展新型城镇化标准设计图集编制工作。

（二）稳地价稳房价稳预期，构建房地产市场长效机制

坚持房子是用来住的，不是用来炒的定位，继续保持房地产市场调控政策的连续性和稳定性，因城施策，分类调控，坚决防范化解房地产市场风险，着力构建房地产市场平稳健康发展长效机制。

一是持续稳控房地产市场。指导各地落实城市主体责任，加快制定住房发展规划，加强供需双向调节。完善住房市场体系和住房保障体系，加大安居型住房、限价商品住房供应，坚决遏制投机炒房。全面推行房屋网签备案制度。指导长沙市做好房地产长效机制“一城一策”试点工作。

二是有效强化房地产市场监管。扎实开展住房普查，建成集监管、服务、市场、交易于一体的全产业链监管服务平台。持续整治房地产市场乱象，加强房地产中介机构经营行为监管，严格落实市场经营主体“黑名单”管理办法，全面推行“双随机一公开”和“互联网＋监管”。推进智慧物业试点，加强物业基层治理体系建设和服务水平。

三是提升住房公积金监管水平。巩固“双贯标”成果，促进部门信息共享，提升信息化水平。改进住房公积金缴存机制，降低企业成本。开展政策执行情况检查和风险隐患排查，健全监管长效机制。适时调整提取和使用政策，支持合理改善性需求。

（三）统筹推进城市双修，提升城市功能品质

围绕打好城镇污染防治攻坚战，以城市双修为载体，实施城市品质提升三年行动计划，加快建设人文城市、绿色城市、智慧城市。

一是积极开展园林城市创建工作。开展园林城市、生态园林城市和人居环

境奖创建工作，系统推进城镇有机更新改造、市政设施建设、海绵城市和地下综合管廊建设试点等工作，提升城市生态承载能力。强化城市设计指导作用，优化城市设计管理模式和实施保障制度。

二是统筹推进城市市政基础设施建设。大力推进黑臭水体整治，新开工建设城市黑臭水体整治项目 50 个。开展全省城市排水和污水处理专项规划编制和实施情况评估。完成县以上城镇生活污水处理厂提标改造 28 座，新增县以上城镇污水管网 795 公里。全面摸清排水管网底数，加快完善纳污体系建设。抓好生活垃圾治理，指导各地科学制定生活垃圾处理设施建设规划，完善垃圾收运体系，加快垃圾转运站建设，加大餐厨垃圾资源化利用设施建设力度，增强终端处理能力。重点推进生活垃圾焚烧发电设施建设，新开工建设 5 个，建成投产 4 个。

三是提升市政设施安全管理水平和防灾能力。打造“智慧城市互联网 + 居家服务”便民平台，强化市政公用设施运营监管，加强城镇供排水、供气、城市桥梁等风险隐患排查整治。开展城镇房屋建筑抗震排查工作，推广使用减震隔震技术，确保新建建筑抗震防灾性能。

四是推动城市管理科学化、精细化、智能化。探索研究城市体检评估制度，建立城市高质量发展评价体系。抓好“智慧城管”试点工作，建立健全综合性城市管理数据库，确保年内全省数字城管系统上线运转。结合机构改革，加强执法队伍建设，合理设置市州、区县市城管执法机构，理清权责清单，强化执法监督。

（四）精准推进农村双改行动，建设美丽宜居乡村

持续深入、精准推进农村双改和人居环境整治三年行动，加快补齐设施严重不足、农村建房无序、基础工作薄弱短板。

一是突出治理村镇生活污水垃圾。推动实施乡镇污水处理设施建设专项行动，优先在沿河沿湖等重点区域集中新建一批污水处理设施。推广应用低成本、低能耗、易维护的农村污水处理技术和模式。推进农村生活垃圾治理，统筹农村生活垃圾收运处理设施布局，探索农村垃圾分散式治理技术模式。加强对非正规垃圾堆放点的清理整治。

二是深入推进农村危房改造。打好住建系统精准脱贫攻坚战，以深度贫困

地区为重点，聚焦 19 个计划脱贫摘帽县，加大支持指导服务力度，确保 2019 年 6 月底前完成 19.06 万户危房改造任务，年底前全面完成全省 4 类重点对象危房改造。积极推进深度贫困县和贫困村 4 类重点对象以外其他住房困难户农村危房改造。

三是规范农村住房建设管理。推动出台并认真落实《湖南省农村住房建设管理办法》，加强农村住房建设管理工作力度，落实带图审批和“四到场”制度，着力控制新建农房体量和风貌。开展规范建房试点工作，组织全省农房设计大赛，推动典型农房设计落地。

（五）着力办好群众关注的身边实事，提升居民获得感、幸福感、安全感。践行以人民为中心思想，秉承“人文住建”理念，办好一批事关群众生活的民生实事

一是稳步推进棚户区改造。今年全省计划实施棚改任务 8 万套，重点改造老城区脏乱差的棚户区和 C、D 级危房。探索多种筹融资模式，积极推进棚改专项债券发行。加大配套基础设施建设，严控质量安全，全面推行第三方评价。

二是抓好公租房分配管理。盘查历年公租房建设、竣工、分配情况，完善信息数据库。研究出台支持地方建设公租房优惠政策，指导有需求地区有序推进公租房建设。落实公租房租赁补贴扩面政策，完善公租房分配方式，加大对重点群体、重点产业困难职工的精准保障力度。开展保障性住房示范小区创建工作。

三是加速老旧小区改造。总结推广长沙市老旧小区改造工作经验。指导各地推进老旧小区房屋安全节能改造、配套设施设备完善、环境景观综合整治、管理服务机制建立四项工作。重点支持有条件的既有住宅加装电梯。

四是推进生活垃圾分类处理。总结推广试点地区生活垃圾分类工作经验，推动公共机构示范带动，在地级以上城市全面开展生活垃圾分类工作。

五是开展民生建设“微改造”。以“微改造”方式，改善历史城区、历史文化街区人居环境，推进既有建筑保留利用和更新改造。开展人行道净化和自行车专用道建设。加快实施“一杆多用”城市智慧灯杆建设改造。开展整治规范户外广告设施和招牌标识整治试点。开展路牙、井盖、电箱、消防栓、垃圾桶等适宜性改造，加强街角、墙头、门边、窗口等局部可视面的微景观建设。

（六）深入抓好转型升级，促进建筑业高质量发展。以“绿色住建”为统领，以深化建筑业供给侧结构性改革为抓手，加快推动建筑业向工业化、绿色化、智能化升级，打造万亿级产业

一是大力发展绿色建筑和装配式建筑。力争出台《湖南省绿色建筑发展条例》。发展高星级绿色建筑和推广绿色生态城区。开展“装配式建筑产业年”活动，研发建设“装配式建筑全产业链 BIM 智造平台”，积极创建国家装配式建筑示范城市和产业基地，力争全省市州中心城市装配式建筑占新建建筑比例达到 22%，长株潭地区达到 35%；绿色建筑占新建建筑比例达到 70%。加强建筑垃圾监管，促进建筑垃圾资源化利用。

二是持续抓好建筑工程质量安全管理。深入推进工程质量安全提升行动，强化质量安全标准化考评。全面开展“预防事故年”活动，出台安责险管理办法，深入开展“施工安全专项治理”，坚决遏制较大以上生产安全事故。建设全省“互联网 + 智慧工地管理系统”，打造 50 个智慧工地项目样板。

三是加快完善建筑市场管理机制。建成建筑市场信用管理平台，推进信用信息及信用评价结果运用。深化“打非治违”专项行动，严厉打击“三包一挂”。加大“双随机、一公开”监督执法力度。出台建筑工程劳务用工实名制管理制度，建设全省建筑工人实名制信息管理平台。统一全省招投标政策规划，构建全省互联互通电子招投标网络。加快推广应用 BIM 技术。

四是稳步推动建筑业“走出去”。召开全省建筑业高质量发展推进会，宣传推介“建筑强企”。依托中非经贸博览会搭建交流合作平台，充分发挥湖南建筑业“走出去”战略合作联盟作用，积极对接湖南丝路联盟，鼓励民营企业与大型国企向国外省外抱团外拓。加大特、一级建筑企业科技创新研发经费投入，全力完成省政府目标任务。

（七）走深走实行业“放管服”改革，优化营商环境。以加快“智慧住建”建设为契机，提升服务水平和效能，激发创新发展、高质量发展的强劲动力

一是持续推进“最多跑一次”改革。着力提高审批标准化规范化水平，积极探索事中事后监管新模式。完善“智慧住建云”，推进统一身份认证和电子证照体系建设，实现全流程网上审批。打通系统内省市县三级电子公文传输通道。

二是牵头完成工程建设项目审批制度改革。建成全省统一的工程建设项目审批制度框架和管理系统。改进行政审批、技术审查、中介服务、公用服务事项，加快实现审批事项、申请材料、办理环节、跑动次数、审批时间均减少的目标。

三是提升行业服务效能。梳理下放审批服务管理权限。试点推进工程建设保证保险，加大保证金清理力度，落实保函替代工作。出台施工图审查管理办法，规范政府购买施工图审查服务工作。持续推进工程总承包和全过程咨询。研究出台支持民营企业高质量发展政策措施。承接加强建设工程消防设计和检验工作。

（八）纵深推动全面从严治党，为住房城乡建设事业高质量发展提供坚强的政治保障。以打造“廉洁住建”为目标，始终把党的政治建设摆在首位，推进全面从严治党向纵深发展，加快打造一支忠诚干净担当、适应高质量发展要求的高素质系统干部队伍

一是始终突出抓好党的政治建设。自觉以习近平新时代中国特色社会主义思想和党的十九大精神武装头脑，增强“四个意识”，坚定“四个自信”，做到“两个维护”“四个服从”。加强政治能力建设，严格遵守政治纪律和政治规矩，确保党中央令行禁止。

二是严格履行全面从严治党责任。持续深入开展“不忘初心牢记使命”主题教育活动。深入贯彻《中国共产党支部工作条例》，推进党支部“五化”建设。着力加强行业社会组织党的建设。

三是深入推进党风廉政建设。严格贯彻落实中央八项规定及实施细则和省委九条规定，坚持不懈抓好作风建设，重点整治官僚主义、形式主义。深入开展行业领域侵害群众利益的腐败行为和作风问题专项治理。加强纪律建设，一体推进不敢腐、不能腐、不想腐，巩固发展反腐败斗争压倒性胜利。

四是全面强化行业治理能力。深化土建职称制度改革。持续推进“建筑业人才培训百千万工程”。坚持问题导向，改进调查研究。抓好基础能力建设，加快建设各类信息化平台。

B.16

2018年湖南交通运输发展情况及2019年展望

周海兵*

一 2018年全省交通运输发展情况

2018 年是全面贯彻落实党的十九大精神的开局之年，是改革开放 40 周年，是决胜全面建成小康社会、实施“十三五”规划承上启下的关键一年。一年来，湖南省交通运输厅坚持以习近平新时代中国特色社会主义思想为指导，在省委、省政府的坚强领导和交通运输部的大力支持下，凝心聚力、克难攻坚，全力以赴抓重点、补短板、强弱项、防风险，圆满完成年度各项目标任务，为全省经济社会发展做出了积极贡献。

（一）交通建设任务全面完成

按照优先保障扶贫兜底任务、重点保障在建项目的原则，加强年度计划安排，集中力量推进项目建设，2018 年完成交通固定资产投资 647 亿元，为全省稳增长、调结构、惠民生提供了有力支撑。岳望、马安、益马等 7 条（段）高速公路建成通车，新增通车里程 305 公里；新改建干线公路 1005 公里；完成自然村通水泥（沥青）路 2 万公里、农村公路提质改造 8000 公里；完成公路安防工程建设 2.3 万公里、改造危桥 1073 座；新增内河千吨级以上航道里程 256 公里，高等级航道和重点港口建设进展顺利，圆满完成部省各项年度建设任务，工程质量安全可控。“四好农村路”示范县创建成效明显，临湘市、芷江县被评为全国示范县，望城区、醴陵市等 7 个县市区被评为省级示范县。

* 周海兵，湖南省交通运输厅党组书记、厅长。

重点项目前期工作加快推进，“十三五”规划中期评估调整基本完成。公、铁、水、空等不同运输方式进一步融合，交通运输高质量发展、“一江一湖四水”水运发展等战略规划加快研究。交通军民融合发展深入推进，军事行动交通保障任务圆满完成。

（二）交通运输能力明显增强

2018年全省公路水路客运量、旅客周转量、货运量、货物周转量分别完成9.27亿人次、483.56亿人公里、22.55亿吨、3573.81亿吨公里，为群众出行和经济社会发展提供了重要保障。一是路况水平继续保持稳定。加强公路、航道养护，全年共投入专项资金110亿元。高速公路路况和国省道桥梁管养水平保持全国先进行列，普通公路路况水平保持稳定。二是疏堵保畅能力不断提高。利用科技手段提升高速公路通行效率，98.8%的高速公路收费站支持手机支付，ETC用户达到248万，长益高速智慧交通试点进展顺利。综合运用管制分流、借道通行、按最短路径收费等举措，高速公路重点路段重大节假日拥堵现象明显缓解。航道“战枯保畅”工作有序开展。三是城乡客运一体化有序推进。召开全省“四好农村路”暨城乡客运一体化现场推进会，选取8个县作为第一批试点开展示范县创建。新增通客车建制村203个，建制村通客车率达99.79%，18个脱贫摘帽县具备条件的建制村实现100%通客车。四是物流降本增效初见成效。无车承运人、甩挂运输等试点项目积极推进。2个项目纳入交通运输部第三批多式联运试点。全面落实收费公路“营改增”工作。继续实行鲜活农产品“绿色通道”等优惠政策。有序开展道路货运车辆“三检合一”。全年累计降低企业物流成本36亿元。五是运输服务能力进一步提升。建设改造普通国省道公路服务设施38个。公路交通指路标志体系更新工作规范推进。公交运营线路里程超过3万公里。14个市州实现交通一卡通互联互通。141个二级以上客运站实现100%联网售票。驾培机构“计时收费、先培后付”服务模式全覆盖。全国首家汽车质量维修调解中心正式运行。

（三）“三大攻坚战”扎实推进

一是突出自然村通水泥（沥青）路建设，交通脱贫攻坚战成果丰硕。51个贫困县完成交通固定资产投资303亿元，占全省交通总投资的46.8%，提质改造农村公路6100公里，完成农村公路安防工程建设10045公里。认真落实习近平总书记“交通建设项目要尽量向进村入户倾斜”的重要指示精神，严格按照“三基本三确保”工作要求，全力推进自然村通水泥（沥青）路建设，51个贫困县完成14900公里，有效解决了老百姓出行“最后一公里”问题。对口帮扶工作和常态化联点督查取得实效。大力开展交通就业扶贫，全年吸纳7510位建档立卡贫困群众参与农村公路养护，第一批贫困地区海员就业培训顺利完成。二是突出长江岸线湖南段港口码头整治，污染防治攻坚战首战告捷。坚决落实习近平总书记“守护好一江碧水”的重要指示，以壮士断腕的决心和超常规举措开展长江岸线湖南段港口码头专项整治，关闭拆除泊位42个、渡口13道，退出岸线7302米。同步推进提质并转工作，协助编制《岳阳港总体规划》《长江岸线湖南段生态保护和绿色发展规划》，积极推动省港务集团组建。完善洞庭湖生态经济区18个船舶污染物收集点配套设施，完成166艘400总吨以下货船防污染改造。关停非法砂石码头224处。清理整治“僵尸船”3193艘。全面完成穿越饮用水水源保护区交通桥梁整改任务。扎实推进城市公交车转型升级，淘汰高排放公交车2582辆，有效服务蓝天碧水净土保卫战。三是突出防范债务风险，防范化解重大风险攻坚战稳步推进。按照“停、缓、调、撤”的原则，对2018~2020年交通运输目标任务、项目安排和建设时序进行合理调整，开展计划执行情况抽查评估，确保把有限资金用在“刀刃”上。积极争取部省支持，全年共安排中央和省级财政预算资金205.6亿元，发行收费公路专项债67亿元、政府置换债200亿元。积极化解高速公路债务，努力促进高速公路收支平衡，全年高速公路通行费收入突破200亿元。大力引进社会资本，完成安慈高速、平伍益高速BOT招商引资并启动建设。全面加强审计督查，不断强化预算管理，建立健全财务内部控制制度，厅直系统财务管理进一步规范。

（四）重点领域改革蹄疾步稳

一是高速公路体制改革后续工作全面完成。按照“扶上马、送一程”的要求，协调推动涉改人员提前退养等相关政策落实落地，高速公路公共事务管理职责有序承接。二是出租车行业改革稳妥推进。14个市州出台出租车行业改革意见和网约车政策。积极引导定制客运、共享单车、共享汽车等新业态发展，大力打击非法营运，妥善处理出租车经营权等矛盾纠纷，全省出租车行业保持平稳有序发展。三是“放管服”改革深入推进。围绕“最多跑一次”改革目标，制订2018版厅权力清单，行政权力事项精简31.34%，营商环境进一步改善。加快建设“1+2”政务中心及厅政务服务平台，所有行政许可和公共服务事项全部纳入省“互联网+政务服务”一体化平台。四是体制机制改革扎实推进。指导支持邵阳等市县推进综合行政执法改革试点。4家已移交的原厅属企业退休人员待遇得到合理解决。厅机关及厅直单位“三供一业”分离移交工作基本完成。

（五）行业治理能力不断提升

一是高速公路管理得到加强。龙永、永吉高速公路限速提标全面完成。《高速公路差异化收费试点实施方案》通过省政府常务会议审议并完成听证。《高速公路路况服务质量与收费标准挂钩管理办法》完成听证。省高速公路集团公司负责人年薪与任务绩效挂钩的考核指标制定完成。13处高速公路事故多发路段整治基本完成。服务区“厕所革命”加快实施。高速公路路域环境治理成效明显。二是公路治超持续发力。高速公路超限超载车辆计费标准完成调整。专项行动强力推进，路警联合执法全面推行，政府还贷高速公路入口治超检测设施安装按计划完成，全省不合规运输车辆全部淘汰，长沙市非现场执法试点获交通运输部肯定。三是人员履约行动成效明显。从业人员履约整治范围由高速公路扩展到普通国省道，履约监管“信息化”全面实现，人员履约出勤率保持在95%以上，“飞行履约”“串岗挂证”等老大难问题有效遏制。四是绿色智慧交通加快发展。长沙成功创建“国家公交都市建设示范城市”。株洲绿色交通城市、岳阳港绿色港口等创建项目顺利通过交通运输部考核。国内首艘LNG动力客船成功试航。港口岸电布局方案编制完成。北斗系统、高分遥感系统应用有序推广。高速公路通信网络信号全覆盖工作加快推进。科技创新取得新进展，全年共获部、省科技进步奖10项。五是法治建设不断深入。《湖南省铁路专用线条例》列入地方立法调研项目。废止、修改规范性文件66件。合法性审查不断加强。“信用交通省”创建顺利推进。省管高速公路建设项目全面实行电子招投标。重大遗留问题化解取得阶段性成效。

（六）安全生产大局持续稳定

一是安全监管智能化取得突破。创新研发“两客”车辆智能监管平台，实现对危险驾驶行为事前预警、事中干预，试点“两客”车辆超速、疲劳驾驶次数下降幅度均超过97%，获部省肯定。渡口视频智能监控系统同步研发。危货企业安监系统实现全覆盖。重点营运车辆联网联控系统运行指标居全国前列。二是“隐患清零”行动不断升级。出台“隐患清零”管理办法，制定实施细则和考核细则，建立周公布、月通报、半年考核等机制，“1+2”长效管理体系基本形成。持续推进隐患治理，全年道路运输行业整改安全隐患1.8万个。公路高风险路段治理有序推进，公路隧道安全专项整治经验在全国推介。三是专项治理强力推进。突出水上交通、道路运输、工程施工、地方铁路建设等重点领域，大力开展打非治违百日行动、“两客一危”车辆脱离监控整治行动、强执法防事故行动等专项治理，累计检查生产经营单位2.6万家次，处罚整改“两客一危”车辆1950台。深入开展“落实企业安全生产主体责任年”活动，企业主体责任和法定义务有效履行。

（七）党的建设全面加强

一是政治建设统领地位不断强化。认真学习贯彻习近平新时代中国特色社会主义思想和党的十九大精神，深入落实习近平总书记对湖南工作的重要指示精神，扎实推进“两学一做”教育常态化制度化，严格遵守政治纪律和政治规矩，进一步严肃党内政治生活，全系统党员干部“四个意识”“两个维护”不断强化，“四个自信”更加坚定。二是基层组织进一步夯实。“一统领五提升”等党建重点工作纳入绩效考核。党内规章制度进一步完善。党支部标准化建设全面推进。基层党建示范点创建有序开展。坚持正确选人用人导向，加大干部教育培训力度，探索试行内控标准化管理机制，激励广大干部主动担当作为。三是正风肃纪取得实效。党政负责人家访制度有效推行。拒收拒送红包礼品礼金专项承诺活动深入推进。政风行风评议扎实开展。中央巡视整改反馈意见自查自纠不折不扣落实。交通扶贫领域腐败和作风问题、涉企涉砂涉矿经营等专项整治不断加强，发现问题线索52件，立案20件，处理57人。四是行业软实力持续提升。厅机关和厅信息中心成功创建省直文明标兵单位，厅规划与项目办、长沙航道局获评省直文明单位，省公路局通过省级文明单位初审验收，省交通质安局通过全国文明单位复查，全系统6个单位被授予“全省文明窗口单位”。厅团委被评为五星级团组织。交通职院荣获全国交通运输职业技能大赛学生组团体第一名。新闻宣传有效服务中心工作，传递了交通正能量、展示了行业新形象。

二　2019年交通运输工作展望

2019年，是新中国成立70周年，是决胜全面建成小康社会第一个百年奋斗目标的关键之年。2019年工作总体要求是：以习近平新时代中国特色社会主义思想为指导，全面贯彻落实党的十九大、十九届二中和三中全会、中央和省委经济工作会议以及全国交通运输工作会议精神，坚持稳中求进工作总基调，坚持新发展理念，坚持推动高质量发展，坚持以供给侧结构性改革为主线，践行“四好”理念，全力推进交通运输各项工作，加快构建综合交通枢纽体系，努力建设人民满意交通，奋力推动全省交通运输事业再上新台阶，为服务全面建成小康社会收官打下决定性基础，为加快建设富饶美丽幸福新湖南当好先行。2019年主要预期目标为：完成交通固定资产投资500亿元左右，建成通车高速公路80公里，新改建干线公路500公里，完成自然村通水泥（沥青）路建设15000公里、提质改造农村公路5000公里，确保全省具备条件的建制村通客车率达到100%。重点抓好八个方面工作。

（一）稳步推进交通基础设施建设

一是加快重点项目建设。高速公路投资205亿元，确保益阳至南县等80公里建成通车，扎实推进长益扩容，龙琅、安慈、平伍益等10条高速公路项目建设。干线公路投资136亿元，完成新改建500公里。农村公路投资113亿元，确保完成自然村通水泥（沥青）路建设15000公里，力争基本完成全省自然村通水泥（沥青）路建设任务；提质改造农村公路5000公里。站场建设29亿元，加快湘潭、吉首综合客运枢纽等项目建设。水运建设17亿元，推进湘江、沅水、洞庭湖区等高等级航道和长株潭、岳阳等重点港口项目建设。二是加强规划计划和项目前期工作。加快“十三五”规划中期评估调整实施工作。完成交通运输高质量发展、“一江一湖四水”水运发展等战略规划编制。启动“十四五”综合交通运输规划及公路、水运等系列子规划编制研究工作。抓好重大项目前期和计划管理，确保在建一批、开工一批、储备一批，增强交通发展后劲。三是强化项目建设管理。督促地方政府落实公路建设责任，强化项目建设用地征拆等环境保障，协调解决产权办理、消防验收等难点问题，确保项目建设顺利推进。加强项目造价审核管理，完善高速公路、干线公路、水运建设等重点项目调度机制。

（二）打赢打好行业“三大攻坚战”

一是全力打好交通脱贫攻坚战。更加聚焦贫困地区最紧迫最突出的交通问题，优先保障贫困地区项目资金投入，今年 51 个贫困县交通基础设施计划投资 240 亿元，重点推进高速公路、干线公路、农村公路、危桥改造、安防工程等项目建设。认真做好慈利县驻村帮扶和联点督查工作。持续加强交通就业扶贫，扎实推进贫困地区海员就业培训，继续吸纳建档立卡贫困群众参与农村公路养护工作。加快资源路、旅游路、产业路建设，助力贫困地区产业发展。二是全力打好交通污染防治攻坚战。把长江岸线港口码头提质改造放在突出位置，按照高起点规划、高水平开放、高质量发展的理念，对 40 个泊位进行提质改造，完成《岳阳港总体规划》审批，推动港口码头集聚集约发展，努力建设最美长江岸线。继续开展湘江航运污染防治，深入实施洞庭湖生态环境交通专项整治，认真落实河长制。扎实推进水环境保护和水运绿色发展，不断强化危险化学品水路运输安全监管，稳步实施全省船舶污染物收集点建设，全面完成 400 总吨以下货运船舶生活污水处理装置加装任务，按计划完成砂石码头规范提升工作。三是全力打好防范化解债务风险攻坚战。创新投融资模式，支持社会资本参与交通运输基础设施建设。做好高速公路差异化收费试点实施工作。加强重点项目计划资金执行评估。规范内部审计工作，实现厅直单位财务收支审计全覆盖。坚决守住不发生系统性债务风险的底线。

（三）更高水平服务国省重大战略

一是推进长江经济带交通建设。坚持“共抓大保护、不搞大开发”“生态优先、绿色发展”，实施工程建设生态保护、岸线资源节约集约利用、港口岸电、船型标准化等工作。抓好湘江二级航道二期工程、湘江永州至衡阳三级航道建设一期工程等重点项目建设，确保湘江二级航道大源渡二线船闸建成通航。加快岳阳港城陵矶港区（松阳湖）二期工程、长沙港霞凝港区三期工程等项目建设。加大江海联运发展和滚装运输政策支持力度。二是为乡村振兴当好先行。加强“四好农村路”建设，抓好“四好农村路”全国示范县创建和省级示范县评选，开展示范路和示范乡镇创建。大力推进城乡客运一体化发展，打造一批城乡客运一体化样板县，力争完成第一批8个试点县验收。推进自然村通水泥（沥青）路建设，实施农村公路提质改造、危桥改造、安防工程。建立农村公路管养长效机制。完善县乡村物流体系，提升农村物流节点服务功能。三是服务承接产业转移示范区建设。加快实施G59呼北高速炉红山（湘鄂界）至慈利段、张家界至官庄段、新化至武冈段以及G5515桑植至龙山等高速公路项目，有序推动区域内国省干线公路提质改造。实施航运扩容提质，推进区域内高等级航道建设。开展湘桂运河规划研究。推动港口集约化发展。突出综合交通枢纽建设和智能交通建设，构建区域内畅通高效的现代化交通体系，为湖南省发挥承接产业转移“领头雁”作用当好先行。四是推进军民融合深度发展。加强国防路网规划，推进重点地区、重点方向国防公路建设，提升湘江航道和重要港口服务军事运输能力。加强国防交通教育培训，强化专业保障队伍建设与训练演练。加快北斗系统、高分遥感系统应用，促进信息数据军民互通共享。推进长株潭国家军民融合创新示范区创建。

（四）持续深化交通运输改革创新

一是扎实推进行业供给侧结构性改革。按照中央经济工作会议提出的“巩固、增强、提升、畅通”八字方针，更多采取改革的办法，更多运用市场化、法治化手段，切实加强交通领域各类检查、收费和罚款监督管理，进一步放权降费、优化监管、规范执法行为，严格落实交通运输行业市场准入负面清单制度，不断加大补短板、降成本、优环境、强服务力度，有效提高交通供给能力和发展质量。二是稳步推进交通运输综合行政执法改革。认真落实中央关于深化交通运输综合行政执法改革的指导意见和交通运输部相关会议精神，扎实抓好梳理精简执法事项、推进执法职责整合、明确层级职责分工、加强执法保障、完善协作机制等重点任务，稳妥推进综合行政执法改革，确保思想不乱、工作不断、队伍不散、干劲不减。三是深入推进管理体制机制改革。扎实推进厅直承担行政职能事业单位改革，认真做好“三定”和职能交接等工作，进一步理顺厅直涉改事业单位与厅机关处室的职责关系和工作对接。继续推进厅直依法退出单位养老保险转企及人员待遇衔接后续工作。四是加快推进重点领域改革。完成交通运输财政事权和支出责任划分改革。深化收费公路制度改革。推进农村公路养护管理体制改革。出台推进公路养护市场管理相关制度。实施无车承运人试点。持续推进出租汽车行业改革。推动营业性货运车辆“三检合一”。推进岳阳、长沙、怀化多式联运和绿色货运配送等试点。加快农村水路客运、渡运公司化改革试点工作。五是纵深推进“放管服”改革。推进“证照分离”改革，实施“多证合一”“证照联办”。清理规范中介服务事项。开展“减证便民”活动。推行行政许可网办，抓好“1+2”政务中心运行，实现交通运输政务服务“一网通办”、企业群众办事“只进一扇门”“最多跑一次”，进一步优化营商环境。

（五）大力发展绿色交通智慧交通

一是积极发展绿色交通。推进公共交通优先发展战略，建设低碳、高效、大容量公共交通系统，推广慢行交通系统，倡导绿色出行。深化“公交都市”创建，支持株洲、常德、娄底等市创建全国公交都市示范城市。加大新能源和清洁能源车辆推广力度，推进水运行业LNG应用。加强靠港船舶使用岸电工作，加快落实港口岸电布局方案，研究和出台岸电推广应用政策。加快长益扩容、益南绿色公路示范创建项目建设。稳步实施普通国省道绿色公路建设。推行绿色维修、绿色驾培。二是加快发展智慧交通。完善智慧交通顶层设计，提升数据信息资源交换共享能力，建设交通基础数据库。确保高速公路通信网络信号全覆盖。推进高速公路不停车移动支付系统建设。推进公路智能化养护管理应用试点。加快隐患清零信息化闭环管理、安全生产监管监察等系统建设。加快智慧水运综合监管平台推广应用，实现全省渡口分级视频监控全覆盖。三是着力建设创新型行业。支持人工智能、自动驾驶和新装备、新材料、新能源等前沿技术示范应用。开展大长桥隧等重大交通基础设施养护改造、生态防护、危化品运输快速检测等关键技术研发应用。推广BIM技术、远程视频监控等技术集成应用。完善科研管理和成果推广制度，培育良好科技创新环境。

（六）不断推动管理服务提质升级

一是强化高速公路管理。完成平汝、怀通、新溆等8条440公里高速公路限速调整任务。推进高速公路拥堵路段排查治理。完善高速公路监管制度，推动实施路况服务质量与收费标准挂钩管理办法、省高速公路集团公司负责人年薪与任务绩效挂钩考核指标、车辆救援服务管理规定等相关制度。深化高速公路服务区“厕所革命”。开展高速公路路域环境综合整治。二是保持公路治超高压态势。推动治超工作实现公路全覆盖。制定公路治超非现场执法指导性意见，深化路警联合非现场执法。完善“一超四究”、黑名单等制度，打通省、市、县、站四级治超信息管理平台。加快普通公路不停车超限检测系统建设，完成经营性高速公路入口治超检测设施安装任务。强化联合治超和源头治超，确保高速公路入口超限率降至1%以下。三是加强建设市场监管。不断完善招投标办法，大力推行电子化招投标管理，严厉打击围标串标、出借资质、转包等行为。继续强化在建项目人员履约管理，有效落实项目法人建设管理主体责任，确保项目建设从业单位人员履约管理到位。加强信用体系建设，完善“红名单”“黑名单”制度，建设“信用交通省”。健全建设工程质量管理体系，推进“品质工程”示范创建。四是提高运输服务水平。认真落实运输结构调整三年行动实施方案。支持长沙建设全国交通物流中心、岳阳建设现代物流城市。完成公路交通指路标志体系更新工作。成线成网推进公路服务设施建设。抓好道路客运转型升级，确保年底前所有县市区城区实现交通一卡通互联互通，加强12328、联网售票等工作，扩大“门到门”“互联网＋客运”等定制运输覆盖面。五是推进法治政府部门建设。加快制定铁路专用线条例、治理货物运输车辆超限超载条例。制定修订综合交通运输、工程建设、安全生产等领域标准。继续依法处理高速公路BOT项目历史遗留问题。整合规范交通运输领域监督检查和执法活动。

（七）全力保持安全生产稳定向好

一是完善安全制度体系。实施湖南省交通运输安全生产领域改革发展实施办法。压紧压实安全生产监管责任，进一步加强道路“两客一危”、水上交通、公路水运工程建设等领域安全监管。全面落实企业安全生产主体责任，推动企业建立覆盖生产经营各环节安全生产责任制度。二是加强隐患预防和治理。加快“两客”车辆智能监管平台推广应用，力争2019年全省1.8万“两客”车辆全面安装智能监管系统。将“隐患清零”行动扩大到全行业全领域。健全风险分级管控和隐患排查治理双重预防机制。强化“两客”车辆联网联控。加强危险货物运输、整车运输企业和乘用车运输场站安全检查整治。推进公路安全生命防护工程建设和危桥危隧改造。深化高速公路高风险路段排查整治，落实事故多发路段交通部门整治任务。加强“四类重点船舶”安全监管，完善船舶监测管理体系。三是提高应急保障能力。强化春运、暑运、黄金周等重点时段安全监管和应急保障。做好极端天气预警防范工作。加强应急值守，完善公路水路应急预案，强化应急队伍建设，开展应急培训演练，提高事故防范和处置能力。深化扫黑除恶专项斗争，加强维稳综治和反恐怖防范工作。

（八）全面加强党风政风行风建设

一是坚持全面从严治党。深入学习贯彻习近平新时代中国特色社会主义思想和党的十九大精神，坚决落实习近平总书记对湖南工作的重要指示精神，进一步树牢“四个意识”，更加坚定“四个自信”，坚决做到“两个维护”。巩固提升“两学一做”学习教育常态化制度化。继续实行党政负责人家访制度。深入开展拒收拒送红包礼品礼金活动。持续推进党支部“五化”建设。认真落实中央八项规定精神，不断深化重点领域腐败和作风问题专项整治。严格落实党风廉政建设主体责任和监督责任，进一步扩大“四风”整治成果。支持驻厅纪检监察组监督执纪问责，坚决查处违纪违法案件。加强内控标准化管理，狠抓工作落实，转变工作作风，实现“内部感到有压力，外部感到有效率，人人感到有动力”的目标。二是加强干部队伍建设。贯彻落实新时代党的组织路线，打造忠诚干净担当的高素质干部队伍。坚持好干部标准，把政治标准放在第一位，按照“事业为上、以事择人、人岗相适”的原则做好干部选拔任用工作。加大年轻干部培养选拔力度，选派优秀年轻干部到基层一线、关键岗位、艰苦或发达地区锻炼。深化人才发展体制机制改革，加强行业高层次人才队伍建设。加快推进交通职院一流高职院校建设。三是抓好精神文明建设。落实意识形态工作责任制，加强阵地建设和管控。以践行社会主义核心价值观为根本，开展形式多样的文明创建活动。大力弘扬“铺路石”“航标灯”精神和新时代交通精神，加大感动交通年度人物等培树力度。强化机关精细化管理，提高服务保障能力。提升新时代宣传思想工作水平，挖掘身边典型事迹，主动解读重大政策，及时回应社会关切，营造良好舆论环境。

B.17

2018年湖南农业和农村情况及2019年展望

袁延文*

一 2018年全省"三农"情况总体回顾

2018 年，湖南全省农业农村系统认真贯彻落实党中央和省委、省政府"三农"决策部署，紧紧围绕乡村振兴战略实施，以三个"百千万"工程为抓手，调结构、转方式、提品质、促融合、补短板、强弱项，着力建设以精细农业为特色的优质农副产品供给基地，全省农业农村经济发展在保持较快增速中实现了农业增效和农民增收同步增长、农业质量和生态质量同步提升。全年农林牧渔业增加值同比增长 3.7%；农村居民人均可支配收入达到 14093 元，同比增长 8.9%，实现了高于城镇人均可支配收入增幅、高于 GDP 增幅的目标①。

（一）实施乡村振兴战略开局稳健

围绕实施乡村振兴战略，切实加强统筹协调和政策创设，实施乡村振兴战略开局稳健、来势较好。一是压实责任，"五级书记抓乡村振兴"。2018 年 2 月和 7 月，分别召开了高规格省委农村工作会议、全省改善农村人居环境工作会议，省委书记、省长均出席会议并作动员部署，市州、县市区党委、政府主要负责同志参加会议，并要求靠前抓落实。各级党委、政府层层建立机制、层层压实责任，党政主要负责同志作为第一责任人、县委书记是"一线总指挥"，"五级书记抓乡村振兴"的领导机制、工作机制、责任落实机制基本形成。二是强化顶层设计，"1 + 1 + 5"乡村振兴政策体系基本搭建。即：一个

* 袁延文，湖南省委农村工作领导小组办公室主任，省农业农村厅党组书记、厅长。

① 国家统计局湖南调查总队公开数据。

总揽，出台《关于实施乡村振兴战略开创新时代“三农”工作新局面的意见》（省委一号文件）；一个规划，编制完成《湖南省乡村振兴战略规划（2018—2022年）》；五个配套，围绕产业兴旺、生态宜居、乡风文明、治理有效、生活富裕，出台《关于深入推进农业“百千万”工程促进产业兴旺的意见》、《湖南省农村人居环境整治三年行动实施方案》、《湖南省推动乡村文化振兴工作方案》、《湖南省乡村治理三年行动实施方案》、《促进农民持续较快增收三年行动计划》等政策文件。三是重点突破，乡村振兴“第一仗”全面打响。按照中央部署，把改善农村人居环境作为实施乡村振兴战略的“第一仗”，全面启动农村人居环境整治三年行动计划，重点推进农村生活垃圾和生活污水治理、村容村貌整治提升、厕所革命及粪污治理、农业生产废弃物资源化利用等工作，全省农村人居环境得到有效改善，新增农村生活垃圾及生活污水集中治理行政村分别达2357个、4000个，改造（新建）农村卫生厕所100万户；创建美丽乡村示范村300个。

（二）农业发展质量效益持续提升

认真贯彻落实省政府3号文件精神，积极组织实施品牌强农、特色强农、质量强农、产业融合强农、科技强农、开放强农“六大强农行动”，推动农业由增产导向转向提质增效。品牌强农方面：重点打造了“湖南油茶”、“湖南红茶”“安化黑茶”三大区域公用品牌，组团参加农交会、农博会、港澳推介会等，古丈毛尖茶、麻阳冰糖橙、新宁崀山脐橙、江永香柚、炎陵黄桃5种农产品列入央视“广告精准扶贫”免费推介项目，“湘”字号农产品市场影响力逐步扩大。特色强农方面：“四带八片五十六基地”特色农业产业规划和“一县一特”主导特色产业发展指导名录制定完毕，在政策扶持、项目支持等方面引导产业集聚发展。累计认定省级现代农业综合园155个、特色产业园486个，带动市县创建农业园1000多个。质量强农方面：以“农产品质量安全年”活动为契机，探索推行农产品“身份证”制度，目前已有893家企业的2393种农产品进入“身份证”管理平台。13个县市区创建国家农产品质量安全县，浏阳市等4个县市获“国家农产品质量安全县”授牌，一批地理标志产品通过了农业农村部评审，全省“三品一标”农产品有效总数达3944个。集中开展农药、兽用抗菌药、“瘦肉精”等7大专项整治行动，全省主要农产品质量安全监测总体合格率在98%以上。融合强农方面：发展农产品加工业，省级以上龙头企业达到649家，农产品加工业销售收入突破1.6万亿元，预计增长10%以上。培育乡村休闲旅游业，举办首届中国农民丰收节湖南系列活动、首届省级油菜花节，带动各地开展“春赏花”“夏避暑”“秋采摘”“冬观景”为主题的乡村节庆旅游，全省休闲农业经营主体发展到1.73万家，预计全年实现经营收入440.9亿元，同比增长15.1%。在24个县市区开展农村一二三产业融合试点。科技强农方面：启动农业农村智慧产业体系建设，被列为全国信息进村入户工程整省推进示范省，开展了农业物联网技术示范应用试点。实施现代种业工程，超级稻测产验收亩产1152.3公斤，刷新水稻大面积种植产量世界纪录，农业科技进步贡献率达到59%，水稻耕种收综合机械化率提高到74.6%，油菜机械化收割水平达到49.7%。开放强农方面：成功举办第十六届中国国际农产品交易会暨第二十届中部（湖南）农业博览会和全球农业南南合作高层论坛，吸引境外37个国家、13个国际组织、30多位部长级外宾来湘，4000余家中外企业参展，贸易额达226亿元，郴州脐橙、怀化冰糖橙等农产品首次实现出口“零突破”。发布了《全球农业南南合作高层论坛长沙宣言》，进一步推动南南合作各方加强交流互鉴，创新合作模式，共享发展成果。

（三）农业结构调整效果明显

强化市场导向，深入推进农业供给侧结构性改革，着力调精区域结构、调优主导产业、调强地方特色产品，逐步构建起结构更合理、保障更有力的农产品供给体系。一是长株潭地区种植结构调整年度任务全面完成。长株潭三市种植结构调整面积79万亩，占2018年计划任务的123.9%；30万亩治理式休耕任务在13个县市区全部落实到村、到组、到户；10万亩修复治理任务集中安排在10个县市区，全部采取第三方效果承包方式，修复治理任务全部完成。二是粮食结构调整持续优化。开展“四压四扩”：压双季稻、扩一季晚稻，压普通稻、扩优质稻，压水稻、扩特色旱杂粮，压低端供给、扩中高端供给。全年粮食播种面积6892.3万亩，比上年减少401.5万亩；优质水稻突破4000万亩，高档优质稻较上年增加100多万亩，累计发展到1100万亩，大豆、红薯、花生等特色旱杂粮增加30多万亩，粮食总产604.6亿斤。三是高效经济作物加快发展。坚持把经济作物作为农民经营性增收的支柱产业来抓，进一步优化布局、扩大规模、调整结构、提升品质，开展绿色高质高效创建，蔬菜、水果、茶叶三大经济作物面积稳中有升，全省高效经济作物发展到4000多万亩，经济作物产值占种植业产值的72%。四是养殖业结构进一步优化。坚持“稳生猪、扩牛羊、提水产”，促进养殖业转型升级。生猪产量保持稳定，牛羊等草食动物加快发展，累计创建养殖特色产业园89个。在10个县开展稻鱼综合种养示范县创建活动，发展稻田养鱼面积392万亩，同比增长24.6%，预计全年水产品总量261.3万吨，同比增长8.2%。

（四）农业绿色发展深入推进

切实贯彻习近平总书记“共抓大保护、不搞大开发”理念和对湖南“守护好一江碧水”的重要指示，大力推进乡村绿色发展，推进清洁化、资源化、标准化生产，提高农业可持续发展能力。一是河湖污染治理深入开展。加快禁养区畜禽养殖场退养，其中洞庭湖等重点区域禁养区内规模养殖场全部退养。对洞庭湖区非法矮围整治开展拉网式排查、铁腕式治理，目前，472处矮围、395千米网围全部拆除到位，正在进行验收销号。二是投入品污染治理全面推进。完成推广测土配方施肥技术面积8726.88万亩次，占计划任务的96.97%，主要农作物测土配方施肥率达90%以上。推广秸秆还田面积6892万亩，直接还田率57.4%。建成300个标准化区域服务站。化肥、农药使用量实现负增长。三是农业生产废弃物资源化利用水平不断提高。26个生猪调出大县实施国家畜禽粪污资源化利用整县推进项目，长沙市启动畜禽粪污资源化利用整市推进，建成运营区域或县级病死动物无害化处理中心16个，全省畜禽粪污综合利用率达67.9%，规模养殖场粪污处理设施装备配套率达78.1%，大型规模养殖场配套率达到86%。

（五）农业农村发展短板不断补齐

坚持问题导向，聚焦农业农村发展薄弱环节，抓重点、补短板、强弱项。一是耕地质量建设持续加强。划定永久基本农田4958万亩、水稻生产功能区3861.78万亩，以高标准农田建设为平台开展涉农资金整合试点，累计整合投入510多亿元，建设高标准农田2606.72万亩，农田有效灌溉面积占比提高到78%。二是产业扶贫成效明显。认真履行产业扶贫牵头部门职责。实施“千企帮千村”产业扶贫行动，933家农业产业化龙头企业对接1214个贫困村，带动发展种植面积230万亩、养殖840万头（羽）。实施产销对接行动，省农业农村厅与步步高集团合作，每月举办湖南优质农产品产销对接会，目前省市县举办各类优质特色农产品产销对接活动33场，成交和意向金额173.51亿元。三是农民增收渠道加快拓宽。聚焦小农户与现代农业发展有机衔接，积极引导土地科学适度流转，不断壮大新型农业经营主体。全省农村流转耕地占到承包地总面积达48.9%，比2017年提高6.42个百分点，其中30～500亩规模占到流转耕地面积的81.1%；着力推进“百企千社万名”工程，累计培训新型职业农民16万人，发展种粮大户17.7万户、家庭农场3.78万户、农民合作社7.9万个、农业社会化服务组织3.02万个。启动农民持续增收三年行动计划，着力实施七大农民增收行动，城乡居民收入比缩小到2.64∶1。

（六）农村改革向纵深发展

围绕乡村振兴重点领域和关键环节，创新体制机制，激活发展动能。一是农村承包地确权登记颁证工作全面完成。121个县市区确权数据基本符合农业农村部要求并汇交到省，汇交完成率100%，工作进度在全国第二批9个试点省份中排位前三，在全国31个省市中排位前八。二是农村集体产权制度改革全面铺开。第二批试点工作全面完成，株洲市整市、韶山市、雨花区、娄星区、龙山县5个全国第三批试点单位工作进展顺利，市县级改革试点稳步推进，农村集体资产清产核资改革主体任务基本完成。三是各项改革深入推进。深化粮食收储制度改革，推动粮食收购以“政策市”向“市场市”转变，实施重金属超标粮食处置省财政补贴退坡政策，基本构建了以轮换收购和市场化收购为主导、弹性托市收购为补充的粮食收储新格局；深化供销合作社综合改革，岳阳市在全国率先开展供销合作社综合改革，取得积极进展；深化农垦改革，开展农垦国有土地使用权确权登记发证，全省69个农场的公检法职能已全部剥离，教育、医疗、公共卫生等社会事务和公共服务基本纳入地方政府统一管理；深化农宅合作社改革，在衡东县和常德桃花源管理区开展农宅合作社省级试点。

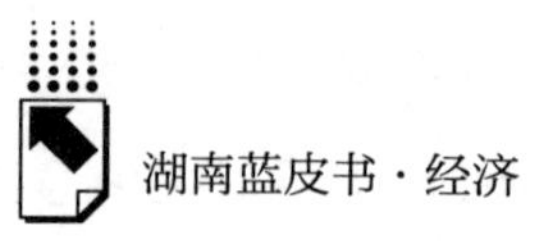

二　2019年展望

2019 年是为决胜全面建成小康社会收官打下决定性基础的一年。农业农村工作的总体思路是：以习近平新时代中国特色社会主义思想为指导，全面贯彻党的十九大、十九届二中和三中全会以及中央农村工作会议、省委农村工作会议精神，认真贯彻习近平总书记关于湖南工作的重要指示精神，牢牢把握稳中求进工作总基调，落实高质量发展要求，坚持农业农村优先发展总方针，坚持创新引领开放崛起，以实施乡村振兴战略为总抓手，对标全面建成小康社会“三农”工作必须完成的硬任务，坚决打赢脱贫攻坚战，深化农业供给侧结构性改革，深入实施农业“百千万”工程，打造以精细农业为特色的优质农副产品供应基地，加快改善农村人居环境，充分发挥农村基层党组织战斗堡垒作用，全面推进乡村振兴，确保顺利完成到 2020 年的农村改革发展目标任务。突出抓好以下几个方面的重点工作。

（一）蹄疾步稳实施乡村振兴战略

围绕“五大振兴”，完善政策体系，增强制度供给，逐项细化乡村振兴战略规划配套措施，制定乡村振兴考核评价办法和年度任务清单，压紧压实各级各部门责任，确保实施乡村振兴战略各项工程、计划、行动落到实处、取得实效。全面落实农村人居环境整治三年行动方案，以村容村貌整治提升、生活垃圾治理、生活污水治理、“厕所革命”、农业生产废弃物资源化利用等为重点，以县为主体、以乡镇为依托、以村为基础，着力打造一批示范县、示范乡镇和示范村，以点带面、连线成片，分阶段、有步骤地滚动推进。

（二）加快推动农业高质量发展，提升农业竞争力

大力发展精细农业，深入推进农业供给侧结构性改革，加快构建粮经饲统筹、农牧渔结合、种养加一体、一二三产业融合发展的现代农业结构。继续实施“六大强农”行动，持续扶持打造区域公用品牌、特色农产品品牌，加强农副产品供应示范基地、现代农业产业园、农民专业合作社和家庭农场建设，支持鼓励生产经营主体开展绿色食品、有机食品认证，加大农产品地理标志登

记保护力度和推广力度，大力发展农村新产业新业态，实施好休闲农业与乡村旅游精品工程，加强农产品质量安全监管，建立农产品“身份证”管理制度和质量安全追溯体系，培育形成“一县一特”“一特一片”特色农业发展格局，提升农业质量效益和竞争力。结合农业农村智慧产业体系建设，扎实推进全省农业农村大数据平台、农业农村物联网平台建设，着力提升农业农村信息化水平。

（三）抓好农业农村面源污染防治，推动农业绿色发展

深入实施化肥、农药使用量零增长行动，扩大果菜茶有机肥替代化肥试点，推进测土配方施肥进村入户到田，全面实施高毒农药定点经营和可追溯管理，大力发展专业化统防统治和绿色防控，实现化肥减量增效、农药减量控害。加大废弃物资源化利用力度，在粮食主产区开展秸秆综合利用试点，稳步提高资源利用率、降低污染排放量。继续加大对禁养区畜禽规模养殖场、网箱退养工作监管，巩固洞庭湖区矮围网围清理整治成果，严防已拆矮围网围反弹。加快规模养殖场粪污处理设施配套建设，整省推进养殖废弃物资源化利用。总结耕地重金属污染治理试点经验，科学推进农用地重金属污染加密详查，谨慎划定“三区”（优先保护区、安全利用区和严格管控区），稳步推进农用地土壤污染管控，加强安全利用技术创新与示范推广，继续做好长株潭地区种植结构调整及休耕治理工作，新增种植结构调整 50 万亩以上，完成休耕 20 万亩、修复治理 10 万亩。恢复发展绿肥生产，全省绿肥播种面积稳定在 1000 万亩以上。落实综合防控措施，做好重大动物疫病防控工作。

（四）落实农民增收三年行动计划，促进农民持续增收

加大农业新技术、新模式的示范推广力度，持续用力推动新型农业经营主体提质发展，创建一批农民专业合作社示范社和家庭农场示范场，培育一批旗舰型合作社和样板家庭农场，引导农民依托合作组织抱团闯市场。加大农业社会化服务组织扶持力度，推动更多流通类服务组织进入供应链，通过订单农业或产业化联合体经营方式，帮助农民搞销售、做品牌、增收入。积极举办贫困地区优质农产品产销对接活动，办好第二十一届中国中部（湖南）农业博览会，千方百计将优质农产品卖出去、卖个好价钱。结合推进农业农村智慧产业

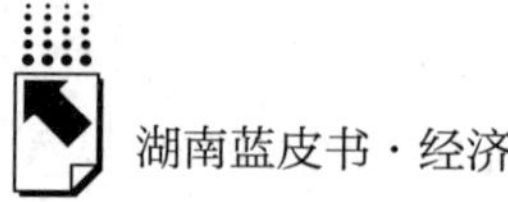

体系建设，实施整省推进信息进村入户工程，引导农户利用益农信息社电商平台，开展农产品网上销售，打通农产品上行通道。抓好产业扶贫工作，落实“一县一特”战略，实施“千企帮千村”行动，帮助贫困户通过土地租金、入股分红、保底收益、务工就业等多种途径增加收入。

（五）深化农村改革，激发农业农村发展活力

按照省委深改组、农改组部署安排，进一步强化改革推进措施，加快推进农村土地制度改革、农村集体产权制度改革、构建现代农业发展制度体系等改革任务。切实履行好农改组联络办职责，对各项重点改革任务抓短板、补弱项，确保改革举措落地生根、取得实效。

B.18

2018年湖南商务和开放型经济发展情况及2019年展望

徐湘平*

一 2018年湖南商务和开放型经济发展情况

2018年，湖南全省商务系统深入实施创新引领开放崛起战略，坚持稳中求进工作总基调，按照高质量发展要求，有效应对外部环境深刻变化，突出重点，创新实干，全省商务和开放型经济追赶式跨越发展态势日益巩固，湖南开放崛起站在了新的更高起点上。

（一）对外贸易再创新高

1. 外贸发展水平迈上新台阶

全省进出口总额3079.5亿元，同比增长26.5%。贸易结构得到改善，一般贸易进出口增长33.8%，高于整体增幅7.3个百分点；民营企业保持进出口主力军地位，占比69.4%，较上年提升1.4个百分点；机电和高新产品进出口保持平稳增长，占比达48.5%。与欧盟、东盟等传统贸易伙伴进出口大幅增长，“一带一路”新兴市场进出口增长36.6%，对美贸易保持22%的增幅。外贸主体进一步壮大，全省有外贸实绩的企业达4630家，增长16.8%。服务贸易增长10.2%，服务外包执行额增长14.1%。

2. 外贸推进体系基本形成

“破零倍增+综合服务+融资担保”的外贸跨越式发展推进体系基本形成，全省“破零”企业超1200家，“倍增”企业超700家，新增进出口额超

---

* 徐湘平，湖南省商务厅厅长。

500亿元，占全省进出口总额的25%；园区外贸综合服务中心总数达58家，基本实现全省全覆盖。银精矿加工贸易项下白银出口审批简化政策实现重大突破。订单融资、退税融资、信保融资政策全面实施，湘江新区集国际贸易与融资担保于一体的综合服务平台注册运营。岳阳观盛、长沙综保区等企业融资担保平台取得成功经验。

3. 国家级平台加快落地见效

汽车平行进口试点、长沙跨境电商综合试验区、高桥市场采购贸易方式试点先后获批，网购保税进口（1210）业务获准开展。新增国家级外贸转型升级基地3家，长沙获批国家文化出口基地。

4. 全省“一核一极”崛起态势正在形成

长沙提出“双四”目标和“十大行动计划”，到2020年每年增长40%，外贸总量将突破400亿美元；岳阳实施港区联动，外贸增幅达到35%，预计2019年突破50亿美元；益阳、怀化、常德等市外贸增幅分别达到64%、42%、35%。

（二）招商引资量质齐升

1. 引资质量进一步提升

全省实际使用外资161.9亿美元，同比增长11.9%；实际到位内资6002亿元，同比增长17.7%。新设外商投资企业、有资金到位的内联引资项目数量分别增长70.6%、23.5%。新引进总投资2亿元（外资3000万美元）以上的重大项目742个，总投资10968.6亿元。新引进外贸实体项目143个，预期进出口总额53亿美元。其中，预期进出口过亿美元的项目10个。2018湖南－长三角经贸合作洽谈周签约省级项目152个，投资总额2948.57亿元，引进资金2607.29亿元。

2. 对接500强成效显著

“产业项目建设年”活动深入推进，全省新引进120家“三类500强”投资项目217个，投资总额4878.1亿元。其中，世界500强52家、中国500强59家、民营500强9家，首次落户湖南的11家，在湘投资的世界500强存续企业172家。伟创力长沙智能制造产业园日产8万台手机等项目投产，惠普－新金宝打印机、德国大陆中央电子工厂、施耐德智能配电产业园等一大批500

强项目相继落户。

3. 园区示范带动效应不断增强

承接产业转移工作得到李克强总理和中央巡视组的充分肯定，国家级湘南湘西承接产业转移示范区成功获批。全省省级以上园区实际使用外资同比增长19.5%，占全省总额的53.1%，较上年同期提高3.5个百分点；进出口总额同比增长28.8%，占全省总额的69%，较上年同期提高3个百分点。

（三）内贸流通贡献加大

1. 内贸排位在中部明显提升

商务部商贸物流（标准化及供应链）试点城市达到5个，试点城市数量及到位资金继续保持中部第1。“中小商贸流通企业服务体系建设试点”经验居全国试点省市第1。4家商场超市通过国家级“绿色商场”评选，总数达9家，排名中部第2。3家国家级电子商务示范基地和8家国家级电子商务示范企业通过商务部综合评估，整体水平居全国前列。“京东·湖南老字号旗舰店”上线运行，新增“湖南老字号”品牌35个，全省“老字号”品牌达116个。商务诚信工程建设、商务行政执法、重要产品追溯体系建设有序推进。成功举办中国国际食品餐饮博览会。全年全省社会消费品零售总额15638.26亿元，同比增长10%，高出全国平均水平1个百分点。教育、育幼、养老、医疗、文化、旅游等服务消费增长较快，最终消费对经济增长的贡献率为54.5%，比上年同期提高1.2个百分点。

2. 商贸流通“千百工程”启动实施

出台《湖南省商贸流通“千百工程”实施方案》、《培育壮大商贸流通企业三年行动实施方案》和《湖南省消费升级行动计划》并狠抓推进落实，年初确定的新增1000家限上企业目标任务超额完成。新增限额以上批零住餐企业约1800家，占全省“四上”企业新增总数的比重近50%，全省限上企业总数突破1万家，数量从中部第4位上升到第2位，限额以上增长在整个经济实体中占60%。培育打造商贸流通“500强”企业工作进展良好。

3. 电子商务成效显著

“互联网+商贸流通”行动计划深入推进，预计全年电子商务交易额突破1万亿元，同比增长27%，其中，网络零售额突破2000亿元，同比增长30%。

全国电子商务进农村综合示范县范围进一步扩大，新增 2 个整体推进市州和 16 个示范县，全省贫困县占比累计超过 80%，国家级贫困县覆盖率提升到 97.5%，高于全国平均覆盖率 8.9 个百分点。

4. 商贸流通载体建设起步较快

制定出台了《湖南省关于促进商贸流通载体建设的实施意见》，首次提出构建“七位一体”即绿色、智慧、融合、健康、多元、便民、特色的现代化商贸流通体系目标，一批商贸流通载体建设项目加速推进。永州走在了全省前列，调研形成《永州市商贸流通载体建设调研报告》，为市州、县市区提供了经验借鉴。

5. 商务扶贫攻坚扎实推进

电商扶贫专项行动深入推进，成功打造网销“一县一品”品牌，22 个产品入选国家首批优秀农特产品和重点扶持农特产品，“湖南电商扶贫小店”平台累计交易额突破 1 亿元，农产品网络零售额（上行）增长 34%，农产品上行难题得到有效破解。“百城万村”家政扶贫工作顺利推进。劳务扶贫成效明显，湖南省首创的对外劳务精准扶贫工程进入商务部重点实施工程项目，在全国范围内推广实施。深入推进国际受援与精准扶贫相结合，城步县 30 家示范农民专业合作社项目累计受益人数达 5555 人次，直接参与培训的建档立卡贫困户社员 1212 人次。指导驻村工作队开展脱贫攻坚工作，2018 年村集体经济收入 5 万元，脱贫 21 户 100 人。

（四）外经合作深入推进

1. “走出去”步伐加快

全年全省对外承包工程和劳务合作业务完成营业额 84.7 亿美元，同比增长 20.1%；对外投资实际投资额 16.7 亿美元，同比增长 23.3%。一批企业合作运营联盟，“湘企出海 + 综合服务”平台成立运营，埃塞俄比亚湖南工业园、湖南老挝现代农业产业园、阿治曼中国城等一批特色产业园区项目建设稳步推进。

2. 地区处工作向纵深发展

各地区处工作定位清晰，精准发力，不断向纵深推进。中国 - 非洲经贸博览会长期落户湖南，实现了湖南省国家级经贸平台历史性的突破。波兰工业园落地，墨西哥工业园取得重大进展，湖南与美洲地区航空产业合作平台初步搭建，湖南省与英国、波兰、罗马尼亚在进博会期间联合举办双边经贸对接活动成效明显。

3. 援外作用进一步发挥

获批援外成套、技术合作项目 7 个，金额约 2.7 亿元，项目数和资金额均为历年之最。承办 179 个援外培训班，连续三年成为全国承办援外培训项目最多的省份，利用援外培训资源取得丰硕成果。

（五）口岸工作成效显著

1. 国际通道持续拓展

国际航线建设取得突破，新开通国际全货机航线 3 条、洲际客运航线 1 条、亚洲客运航线 5 条。口岸国际货运吞吐量 3.1 万吨，进出境人数 281 万人次，同比增长 130%、11.7%。岳阳江海航线提速增效，集装箱吞吐量 50.4 万标箱，同比增长 19.3%，进出口货物吞吐量 3546.7 万吨，同比增长 3.2%；内支线平均运输时间压缩 15%。湘欧班列稳步发展，新开长沙 - 蒂尔堡、怀化 - 明斯克线路，全年发运 191 班，货值 7.67 亿美元，同比增长 7.9%、10.4%。

2. 口岸功能不断完善

成功申报叠加水果、药品、肉类等指定进口功能 6 项，直接进口汽车整车 2847 台、粮食 29.36 万吨、进口肉类 5454 吨，同比分别增长 525.7%、37.88%、14.68%。长沙航空口岸实施保税航油政策，为进出境航班加注 4224 架次、5.5 万吨。郴州综保区实施增值税一般纳税人资格试点政策，有 4 家企业正式申报。

3. 海关特殊监管区域进出口再次翻番

全省 5 家综保区、2 家保税物流中心新引进项目 78 个，全年外贸实绩企业达到 418 家，进出口总额 90.3 亿美元，同比增长 102.3%，占全省外贸总额的 19.4%。

（六）营商环境持续优化

1. 专项行动成效明显

深入开展“对接北上广优化大环境”行动，“放管服”改革持续推进，

“互联网+政务服务”取得积极进展。深入推进“对接自贸区提升大平台”行动，推广复制了3批共56项自贸试验区经验及2批12个典型案例，10项先行先试任务有序推进。

2. 投资环境日益改善

深入推进外商投资准入负面清单管理模式和公平竞争审查制度，湖南成为全国第一批开展外商投资企业“单一窗口、单一表格”受理新模式试点的省份，新设外资企业备案占比超过99%，企业登记普遍缩短至3~5个工作日，创造了招商引资项目落地的“江华速度”、“望城速度”。

3. 贸易通关更加便捷

全面开展口岸提效降费工作，出台了优化口岸营商环境促进跨境贸易便利化的工作实施方案，货物整体通关时间压缩1/3，压缩比例高于全国平均水平。全面清理口岸收费并向社会公开，通关改革深入推进，单证审核量从86种降至48种。加快推进国际贸易“单一窗口”建设，报关覆盖率稳定在90%以上，超过国家规定年度目标。

二　2019年湖南商务和开放型经济工作展望

展望2019年，世界面临百年未有之大变局，变局中危和机同生并存。从国际看，尽管世界经济整体保持增长，但危机的深层次影响仍未消除，经济增长新旧动能转换尚未完成，各类风险仍在积聚。从国内看，一些深层次结构性矛盾和问题不断显现，经济面临较大下行压力。结合商务来看，受中美经贸摩擦等国际市场环境存在较多变数等因素影响，外贸增长的压力加大；受居民增收困难较大等因素影响，扩大消费的压力加大；受保护主义抬头导致国际国内引资竞争加剧等因素影响，双向投资的压力也在加大，这些都对商务和开放型经济工作提出了新的挑战。但毋庸置疑的是，中国经济发展健康稳定的基本面没有改变，支撑高质量发展的要素条件没有改变，长期稳中向好的总体势头没有改变，中国发展仍处于并将长期处于重要战略机遇期。湖南与全国一样，面临一系列重大机遇。党中央、国务院高度重视中部崛起，国家开放的大门越开越大，新产业新动能进一步集聚，三大攻坚战成效不断显现，创新引领开放崛起势头强劲，外部环境变化和国内政策调整等等，对商务和开放型经济工作都是重大利好。

做好湖南商务和开放型经济工作，要深刻把握和全面用好重要战略机遇期，立足“一带一部”战略定位，主动对接“一带一路”，紧扣重要战略机遇期的新内涵，自觉把商务和开放型经济工作放到重要战略机遇期中去谋划、思考、分析。总体而言，中美经贸摩擦按下“暂停键”，国际环境趋于缓和，周边环境相对平静，国内开放力度持续加大，湖南开放发展具备一定基础且拥有强劲的势头，尽管今年湖南商务和开放型经济工作任务依然很重，压力依然很大，但整体环境要好于上年。要坚定商务和开放型经济追赶式跨越发展的信心和决心，认真研究当前面临的机遇和挑战，加快制定有针对性的政策举措，学会抢抓和利用机遇，善于创造和转化机遇，牢牢把握商务和开放型经济工作的主动权，扎扎实实推动全省商务和开放型经济追赶式跨越发展。

（一）发展思路

以习近平新时代中国特色社会主义思想为指导，认真落实省委、省政府的部署安排，坚持稳中求进工作总基调，坚持新发展理念，坚持推动高质量发展，坚持深化商务领域供给侧结构性改革，致力推进开放强省五大行动、湘南湘西承接产业转移示范区建设、形成强大国内省内市场、对非经贸合作，主攻稳外贸、稳外资（扩内资）、促消费、促外经、促就业。突出重点、精准施策、乘势而上、再创佳绩，推动形成全面开放新格局，以优异成绩庆祝中华人民共和国成立70周年。

（二）重点工作

突出“四个致力推进”。

一是致力推进开放强省五大行动。致力推进“对接500强提升产业链”行动，继续瞄准“三类500强”和产业项目招大引强，实现强链延链补链，推动产业集聚集群发展。致力推进“对接新丝路推动走出去”行动，加快对接“一带一路”等国家规划，推动湖南产品和产能走出去。致力推进“对接自贸区提升大平台”行动，加快复制推广自贸区改革试点经验，强化各类开放平台的支撑作用。致力推进“对接湘商会建设新家乡”行动，继续引导广大湘商回湘创新创业，推动湘商总部、产业、资本和人才回归。致力推进

“对接北上广优化大环境”行动，全面对标北京、上海、广东等发达地区，深入推进“放管服”改革，着力打造国际化、法治化、便利化营商环境。

二是致力推进湘南湘西承接产业转移示范区建设。推动出台支持湘南湘西承接产业转移新一轮发展的政策措施，支持示范区结合自身实际完善发展规划和配套政策。着力引进一批重大产业项目和开放平台，加强推进示范区内企业与“一带一路”沿线国家和地区的产能合作。支持示范区内市州开展加工贸易先行先试。办好2019湖南－粤港澳大湾区投资贸易洽谈周等经贸活动，抓好示范区与粤港澳大湾区产业对接，构建产业结构优化、开放体系完善、区域协同联动、行政服务高效、示范效应明显的承接产业新格局，力争把示范区建设成为中西部地区承接产业转移新高地。

三是致力推进形成强大国内省内市场。着眼更好满足人民日益增长的美好生活需要，深化商务领域供给侧结构性改革，以持续推进商贸流通“千百工程”和消费升级行动计划为抓手，聚焦消费提档升级、优化商贸服务和商贸流通载体建设，加大补短板、强弱项工作力度，促进形成强大省内市场。加快完善促进消费的体制机制，进一步激发居民消费潜力。促进教育、育幼、养老、医疗、文化、旅游等服务业发展。努力改善消费环境，推进商务诚信工程建设，构建商务诚信建设新机制，让老百姓吃得放心、穿得称心、用得舒心。

四是致力推进对非经贸合作，办好第一届中国—非洲经贸博览会。继续深化对非政府间合作，巩固和发展友好州省、友好城市交流合作。探索构建中非经贸合作保障和落地机制，建设对非经贸合作信息和项目库，推进建设湖南非洲工业园区，组建中非经贸合作研究院。开通湖南－非洲直航，建立健全外贸综合服务和走出去融资担保体系，构建多层次立体化对非合作平台。全力以赴把第一届中国－非洲经贸博览会办出特色、办出成效、办出品牌。

着力主攻“两稳三促”。

1. 稳外贸

继续推进外贸综合服务、跨境电商、综合保税区、新引进外向型实体企业“四个百亿美元项目”建设，力争2020年全部突破100亿美元（综保区200亿美元）。启动“万企闯国际”行动，调整和完善重点境外展会支持目录，联合省直相关部门组织引导企业参加境内外知名展会，不断拓展外贸发展新空间。做实外贸新业态，力争全年平行进口汽车突破1万台、跨境电商突破20亿美元、市场采购突破10亿美元、水果和药品进口突破10亿美元，加工贸易、服务贸易增长15%以上，巩固外贸强劲增长的势头。加快国际物流体系建设，全面推进涵盖货运航班、班列、班轮、直通车等多种运输方式的综合国际物流体系建设，力争新开国际货运航线3～4条；做大做强湘欧班列，全年开行600列以上，进一步奠定中欧班列南方枢纽地位。强化外贸服务保障体系，继续实施“破零倍增”，力争新增外贸“破零”企业1500家、“倍增”企业700家、争取外贸有实绩的企业突破6000家；继续加大外贸综合服务力度，探索外贸综合服务中心境外设点；做好简化和取消加工贸易生产能力证明及经营状况审批等后续事项，积极开展“互联网+加贸”和“放管服”改革。完善外贸“三单融资”服务体系，扩大风险补偿基金规模，推动融资服务向市州复制推广。

2. 稳外资

开展“破零倍增”行动，力争用三年的时间实际使用外资为零的28个省级园区、实际到位内资为零的29个省级园区、实际使用外资为零的11个县市区（不含军事管理区）实现“破零”，实际使用外资总量低于5亿美元的5个市州实现“倍增”。推进招大引强，瞄准三类500强、战略性龙头企业、行业领军企业，大力推进以“建链、补链、强链”为内容的产业链招商，积极推动跨国公司在湘设立研发中心、区域总部。着力推进政策创新，全面推进“负面清单”落地实施，帮助外资企业平等进入，扩大利用外资领域；全面梳理和落实中央政策措施，对标兄弟省市，出台吸引外来投资的创新政策；在湘南湘西承接产业转移示范区全面落实自贸试验区可复制经验做法。推进园区开放发展，加强园区开放型经济的指导与服务，引导经开区创新体制机制，增强发展活力。加快园区开放平台建设，发布园区重点招商产业目录，继续推进外贸综合服务进园区，提升园区产业外向度。推动符合条件的省级开发区申报国家级园区。推动国际合作园区建设，争取建成1～2个国际合作园。

3. 促消费

推进实施“消费升级行动计划”，提档升级吃穿用、住房、汽车等实物消费，提质扩容文化、旅游、体育、健康、养老、家政、教育等服务消费，提速发展网络、定制、智能、时尚等新型消费模式，积极发展绿色消费、循环消费、共享消费。支持和鼓励消费新业态新模式向农村拓展，深入实施电子商务

进农村综合示范，梯次升级农村消费。深入推进商贸流通“千百工程”，培育壮大商贸流通领域骨干企业队伍，每年新增限额以上商贸流通样本企业1000家，着力打造“零售百强”“批发百强”“酒店百强”“餐饮百强”“电商百强”“商贸流通综合体百强”。建立六个百强榜单发布机制，及时总结和推广经验，发挥示范带动作用。加强流通基础设施建设，改造提升一批适应居民消费新趋势新变化的城乡便民消费中心，建设全省重点零售企业调度制度。推进步行街、商业街区、智慧商圈、新型商贸流通综合体等城市时尚消费和品质消费集聚示范区建设，推进特色商贸小镇建设，加强农产品冷链物流建设；开展省级“绿色商场”评定工作，争取国家级“绿色商场”数量突破15家；推进怀化、常德、长沙物流标准化及供应链创新试点，在岳阳、湘潭、郴州三市开展省级商贸物流标准化试点。加大湖湘消费品牌培育和市场拓展力度，发挥行业协会和企业作用，组织百场展销节会和产销对接活动，办好2019中国国际食品餐饮博览会；推动老字号传承创新，不断扩大“京东 · 湖南老字号旗舰店”入驻品牌，提高运营效益，组织老字号企业抱团参展，开拓市场；推进“湘品出湘”“湘品出境”，力争湘品出湘平台销售额增长30%以上。深入推进商务扶贫专项行动。电商扶贫要精准对接贫困村、贫困户，促进贫困地区农产品上行，助推增收脱贫；深入实施电子商务进农村综合示范，巩固前期示范成果，扩大示范县覆盖面；继续推进“百城万村”家政扶贫、劳务精准扶贫，扩大劳务外派规模，提升外派质量和水平；扎实做好驻村扶贫工作。

4. 促外经

推动联盟抱团出海，鼓励有实力的企业向外发展，支持优势产业和企业“抱团出海”；举办央企湘企对接会，完善央企湘企合作机制；推进重点国别、重点地区的深耕发展。加强国际产能合作，落实推进国际产能和装备制造合作三年行动计划，跟踪部省合作协议重点项目建设；创新项目合作模式，力争1～2个重大项目进入“丝路明珠”项目；建设一批境外经贸合作园区，积极推荐条件成熟的境外经贸合作园区进入国家级园区。完善政策服务机制，深入开展“一带一路”沿线区域合作规划以及国别政策研究，建立完善风险评估、监测预警、应急处置工作机制，帮助企业协调好与东道国政府的关系，指导企业妥善处理重大风险和突发事件。继续抓好援外工作，鼓励支持湖南省优势企业获批更多援外资质，争取支持湖南省援外单位获得更多援外项目；申报更多的援外培训项目，通过来湘参加培训的学员架桥拓市，促进湖南省优势企业和优质产品走出去。

5. 促就业

外贸促就业，继续促进外贸扩规提质，确保外贸领域就业稳定；扩大服务业对外开放，促进服务外包加快转型升级，合理布局一批吸纳就业能力强的客服中心和支持中心等服务企业，推动服务贸易创新发展，创造更多外向型就业岗位。外资促就业，争取外资更多投向湖南，发挥外资企业拉动就业的积极作用；通过湘南湘西承接产业转移示范区建设，发展壮大外向型产业集群，带动更多劳动者就地就近就业。内贸促就业，深入推进“互联网 + 商贸流通”“电子商务进农村”“电商扶贫”“家政扶贫”等工作，促进更多劳动者特别是农村劳动者就业。外经促就业，加强对境外投资合作引导，鼓励支持企业开展对外投资合作，带动更多对外劳务输出。

B.19

2018年湖南省入境旅游市场情况及2019年展望

陈献春*

入境旅游市场是湖南省建设全域旅游基地、打造国内外著名旅游目的地的关键指标因素，也是湖南省建设旅游强省和开放强省的重要依据，在湖南省旅游业发展中的地位十分重要。为贯彻落实湖南省创新引领开放崛起战略，促进入境旅游发展，由省文化和旅游厅牵头，邀请省政府办公厅、省财政厅、省旅游协会和长沙市旅游局共同参与，2018 年以来先后赴川黔桂进行调查研究，并召开重点入境旅游城市涉外部门、企业、航空公司等单位代表参加的系列座谈会，广泛听取各方意见。通过实地调研、座谈研讨和文献资料查阅，总的判断是：湖南省旅游资源和产品线路“物超所值”，“一带一部”区位优势和立体交通优势凸显，“锦绣潇湘”旅游品牌的知名度、美誉度和影响力不断增强，虽然目前湖南省入境旅游发展还存在总量不大、结构不优、推进入境旅游的工作机制和配套政策不完善等问题，但未来湖南省入境旅游发展潜力巨大、前景广阔。

一 湖南省入境旅游发展情况及特点分析

2010 年以来，湖南省入境旅游市场的发展分两个阶段。2010 ~ 2014 年，湖南省入境旅游增速下滑，甚至出现负增长，入境游客由 189. 87 万人增加到 219. 55 万人，年均增长 3. 7%；入境旅游外汇收入由 8. 87 亿美元减至 8. 0 亿美元，年均下降 2. 5%。2015 年以来，特别是湖南省实施创新引领、开放崛起

---

* 陈献春，湖南省文化和旅游厅厅长。

战略以来，湖南省充分发挥旅游的民间外交功能，服务开放强省建设，着力以旅游促开放，在国际航线开通的主要客源地，创新举办“锦绣潇湘”走进“一带一路”文化旅游合作交流系列活动，仅2018年就达60场次，开拓国际旅游市场取得了新成效，扭转了2015年以前入境旅游持续下滑甚至是负增长的局面，入境旅游呈现良好的发展态势，多元化的入境客源市场体系逐渐形成。2015~2017年全省入境游客数量从226.05万人次增长到322.7万人次，年均增长19.48%，高于全国年均增速17.3个百分点；入境旅游外汇收入从8.58亿美元增长到12.95亿美元，年均增长速度为22.9%，高于全国年均增速18.7个百分点。虽然湖南省近三年入境旅游增长加快，但与全国其他省份比较，与全省旅游经济和进出口发展比较，仍存在较大差距。2017年全省入境游客总人数在全国排名17位，入境旅游外汇收入在全国排名第16位。入境旅游对经济拉动较为乏力，2017年全省旅游总收入7172.62亿元，入境旅游收入仅占旅游总收入的1%。入境旅游相关指标增速与全省39.8%的进出口总额增速相比差距还很大，入境旅游发展与湖南省旅游资源大省的地位不相称。2018年，深入开展“开放主题年”系列活动，“锦绣潇湘”走进“一带一路”文化旅游合作交流系列活动荣获2018中国最具影响力营销推广品牌活动的第二名，全面提升了“锦绣潇湘”文化旅游品牌在国内外的知名度、美誉度和影响力。湖南省作为全国唯一省份入选了2018年世界十大最物超所值的旅行目的地。2018年湖南省接待入境游客365.1万人次，同比增长13.14%，高于全国平均增长水平12.6个百分点。现已形成以亚洲为主体、欧洲和美洲为两翼的入境旅游客源结构新格局。具体来说，湖南省入境旅游呈现出以下几个主要特点。

表1　2010~2017年湖南省入境旅游人数、外汇收入

年份	入境旅游		创汇收入	
	入境人数(万人次)	同比增长	外汇收入(万美元)	同比增长(%)
2010	189.87	45.09	88676.03	31.82
2011	228.63	20.42	104011.24	17.29
2012	224.55	-1.78	92836.43	-10.74
2013	230.66	2.72	82269.24	-0.11
2014	219.55	-4.82	79999.24	-2.76

续表

年份	入境旅游		创汇收入	
	入境人数(万)	同比增长	外汇收入(万美元)	同比增长(%)
2015	226.05	2.96	85771.69	7.22
2016	240.81	6.53	100456.78	17.12
2017	322.68	34.00	129536.63	28.95

资料来源：湖南省文化和旅游厅。

（一）入境游客从以港澳台为主向多元结构转变

2012～2014 年湖南省入境游客以港澳台为主，2015～2017 年，全省积极发展入境旅游，针对外国人客源市场，不断强化市场营销推广举措，2015 年和 2016 年外国游客占比超过港澳台同胞，2017 年主要受地缘政治影响韩国游客下降，外国游客市场占比略有下降，但总的游客数量依旧上升。湖南省入境游客中亚太地区游客位居榜首，其次是欧洲游客，排在第三、四、五位的是美洲、非洲、大洋洲。湖南省入境游客结构进入多元化发展“新常态”。

表 2　2012～2017 年湖南省入境游客情况

单位：人次，%

年份	港澳台同胞		外国人	
	人次	占比	人次	占比
2012	1339172	59.64	906356	40.36
2013	1429485	61.97	877108	38.03
2014	1194715	54.42	1000746	45.58
2015	1078640	47.72	1181881	52.28
2016	1133955	47.09	1274100	52.91
2017	1672020	51.82	1554824	48.18

资料来源：湖南省文化和旅游厅。

（二）入境游客平均停留时间呈现缩短趋势

2017 年湖南省入境游客平均停留时间为 1.94 天/人，而全国入境游客的平均逗留时间为 7.0 天，湖南省入境游客停留时间远低于全国平均水平，来湘游客中，外国人平均逗留时间比港澳台游客逗留时间略长，入境游客平均停留时间呈现下滑态势，旅游消费支出与其停留时间正向相关，面对入境旅游者停留时间较短的现状，如何延长各类入境旅游细分市场在湘停留时间是急需解决的问题。

表3　2010～2017年湖南省入境游客平均停留天数

单位：天/人

年份	平均停留天数	外国人	香港同胞	澳门同胞	台湾同胞
2010年	2.44	3.09	1.64	1.63	1.70
2011年	2.51	2.90	1.89	2.05	2.20
2012年	2.22	2.52	2.07	1.75	2.09
2013年	1.89	1.94	1.94	1.69	1.85
2014年	1.90	2.06	1.81	1.68	1.77
2015年	1.81	1.89	1.75	1.71	1.69
2016年	1.95	2.08	1.81	1.73	1.87
2017年	1.94	2.01	1.87	1.81	1.89

资料来源：湖南省文化和旅游厅。

（三）入境旅游人均消费有较大提升空间

2010年以来，湖南省入境旅游人均天花费在200美元左右徘徊，2017年湖南省入境旅游人均天花费为210.49美元，比上年增长6.1%，排名由全国第14位提升至第11位，排名靠前的依次为上海（280.77）、北京（274.76）、江苏（258.7）、天津（230.08）、山东（229.37）、浙江（225.29）、云南（225.10）、辽宁（214.97）、福建（213.06）、内蒙古（211.29），在湖南省旅游产业快速增长的背景下，正确引导入境游客增加旅游消费，成为摆在湖南省面前的重大课题。

表4　2010～2017年湖南省入境游客人均天花费

单位：美元/人天

时间	人均天花费	外国人	香港同胞	澳门同胞	台湾同胞
2010年	189.69	189.77	191.47	199.92	181.91
2011年	188.24	189.78	178.01	178.41	159.20
2012年	191.12	193.29	169.08	143.85	197.46
2013年	197.02	198.04	190.97	194.14	191.91
2014年	193.6	195.77	185.41	149.8	182.93
2015年	197.35	199.57	190.46	168.33	188.49
2016年	198.48	198.62	197.10	193.71	201.43
2017年	210.49	217.9	191.5	190.35	200.65

资料来源：湖南省文化和旅游厅。

（四）入境旅游市场呈现近、中、远相结合的区域格局

湖南省入境旅游市场以亚洲市场为主体，欧洲和美洲中远程洲际市场为两翼。亚洲市场是湖南省传统的最主要外国客源市场，2017 年亚洲游客为 892971 人次，占整个入境外国游客数量的 57.43%。欧洲市场 2017 年增长 13.67%，占入境外国游客比重的 18.91%。美洲是世界上主要的客源输出地，虽然地理交通不便利，历史文化、生活方式、价值观念差距，但随着我国经济融入世界，美洲客源市场呈现稳定而快速的发展势头。

表 5　2011～2017 年湖南省入境接待外国游客人次排名

排序＼时间	2011	2012	2013	2014	2015	2016	2017
1	韩国	韩国	韩国	韩国	韩国	韩国	韩国
2	美国	日本	美国	美国	美国	马来西亚	马来西亚
3	日本	美国	马来西亚	日本	日本	美国	日本
4	马来西亚	马来西亚	英国	英国	英国	日本	美国
5	英国	英国	德国	马来西亚	马来西亚	印度尼西亚	泰国
6	德国	德国	日本	新加坡	法国	泰国	印度尼西亚
7	新加坡	新加坡	法国	法国	俄罗斯	英国	英国
8	泰国	法国	印度尼西亚	印度尼西亚	泰国	俄罗斯	俄罗斯
9	法国	印度尼西亚	新加坡	德国	德国	法国	加拿大
10	印度尼西亚	泰国	泰国	泰国	新加坡	新加坡	法国

资料来源：湖南省文化和旅游厅。

（五）重点入境客源国出入境市场呈现多元化发展趋势

日本：由于与中国的特殊历史渊源、地理位置等原因，日本是湖南入境游最重要国外客源国。2017 年接待日本入境游客 98157 人次，比 2016 年增长 126.51%，年均增长 50.50%。2017 年全省接待日本游客占全省入境外国游客比重的 6.31%，排名第三位。从旅行社接待情况看，2017 年全省旅行社共接待日本游客 38053 人次，比 2015 年增长 65.62%，年均增速 28.69%。2017 年旅行社接待日本游客占全省旅行社接待入境外国游客比重的 6.11%，排名第五位。从全省入境日本游客的数量与旅行社接待的游客数量可以看出，自由行

为日本游客入湘的主要选择。湖南省应加强对外推介力度，提升旅游服务质量，大力培养外语导游服务人员，积极建设便利的交通设施，进一步开拓日本客源，增加全省旅游外汇收入。

出境游方面，全省旅行社2015~2017年分别组织出境日本的游客数量为60248、62638、75794人次，三年增长25.80%，平均增速12.16%。2017年旅行社组织出境目的地为日本的游客占全省旅行社出境游客的2.95%，排名第九位。从数据可以看出，湖南省旅行社组织出境的游客数量是接待入境游客的数量将近两倍，究其原因，一是相近的文化，二是物美、价廉、舒心的环境，三是便宜的机票、较短的航班等都进一步提升了湖南省居民赴日旅游的意愿。

韩国：韩国地处中国东南部，是中国的邻国。中韩建交以来，韩国入湘的游客数量激增，韩国也成为湖南第一大客源国。近年来，因受中韩相关事件的影响，中韩双向旅游流动大幅度下降，2015~2017年三年分别接待韩国入境游客502406、519845、279710人次，下跌幅度达到44.33%，平均降幅为25.38%。2017年全省接待韩国游客占全省入境外国游客比重的17.99%，排名仍居第一位。2018年接待韩国游客数量有所回升，1~11月累计接待韩国游客38.8万人次，同比增长23.3%，中韩关系开始逐步恢复。

从旅行社接待情况看，2015~2017年分别接待韩国游客320859、382382、198557人次，三年下跌幅度38.12%，平均降幅为21.33%。2017年旅行社接待韩国游客占全省旅行社接待入境外国游客比重的33.47%，排名仍居第一位。旅行社接待的游客数量与全省入境游客的数量相差不大，组团行是韩国游客入湘的主要选择。

出境游方面，2015~2017年全省旅行社组织出境韩国的游客数量分别为112451、128358、13602人次，三年下跌幅度达87.90%，平均降幅为65.22%。2017年旅行社组织出境目的地为韩国的游客占全省旅行社出境游客的0.53%，排名第22位。2018年旅行社组织韩国出境游客数量依然大幅下跌，虽然中韩关系改善信号不断出现，但湖南出境韩国游尚未进入“解冻”模式。

俄罗斯：近年来，湖南省不断加大对俄罗斯旅游市场的宣传促销力度，湖南旅游产品在俄市场的知名度和美誉度不断提升。毛泽东故乡等品牌效应日益显现，湖南已经成为俄罗斯游客喜爱的旅游目的地之一。2017年接待俄罗斯入境游客45426人次，比2015年增长70.76%，年均增长30.68%。2017年全省接待俄罗斯游客占全省入境外国游客比重的2.92%，排名第八位。

从旅行社接待情况看，2015～2017年分别接待俄罗斯游客1801、1954、3716人次，三年增长幅度为106.33%，平均增速为43.64%。2017年旅行社接待俄罗斯游客占全省旅行社接待入境外国游客比重的0.63%，排名第16位。旅行社接待游客量与全省入境游客的数量相差甚远，一方面说明湖南入境旅行社的业务拓展能力滞后，地接社与组团社的业务联系存在脱节，另一方面说明越来越多的俄罗斯游客选择自由行。

出境游方面，受中俄两国关系日渐紧密、湖南与俄罗斯红色旅游的牵手，北极地区旅游向中国公民开放等利好因素影响，全省旅行社三年来组织出境俄罗斯的游客数量分别为4497、7747、15814人次，三年增长幅度为251.66%，平均增速为87.53%。2017年旅行社组织出境目的地为俄罗斯的游客占全省旅行社出境游客的0.62%，排名第20位。从旅行社的出入境数据可以看出，近几年俄罗斯入境旅游业务的规模与出境旅游业务的规模差距日益增大，与“以入境旅游为重点、出境旅游为补充”的发展方针不一致。

英国：近年来，英国皇室公主殿下安妮访问湖南，英国在长沙举办了“湖南英国周”活动，长沙开设了英国签证中心，长沙至伦敦直飞航线开通，为湖南与英国文化旅游领域的广泛交流和深入合作提供了难得机遇。湘英双方携手文化旅游合作，进一步扩大游客互访规模，2017年接待英国入境游客48552人次，比2015年增长22.87%，年平均增速为10.85%。2017年全省接待英国游客占全省入境外国游客比重的3.12%，排名第七位。

从旅行社接待情况看，2015～2017年分别接待英国游客2918、2466、3061人次，三年增长幅度为4.90%，平均增速为2.42%。2017年旅行社接待英国游客占全省旅行社接待入境外国游客比重的0.52%，排名第18位。旅行社接待入境游客的数量仅为全省数量的1/20，可以看出湖南省旅行社欧洲市场开拓能力不足，应加强以欧洲为核心旅游业务的开发，并依托在航空、地接、签证、渠道、媒体所积累的各项优质资源，更好发展。

出境游方面，英国拥有优美的自然风光和深厚的人文底蕴，对中国游客具有很强的吸引力，特别是足球、音乐、戏剧以及各种带有英伦风情的商品深受湖南游客喜爱，再加上英国脱欧公投后英镑汇率下跌、签证制度放宽、长沙黄花国际机场至伦敦希思罗机场直飞航线的开通，英国成为湖南出境旅游目的地的新秀。全省旅行社三年来组织出境英国的游客数量分别为7626、9890、

16315 人次，三年增长幅度为 113.94%，平均增速为 46.27%。2017 年旅行社组织出境目的地为英国的游客占全省旅行社出境游客的 0.64%，排名第 18 位。旅行社大力发展开拓入境旅游市场的责任依然重大。

德国：2017 年接待德国入境游客 48552 人次，比 2015 年增长 22.87%，年平均增速为 10.85%。2017 年全省接待德国游客占全省入境外国游客比重的 2.42%，排名第 13 位。从旅行社接待情况看，三年来分别接待德国游客 6011、3971、4447 人次，三年下降幅度 26.02%，平均降幅为 13.99%。2017 年旅行社接待德国游客占全省旅行社接待入境外国游客比重的 0.75%，排名第 14 位。

出境游方面，随着长沙至法兰克福的洲际航班开通，签证办理的简化也让游客在选择出境游目的地上开始往德国倾斜。全省旅行社三年来组织出境德国的游客数量分别为 16231、15640、18056 人次，三年增长幅度 11.24%，平均增速为 5.47%。2017 年旅行社组织出境目的地为德国的游客占全省旅行社出境游客的 0.7%，排名第 17 位。

泰国：泰国是湖南省重要的客源地，截至目前，湖南省共开通了直飞曼谷、清迈、普吉岛的航线。同时，系列文化旅游合作交流活动的举办，国际旅行商和主流媒体来湘考察踩线，营销旅游精品线路等措施的出台，大大提升了泰国游客来湘旅游的数量。2017 年接待泰国入境游客 79140 人次，比 2015 年增长 207.96%，年均增长 75.49%。2017 年全省接待泰国游客占全省入境外国游客比重的 5.09%，排名第五位。

从旅行社接待情况看 2017 年接待泰国游客 63922 人次，比 2015 年增长 30.83%，年均增速为 14.38%。2017 年旅行社接待泰国游客占全省旅行社接待入境外国游客比重的 10.77%，排名第三位。2015 和 2016 年泰国入境游客以跟团方式出游为主。2017 年开始游客散客化趋势逐步显现。

从出境游方面，全省旅行社三年来组织出境泰国的游客数量分别为 597458、376404、1083015 人次，三年增长幅度 81.27%，平均增速为 34.64%。2017 年旅行社组织出境目的地为泰国的游客占全省旅行社出境游客的 42.2%，排名第一位。泰国，作为中国开放最早的自费出境旅游目的地国家之一，一直以来都是湖南游客出境游的首选，从最初的新马泰三国团队游、泰国一地团队游的观光出游方式，到半自由行、自由行等休闲度假方式。私家团、线上预订当地向导提供个性化服务等新兴方式也越来越流行。湖南游客选择的目的地从原来的曼谷、芭提雅、普吉岛已扩大到素可泰、苏梅岛、甲米、清迈、清莱等泰国多地，以滨海休

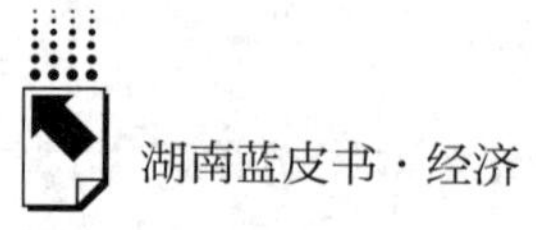

闲度假、生态旅游为目的的中国游客比重日趋上升。

马来西亚：湖南旅游资源富集，旅游产品与马来西亚差异化十分明显，互补性很强，深受马来西亚游客喜爱。一直作为湖南省主要入境客源市场，常年位居前五位，为双方互送游客奠定了坚实的基础。2017 年接待马来西亚入境游客 109238 人次，比 2015 年增长 178.19%，年均增长 66.79%。2017 年全省接待马来西亚游客占全省入境外国游客比重的 7.03%，排名第二位。

从旅行社接待情况看 2017 年接待马来西亚游客 80093 人次，比 2015 年增长 25.85%，年均增长 12.18%。2017 年旅行社接待马来西亚游客占全省旅行社接待入境外国游客比重的 13.5%，排名第二位。

出境游方面，马来西亚旅游资源丰富，出行语言障碍少，签证方便、航班直达等因素使其成为湖南省居民第一次出境游的目的地的最佳选择。2015～2017 年全省旅行社组织出境游客数量分别为 37162、50974、259216 人次，三年增长幅度为 597.53%，平均增速为 164.11%。2017 年旅行社组织出境目的地为马来西亚的游客占全省旅行社出境游客的 10.1%，排名第二位。

新加坡：2017 年接待新加坡入境游客 60354 人次，三年增长幅度 142.04%，平均增速为 55.57%。2017 年全省接待新加坡游客占全省入境外国游客比重的 3.88%。

从旅行社接待情况看 2017 年接待新加坡游客 55147 人次，比 2015 年增长 13.82%，年平均增长 6.69%。2017 年旅行社接待新加坡游客占全省旅行社接待入境外国游客比重的 9.3%，排名第四位。

出境游方面，十年签证开放，进一步提升了新加坡自由行、蜜月游、亲子游热度。全省旅行社 2015～2017 年组织出境新加坡的游客数量分别为 40027、42316、60056 人次，三年增长幅度 50.04%，平均增速为 22.49%。2017 年旅行社组织出境目的地为新加坡的游客占全省旅行社出境游客的 2.34%，排名第十位。

澳大利亚：2017 年接待澳大利亚入境游客 39749 人次，比 2015 年增长 75.76%，年均增长 34.22%。2017 年接待澳大利亚游客占全省入境外国游客比重的 2.56%，排名第 12 位。

从旅行社接待情况看，2015～2017 年分别接待澳大利亚游客 11815、10109、9699 人次，三年下降 17.91%，平均下滑率为 9.25%。2017 年旅行社接待澳大利亚游客占全省入境外国游客比重的 0.84%，排名第 15 位。

出境游方面，航班直达、智能化十年签证以及全省各大旅行社和在线旅游平台也都相继开发全新的目的地和线路产品，吸引了越来越多游客的目光，成为全省出境旅游新的旅游热点地区。全省旅行社 2015～2017 年组织出境澳大利亚的游客数量分别为 17267、25790 和 117539 人次，三年增长幅度达到 580.71%，平均增速为 202.56%。2017 年旅行社组织出境目的地为澳大利亚的游客占全省旅行社组织出境游客的 4.58%，排名第七位。随着澳大利亚在湖南市场推广力度的加大，湖南省居民赴澳数量将会一直稳步增长。

二　湖南省与邻省入境旅游发展条件比较分析

湖南省地处长江中游，东与江西交界，西连贵州，西北毗邻重庆，南与广东、广西相邻，北与湖北接壤，旅游资源十分丰富，地理地貌特征以及历史文化背景与周边省份有较多相似之处，入境旅游发展具有一定可比性。下面，将湖南与河南、山西、湖北、安徽、江西、四川、贵州、广东、广西等周边 9 省份在发展入境旅游条件进行比较分析。

（一）区域经济实力比较

区域经济增长是带动入境旅游发展的重要因素。表 6 中 2017 年各省国民经济和社会发展统计公报数据显示，湖南省 GDP 和服务业增加值分别居第 5 和第 4 位，湖南省国民经济发展的规模和速度较快，入境旅游发展具有较大潜力和发展空间。

表 6　湖南省及周边省份经济发展基本情况比较

单位：亿元

区域	省份	生产总值	服务业增加值
东部	广东	89879	47488
中部	河南	44988	19199
	湖南	34591	16755
	湖北	36523	16503
	安徽	27519	11420
	江西	20819	8893
	山西	14974	8014

续表

区域	省份	生产总值	服务业增加值
西部	四川	36980	18403
	贵州	13541	6081
	广西	20396	8192

资料来源：湖南省文化和旅游厅。

（二）入境旅游发展基础比较

虽然近年来湖南省入境旅游人数和旅游外汇收入都有所上升，但与周边其他省份相比，属于中等水平，湖南省入境旅游市场在这10个省份中排名第六位，与旅游发达地区广东还存在较大差距。比较而言，湖北、广东、安徽、广西、四川的入境旅游者消费水平较高。

表7　2015～2017年湖南及周边省份入境旅游业发展比较

地区	2015年		2016年		2017年	
	入境客流（万人次）	外汇收入（亿美元）	入境客流（万人次）	外汇收入（亿美元）	入境客流（万人次）	外汇收入（亿美元）
湖南	226.5	8.6	240.81	10.05	322.68	12.95
广东	3441.3	178.9	3518.40	185.80	3647.56	196.50
湖北	311.76	16.72	337.56	18.72	353.09	19.94
江西	176.9	5.7	181.90	5.80	188.93	6.30
广西	450.1	19.2	482.52	21.64	512.44	23.96
贵州	94.1	2.0	110.19	2.53	126.79	2.83
山西	84.8	3.0	89.97	3.17	95.71	3.5
安徽	291.1	22.6	485.67	25.42	549.15	28.81
河南	268.3	8.5	293.95	8.95	307.32	9.82
四川	273.2	11.8	308.79	15.82	336.17	14.47

资料来源：湖南省文化和旅游厅。

（三）主要入境旅游客源国比较

入境客源国不仅同地区的旅游资源状况、景观品位及开发利用程度相关，更同地区社会经济发展和生态环境质量水平相关。从表8的2015～2017年湖南及周边省份前三位入境客源国数据可以看出，这些省份的主要客源国相对比较集中在日本、韩国、马来西亚和美国四个国家，各省入境旅游客源结构差距不大，但是湖南省入境游客人数却相差甚远，这也从一方面说明了湖南更应该加大旅游资源开发力度，充分考虑客源国文化与经济社会发展情况，有的放矢精准营销，提高市场增长份额，增强区域竞争力。

表 8　2015～2017 年湖南及周边省份主要入境客源国比较

地区	2015 年	2016 年	2017 年
湖南	韩国、美国、日本	韩国、马来西亚、美国	韩国、马来西亚、日本
广东	日本、美国、韩国	日本、美国、韩国	日本、美国、韩国
湖北	日本、美国、德国	日本、美国、法国	日本、美国、法国
江西	韩国、美国、日本	韩国、美国、日本	美国、日本、韩国
广西	越南、韩国和马来西亚	越南、韩国和马来西亚	越南、韩国和马来西亚
贵州	美国、韩国、日本	韩国、美国、日本	韩国、美国、马来西亚
山西	韩国、法国、美国	韩国、法国、美国	韩国、法国、美国
安徽	韩国、美国、日本	韩国、美国、日本	韩国、美国、日本
河南	韩国、日本、美国	韩国、日本、美国	韩国、日本、法国
四川	美国、英国、日本	美国、英国、日本	美国、英国、日本

资料来源：湖南省文化和旅游厅。

（四）航空口岸和出入境旅客情况比较

湖南省地处中部地区，由于空间距离等因素，入境游客通常选择飞机作为交通工具，湖南省目前有长沙、张家界、常德、衡阳、邵阳、怀化、永州、凤凰—铜仁等 8 大民航机场。相比周边其他九个省份，2017 年湖南省航空客运排名第三，位于中部省份第一名，重点机场飞机起降架次排名第五，基于航空客运与入境客流量成正相关，湖南入境旅游市场前景大为广阔。

表 9　2017 年湖南省及周边省份民航机场基本情况比较

省份	航空客运（万人）	重点机场	起降架次（次）	客运航线直达国家和地区城市（个）
湖南	2683	长沙/黄花	179575	41
广东	6500	广州/白云	465295	220
湖北	2494	武汉/天河	183883	55
江西	1415	南昌/昌北	89863	55
广西	2478	南宁/吴圩	108049	31
贵州	1810	贵阳/龙洞堡	149050	22
山西	1583	太原/武宿	101076	9

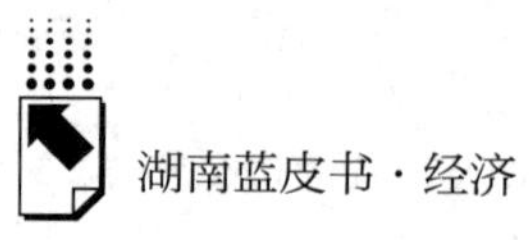

续表

省份	航空客运（万人）	重点机场	起降架次（次）	客运航线直达国家和地区城市(个)
安徽	1142	合肥/新桥	76263	16
河南	2597	郑州/北郊	184810	25
四川	5776	成都/双流	337055	124

资料来源：湖南省文化和旅游厅。

到2017年底，湖南省已开通了23个国家（地区）、64个城市、86条国际客货运航线，分别是2011年的2.1倍、2.7倍和3.9倍。其中，长沙航空口岸已开通23个国家（地区）、64条航线（定期航线34条、包机航线23条、代码共享航线7条）；张家界航空口岸已开通7个国家（地区）21条航线（4条定期航线、17条包机航线）。2012～2017年，湖南省航空口岸年出入境人数分别为82万、104万、138万、188万、246万、252万人次，年均增长25%。2006～2015年湖南省航空口岸年出入境人数居中部地区第一位。从2016年起已退居第二位，2017年比湖北的273万人次少21万人次。2006年以来，湖南省航空口岸年出入境外国籍旅客数量遥遥领先中部其他5省。2017年湖南省航空口岸出入境外国籍旅客达53万人次，同期中部其他5省总和为54万人次。

（五）核心旅游资源比较

湖南省作为旅游资源大省，与其他邻省相比，A级景区数量较多，仅少于湖北、广西、安徽和四川，但旅游资源丰度上低于四川、广东、安徽、广西、河南和湖北。从入境旅游市场的综合排名到旅游资源的丰度排名可以看出，5A、4A高等级景区是入境游客的核心吸引物。因此，全省应加强对高等级旅游景区建设，将湖南丰富的文化旅游资源转化成优质旅游产品。

表10　湖南及周边省份旅游资源比较

省份	各等级旅游景区数			A级景区总数	旅游资源丰度
	5A级	4A级	3A级		
湖南	9	98	254	393	116
广东	12	172	140	340	196
湖北	10	130	171	366	150

续表

省份	各等级旅游景区数			A 级景区总数	旅游资源丰度
	5A 级	4A 级	3A 级		
江西	10	108	85	258	128
广西	5	173	230	422	183
贵州	5	95	138	254	105
山西	7	98	32	168	112
安徽	11	167	208	499	189
河南	13	133	140	385	159
四川	12	196	110	439	220

注：旅游资源丰度是指度量一个区域旅游资源开发潜力、丰富程度的重要指标之一。旅游资源丰度的计算，必须建立统一的计量标准，以便于对各种类型和不同规模的旅游资源进行科学的比较。本文选用对入境旅游吸引力较大的5A 和4A 级景区数量进行比较，其中5A 级景点权重为2，4A 级景点权重为1。

资料来源：湖南省文化和旅游厅。

三　湖南省入境旅游发展制约瓶颈及短板分析

（一）缺乏系统化的顶层设计

2016 年 12 月国务院印发的《“十三五”旅游业发展规划》第六章“开放合作　构建旅游开放新格局”专门对实施旅游外交战略、大力提振入境、深化与港澳台旅游合作、有序发展出境旅游、提升旅游业国际影响力做出了规划。原国家旅游局编制了《入境旅游发展中长期规划》，2017 年以来研究出台《外国人入境旅游市场“十三五”规划纲要》。四川省政府早在 2005 年 8 月 26 日就出台了《四川省人民政府关于加快湖南省入境旅游发展的意见》（川府发〔2005〕20 号）。2017 年 2 月，四川省旅游发展委、四川省财政厅联合出台了《四川省入境旅游奖励办法》。贵州省 2015 年出台了《贵州省入境旅游奖励试行办法》，目前正在调研制定《贵州省 2018 年入境奖励实施办法》。广东、广西、安徽、海南等都对入境旅游制定了奖励扶持政策。相比之下，湖南省入境旅游发展缺乏整体顶层设计，没有出台专门支持入境旅游发展的政策文件和奖励措施，入境旅游市场营销资金严重不足，各部门各地各旅游企业各自为战。

同时由于财政对国际航线补贴和入境旅游业务成本偏高等原因，湖南省国际旅行社不愿开展入境旅游业务，热衷于开展利润高的出境旅游业务，或者将入境游客先输送到奖励补助更高的周边省市，造成了湖南省出境旅游增速大幅高于入境旅游的局面。

（二）便利化政策不够配套

近年来，我国与入境旅游相关的签证、免税、航权、边检等便利化政策正从单点突破走向协调推进。以 72 小时过境免签政策为例，截止到 2016 年底，全国已有包括长沙市在内的 19 个城市相继落地实施，适用对象覆盖了包括“一带一路”沿线主要国家在内的 51 个国家。在充分总结实施 72 小时过境免签经验的基础上，2016 年上海、浙江、江苏、广东四省市实施海陆空三类口岸联动的 144 小时过境免签政策，2017 年 12 月底京津冀实施 144 小时过境免签政策。在购物免退税政策方面，目前已在海南、北京等 18 个省（直辖市、计划单列市）落地实施，有效激发了入境游客的积极性，明显提升了入境旅游消费水平。相比之下，湖南省只有长沙市进入 72 小时过境免签城市，且这一政策没有用好用活。湖南省国际旅游城市张家界尚未进入过境免签城市，张家界荷花机场航线航班少、无航空公司基地，国际航点相对单一，主要集中在韩国、泰国，以及中国香港和台湾。全省在免签证、落地签证、免税购物、购物退税、航权开放、边检手续简化等方面还有很大的提升空间。

（三）国际化的旅游精品供给短缺

虽然湖南省旅游资源数量和品质位居全国前列，但是深度开发不够，高等级景区数量相对较少。全省 5A 景区 9 家，低于周边的江西（10 家）、湖北（10 家）、安徽（11 家）、广东（12 家）、四川（12 家）、河南（13 家），湖南省 4A 景区 98 家，低于周边的江西（108 家）、湖北（130 家）、安徽（167 家）、广东（172 家）、四川（196 家）、河南（133 家）、广西（173 家）。湖南省重点旅游城市没有像北京、上海、广州、西安、桂林等一样纳入境外旅行商传统的中国黄金旅游线路。同时由于受大交通影响，以及旅游门票价格偏高，境外旅游市场中湖南省主要旅游产品价格要高于周边省份和同类旅游产品价格，境外旅行商更乐意向顾客推销可替换的优惠旅游产品，湖南旅游产品的国际竞争力大打折扣。

（四）入境旅游客源结构不优

湖南省入境旅游的国际客源结构不太合理，近程市场占湖南省入境游客总量的70%，其中以韩国市场为主体，日本和东南亚国家为二级市场。韩国市场一直是湖南省稳定的入境旅游客源市场，近两年来，受中韩关系的影响，使得入境游客数量急骤下降，但在整个外国人市场中所占的比例依旧是位于第一位。2017 年韩国入境游客 279710 人次，占比 18%，几乎相当于整个欧洲入境游客的比重，张家界市 2018 年 1～5 月接待韩国团队游客 9.09 万人，同比增长 62.96%，其间境外团队接待总量的 54.83%。2017 年马来西亚、日本入境游客数量分别占比 7%、6.3%，高于整个非洲（5%）、大洋洲（3.8%）比重，2017 年湖南省排名前十的入境客源国中近程洲内市场占了七席。美国、英国、法国和德国等欧美客源市场开发严重不足。从 2017 年韩国入境游客急剧下滑在一定程度上导致了全省入境游客人数下滑这一现象，可以发现入境旅游市场过于依赖某几个国家，很容易导致整个市场波动，一旦这些主要客源国的政治、经济发生巨大变化，将影响整个湖南省入境旅游市场的稳定发展。

（五）国际旅游市场营销创新力度不大

虽然近年来湖南省坚持“请进来”、“走出去”旅游营销战略，但是与周边省市旅游营销创新举措相比力度还不够大。四川省 2017 年 9 月 11～16 日，成功承办了联合国世界旅游组织第 22 届全体大会，吸引了来自全球 130 多个会员国的 1800 余位代表参会，成功创造规模最大、规格最高、中国声音最响亮、成果最丰硕等多项“之最”，在国外策划实施了“熊猫走世界·美丽中国”国际品牌营销活动和“川菜名馆与四川美食之旅”全球营销活动。四川省还创新“航线+旅游”营销模式，加强与航空公司合作，建立四川旅游境外营销中心，设立海外“成都旅游体验中心”，成都市将境外营销打包给成都文旅集团。贵州省 2015 年以来连续成功举办三届国际山地旅游暨户外运动大会，2017 年国际山地旅游联盟落户贵州，是我国首个在京外成立的旅游国际组织，成为世界山地旅游交流的重要平台。广西桂林市自 2015～2017 年连续三年举办中国－东盟博览会旅游展并永久落户桂林，2017 年 12 月成功举办 2017 中国－东盟传统医药健康旅游国际论坛（巴马论坛）。与周边省市相比，湖南省在举办重大国际会议、节会活动还不够，与国际旅游组织互动不够，境外旅游营销创新还有一定差距。2017 年 10 月，世界知名旅游指南出版机构《孤独星球》发布了2018 年最佳旅行目的地榜单，湖南作为全国唯一省份入选世界十大最物超所值的旅行目的地，同时也意味着湖南旅游资源被严重低估。

（六）综合配套服务与国际水准尚有差距

全球化背景下，入境旅游的竞争已经从单纯依靠市场推广争夺客源，逐步扩展到目的地基础设施、公共服务和商业环境的配套。目前湖南省国际知名品牌旅游企业和国际高端旅游人才引进不够，旅游企业管理服务国际化水平不高，在环境可持续性、旅游安全与保障、游客服务设施配套、旅游商业环境、对外开放度等方面还有很大提升空间。如湘菜口味重，港澳台游客和外国游客大多数不能接受。同时，近年来湖南省入境旅游总量不够大，效益欠佳，导致大量懂外语、掌握一定客源国知识的外语导游专业的毕业生转行流失，造成入境旅游的人才队伍青黄不接，外语导游队伍不稳定。韩语、日语、俄语、东南亚各国语言、法语、德语、阿拉伯语等小语种外语人才严重匮乏。

四　湖南省入境旅游发展对策建议

目前，全省高速铁路网大格局基本形成，高速公路通车里程达 6582 公里，跻身全国前 5 位，长沙黄花机场迈入“双航站楼”时代，湖南已成为全国重要的铁路、高速公路、航空交通枢纽省份。湖南省应充分发挥“一带一部”区位优势、立体交通优势，加快发展入境旅游，推动湖南开放崛起，加快建设旅游强省和开放强省。

（一）加强顶层设计，将入境旅游列入湖南省加快推进开放崛起专项行动范围

省第十一次党代会提出：打造国内外著名旅游目的地，需要大力发展入境旅游。一是将发展入境旅游纳入湖南省加快推进开放崛起专项行动范围。以省政府名义制定出台加快发展入境旅游的政策措施，财政、文化和旅游部门联合出台加快入境旅游发展奖励补助办法，大幅增加入境旅游营销资金。二是实施

“湖南入境旅游全球战略合作伙伴计划”。按照对接“五百强”的思路推动湖南省骨干旅行社与主要客源国的重点旅行社结伴合作，把国际旅游产品的研发与国际市场营销有机结合起来，让客源地讲目的地的故事，构建全球化旅游合作新机制。三是将文化旅游推广传播纳入“大外宣”格局。以文化旅游推广传播为突破口，开展“锦绣潇湘”走进“一带一路”/直航城市文化旅游合作交流系列活动，推动外宣办、外事办、商务厅、文化和旅游厅等部门共同参与，构建外事、外宣、外经、外资、外贸“五外”联动的“大外宣”格局，形成湖南文化旅游整体形象宣传的合力。全省对外经贸文化重要活动统一使用湖南文化旅游整体形象标识和宣传品，实施文化旅游资讯全覆盖工程。

（二）提升旅游国际开放度，持续推进湖南省入境旅游一揽子便利化措施

一是优政策。研究促进外国人入境过境旅游便利化措施，探索实施境外旅客离境退税政策，争取设立进境口岸免税店，不断提高签证签发、边防检查等出入境服务水平。加强入境旅游便利化政策协调，形成乘数效应，最大限度避免“政策孤岛”现象。支持长沙市用好72小时并争取144小时过境免签政策，支持张家界市争取72小时过境免签政策。应将72小时的旅游产品设计与航空（长沙至张家界应开通“空中快线”，每天加密至10班次）、高铁、高速道路的立体无缝对接和通关便利化衔接。根据入境旅游市场的动态反馈，结合国际旅游市场开发的主导方向，在长沙、张家界适时开辟部分热门旅游线路面向境外游客的廉价航线。二是增航线。《关于加快推进开放崛起专项行动的通知》（湘办发〔2018〕12号）提出：“加快长沙临空经济示范区建设，构建中部国际航空枢纽；开辟和加密国际航班航线，争取实现每个大洲都有直达航线”。围绕“巩固港澳台、日韩、东南亚等传统市场，开拓欧美等重点市场，培育俄罗斯、印度、非洲等新兴市场”的目标，争取支持开辟和加密湖南省主要和新兴客源市场国际航班航线，将部分旅游包机航班补贴直接补贴给包机旅行社或包机商。同时要创新“航线+旅游”营销模式，建立航旅联运发展联盟和工作协调机制，推动旅游、文化、外事部门和机场、旅行社、航空公司捆绑组合营销，打造湖南旅游业和航空业联合品牌，合力开拓市场，给广大游客提供省时、省心、省钱的航空旅游产品，形成多元稳定的国际旅游客源市场。

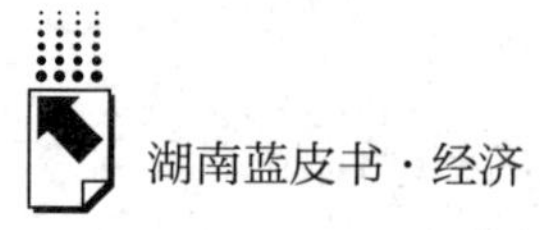

（三）推进全域旅游基地建设，按照引进新标准 + 研发新产品 + 引进新装备的思路加快开发国际旅游精品和线路

一是强化全域旅游基地核心吸引力。《湖南省建设全域旅游基地三年行动计划（2018 - 2020 年）》规划，未来三年湖南省将建设以“锦绣潇湘”为品牌的全域旅游基地作为总目标，夯实“五大旅游板块”（长株潭、洞庭湖、大湘西、雪峰山、大湘南）的支撑作用，加快创建 30 个全域旅游示范区、建设 30 个省级重点旅游项目，着力规划建设 7 条跨区域旅游线路，以区域品牌培育和旅游业态创新为重点，全面提升旅游景区、旅游乡村、旅游小镇、旅游街区、旅游综合体和旅游城市的休闲度假功能和核心吸引力。二是深化旅游“产业项目建设年”活动。在建设全域旅游基地过程中，要发挥湖南省特色旅游资源优势，深化“产业项目建设年”活动，按照引进新标准、开发新产品、引进新装备的思路，以国际徒步旅行和自行车旅游产品研究设计为突破口，培育打造一批国际旅游精品，以适应国际旅游者的消费需求。以 2018 年 9 月长沙高铁直达香港为契机，设计开发一批适合香港游客的湖南高铁旅游产品推向香港市场，力争在香港形成“乘高铁畅游湖南”的轰动效应。三是推进旅游装备制造业发展。湖南装备制造业实力雄厚，发展旅游装备制造业有基础、有特色、有优势、有潜力，不但可为旅游业发展注入生机和活力，也可为装备制造业升级找到新的突破口。加强部门合作，充分发挥长株潭“中国制造 2025”试点示范城市群的开放平台优势，通过引进国际标准，研发设计徒步旅游、骑行旅游、游轮游艇旅游、露营房车旅游、低空飞行旅游、轨道观光旅游等特色旅游产品，积极对接引进与特色旅游产品相配套的国内外旅游装备行业龙头企业重点项目，引进一批旅游装备制造企业落户湖南，打造湖南旅游装备制造专业园区。依托长沙汽车制造产业集聚区，打造以房车为主的露营装备产业园；依托株洲航天航空产业园，打造低空旅游装备产业园；依托益阳船舶制造产业园，打造以游艇为主的水上旅游装备产业园。

（四）发挥文化旅游民间外交功能，不断提升“锦绣潇湘”品牌国际影响力和核心竞争力

一是强化整合营销。以“锦绣潇湘，伟人故里”总体形象为核心，全面

开展整合营销。坚持政府宣传旅游形象与企业推介产品线路相结合，坚持面向旅游业界推广与面向公众促销相结合，坚持“走出去”与“请进来”相结合，实现市场细分化、产品特色化、营销专业化和服务规范化。二是强化精准营销。聚焦境外日韩俄、欧美、澳洲、东盟、港澳台客源市场，在境外设立“湖南旅游体验中心”，精准对接专业营销推广活动。深入开展“锦绣潇湘”走进“一带一路”/直航城市文化旅游合作交流系列活动，在香港、伦敦、洛杉矶开展“湖南文化旅游周”活动，用好中国－非洲经贸博览会这一湖南省首个国家级经贸平台，发挥长沙中非文化园和非洲电商平台（kilimall）的宣传窗口作用，开展对非文化旅游合作交流系列活动。举办湖南与老挝、湖南与多米尼加文化旅游合作交流系列活动。积极邀请“一带一路”主流媒体聚焦“锦绣潇湘”进行宣传，邀请驻外机构、境外旅行商、境外媒体等来湘踩线采风，邀请外国人拍外国人看的旅游宣传片。依托驻外使领馆、友城、华人华侨、商会等平台，深入开展境外营销。在全球主流社交平台和专业旅游平台投放广告，提高目的地与游客的黏性、购买转化率，实现与游客的良性互动。三是强化节会营销。创新举办中国湖南国际旅游节、中国湖南红色旅游文化节和湖南旅游产业博览会，策划举办重大国际文化旅游、体育赛事活动，加强与国际性旅游组织交流合作，提升湖南旅游的国际影响力。四是强化情感营销。针对日韩、东南亚、北美、欧洲、澳洲等客源区域，实施差异化营销，开展“定制化”的旅游品牌形象推广，挖掘出国际游客喜欢的岳阳楼三国文化、马王堆古汉文化、湘西民族风情等国际旅游卖点、元素，讲好湖南故事。针对欧美游客重点推介以张家界为重点的“世界遗产之旅”；针对华侨华人重点推介以炎帝陵、舜帝陵为重点的“心愿之旅”；针对拉美和非洲，重点推介以韶山为重点的“伟人故里”。

（五）深化和落实与中国旅游集团的战略合作，全面拓展湖南省国际旅游市场

中国旅游集团拥有 13 家海外分公司、19 家海外签证中心、232 家免税店、2125 家海内外旅行社门店和 140 多家海外品牌酒店。2017 年 2 月 24 日湖南省人民政府与中国旅游集团签署了战略合作框架协议，近年来，签约双方协力推进湖南建设以“锦绣潇湘”为品牌的全域旅游基地，取得了明显成效。应遵

循政府推动、企业主体、市场运作的原则，进一步落实省政府与中国旅游集团签署的战略合作协议，深化湖南与中国旅游集团在开拓入境旅游市场方面的全面合作。一是在湖南举办中国国旅、中旅总社全国入境旅游工作会议，加大对湖南入境旅游产品研发，依托其海外网点宣传推介湖南旅游产品，大力发展入境旅游。二是围绕直飞航线，参与研发设计和宣传推介湖南-墨西哥-多米尼加-巴拿马和湖南-老挝-柬埔寨-越南等国际旅游产品线路。三是全面整合湖南优质旅游资源和“锦绣潇湘”旅游品牌，推动开展多层次的旅游投资项目合作，加快形成湖南国际旅游产品建设的新动力，在湖南实施创新引领、开放崛起战略中率先走在前列。

（六）完善软硬件环境，提升旅游服务国际化水平

要完善旅游交通基础设施建设，提升旅游目的地信息化建设水平，完善多语种标识系统，引进储备一批紧缺的外语讲解导游人才。要将旅游城市作为功能完整的旅游目的地来改善和建设，改善街区与街道、旅游厕所的卫生状况、商店的购物环境以及各行各业的文明待客、文明用语，遵守交规等，安全旅游、文明旅游，实现景点内外一体化，做到人人是旅游形象，处处是旅游环境，消除入境游客对公共服务和目的地服务的疑虑，将入境旅游与全域旅游发展相结合。

B.20 2018年湖南省多层次资本市场发展情况及2019年工作思路

张世平 *

一 2018年湖南资本市场发展形势

2018年，面对错综复杂的形势，在湖南省委、省政府的正确领导下，在各方的共同努力下，2018年湖南省资本市场运行总体平稳，工作取得了一些新的成效。

（一）亮点

一是A股上市公司总数排中部第一。2018年，湖南省新增御家汇、湖南盐业、长沙银行、宇晶股份等4家境内上市公司，至此湖南省A股上市公司达到104家，排全国第9位、中部第1位，继2017年排名前移后，分别较上年度再前进一位。

二是国有企业在资本市场上发力。湖南盐业上市，成为全国盐业市场化改革后上市第一股；长沙银行上市，成为湖南省本土银行第一股；快乐购重大资产重组成功，实现新媒体业务板块整体上市。

三是四板市场挂牌企业质量提升。2018年，湖南股交所新增挂牌企业309家，其中股改板新增98家；股改板挂牌企业总数达到236家，同比增长71%，股改板挂牌企业家数在全国的排位前移。

四是基金集聚区发展保持良好势头。2月常德柳叶湖清科基金小镇挂牌后，湖南省初步形成了省级基金小镇——湘江基金小镇、市级——常德柳叶湖

---

* 张世平，湖南省地方金融监督管理局党组书记、主任。

清科基金小镇、国家级园区——麓谷基金广场3个基金集聚区。截至年末，湘江基金小镇（含麓谷基金广场）完成入驻260家机构，其中基金管理机构159家、基金101只。

五是县域资本市场发展正式破题。为了支持县域经济、民营经济发展，湖南省在12个县市区启动了资本市场县域工程试点工作。各试点单位均已出台了试点方案，试点工作全面展开。

（二）值得关注的情况

一是直接融资情况。往年湖南省平台公司在直接融资中占比较大。2018年受严控地方政府债务和平台公司债务违约影响，湖南省平台公司新增发债规模下降。全省新增直接融资2819.89亿元，比上年少融资624.70亿元。由于目前湖南省符合直接融资条件的实体企业不多，全省直接融资占比可能继续保持较低水平。

二是股票质押风险。由于湖南省民营上市公司占比较高，且股票跌幅较大，部分股票高质押的上市公司存在较大的股票质押风险，其中有些股价已经跌破平仓线，有些已触及警戒线。2019年湖南省将有更多上市公司股权质押到期，需予以妥善处理。

二　2018年资本市场主要工作情况

2018年，湖南省地方金融监督管理局（以下简称监管局）深入贯彻落实党的十九大精神，全国金融工作会议、中央经济工作会议要求，以及省委经济工作会议要求，积极推动资本市场改革、发展、防风险工作。

（一）大力推动企业上市挂牌工作

点面结合，做好上市培育工作。面上，监管局健全了省上市后备企业资源库动态调整机制，每半年对入库企业进行一次微调，目前省上市后备资源库入库企业338家，同比增长23%。组织了“湖南省企业赴港上市推动暨专题培训会”和“湖南省境内上市培训会”，400多家企业和投资机构参会，帮助拟上市企业了解最新上市政策。在深入调研的基础上，总结了长沙高新区和浏阳经开区等两个园区推进上市工作经验，在全省园区推广。为了加强企业上市的政策支持，起草了关于促进企业上市工作的政策文件，已征求有关单位意见，拟提请省金融改革发展领导小组会议审议。点上，监管局着力做好重点企业、重点地区的指导、协调工作。针对在审企业，监管局积极争取了陈向群常务副省长带队拜访中国证监会，就长沙银行上市、快乐购重组、国光瓷业恢复交易等工作进行了深入沟通；协调解决了湖南盐业负面不实舆情，协调办理了快乐购合法合规证明。针对将报材料的企业，及时办理了安邦制药等企业的历史沿革确认问题。针对重点拟上市企业，监管局加大了走访力度，采取带专家服务团队上门服务的方式，全年调研指导了近 100 家拟上市企业，指导企业解决了很多实际问题；组织了 10 多家重点拟上市企业到沪、深交易所与专家“一对一”沟通，帮助指导上市工作；组织数十家企业开展了“走进上交所”、“走进深交所”等活动。同时，加强了对部分地区的上市指导。例如，对邵阳市企业上市情况进行了专题调研，指导邵阳出台了相关政策文件，并对当地拟上市企业进行了重点走访。

支持企业到新三板挂牌融资。鼓励和支持暂不具备首发上市条件的优质企业到新三板挂牌、融资。但由于新三板流动性欠佳，2018 年全国新三板摘牌企业大幅增加，新三板挂牌企业总数出现负增长。湖南省全年新增新三板挂牌企业 18 家、退出 35 家、迁入 2 家、迁出 1 家，挂牌总家数为 223 家，排全国第 14 位。监管局对摘牌企业的风险情况进行了专项摸排。经调研，湖南省企业摘牌主要原因有二：一是发展得好，拟上市或并购重组；二是发展得一般，要节约挂牌成本。企业发展不好，被动摘牌的情况较少。

（二）积极健全多层次市场体系

推动湖南股交所提升服务实体经济水平。围绕服务全省大局，监管局积极引导湖南股交所发挥平台作用，参与到资本市场县域工程试点和涉农企业股改挂牌工作中。围绕服务挂牌企业，推动湖南股交所建立了宸曦商学院开放式培训体系，形成了以“高管联点”为切入点的“服务六部曲”，以“私董会”为特色的企业融资融智服务，挂牌企业的黏性和满意度明显提升，全年无一家企业主动申请摘牌。支持湖南股交所开展了私募可转债探索，在建立制度、防控风险的基础上，发行了首单私募可转债；通过常态化路演、资本沙龙、圈子融资等方式推动企业直接融资；同时推动间接融资稳步增长。截至2018年末，湖南股交所挂牌企业为3410家，其中股改板236家；累计登记托管企业510家，累计登记总股本566.15亿股，累计为挂牌、托管企业实现股权、债权等融资803.11亿元，市场规模和融资继续分别保持全国第八位和第三位。其中，2018年实现直接融资15.76亿元、股权质押融资79.22亿元、其他方式融资3.51亿元，帮助293家企业获得了资金支持。在全国区域股权市场规范发展座谈会上，中国证监会副主席阎庆民点名表扬了湖南股交所的特色服务。

促进私募股权投资行业发展。一是认真做好私募股权投资机构备案与监管。严格按照文件要求，坚持7个工作日完成审核，认真做好私募股权投资机构备案工作。2018年共完成了257家私募股权投资机构备案，包括126家基金管理机构和131只基金；至此在监管局备案的私募股权投资机构达到540家，其中新设基金管理公司205家、新设基金161只。针对已备案机构，监管局切实加大了监管力度。2018年3～6月和12月，开展了两次私募股权投资机构风险排查工作，重点排查这些机构的工商注册信息、实缴证明和网上非法集资情况，并通过公示异常名单的方式，及时向社会提示了风险。经排查，未发现备案机构存在网上非法集资行为。二是大力支持基金集聚区发展。2月6日，常德市政府与清科集团合作，设立了常德柳叶湖清科基金小镇，至此湖南省形成了3个基金集聚区。监管局多次到湘江基金小镇、麓谷基金广场和常德柳叶湖清科基金小镇进行调研，指导3个集聚区结合自身特色，错位发展，加强风险防范预警，同时在机构备案方面予以支持。2018年湘江基金小镇（含麓谷基金广场）新增入驻机构98家。通过基金招商，湘江新区成功引入了美团B2B业务总部、小鹏汽车、视觉伟业等优质产业项目，助推了湘江新区新旧动能转换。2018年，湖南省有219家企业获得私募股权投资，合计125.52亿元，有力地支持了创新型企业、高科技企业发展；有10家私募股权投资机构获得了1360万元的省级新设金融机构奖励。

规范湖南金交中心发展。监管局积极推动湖南金融资产交易中心按照“制度优先、风控优先”的要求，积极做好中小微企业服务。2018年，湖南金交中心共为30家企业实现融资14.58亿元，比2017年少融近三成，主要原因是出于防风险考虑湖南金交中心自5月以来业务基本暂停。湖南金交中心自成立以来，累计实现融资40.10亿元，累计兑付本金24.69亿元，到年末融资余额为 15.41 亿元。

着力推动企业直接融资。监管局积极推动符合条件的企业通过再融资、发行债券、信托等多种方式直接融资。经申报，监管局和省财政厅联合确定了 39 家企业和机构获得 2017 年度直接融资奖励，下发奖励金额 3627 万元。

（三）着力补齐资本市场发展短板

针对县域资本市场短板，启动了资本市场县域工程。年初，监管局深入调研了“资本市场服务进湘阴”情况，撰写了专题调研报告报省委、省政府；分别在湘阴县、湘潭县组织了“资本市场县域工程”专题研讨会。与省财政厅进行了多轮沟通，取得了省财政的资金支持。监管局相继下发了《湖南省资本市场县域工程试点实施方案》、《湖南省资本市场县域工程试点工作指引》等文件，明确了试点思路、试点内容、试点目标等；编印了《湖南省资本市场县域工程工作手册》，加强对各市州的指导。在各单位申报的基础上，监管局确定了芙蓉区、湘潭县、隆回县等 12 个县（市、区）作为资本市场县域工程试点单位。2018 年 9 月 27 日，监管局举办了“湖南省资本市场县域工程试点启动暨专题培训会”，各试点单位及对应市、县金融办同志参会。目前，各试点单位均已制定试点方案，正在如火如荼开展试点工作，力争通过三年努力，打造一批在多层次资本市场挂牌、融资的企业主体，通过资本市场促进中小微企业规范发展、做大做强，助力县域经济。

针对企业股改短板，大力推进涉农企业股改挂牌工作。经积极建言、争取，省政府《关于深入推进农业“百千万”工程促进产业兴旺的意见》规定，省财政对完成股改并在湖南股交所挂牌的涉农企业每家补贴 30 万元。在此基础上，监管局大力推动涉农企业股改、挂牌工作。监管局与省财政厅联合下发了《关于开展涉农企业股改挂牌专项资金申报的通知》、与省农业农村厅联合下发了《关于做好涉农企业股改挂牌工作的通知》，建立了省农业农村厅推荐、监管局指导股改挂牌、省财政资金支持的工作机制。联合省农业农村厅举办了“湖南省资本市场助推农业百千万工程行动启动仪式暨涉农企业股改知识培训班”，指导湖南股交所到 7 个市州召开了培训动员会，培训企业负责人 1200 多人次，并上门与涉农企业面对面沟通，帮助企业梳理股改思路，解决难点疑点。2018 年，湖南省涉农企业股改量大幅攀升，有

80 家涉农企业完成股改并在湖南股交所挂牌；其中 13 家企业已获得省级财政股改挂牌补助 390 万元。

（四）切实防范化解资本市场风险

防范湖南股交所和湖南金交中心风险。监管局和湖南证监局建立了联合检查机制，每个季度对湖南股交所进行例行现场检查。从现场检查的情况来看，湖南股交所整体风险可控。同时，按季度对湖南金交中心例行检查，指导其防控风险；5 月，组织中介机构对湖南金交中心进行了深入检查，从存量业务、业务流程、准入门槛等多方面提出了合规要求。

化解新化股交所风险。新化股交所违规开展区域性股权市场业务，监管局自 2017 年指导娄底市进行清理整顿。2018 年上半年新化股交所所有网站均已关闭，未发现其新从事区域性股权市场业务的行为；同时，监管局对其挂牌的 600 多家企业进行网上风险排查，未发现有以挂牌为招牌，兜售原始股或非法股权交易的行为。7 月，该公司迁址外省。湖南省对该公司的清理整顿工作全面完成。

防范化解上市公司股票质押风险。针对上市公司股权质押风险，监管局采取了召开座谈会听取部分上市公司意见、赴上市公司调研等多种方式，深入调研了湖南省上市公司情况，向省政府提交了《关于湖南省上市公司股票质押情况的报告》。随后，监管局持续跟进上市公司股票质押风险化解工作，努力推动省内外金融机构与部分上市公司对接，牵头或参与了千山药机、永清环保、金贵银业、拓维信息等多家上市公司股票质押风险化解工作。截至 2018 年底，拓维信息、天舟文化控股股东已获长沙市政府的融资支持；克明面业、永清环保、楚天科技、唐人神的控股股东分别与国资公司签订战略合作框架协议；加加食品引进了东方资产管理公司进行债务重组；其他上市公司股票质押风险化解工作也正在积极推进之中。

三　2019年工作初步思路

资本市场在金融运行中具有牵一发而动全身的作用。2019 年，资本市场发展存在机遇，也面临一定的困难和挑战。我们既要保持定力，抢抓机遇，在改革发展上下功夫，又要增强忧患意识，高度警惕和防范化解各类风险隐患，努力维护资本市场平稳健康发展，为湖南省经济发展提供更多的支持。监管局将坚持稳中求进的工作总基调，开展好资本市场的各项工作。

（一）持续推动上市培育

积极对接科创板，大力推动符合条件的高新技术企业到科创板上市。全面推进企业上市培育工作，带领专家团队进一步做好拟上市公司走访、指导工作，推广园区上市培育模式，积极协调，帮助企业解决上市过程中的困难和问题，推动尽早上市。

（二）推动企业多渠道融资

加强融资工具的宣传培训，鼓励、指导更多符合条件的企业创新直接融资方式，多渠道直接融资。加强对国有上市公司的调研，推动国有上市公司做大做强。认真组织好企业直接融资专项补助资金申报工作。

（三）规范发展私募股权投资行业

扎实做好私募股权投资机构备案工作，切实加强行业监管，完善股权投资基金与项目的对接机制；加强湘江基金小镇等基金集聚区建设。

（四）推动湖南股交所和湖南金交中心健康发展

支持湖南股交所建立科技板，引导防控挂牌企业风险。引导金交中心探索业务模式，确保合规稳健经营。

（五）推进资本市场县域工程试点和农业“百千万”工程

推动各试点单位积极开展好资本市场县域工程试点工作。推动涉农企业股改并在湖南股交所挂牌，力争县域覆盖面超过70%。

（六）切实防范资本市场风险

坚持市场化、法治化的原则，推动防控化解上市公司股权质押风险工作。联合湖南证监局，防范私募股权投资机构风险。联合人民银行、湖南证监局、湖南银保监局，防范化解湖南金交中心风险。

B.21
2018年湖南金融形势分析及2019年展望

马天禄*

2018年，湖南省金融机构认真贯彻落实稳健中性货币政策和宏观审慎政策双支柱调控框架，坚持稳中求进工作总基调，紧紧围绕三大攻坚战任务和创新引领开放崛起战略，不断优化各项金融服务，金融运行总体平稳，金融对实体经济支持力度进一步增强。

一 2018年湖南金融运行主要特点

（一）存款增速年内总体呈下降趋势，但年末出现较大幅度回升

2018年末，全省金融机构本外币各项存款余额48994.6亿元，同比增长4.8%，增速比上年末下降6.4个百分点。2018年以来，全省存款增速总体呈现下行趋势，年末增速较上年末下降6.4个百分点，较6月末下降3.2个百分点。但在财政性存款和非银行业金融机构存款年末增速大幅回升的拉动下，12月末存款增速较上月回升1.8个百分点。1～12月新增存款2265.3亿元，同比少增2467.3亿元。其中，非金融企业存款净下降788.8亿元，同比少增2357.5亿元，主要是融资平台存款大幅减少所致：一是在规范政府融资行为背景下，地方政府融资平台通过贷款、发债等渠道新增融资难度持续加大，平台新增融资明显放缓，带动派生存款明显下降。二是平台公司主要依靠账面资金来保证在建项目的正常运转以及如约偿还部分已到期的银行贷款本息，其银

* 马天禄，中国人民银行长沙中心支行行长。

行账面存款快速消耗。住户存款新增2006.7亿元，同比少增120.9亿元；广义政府存款新增715.1亿元，同比多增11.3亿元；非银行业金融机构存款新增329.9亿元，同比多增1.4亿元。

（二）贷款增速高于全国平均水平，且自二季度以来维持“稳中有升”态势

2018年末，全省金融机构本外币各项贷款余额为36460.5亿元，同比增长14.4%，增速比上年末下降1.2个百分点，但仍高于全国平均水平1.6个百分点。自2018年4月以来，全省贷款增速一直维持在14%左右，保持基本稳定，年末贷款增速则达到4月以来的最高点，分别比三季度末、二季度末提高0.4个百分点、0.8个百分点，总体表现为“稳中有升”。1~12月新增4601.9亿元，同比多增284.2亿元。分期限看，短期贷款新增855.1亿元，同比多增230.0亿元；票据融资新增237.9亿元，同比多增784.8亿元；中长期贷款新增3497.2亿元，同比少增714.2亿元。分主体看，住户贷款新增2230.1亿元，同比多增451.5亿元；非金融企业及机关团体贷款新增2358.7亿元，同比少增152.0亿元。

（三）信贷投向有效支持实体经济发展，信贷结构持续优化

一是制造业贷款同比明显多增。2018年末，全省制造业贷款余额同比增长8.0%，增速比上年末提高8.7个百分点。1~12月制造业贷款新增191.4亿元，同比多增206.2亿元。二是涉农、小微贷款保持平稳增长。1~12月，涉农贷款新增987.2亿元；小微企业贷款新增508.0亿元；普惠口径小微企业贷款新增424.8亿元，同比多增377.1亿元。三是基础设施类贷款同比少增。2018年末，基础设施类贷款余额同比增长10.6%，增速比上年末下降19.2个百分点。1~12月，基础设施类贷款新增1135.3亿元，同比少增1256.2亿元。四是个人住房消费贷款增速回落。2018年末，全省个人住房消费贷款余额同比增长27.5%，增速比上年末下降0.6个百分点。1~12月个人住房消费贷款新增1566.6亿元，同比多增316.7亿元。此外，“两高一剩”等重点去产能行业中长期贷款余额比年初下降66.6亿元，同比少增126.0亿元。

（四）社会融资规模同比少增，其中表外融资净下降

2018 年，全省新增社会融资规模 6024.4 亿元，同比少增 1317.4 亿元。具体来看，间接融资规模新增 4370.9 亿元，同比少增 744.0 亿元，占比由上年同期的 69.7% 上升至 72.6%，其中表内贷款融资新增 4578.0 亿元，同比多增 270.9 亿元；表外融资业务净下降 207.1 亿元，同比少增 1014.9 亿元。直接融资规模新增 1213.9 亿元，同比少增 643.0 亿元，占比由上年同期的 25.3% 下降至 20.1%，其中企业债券融资新增 347.3 亿元，同比少增 383.6 亿元；地方政府专项债券新增 800.4 亿元，同比多增 27.4 亿元；股票融资新增 66.2 亿元，同比少增 286.9 亿元。其他融资规模新增 439.6 亿元，同比多增 208.8 亿元。

二　2019年湖南金融形势展望

2018 年末的中央经济工作会议研判经济形势时，认为“经济运行稳中有变、变中有忧，外部环境严峻复杂，经济面临下行压力”，较年中的判断更为困难，但也强调指出“我国发展拥有足够的韧性、巨大的潜力，经济长期向好的态势不会改变”。从国际上看，世界经济贸易虽有望延续增势，但美国贸易保护主义政策加剧全球经贸紧张局势，世界经济增速“见顶回落”的可能性在增加，主要发达经济体收紧货币政策的外溢效应持续显现，部分新兴经济体脆弱性上升，中美经贸摩擦仍存在不确定性。从国内来看，国际挑战与国内挑战碰头，短期问题与中长期问题叠加，总量矛盾与结构性矛盾并存，实体经济面临的困难明显增多。具体表现为消费稳定增长面临挑战、出口增长压力加大、投资增长后劲不足、实体经济发展困难加剧，金融风险仍然突出。从湖南来看，全省经济运行总体平稳、稳中有进、稳中提质，2018 年 GDP 增长 7.8%、达到 3.64 万亿元，各项约束性指标全面完成，经济质量和效益进一步改善。但也面临不少困难和挑战，经济下行压力加大，投资、消费、规模工业等增长放缓，新旧动能转换任务仍然艰巨；实体经济面临困难增多，民营企业和中小微企业融资难融资贵问题尚未有效解决；重点领域风险压力较大，政府债务风险、金融风险和部分企业杠杆率较高的风险逐渐暴露；中美经贸摩擦对全省经济运行特别是对企业预期的影响可能进一步显现。展望后阶段，全省信

贷投放既面临有效信贷需求不足等制约因素，也存在宏观政策环境改善等有利形势，总体来看，2019 年全省信贷投放增量或将高于 2018 年。

（一）国家实施稳健货币政策，湖南将迎来适宜金融发展的宏观政策环境

2019 年，货币政策由稳健中性调整为稳健。中央经济工作会议明确指出，2019 年稳健的货币政策要松紧适度，保持流动性合理充裕，改善货币政策传导机制，提高直接融资占比，解决好民营企业和小微企业融资难融资贵问题。人民银行工作会议也提出，要进一步强化逆周期调节，保持流动性合理充裕和市场利率水平合理稳定，加强政策协调沟通，平衡好总量指标和结构指标，切实疏通货币政策传导机制。总体来看，预计 2019 年金融体系流动性松紧适度，金融市场利率水平稳定合理，金融风险由前几年的快速积累逐渐转向高位缓释，金融支持民营、小微企业等实体经济发展更加有力，湖南将迎来稳定适宜的金融运行环境。

（二）信贷供求矛盾仍然较为突出，2019年信贷投放增量或将高于2018年

从影响信贷投放的有利条件来看：一是随着“三支箭”、“一二五”目标的细化措施逐渐出台和落地，加之“几家抬”工作机制逐步完善，全省小微企业、民营企业的信贷投放有望明显增加。二是贯彻落实省委、省政府发展战略将推动信贷项目有效落地。省委经济工作会议明确 2019 年要抓好产业发展、扩大有效需求等七大方面工作，省政府工作报告也强调指出了推动经济高质量发展的具体举措，这些政策的落地实施都将有效对接信贷需求。三是“结构性去杠杆”、资管新规等监管政策持续推动表外融资向表内转移，相关领域企业信贷需求呈扩大趋势。四是债务置换已经基本完成，对贷款增量的负面影响将消失。

但是，制约 2019 年信贷增长的不利因素仍然较多：一是湖南严格管控地方债务政策背景下，城市及农村基础设施、公路铁路等“铁公基”传统融资大户需求明显下降。二是实体经济企业的有效信贷需求难以大幅提升，难以弥补基建领域缺口。四季度中国人民银行长沙中心支行企业家问卷数据显示，企业家对下季度宏观经济热度的预期指数为 35.75%，比上季度预期下降 4.71 个

百分点，表明企业家后阶段预期较为谨慎。三是存款增长趋缓对信贷投放的制约作用更为明显，在当前各家商业银行普遍以存定贷等考核要求下，存款增长不疲弱对信贷投放将形成制约。此外，融资渠道延续多元化态势，降低了信贷需求，优质民营企业、大型央企国企通过发债、股权融资等直接融资方式可以筹集廉价资金。

总的来看，信贷供需矛盾在未来较长时间内仍然存在，综合考虑影响信贷投放的各方面因素判断，2019 年全省信贷投放增量可能较 2018 年有所提升。

（三）金融风险防控任务依然艰巨，值得高度关注

一是地方政府隐性债务风险压力明显上升。全省地方政府债务呈现债务总量大、偿债压力大、金融机构涉政信用项目风险敞口高的特点。随着存量政府置换债券到期，及城投债、政府债等债券集中到期，地方政府以及融资平台债务资金链将更趋于紧张，违约风险将进一步上升，相关风险可能加速向银行体系转移。二是非法金融活动和非法金融机构风险不容乐观。非法集资仍处于风险高发期，且发案地域、行业覆盖面较宽。各类交易场所风险隐患依然突出，少数交易平台已经暴露风险苗头、被立案打击，后续风险不容小觑。此外，局部地区、个别行业的区域性金融风险有所上升。如郴州有色行业因受经济下行压力加大、环保督察、资管新规等因素影响，相关企业遭遇严重的资金紧张困境，风险隐患较为严重。

三　2019年湖南金融工作重点

2019 年，全省金融系统将以习近平新时代中国特色社会主义思想为指导，认真贯彻落实好十九大、中央经济工作精神，围绕湖南省委、省政府的决策部署，坚持以供给侧结构性改革为主线，实施好稳健货币政策，不断优化金融服务，努力提升金融服务实体经济质效，强化防范化解重大金融风险，以优异成绩庆祝中华人民共和国成立 70 周年。

（一）确保社会融资规模平稳增长，努力满足实体经济发展资金需求

贯彻落实稳健货币政策，着力保持信贷稳定增长，力争贷款和社会融资规

模增速均高于全国平均水平。推动各金融机构积极争取上级行的信贷投放规模，同时加大客户营销力度、增加实体经济、小微企业领域的有效项目储备。引导金融机构通过注资、引资以及支持发行二级资本债等方式，增强城商行以及农商行资本实力。支持发行银行间债务融资工具，拓宽融资渠道。

（二）构建“几家抬”工作机制，确实改善小微企业和民营企业金融服务

人民银行将从准备金、再贷款、再贴现、利率等货币政策工具方面考虑支持商业银行加大小微企业和民营企业金融服务力度；协调相关监管部门充分考虑小微、民营企业风险情况和风险溢价，给予差别化监管；推动财政部门给予小微、民营企业贷款一定的税收优惠，适当给予补贴。同时，积极引导商业银行要从内部转移定价和服务机制等方面提升小微企业和民营企业服务水平，进一步制定不良贷款率容忍度方面的实施细则，将尽职免责条款落到实处，切实解决信贷员“惜贷”“俱贷”问题。充分发挥财政、央行、金融监管部门、商业银行“几家抬”工作合力，确保实现“两增两控”目标。

（三）保持对政务类贷款的合理融资需求，确保不出现“半拉子”工程

引导金融机构妥善处理稳增长与防风险之间的关系，对于政府基建类项目，如PPP、标准厂房等政府类项目符合信贷支持条件的给予信贷支持。推动金融机构按照市场化原则保障融资平台公司合理融资需求，不得盲目抽贷、压贷或停贷，防范存量隐性债务资金链断裂风险，防止出现“半拉子”工程。

（四）持续强化金融综合管理，切实防范化解重大风险

落实人民银行宏观审慎管理和系统性风险防范职责，扎实推进央行金融机构评级。打造可持续、有实效的农村信用体系建设模式，开展应收账款融资专项行动，构建中小企业信用体系。认真实施存款保险制度，落实存款保险差别费率制度，按要求做好新设机构投保手续办理、保费核定和收缴工作，加强投保机构信息收集和风险监测。推进金融业综合统计和监管信息共享，加强金融基础设施统筹监管和互联互通，为防范系统性风险提供支撑。

产 业 篇

Industry Reports

B.22 2018年工程机械产业发展报告及2019年展望

湖南省工业和信息化厅装备工业处

一 2018年发展报告

1. 行业总体运行情况

受下游基建需求和设备更新需求的拉动，加上全行业干部职工奋力拼搏，2018 年湖南工程机械行业延续了 2016 下半年以来的快速增长势头，全行业规模企业实现工业增加值较上年增长 17.3%，主营业务收入增长 10.1%，利润增长 98.7%，资产总额增长 27.1%，年末在册职工增长 2.3%。

2. 行业发展特点

2018 年湖南工程机械行业发展呈以下几个特点。一是重点产品市场全面回升。挖掘机械、混凝土机械、起重机械、桩工机械等产品需求强劲增长，部分产品甚至供不应求，三一集团全年销售挖掘机 4.7 万台，刷新单年度挖掘机销量历史纪录，市场占有率提升至 23.1%，销量连续 8 年行业第一。山河智能静力压桩机连续19年稳居国内市场冠军宝座。二是重点企业经济效益大幅提高。从上市公司已经公布的2018年三季度报告看，三一重工归属于上市公司股东的净利润同比增长170.9%；中联重科实现利润同比增长112.2%。山河智能净利润同比增长250.1%。三是财务风险控制能力增强。三一重工实现存贷为正，中联重科经营性现金流达到历史最好水平，新老业务回款情况良好，具备了较强的自身造血能力。四是国际化稳步推进。主要企业国际业务提升，三一海外销售超过151亿元，较上年增长27%，是三一国际化历史上最好的业绩。中联重科收购德国威尔伯特，进一步掌握国际塔机业务话语权。铁建重工盾构机首次成功出征土耳其。山河成立韩国株式会社。五是新业务强势拓展。三一重卡53秒卖出500辆重型卡车，销售额1.35亿元，创造重卡行业互联网销售神话。三一筑工获沙特超10亿美元装配式建筑大单。中联重科高空作业机械板块强势崛起。铁建重工高端智能六行采棉机在新疆隆重下线，打破国外品牌对该领域装备技术长达数十年的垄断。六是智能转型扎实推进。树根互联业务顺利拓展，中联重科旗下中科云谷也正式发布云谷工业互联网平台，标志着中联重科在工业互联网研发领域取得里程碑式的进展，工程机械行业一批工业4.0产品陆续上市。

3. 重点企业情况

中联重科2018年继续围绕装备制造主业，优化资源配置，做强工程机械，做优农业机械，加速发展金融业务，实现了有质量、稳健的增长。其工程机械主机产品销售额同比增长超过50%，预计全年净利20亿元左右，经营性现金流大幅增长，人均销售额和人均效益均达历史新高。三一集团2018年主营收入较上年增长51%，其中海外销售额达到151亿元，增长24%。混凝土机械稳居全球第一；挖掘机中国第一，世界前二；履带起重机重返行业第一。“双创”成果显著，内部裂变出三一重卡、树根互联、三一电控、三一消防车、三一文化等10多个全新业务公司，从单一的工程机械制造拓展至特种汽车、工业物联网、大数据、科技服务等领域，其双创平台目前已累计孵化和培育企业及团队近300家。铁建重工2018年主要经营指标与上年基本持平。公司成功获批国家技术创新示范企业、国家知识产权示范企业、中国质量标杆企业、国家服务型制造企业、国家制造业单项冠军产品等荣誉；成功研制全球首台全智能型混凝土喷射机、国产首台智能型隧道多功能作业台车、首台隧道智能化注浆装备、首台高端智能六行采棉机等高端智能装备。

4. 推进产业链建设的主要工作

省工信厅认真贯彻落实《中共湖南省委办公厅湖南省人民政府办公厅关于印发〈省委省政府领导同志联系工业新兴优势产业链分工方案〉的通知》（湘办发电〔2018〕90号）精神，努力做好陈飞副省长联系的工程机械产业链的日常联络、服务和调度，重点做了以下几方面工作。一是组建精干的工作班子。成立了以担任联络员的厅领导为组长的工程机械产业链建设工作组。工作组下设两个小组，一个是以行业专家、科研院所、骨干企业、有关智库机构等组成的专家咨询小组，一个是由行业管理处室和相关综合处室组成的工作推进小组。产业链建设工作组重点围绕产业链建设、产业合作、招商引资、优化环境和协调服务等方面开展工作。二是深入开展产业链调研。装备工业处牵头深入开展了工程机械产业链研究，摸清了产业链家底，进行了国内外对标分析，进一步梳理湖南产业链优势和特点，形成了《湖南省工程机械产业链发展研究报告》等。三是形成了产业链推进工作的协调联动。8月9日，陈飞副省长主持召开全省工程机械产业链高质量发展座谈会。省工信厅就工程机械产业链建设与各市州产业链主管部门建立了联动工作机制，特别是与长沙市工程机械产业链办公室建立工作互动，紧盯产业链重点园区、重点企业、重点项目，强化信息调度，及时掌握产业链发展动态，及时协调处理产业链发展过程中遇到的困难和问题，形成齐抓共管，系统推进的态势。四是着力推动产业链项目建设。重点推进三一智能网联重卡、中联重科工程机械4.0智能化系列产品开发等10个列入省项目建设年的工程机械重点项目。中联重科工程机械4.0智能化系列产品开发项目开发出14款4.0智能化工程机械产品，申请发明专利30项，实现新产品销售42亿元，利税超10亿元。三一智能网联重卡项目2018年已建成1条生产线并投入生产，开发了数据中心平台，2018年实现销售6000余辆，销售额近15亿元。

二　2019年面临的形势

1. 产业发展趋势

当前，工程机械从技术到市场都在发生深刻变革，呈现四大明显趋势。一是技术发展方面，节能环保、信息技术、绿色制造与再制造已经成为工程机械行业发展的主要方向。二是产业格局方面，产品的研发与生产越来越高度集中到少数几个国家。全球工程机械产业主要布局在北美、西欧和东亚，全球工程机械制造商50强主要来自美国、日本、中国和德国，美、日、中、德四国销售额占全球比重达到75.4%。三是产业市场方面，增量市场相对集中在新兴经济体国家和广大发展中国家，我国在新兴经济体国家中市场容量最大，大约占到国际市场新增容量的30%。四是产业模式方面，正在由生产型制造向服务型制造转变，卡特彼勒等国际工程机械巨头的服务性收入在全部收入中的占比已经超过50%。

2. 经济运行面临的形势

2019年中央经济工作会确定了经济稳中求进的总基调，在此背景下，工程机械行业面临几大机遇，一是基建补短板机遇。政府加强基础设施领域补短板的力度，将为工程机械行业发展提供新支撑。二是产品更新换代加快。存量设备由于使用年限进入更新换代期，环保要求趋严，也在加速淘汰高排放的工程机械，从而增加新机需求。这波更新潮预计持续到2021年左右。三是机器代人增加需求。随着人口红利的消失，劳动力短缺，工程建设的人力成本近年来快速上升，机器替代人工成为普遍需求。四是出口仍有较大空间。印度等新兴市场城镇化率低，基础设施落后，工程建设的机械化水平普遍不高，湖南工程机械仍有较旺盛的海外需求。

3. 行业发展预期

行业专家预计，全国工程机械行业2019年能实现10%左右的增长，湖南工程机械预计略高于全国平均水平，达到15%左右。

三　2019年重点工作

1. 抓创新驱动

支持工程机械产业链建设国家及省、市、企业等多层次创新中心；鼓励中联重科、三一集团、山河智能等产业链企业设立境外研发机构；支持工程机械行业建立产学研用联盟，建设协同创新公共服务平台；鼓励产业链企业加大研发投入，加强基础性、前沿性技术研究，支持突破一批产业链关键核心技术；

大力支持中联重科等龙头企业工程机械4.0智能化系列产品开发，完善混凝土泵车、汽车起重机、建筑起重机、旋挖钻机、挖掘机等典型工程机械产品智能化的整体解决方案，实现工程机械设备之间互联与实际使用客户自身日常业务有机结合。支持创新成果加快转化，加大首台套重大技术装备奖励支持工程机械产业链建设力度，扩大首台套应用保险范围，促进首台套产品批量化产业化。

2. 抓智能转型

继续抓好三一集团、中联重科、铁建重工、山河智能等国家、省智能制造示范项目建设，在全行业形成示范后，引导全产业链学习。引导企业在生产环节，加大智能化科技和智能工具的应用，简化复杂生产程序的同时减少工人的劳动强度。在高风险、高强度、简单重复的生产环节，加大工业机器人的应用，降低人工成本。加快工程机械4.0产品的研发与推广应用。

3. 抓项目建设

继续开展项目建设年活动，着力抓好获得国家工业强基、智能制造等专项支持的工程机械项目，推动省内“五个100”项目（100个重大产业建设项目、100个科技创新项目、100个产品创新项目、引进100个500强企业、引进100个科技创新人才）中的工程机械项目建设，在工程机械产业领域取得一批国内一流的创新成果，引进一批拥有核心技术的现代化领军企业，打造一批高素质现代化人才队伍。重点支持中联重科智慧产业城和高空作业机械智能制造产业园建设，支持三一集团有限公司三一智能网联重卡和常德搅拌车项目等重点项目建设。

4. 抓补短配套

一是支持鼓励三一集团、中联重科、山河智能等核心企业通过引进国际先进技术、境外并购企业、全球吸纳人才、建立全球研发中心等方式，掌握核心技术，研发出有国际竞争力的发动机、变速箱、液压件等共性关键零部件。二是重点培植中兴液压、中阳臂架、长沙车身等省内配套件企业根据行业发展需要高标准规划、高标准建设、高标准生产。三是抓好产业链招商，重点引进德国力士乐，日本久保田发动机、川崎泵阀国外和省外知名企业来湘投资建设工程机械零部件企业。四是重点搞好北京亿美博数字液压技术的引进与推广。

5. 抓会展对接

重点支持长沙市举办首届中国长沙国际工程机械展，使之真正成为具有国际影响力的工程机械展览会。充分发挥湖南工程机械产业的优势和国际影响力，在原两年一次的长沙工程机械配博会基础上，争取工信部、中国工程机械工业协会支持，着力将长沙工程机械展打造成国际一流展会，办好工程机械产业链对接大会，促进产业经济和会展经济协调发展。

6. 抓集群发展

一是依托重点园区，围绕优势主机企业和主导产品，大力开展产业链对接活动，吸引优势企业和上下游企业集聚发展。二是加强产业平台建设，推进以服务工程机械产业发展为重点的公共平台发展。三是推进银企对接，营造良好的银企合作环境。四是打造集群品牌，加强主导产品、优势企业、创新成果的宣传推介。

B.23
2018年湖南省有色金属产业发展报告及2019年展望

湖南省有色金属管理局

一 2018年工作回顾

2018年，是贯彻党的十九大精神的开局之年，是改革开放40周年，是决胜全面建成小康社会、实施“十三五”规划承上启下的关键一年。面对错综复杂的经济发展环境，在湖南省委、省政府的坚强领导下，全省有色金属产业坚持以习近平新时代中国特色社会主义思想为指导，深入贯彻落实新发展理念，深入践行创新引领开放崛起战略，深入实施“1234”工作思路，坚定不移调结构、转方式、稳增长、促和谐，转型升级迈出了新步伐，发展质量、发展效益不断提升。全年，全省有色金属产业发展实现“一降两升”，604家规模以上企业完成十种金属产量166.8万吨，同比下降12.5%；实现主营业务收入2318.6亿元，同比增长2.0%；实现工业增加值641.8亿元，同比增长6.4%。中国有色金属工业协会会长陈全训在湖南调研时高度评价，“湖南有色工业融合发展起点高，创新发展举措多，绿色发展成效好，开放发展动能足。”

一是政治建设不断加强。始终把党的政治建设摆在首位，坚持旗帜鲜明讲政治，树牢“四个意识”，坚定“四个自信”，坚决做到“两个维护”。自觉以习近平新时代中国特色社会主义思想和党的十九大精神、习近平总书记对湖南工作重要指示精神武装头脑、指导实践，始终保持绝对忠诚的政治品格，确保行业工作与中央和省委的要求同心同向。一年来，结合工作实际，围绕迅速传达学习全国两会精神和贯彻落实省委、省政府“产业项目建设年”活动，抓好了“十项重点工作”的安排部署；围绕迅速传达贯彻全国全省组织工作会议精神，抓好新时代党的组织路线落实落细；围绕迅速传达贯彻全省生态环境保护大会精神，抓好《湖南省有色金属产业“十三五”发展规划（修订稿）》《关于推进有色金属资源综合回收与循环利用产业发展的意见》的落地落实；围绕开展违反中央八项规定精神突出问题专项治理，抓好巡视整改的巩固深化及省审计厅年度财政资金使用情况审计整改，等等。省有色金属管理局机关被评为全省安全生产等先进单位，继续保持省文明标兵单位称号、平安单位称号。

二是重大活动圆满成功。全力抓实“产业项目建设年”活动，积极筹划并成功承办中国有色金属科技创新大会暨技术合作湖南洽谈会。活动反响大、成效好，6 名省部级领导、9 名中国工程院院士和 600 多名国内外嘉宾参加活动；活动签约了一批项目，23 家单位成功签约产业项目 14 个，签约金额超过 40 亿元，并精心筛选 139 个优质项目在《湖南有色金属产业招商指南》发布；成功组建湖南有色金属产业创新联盟，全国 116 家政产学研用金领域的重量级单位加入会员，宁建业同志担任理事长，黄伯云院士担任专家委员会主任；集中展现了一批创新成果，全省 7 个项目获 2017 年度中国有色金属工业科学技术奖一等奖。

三是重大项目成效明显。按照省政府重点工作的部署安排，积极推进株冶工厂从城市迁移并转型发展，大力协调中国五矿铜铅锌产业基地锌项目建设相关问题，组织行业专家加强技术服务，组织湖南省有色金属工业建设工程质量安全监督站加强质量监督管理，确保质量和安全事故“零发生”。2018 年 12 月 26 日，中国五矿铜铅锌产业基地锌项目按期点火投产，将形成年产值 350 亿元，年创利税约 15 亿元的国家大型有色产业示范基地。产业“高端化短板”不断填补，望城国家有色金属新材料精深加工高新技术产业化基地日益做强，投资 30 亿元、产值将达 80 亿元的中国五矿国家新能源材料产业基地项目一期顺利点火投产；杉杉锂电池正极材料生产基地项目等重大项目建设取得阶段性成果；株硬集团、博云新材、中钵新材等一批企业在有色金属新材料等领域保持领先优势。湖南稀土院军用特种稀土材料基础研发条件建设项目，于 2018 年 12 月获得国家国防科工局批复立项。

四是转型升级持续给力。首次召开了全省有色金属产业转型升级推进会，对全省有色金属产业转型升级、高质量发展进行了全面部署。全省有色金属产业供给侧结构性改革效果明显，“三去一降一补”有力推进，产业绿色化改造不断加快，汨罗、永兴、花垣等有色金属园区先后引导关闭产能落后、安全环保不达标企业320家，完成整合兼并成63家。循环经济成效明显，在联合省经信委、省科技厅、省环保厅出台实施《关于推进有色金属资源综合回收与循环利用产业发展的意见》的基础上，深入长沙、常德、益阳、衡阳、郴州、汨罗等地有色金属循环经济园区和企业，扎实开展了《意见》落实情况调研和循环利用企业专题调研，并积极参与编写《湖南省循环经济促进法》。

五是改革创新积极推进。按照省委、省政府的部署要求，积极主动谋划局系统改革，探索完善有色金属行业管理体制机制，拟定了省有色金属局改革建议方案。大力推进行业科技创新，在全省科技创新奖励大会上，有色金属行业共有20项成果获评湖南省科学技术奖，13项专利获评湖南省专利奖，分别占比9%和25%，大大超过全省各行业平均水平。

六是行业民生继续改善。在益阳与省政法委共同组织召开了局系统第十五次共同维稳工作会议。行业“共同维稳”逐步向“共同建设”转变，民生工作取得新突破，一次性安置职工再就业率达73%，基本实现了“零就业家庭”动态清零；破产企业社区医保参保率达100%，低保实现应保尽保；共筹措撬动各方资金9.768亿元，引导、扶助社区建成各类保障性住房6581套778878平方米，在建710套，拟筹建1917套。三汊矶棚改项目长锌公房搬迁工作自2018年5月底启动以来，始终严守政策底线，注重有情搬迁。目前，厂区外生活区的所有建筑、厂内办公楼主厂房建筑全部倒地。积极争取中央政策性关闭破产企业职工家属区“三供一业”分离移交改造资金7.32亿元，已全部下达到原企业所在地方政府财政账上，分离移交工作已与相关地方政府签订协议，有力推进了历史遗留问题的解决。脱贫攻坚精准有力，坚持扶志为先、民生为本、基础为要、产业为重，新一轮驻村帮扶工作开局良好。

七是安全生产严守底线。进一步健全“党政同责、一岗双责、齐抓共管、失职追责”的安全生产责任体系，实行安全生产“一票否决”。深入开展“落实企业安全生产主体责任年”活动，推进重大隐患“一单四制”落实，开展“百日打非治违行动”，坚持“四不两直”检查方式，加强局系统直属单位安全隐患的排查、整改，实现了较大安全生产事故“零发生”。做好了全国第十七个安全生产活动月局系统安全生产宣传活动；组织召开了安全生产专题培训班，130余人参加培训。

八是服务保障扎实有力。认真组织开展“抓重点、补短板、强弱项”大调研活动，为企业解决了一批困难和问题。积极组织行业企事业单位申报科技创新、制造强省、融合发展等专项资金项目30个；大力推动直属单位转型发展项目工作，共安排资金1685万元。全年共争取财政拨款3.54亿元，争取“亏损补贴”专项资金、所得税返还及矿山维简费4901万元，为企业离休干部申请拨付专项费用1372万元。

二 2019年工作展望

2019年，以习近平新时代中国特色社会主义思想为指导，深入贯彻党的十九大精神，大力实施创新引领开放崛起战略，严格按照“抓党建、抓重点、抓落实”要求，为湖南省经济社会发展做出新的贡献。在谋划对接落实机构改革工作的基础上，以“12345”思路开展工作。即围绕“确保高质量发展过程中服务全省中小企业健康发展和有色金属产业转型升级取得实质进展”这样一个主题。开展争取完成起草并发布实施《关于推进有色金属产业融合发展意见》和“湖南有色金属工业中小企业服务大调查”两项基础性工作。完成“调研、服务300家重点企业、重点园区，联系、培育10个小巨人企业，推动、落实20个转型发展重点项目”三个目标。突出“服务中小企业，淘汰落后产能，加强技术改造，做优直属单位”四大重点。做好“以政策法规服务为切入点，加强和中小企业联系，在推动党和政府政策法规在中小企业中落地落实的同时，为省委、省政府进一步搞好搞活中小企业提供决策参谋；以推动有色金属产业转型发展为基础，以大融合发展为方式，形成新的重点热点亮点；以科技服务为抓手，推动招商引资项目落地见效，为培育湖南经济发展新的增长极争做贡献；以财务金融服务为推手，积极服务好国有企业、民营企业发展；以教育培训和咨询、信息为保障，积极开展信息和管理咨询服务，为提升湖南工业经济队伍素质做贡献”等五类服务；同时，强化自身建设，发挥引领作用，增强主人翁意识，切实转职能、转方式、转工作作风。当前，各项工作正在渐次铺开、稳步推进。

B.24
2018年湖南节能与新能源汽车产业发展报告及2019年展望

湖南省工业和信息化厅装备工业处

一　2018年湖南节能与新能源汽车产业情况

在省委、省政府的正确领导下，在《中国制造2025》和湖南制造强省建设战略指引下，湖南省2018年节能与新能源汽车产业取得了较好的发展，汽车制造业增加值增长12.4%，拉动规模工业增长0.6个百分点，贡献率达8.0%。2018年，省工信厅重点调度的长沙上汽、广汽菲克等省内12家重点整车制造类生产企业实现整车生产104万辆，同比增长1%；产量占同期全国汽车生产量的3.74%，较2017年上涨0.19个百分点；完成工业总产值1337.5亿元，同比增长5.7%。湖南节能与新能源汽车产业不断强化市场拓展、开展产品创新，积极培育新增长点，取得较好的成绩。

（一）产业发展稳中有进

2018年，在全国汽车产业普遍不景气，产销量均呈负增长的情况下，湖南节能与新能源汽车产业保持了稳中有进的发展态势。其中，长沙比亚迪、广汽三菱、上汽大众长沙工厂分别生产汽车133726辆、147000辆和327218辆，同比分别增长133.5%、20.6%和16.3%。上汽大众长沙工厂、长沙比亚迪产值超过300亿元，达到360.7亿元和300.5亿元，同比分别增长18.2%和48.5%。

（二）创新发展已成主流

广汽菲克Jeep品牌全新高端产品“大指挥官”、“指挥官”，进一步提升了湖南汽车产业的品牌价值；上汽大众长沙工厂朗逸 Plus、柯迪亚克 GT，广汽三菱“奕歌”，北汽株洲 EU5、EX360，湘潭吉利“缤越”，长沙比亚迪“宋 MAX”、“元 EV360”等一系列全新产品陆续下线，并获得消费者认可，市场持续热销。创新已成为湖南节能与新能源汽车产业稳增长的重要推动力量。

（三）新能源汽车产业快速发展

2018 年，湖南生产新能源汽车 91784 台，增幅 80.84%，占全国产量的 7.23%。5 家重点新能源汽车生产企业，新上公告车型 25 个。推广新能源汽车实车 2.6 万辆，折合 12 万标台，远远超过了国家下达的 2.8 万标台的目标任务。新能源汽车推广应用获得国家补助资金 11.6 亿元、省级财政奖补资金 4.2 亿元。目前，湖南已初步形成了新能源汽车整车、电机电控、动力电池和电池材料的完整产业链，形成了新能源客车、乘用车及专用车三大类整车同步快速发展的格局。全国最主要的电动汽车生产企业比亚迪、北汽、众泰、吉利、中车电动均将湖南作为重点布局地区，广汽三菱、广汽菲克、长丰猎豹也相继推出了电动汽车产品。湖南省在作为电动汽车关键部件的电机、电控，以及动力电池材料领域具有比较强的技术与产业优势，特别是电控的核心部件 IGBT 研发制造能力国内最强，全球领先。随着湖南省在电动汽车行业的影响力不断扩大，越来越多的企业，包括新造车势力也已将更多的目光和资源转向湖南。

（四）产业集聚加快形成

近年来，一批国内外知名汽车集团来湘投资发展，加上本省原有汽车企业和新建汽车企业，形成了以长沙、株洲、湘潭三市为核心，衡阳、永州、常德、邵阳、娄底、益阳等市为零部件配套基地或专用车生产基地的发展格局。其中：长沙、株洲、湘潭三市集聚了湖南省汽车产业 80% 以上的重点企业，拥有 300 多家规模汽车工业企业；长沙经开区、长沙高新区、株洲高新区、长沙雨花经开区、湘潭九华示范区等园区已经成为汽车整车生产的重要载体，邵阳宝庆工业园、永州长丰工业园、衡阳高新区等一批园区初步形成了各具特色的汽车零部件配套基地，一大批零部件配套企业随着整车入湘而落户湖南，关键零部件总成缺失的现象正在逐步改变。2018 年，广汽三菱研发中心、零部件产业园项目落地，发动机工厂提前实现量产，为湖南汽车产业集聚发展再添生力军。

（五）智能网联汽车发展环境日益优化

2018 年，湘江新区智能系统测试区被授予“国家智能网联汽车（长沙）测试区”，成为国内首个正式由工信部认定的国家级智能网联汽车测试区。该测试区集智能网联汽车研发创新、系统测试、智能制造、应用服务为一体，一期占地 1232 亩，分为管理研发与调试、越野测试、高速公路测试、乡村道路测试、城市道路测试 5 个功能区，拥有 78 个常规性智能测试场景，是国内已投入运营的智能网联汽车测试场中道路总里程最长、测试场景类型最多、测试服务全国最全、市场需求结合度最高、5G 全覆盖、综合性能全国领先的封闭式智能网联测试区，特别是高速公路测试和无人机测试场景为全国独有。

二　2019年湖南节能与新能源汽车产业发展展望

根据调度省内各重点生产企业 2019 年生产经营计划，2019 年湖南省汽车生产量预计同比增长 20%，产值同比增长 15%，其中新能源汽车生产量预计超过 30 万辆。

（一）强化新动能的培育，切实加快推动新能源汽车产业发展

一是新能源专用车领域。电动公交在国内主要城市已逐步普及，未来增长空间受限。而物流和运力平台在环保政策的倒逼，以及通过打造以纯电动物流车为载体的智慧物流体系实现“降本增效”的内生动力推动下，物流电动化已是大势所趋。以纯电动运输货车为代表的新能源专用车即将进入高速增长期。目前，长沙市已于 3 月 5 日对轻型纯电动货运车辆放开了部分路权，运营市场已经开放，我们将认真研究在更大范围内支持专用车制造、运营等问题，切实推动湖南省新能源专用汽车产业的发展。二是新能源乘用车领域。加大对新能源城市出租车购置、运营的支持力度，研究省直单位公务用车新能源替代的具体办法措施，将新能源城市出租车、公务车培养成新能源乘用车的新增长

点。通过加大新能源汽车推广力度，鼓励汽车生产企业加大在湖南省新能源汽车产业上的资源投入。

（二）瞄准产业发展前沿，营造智能网联汽车发展良好环境

一是以国家智能网联汽车（长沙）测试区为龙头，不断完善测试基础设施和技术构架，支持长沙建设“2 个 100 公里”（100 公里实际城市道路、100 公里高速公路）测试环境和其他测试软硬件条件，打造具有全国影响力的第三方认证平台，进一步做优做强测试区。二是以新能源汽车、人工智能及传感器、5G 通信、北斗导航等相关产业发展为核心，培育自主可控的产业链供应体系；三是在顶层设计、法律法规研究方面寻求突破，率先形成国内领先的产业发展政策环境。通过环境的优化，吸引产业发展资源集聚。

（三）强链补链延链，切实促进产业集聚发展

一是深化产业集聚。鼓励更多重点生产企业在湖南省设立研发基地，同时对接、吸引其主要零部件供应商向整车企业周边落户，提升湖南省汽车产业研发和配套能力。二是加大产业链招商力度。针对汽车产业链薄弱环节，积极引入汽车产业世界500强、中国500强相关企业，争取现有企业加大在湘投资力度，不断强链、延链、补链。三是抓好平台建设。着力推动株洲新能源机动车检测中心等各类检验检测和公共服务平台建设，打造以新能源汽车检测、应用为特色的平台体系，以平台建设促资源集聚。

（四）推动产业转型升级，切实加强品牌创建

一是强化创新引领。鼓励本地企业加大创新研发投入力度，推动汽车产业加快向智能化、绿色化方向的转型，找到新的增长点。二是加大优势车型研发与引入力度，争取更多中高端主力车型在湖南生产，进一步提升湖南汽车产业的产品知名度和竞争能力。三是加强品质品牌建设。品质和品牌是企业的生命线，要把确保产品质量，塑造优质品牌摆到更加重要位置。四是加大“走出去”力度。为省内企业开拓海外市场等做好相关服务保障，支持省内汽车企业发掘、开拓新市场。

（五）加强人才培育，切实打造汽车产业人才高地

突出高端引领、精准聚才，积极探索人才与产业深度融合模式，把企业家作为核心，以高端技术创新人员为重点，以一线技工人员为基础，培养一支梯度合理的产业人才队伍，形成“以产聚才、以才兴产”的良性互动。完善产业顶尖人才、国家级人才以及高级技工引进方案，针对企业提出的对高端人才引进予以奖励、减免个税、提高住房保障力度等诉求，强化人才政策的研究、制定和落实，确保企业和引进人才能够及时、充分享受政策优惠。

（六）加大协调服务力度，切实营造良好产业发展环境

一是强化运行监控分析，切实掌握产业发展动态，及时解决重点企业运行面临突出问题，分析全国及全球汽车产业运行情况，科学把握产业发展趋势。二是从项目审批、资质申报、能源供应、土地供给、财税优惠、人才培养、金融支持等方面发力，为企业提供必要的研发、生产条件，切实减轻企业负担，做好要素保障，创造良好营商环境，让在湘汽车企业得到更好的发展，吸引更多汽车企业来湖南投资兴业。

B.25

2018年湖南省电子信息制造业发展报告及2019年展望

湖南省工业和信息化厅电子通信产业处

2018年，在湖南省委、省政府高度关注下，全省电子信息制造业坚持以服务企业、发展产业为目标，以自主可控计算机及信息安全产业链等三条工业新兴优势产业链为抓手，狠抓任务落实，推动产业保持快速发展。

一 2018年湖南省电子信息制造业运行情况及特点

1. 产业保持快速增长

2018年，全省电子信息制造业累计完成增加值803.48亿元，同比增长21.6%，拉动全省规模工业增加值1.5个百分点；增速较全省规模工业平均增速高14.2个百分点，较2017年提高5.7个百分点。全行业实现主营业务收入2169.9亿元，同比增长11.4%。行业整体呈现稳中有升的态势。

2. 创新能力稳步提升

中国长城飞腾专用机、通用机、自主可控网络交换机等自主可控计算机及信息安全产品研发顺利，自主可控产品线不断丰富。中车时代电气在IGBT领域实现了从“跟跑”到与国际巨头“并跑”的重大跨越。国科微携手嘉合劲威集团推出的光威“弈”系列SSD固态硬盘，性能达到国际先进水平；新一代智能监控GK720x系列芯片及解决方案成功推出；同时获得“十大闪存控制器企业”和“2018年度闪存控制器金奖”荣誉称号。景嘉微电子拥有完全自主知识产权图形处理芯片JM7200获得重大突破，已完成流片、封装阶段工作。湖南麒麟公司自主研发的“麒麟云桌面系统”已成为军事应用领域云桌面首选方案产品，获得了第三届中国军民两用技术创新应用大赛创新类金奖第一名。

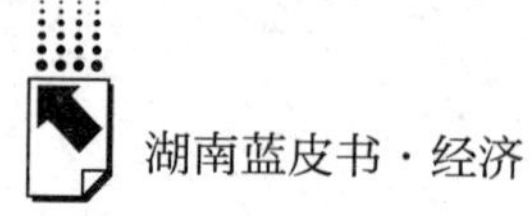

3. 项目建设扎实推进

总投资50亿元的伟创力华为手机、总投资100亿元的新金宝喷墨打印机项目落地，实现湖南消费类电子整机重大突破。华为、腾讯、阿里、浪潮等多个项目落地。中国电子在湘布局持续拓展，中电工业互联网平台、中电自主可控及信息安全产业基地、中国长城海洋信息安全装备等项目相继落地，中电彩虹（邵阳）特种玻璃项目成功点火。

4. 产业平台加快建设

国家网络安全产业园区（长沙）创建申报工作取得积极进展。“湖南省自主可控产业适配基地”获批并授牌。中车IGBT二期项目启动，国芯集成电路特色工艺及封装测试、功率半导体省级制造业创新中心获批挂牌，启动国家级制造业创新中心创建工作，功率半导体布局初步形成。中电科48所集成电路成套装备国产化集成及验证平台项目开工建设，项目建成后有望解决我国集成电路关键装备受制于人的“卡脖子”问题。

5. 产业服务不断加强

成功组织IGBT产业对接会、网络安全主题峰会和网络安全。湖湘力量展、人工智能发展论坛等活动，提升湖南相关产业影响力。积极争取工信部在国家级网络安全产业园区、智能汽车与智慧交通应用等工作的支持。推荐2家企业进入智慧健康养老示范试点、2家企业进入全国电子百强、12名企业家成为电子信息行业优秀企业家。

二　存在的主要问题

1. 跨越发展动能不够

全省电子信息制造业在2012年、2014年跨过千亿、两千亿台阶后，近两年持续增长动能趋弱，急需培育新的增长点。

2. 优势行业支撑不够

全省虽然培育了一批百亿级的特色优势产业集群，但尚未形成强势的品牌效应。从重点区域看，长株潭是湖南电子信息制造业的核心区，特别是长沙市占比接近50%，但相对于国内其他进入“万亿俱乐部”的城市来说，电子信息产业在规模工业中的占比仍偏低，同时对周边城市群的带动作用也有待提高。湘南三市是湖南承接产业转移示范区，但近两年来新的亮点不多。

3. 骨干企业数量不够

全省电子信息制造业龙头企业数量偏少，过百亿元规模的企业仅3家；进入全国电子百强的企业常年只有一到两家；特别是产业链不完善，缺少对整个产业发展带动作用较强的龙头企业和整机企业。

4. 重大项目布局不够

从重大项目布局看，全省仅群显科技显示模组、蓝思科技黄花生产基地和新金宝打印机项目投资达到百亿，且均刚启动建设。而一些兄弟省市已布局落地了数百亿级甚至千亿的电子信息制造业项目，将带动形成千亿级甚至数千亿级的产业集群。

三 2019年产业发展趋势分析

从全国经济形势看，经济运行下行压力加大，但增长质量稳步提升，长期向好的大势没有变，仍处在大有可为的重要战略机遇期，强大的国内市场需求能够为工业经济平稳增长提供良好支撑。从行业投资看，全省计算机、通信和其他电子设备制造业2018年累计完成投资增长45.5%，高于全省工业增速13.1个百分点。全省自主可控信息安全、人工智能、集成电路、智能终端等热点领域快速发展，相关产业开始进入爬升期。快速增长的投资将为产业增长提供有力支撑。从行业大趋势看，中美贸易摩擦的持续使得电子行业发展的不确定性明显上升，环保约束、社保征缴压力等政策因素加大下行压力。从调研摸底情况看，全省百多家企业反馈数据显示，2019年预计产值增长约20%。重点地区长沙市预计增长约13%，其余大部分市州预计当地产业增长在10%至20%之间。综合分析，2019年全省电子信息制造业将继续保持较好的发展态势，预计增加值增速在15%以上，一些重点产业领域有可能实现新的突破，成为电子信息制造业稳增长的新动能。

四 2019年工作思路和下步打算

深入贯彻习近平新时代中国特色社会主义思想，认真落实制造强国战略和省委、省政府决策部署，突出“三重三链”（重点企业、重点项目、重点工作和3条产业链），努力推动全省电子信息制造业上新台阶，为全省工业经济增添新动能。

1. 加快产业链发展

围绕制造强省建设战略，着力实施产业链行动计划，推动出台《加快发展信息安全产业十条政策》、《人工智能产业三年行动计划》、《信息安全产业发展规划》等产业支持政策，集中各类资源重点支持自主可控计算机及信息安全产业链、人工智能及传感器产业链、IGBT大功率器件产业链发展，力争在部省共建国家网络安全产业园区和基于宽带移动互联网的智能汽车与智慧交通应用示范区、国家级创新中心建设以及专项政策扶持等领域取得新突破。

2. 狠抓重点项目建设

深入开展产业项目建设年活动，加强组织协调和调度服务，加大扶持力度，着重推进群显科技显示模组、伟创力长沙智能制造产业园、新金宝集团年产1300万台喷墨打印机、蓝思日写触摸传感器、中国长城总部基地及产业化、彩虹集团特种玻璃、中车时代电气IGBT二期等30个重点项目建设。大力推介存储控制、DSP、GPU等高端核心芯片进入国家集成电路战略布局并加快产业化步伐。推荐一批电子信息制造业项目纳入省“5个100”和省重点项目管理。

3. 筹办世界计算机大会

首届“世界计算机大会”将于2019年6月26~28日在长沙举办。大会拟由湖南省人民政府、工业和信息化部共同主办，由湖南省工业和信息化厅与中国电子信息产业发展研究院（赛迪研究院）、长沙市人民政府等单位具体承办。目前，会议筹备初步方案已经形成，相关工作有序推进中。

4. 加强行业管理工作

加强行业运行监测，进一步完善重点园区、重点企业的运行监测和数据报送制度，加强和统计部门协调沟通，探索建立自主可控及信息安全等产业链统计体系。配合工信部电子司加强集成电路、光伏、LED、数字电视接收机、锂离子电池等管理工作，规范行业秩序，增强行业可持续发展能力。

B.26

2018年湖南轨道交通装备产业发展报告及2019年展望

中车株洲电力机车有限公司

湖南省轨道交通装备是铁路和城市轨道交通运输所需各类装备的总称，是国家公共交通和大宗运输的主要载体。主要涵盖了干线轨道交通、区域轨道交通、城市轨道交通的运载设备、通号装备、运控装备和路网装备。轨道交通装备是我国高端装备制造的支柱产业，在《中国制造 2025》、《“十三五”国家战略性新兴产业发展规划》中都被列为重点发展产业。作为“中国制造 2025”重点发展的十个领域之一，轨道交通装备制造业是“中国制造 2025”确定的竞争优势领域，是中国高端装备制造领域自主创新程度最高、创新元素最多、国际竞争力最强、产业带动效应最明显的行业之一，也是制造强国战略研究报告中唯一提出建立世界领先目标的领域。先进轨道交通装备产业作为中国制造“走出去”的“国家名片”，肩负重任，承载着国家制造业振兴的期望。习近平主席 2018 年 8 月视察中车时指出，装备制造业是国之重器，是实体经济的重要组成部分，要把握优势，乘势而为，做强做优做大。

湖南省大型轨道交通装备企业主要包括中车株洲电力机车有限公司（简称中车株机）、中车株洲电力机车研究所有限公司（简称中车株洲所）、中车株洲电机有限公司（简称中车株洲电机）、中车株洲投资控股有限公司、中车长江车辆有限公司株洲分公司、中国铁建重工集团有限公司（以下简称“铁建重工”）、株洲联诚集团控股股份有限公司（以下简称“联诚”）等，各企业处于轨道交通相关领域的领先地位，带动相关领域的省内一大批企业发展、壮大，对我国轨道交通装备产业的整体发展具有典型示范带动作用。

本文将从湖南省轨道交通产业 2018 年发展情况、发展面临的困难和问题、2019 年发展重点等方面进行论述和分析。

一 2018年湖南省轨道交通装备产业发展情况

为全面贯彻党的十九大和十九届二中、三中全会精神、《中国制造2025》战略和湖南省轨道交通装备产业“十三五”规划，2018年在上下游产业链企业的共同努力下，加快科技创新、强化国际化经营，在产业链发展上取得了很好成效。

（一）产业规模不断扩大

2015~2017年，湖南省轨道交通产值连续三年保持了1000亿元的发展规模。2018年以来面对严峻的经济形势和复杂的市场环境，产业上下游齐心合力，继续做强做大产业，产值预计达到1500亿元（中车株机218亿元，中车株洲所323亿元，中车电机公司80亿元，中车时代电动50亿元等），高新技术产品值达到1000亿元以上。湖南省轨道交通产业持续保持高速增长，产业整体实力及抗市场风险能力不断增强。

（二）行业影响继续提升

湖南省轨道交通装备产业汇聚了中车株机、中车株洲所、中车株洲电机、中车株洲投资控股有限公司等轨道交通企业65家。以株机为代表的整机企业和以株洲所、株洲电机为代表系统部件企业，能够为全球轨道交通各类用户提供从轨道交通器件、部件、系统到整机、大系统的全寿命周期系统解决方案。位于株洲的轨道交通装备制造产业集群是全国首批试点，已形成集产品研发、生产制造、售后服务、物流配套于一体的完整成熟的产业链，产业配套基础好，本地配套率达90%以上，是国内最大的轨道交通装备产业发展集聚区。近年来，湖南省轨道交通装备产业在大功率机车、磁悬浮列车、智能轨道快运列车、超级电容有轨电车、IGBT等核心零部件取得了举世瞩目的成就。湖南轨道交通装备是我国乃至全球第一个千亿轨道交通产业集群，产品谱系齐全。2018年在长沙举办了中国国际轨道交通产业博览会，组织第281场中国工程科技论坛、第二届电气化交通前沿技术论坛。根据工信部等四部委下发《制造业创新中心建设工程实施指南（2016-2020）》，中车株机公司牵头组建了湖南省制造业创新中心，采用“运营公司＋产业联盟”的组织形式，成功申报成为国家级制造业创新中心，成为轨道交通板块唯一一家制造业创新中心，行业影响力持续提升。

（三）科技创新硕果累累

在科技创新平台体系上，中车株机获得磁浮交通车辆系统集成湖南省重点实验室批复；在南非、土耳其建立中车海外联合研发中心；获得八轴交流传动快速客运电力机车型号许可（HXD1G）；完成30吨轴重交流传动货运电力机车型式试验、CJ6型城际动车组运用考核。中车株机牵头组建的先进轨道交通装备制造业创新中心成功申报成为国家级、省级制造业创新中心。“一种以动力单元为基础的电力机车组”获得第二十届中国专利优秀奖。

中车株洲所主持研发的“轨道交通永磁牵引系统关键技术研究与应用”项目，获得2018年度国家技术发明奖二等奖；电气宝鸡时代参与研发的“高速铁路弓网系统运营安全保障成套技术与装备”项目，荣获2018年度国家科学技术进步奖二等奖；时代电气“一种轨道车辆防倒溜控制系统及其方法”（ZL201310099923.2）专利获得中国专利银奖；中车株洲所“基于永磁同步传动系统的转子位置获取方法及装置”（ZL201410078666.9）专利获得第二十届中国专利优秀奖。

中车株洲电机公司发明专利“一种永磁电机”荣获中国专利奖银奖，并斩获2018年度湖南省专利一等奖；研制的永磁电机驱动首次在盾构机使用；成立“湖南省新能源汽车电机工程技术研究中心”，这是湖南首家以新能源汽车电机为研究方向，集研发、试验、产业化生产、人才培训和开发服务为一体的工程技术研究中心。

铁建重工拥有完全自主知识产权的敞开式岩石隧道掘进机（TBM）关键技术研究及产业化项目、预切槽隧道施工成套设备关键技术研究项目分别获得2018年中国产学研合作创新与促进奖创新成果奖二等奖和优秀奖；《一种环形切削成拱预支护隧道施工成套设备》（ZL201210068725.5）发明专利获得第二十届中国专利优秀奖；生产的全断面隧道掘进机摘获2018年制造业单项冠军产品；“敞开式全断面岩石隧道掘进装备的研制及产业化”获得中国施工企业管理协会科技进步奖一等奖；自主研制的国产首台铁路大直径在线式土压/

TBM 双模掘进机投入使用。

中车株机研制的长沙商用磁悬浮、铁建重工全球首台全智能型混凝土喷射机下线成功入选 2018 年“湖南十大科技新闻”。

（四）国际化战果丰富

在国内经济面临新常态，市场增速放缓、容量趋近饱和的情况下，湖南省轨道交通产业大力推进国际化战略，积极响应“一带一路”倡议，并取得了显著成效。中车株机公司成功获得土耳其伊斯坦布尔 272 辆城轨车辆约 5 亿美元订单，获得德国首批 4 台调车机车订单，蓄电池电力地铁工程车首次出口澳洲。

铁建重工自主品牌盾构机首台出口土耳其，直径 6.55 米的土压平衡盾构机应用于爱琴海古城伊兹密尔地铁隧道建设；铁建重工联合中铁十六局、中国铁建国际集团研制的 5 台挑战世界极寒环境的盾构机在莫斯科地铁建设中投入使用；在首届中国国际进口博览会上与来自德国的 2 家知名供应商签订了金额达 2 亿元的 2019 年采购意向协议。

中车电动“高铁巴士”首次出口新西兰；时代电气与印度某变流器生产厂家再次签署模块订单，标志着中国自主研发生产的 IGBT 产品在海外市场运行稳健，逐步得到国际市场的认可，打开了自主芯片占领国际市场的又一新局面。

（五）智能制造效果显著

2015 年，中车株机公司向国家工信部申报的轨道交通车辆转向架智能制造车间建设项目，共 11 条子生产线，涵盖加工、装配、焊接、涂装、物流等转向架生产制造全过程。目前已建成投用，成为全球首个转向架智能车间，生产效率、运营成本、产品研制周期得到大幅度降低，均实现了预期目标。此外，正在依托该项目，谋划整车涂装自动化、电气产品数字自动化、智能物流等项目。中车株洲所“8 英寸 IGBT 智能制造与数字化工厂建设项目”已完成仿真实验室的搭建，建成了高性能仿真集群，优化了压接式 IGBT 电场与热分布，开发了汽车 IGBT 工艺模型，实现多类生产、检测设备与 MES 系统的互联，生产效率和产品质量显著提升。

二　发展面临的问题

湖南省轨道交通装备产业经过几十年的发展，通过引进消化吸收再创新，实现了从“跟跑”、“陪跑”到“领跑”的跨越，产业的整体研发能力和产品水平大幅提升，轨道交通装备产业核心技术国产化进入加速兑现期，但是产业发展还存在一些比较突出的问题。

（一）环境出现结构性变化

从挑战来看，一是国际政治经济环境错综复杂，大国博弈日趋激烈，世界经济发展的不确定性和不稳定性增长，海外项目执行条件日益严苛，企业国际化经营面临重重考验；二是行业竞争日益激烈，国外行业巨头加速整合，共同抵抗来自中车的市场冲击，国内轨道交通装备市场全面放开，跨界竞争将会成为常态，客户转变发展思路，市场需求由产品向全寿命周期服务持续转变。从机遇来看，一是“一带一路”建设为湖南省轨道交通装备企业国际化经营创造了良好条件；二是国内政策调整为企业发展创造了有力机遇，城市轨道交通项目审批逐渐恢复，铁路投资将达8500亿元历史高位，铁总公司实施“复兴号”品牌战略、客运提质、三年货运增量计划等行动，为企业转型升级提供了良好机遇。

（二）科技创新驱动不足

一是湖南省轨道交通装备企业科研投入比率，以及前瞻性、关键共性技术科研经费投入占科研投入均低于国际同行业先进企业；二是企业低效重复科研开发支出，同一平台产品未形成完整的“平台化、模块化、简统化、标准化”设计，重复开发工作量多；三是与国际先进企业相比，海外专利数量较低；四是原始创新能力不够，部分领域还缺乏核心技术，仍未真正摆脱对外的依赖，核心基础零部件、元器件等产业“四基”还比较薄弱。

（三）产业发展引领作用不够

湖南省轨道交通装备制造产业链涉及整车、电机、控制系统等产业，目前兴起的以超级电容有轨电车、跨座式单轨、中低速磁悬浮、无人驾驶车辆、智轨列车等新型轨道交通引领国内轨道交通产业发展，但是湖南省目前仅1条中低速磁悬浮和1条智轨列车示范线，缺乏无人驾驶、跨座式单轨、有轨电车等示范线，不能有力支撑湖南轨道交通板块产业发展引领作用。

（四）国际化经营能力有待提升

一是海外业务环境研究不足，湖南省轨道交通装备海外业务已逐步扩展到多个国家和地区，但地区间文化、政策、行业规则差异很大，尤其是“一带一路”国家和地区，海外业务开展过于依赖当地代理机构，不利于海外业务健康持续发展；二是战略性全球布局不够深入，主要体现在市场、产业、研发布局上；三是参与国际竞争仍处于起步阶段，主要是产品销售、生产制造等，与国际同行先进企业相比，在全球范围内配置人才、技术、研发、制造等方面的能力存在一定差距。

三 下一步重点工作

为充分发挥湖南省先进轨道交通装备产业的创新资源、市场资源等优势，着力打造世界级轨道产业集群和具有国际竞争力的跨国企业，加快建立世界领先的现代先进轨道交通产业体系。根据当前湖南省轨道交通面临的形势和问题，2019年及今后一段时期，应重点抓好以下几个方面。

（一）深化科技创新

面向市场加快新产品研发，打造绿色、智能高端产品，重点发展动力集中型动车组、200公里中速磁悬浮列车、30T轴重电力机车、市域列车、隧道掘进机等标准型产品，以及超级大巴、四模块/五模块有轨电车等新型产品，同时培育无人驾驶、智能驾驶、全寿命周期的健康管理新技术。

加大科技投入比例，不断完善引领行业发展、覆盖轨道交通装备主要部件、重要系统、主机产品的专业化、国际化、集约化、知识化、标准化、平台化等核心技术体系，打造系列化、模块化、标准化的产品技术平台。

推进SiC电力电子器件、双向变流器馈能、高能量密度超级电容储能、永磁同步直驱传动等高效节能牵引、供电、储能装备，以及车体轻量化、高性能转向架、数字液压制动系统技术研究，推动轨道交通装备绿色智能发展。

支持株机公司城际动车产业化、时速160公里中低速磁悬浮产业化及市场推广，加速技术成果商业化。

支持“院士培养”、“千人计划”、“万人计划”等人才政策，鼓励和吸引国内外轨道交通装备产业高层次、创新型人才聚集。

（二）加强产学研深度融合

建立以企业为主体、市场为导向、产学研深度融合的技术创新体系，建设培育一批产业技术创新平台、制造业创新中心、企业技术中心、国家重点实验室和研发中心，实现在轨道交通装备核心技术领域从“同步”到“引领”的关键跨越。

重点支持国家先进轨道装备制造业创新中心建设，运用人工智能、大数据等技术，依托国家先进轨道装备制造业创新中心，聚集行业科技资源，开展轨道交通装备前瞻性、基础性、共性和关键技术研究，攻克重大关键技术难题，实现基础共性技术研究到工程化、产业化的跨越，进一步增强自主创新能力，摆脱对外技术依赖，增强国际竞争力。

支持国家级先进轨道交通检测检验评估认证平台、功率半导体创新中心、数字化设计与制造创新中心、海外研发中心等创新平台建设。主导参与制订一批国际、国家、行业技术标准等措施。

（三）推动智能转型升级

积极对接“中国制造2025”和湖南制造强省战略，加强两化融合体系贯标，有效打通设计、生产、供应链、产品、服务、管理等各个数字鸿沟，实现数字化的全面集成应用。在国家智能制造专项实施的基础上，围绕数字化设计、智能化制造、信息化管理、网络化运营等核心内容，全面推行整车、核心零部件生产智能化，推进数字化车间和智能化工厂建设，加快骨干企业由“制造”向“智造”转型升级，带动本土配套整体提升，形成一批“高、精、特、专”企业群体。

支持轨道交通装备产品涂装自动化、物流智能管理、车载智能化检测等项目，持续降低成本，提升生产效率和产品质量。

（四）强化国际化经营

以服务“一带一路”、国际产能合作、“走出去”等国家战略为目标，推动产品、技术、服务、资本、管理和系统解决方案全面“走出去”，建立全球化业务协同平台，推进由单一提供产品向提供产品、技术、服务整套解决方案的转变，提高“走出去”质量。以轨道交通整机带动零部件、制造业带动服务业，支持通过“雁行出海”、“联合出海”等模式，开展绿地投资、战略并购、合资合作，实施“产品 + 技术 + 服务 + 资本 + 管理”经营模式，推行本地化制造、本地化采购、本地化用工、本地化维保、本地化管理的“五本”模式，实现对客户的快速响应，提升企业国际化经营能力。

（五）提升数字化运营水平

将信息化建设作为驱动制造方式变革、优化业务流程、改变员工工作习惯，实现企业运营效率提升。一是深入开展数字化运营课题研究，全面诊断和评估信息化建设和核心问题；二是推广 TC 系统和 UG 系统升级，以及推广 MES 系统应用，加大业务与 IT 的深度融合；三是加速企业各子企业间的信息化建设，尤其是海外子企业，以信息化手段推动轨道交通产业“走出去”。

（六）推进混合所有制改革

充分利用国家深化改革“1 + N”政策文件，分类推进企业股权多元化和混合所有制改革，加快引入各类公有制资本和非公有制资本，利用外部资本资金、市场、管理等方面的比较优势，弥补企业存在的短缺和不足。通过员工持股等中长期激励措施充分激发和调动员工的积极性，激发内生动力，促进企业高质量发展。重点支持轨道交通板块企业引入实力雄厚的战略投资者，实现战略协同、市场协同。支持有实力的轨道交通装备企业并购重组产业链相关企业，增加大型轨道交通装备制造龙头企业，提高市场竞争力。

（七）拓展延伸产业链

拓展轨道交通板块在维修保养、工程总承包等产业链前后端增值服务业务，全力推进全寿命周期维保产业发展，发展维保产业平台，优化轨道交通产业布局，在产品制造之外培养新的业务增长点，充分利用企业全国各基地资源，实现轨道交通维保产业全国布局；加强检修产业的智能化与自动化能力，持续提升检修维保产业的专业修造水平；加速维保检修技术体系建设，以项目为依托，加强中高级修技术研究，逐步搭建车辆大修技术体系。

（八）推动重点项目实施

重点推进整车涂装自动化建设项目、城际动车组产业化、智能物流、IGBT 芯片线二期及其配套模块封装线建设、功率半导体重点实验室暨碳化硅基地产业化等一批重点项目建设工作，主动与国家有关部委对接，为企业发展营造良好发展空间，及时掌握国家支持的重点领域，组织做好项目申报工作，积极争取国家增强制造业核心竞争力、技术改造等中央预算内投资支持，为企业争取资金，减轻资金压力。

推动城市轨道交通无人驾驶示范线路项目建设，开展铁路智能驾驶技术的研究与产品验证，形成全球城市轨道交通智能化的高地，树立全球行业标杆。

B.27
2018年长沙经开区发展报告及2019年展望

长沙经济技术开发区管理委员会办公室

一　2018年发展报告

2018年，长沙经开区全面落实高质量发展要求，深入贯彻“创新引领、开放崛起”“全面建设现代化长沙”等省市发展战略，扎实推进“产业项目建设年”活动，突出智能制造、产业链建设和“四新”经济发展，朝着“率先打造国家智能制造示范区、率先建设5000亿国家级园区”发展目标迈出了坚实步伐，综合发展水平晋级全国经开区20强，为建设富饶美丽幸福新湖南、全面建设现代化长沙、长沙县挺进五强彰显了担当、做出了贡献。

（一）聚焦经济运行，发展质量稳步提升

1. 主要指标平稳增长

2018年，园区完成技工贸总收入3500亿元，增长10%；完成规模工业总产值2310亿元，增长9.5%；完成规模工业增加值556.8亿元，增长11.5%；完成高新技术产值1776亿元，增长8.2%；完成财政总收入172.09亿元，增长10.7%，其中工商税收146.64亿元，增长6.1%；完成全社会固定资产投资254.3亿元，增长6.5%，其中工业及生产性服务业投资189.5亿元。

2. 产业实力不断增强

工程机械产业受益于国内基建投资、生产制造工艺升级和“一带一路”等多重因素加速复苏，实现产值1046.3亿元，增长14.7%，成功晋级千亿元产业集群。三一重工、铁建重工、山河智能跻身全球工程机械制造商50强。汽车及零部件产业在国内汽车市场整体增幅放缓的大环境下逆势而上，实现产

值920.6亿元，增长5.9%，整车产量达59万辆，整车产值684.6亿元，增长5.7%。上汽大众朗逸Plus、广汽菲克Jeep大指挥官、三一智能网联重卡、广汽三菱奕歌等传统动力新车型相继上市，产销两旺。电子信息产业发展迅速，实现产值194.3亿元，增长14.4%。园区全年税收过亿元企业14家，其中上汽大众、广汽三菱税收超过20亿元。

3. 开放型经济稳步发展

全力落实“稳外贸”“稳外资”要求，全年完成进出口总额39.75亿美元，增长16%，进出口额过亿美元企业达7家。“引进来”成效更加凸显，全年实际到位外资6.31亿美元，增长11%。“走出去”步伐不断加速，三一混凝土机械、挖掘机、起重机等机械设备打入全球150多个国家和地区，铁建重工盾构机系列产品实现在亚洲、非洲、欧洲、拉丁美洲的出口。主动参与“一带一路”建设，埃塞—湖南工业园项目招商和运营管理有序推进，成为“中非经贸博览会”永久落户湖南的重要基础。长沙经开区获评全省发展开放型经济优秀园区。

（二）聚焦项目引建，发展动能显著增强

1. 精准招商再创佳绩

按照“精准、舍得、执着”的要求，立足优化产业生态圈，聚焦四大优势产业链，绘制了产业全景图和企业现状图，建立了“项目库”和“客商库”，持续开展精准招商。全年引进项目45个，总投资413亿元，其中世界500强投资项目4个，中国500强投资项目3个，包括蓝思科技黄花生产基地、京东无人车总部、广汽三菱研发中心及零部件产业园、博世新能源汽车热管理系统、大陆集团中央电子工厂等一批高质量项目。大陆集团中央电子工厂项目及智慧城市、智能出行示范共建项目，从洽谈到正式签约历时仅3个多月，是省市区县多方联动、全市产业整体布局、互利共赢的标杆项目，为壮大汽车产业集群、率先打造国家智能制造示范区增添了强劲动力。市委、市政府主要领导对该项目的成功引进给予充分肯定，有关经验在全市推广。

2. 重大项目高效推进

市委、市政府主要领导亲自调度三一众智新城、蓝思科技人才公寓等项目建设，园区成立了由主要领导任组长的蓝思科技黄花生产基地、三一众智新城

等重大项目推进工作组，工管委领导共联点重大项目63个，有效推动了重大项目建设。“五个100”项目扎实推进，5个重大产业项目、4个重大科技创新项目、4个重大产品创新项目全部完成年度投资计划。纳入市发改委考核的52个重大项目完成投资144.62亿元，完成年任务的107.86%，24个新建项目全部开工。蓝思科技黄花生产基地、广汽三菱研发中心及零部件产业园、中南源品生物科技园、广汽菲克GSE－T4发动机、五新隧装生产基地、京东无人车智能产业基地等一批重大项目开工开建。铁建重工高端地下装备制造、广汽三菱发动机、广汽菲克K8、长丰集团猎豹汽车第三工厂及新能源汽车、三一智能网联重卡、索恩格中国长沙工厂、烁普新能源汽车动力锂电池隔膜等一批重大项目建成投产。

3. 产业链建设成效明显

汽车产业链加速构建生态圈。广汽三菱发动机投产以及广汽三菱研发中心及零部件产业园、大陆集团中央电子工厂项目相继落户，填补了湖南汽车产业部分核心零部件本地生产的空白。整车企业积极布局新能源领域，相继推出广汽三菱祺智EV、长丰猎豹CS9 EV300、众泰汽车云100PLUS等新能源车型，新能源汽车产业加快发展。工程机械产业链持续发力价值链高端。三一集团与亿美博科技合作共建工程机械数字液压应用项目，铁建重工高端装备制造项目已建成特种设备制造、再制造中心基地及盾构机扩产基地。先进轨道交通装备产业链不断集聚优质项目。铁建重工成功承揽了国内第三条磁浮运营线（清远磁浮项目）的道岔与轨道系统。中车通号全部搬至园区，轨道交通“大脑”实现“长沙造”。亚太实业与园区签约建设轨道交通装备研发中心及生产基地。集成电路产业链发展基础持续夯实。工信部同意长沙经开区筹建国家“芯火”双创基地（平台）。修订完善了《长沙经开区促进集成电路产业发展试行办法》，区财政每年安排1亿元集成电路产业发展专项资金，是全省唯一出台集成电路专项政策的园区。

4. 要素保障不断强化

围绕“钱”“地”“人”“电”等要素，持续强化工作举措，为企业发展和项目建设提供了有力保障。着力解决企业资金难题。以解决民营企业和小微企业融资难融资贵融资慢问题为重点，全年组织各类银企对接、金融服务活动40多场次；每月第一个周五开设金融集市，将融资对接服务常态化；全力兑现和争取政策资金，全年为企业争取省、市资金4.1亿元，其中“千人帮千企百日大行动”开展以来，争取上级资金1.7亿元，区本级各项政策兑现5343万元；出台《“千人帮千企百日大行动”金融帮扶企业实施办法》，设立总额为6000万元的园区中小企业转贷基金，为企业提供转贷临时性资金周转支持。多措并举破解土地供应瓶颈。重点采取“腾笼换鸟”改造利用废旧厂房、整合空坪隙地见缝插针集约节约用地、区县一体加快推进拆迁腾地等办法，主动破解园区土地供应不足瓶颈。举区县合力开展“奋战100天腾地8000亩”专项行动，全年完成拆迁腾地4122亩，确保了蓝思科技、大陆集团等重大项目用地需求。加大清理闲置用地力度，支持企业利用闲置厂房、低效用地通过二次开发建设工业地产项目，共批回土地1693亩，收回土地4宗302.61亩，完成8宗土地二次开发。完成21宗697.36亩储备土地临时利用，逐步实现以租代管、高效利用。鼓励企业开展“零土地”技改，提高土地综合利用率和亩产效益。实行工业用地弹性出让制度，为欧宝特电子和华天光电惯导项目供地，企业的土地取得成本比同期其他全年限土地供应价格降低近2/3。全力打造人才集聚高地。全面承接省、市人才政策，出台《加快引进培育技能人才实施办法（试行）》《鼓励人力资源服务业发展实施办法（试行）》等差异化人才政策，叠加释放政策红利。园区194人入选长沙市高层次人才分类认定，占全市总量的1/3。大力推进电网建设“630攻坚”。110千伏盼盼变投产送电，110千伏鹤鸣变3#主变扩建工程、110千伏曹住黄线（#011－#019）杆线改迁已完成，110千伏黄花蓝思专变加快施工，园区电力保障进一步夯实。

（三）聚焦智能制造，发展生态加快完善

1.“三位一体”协同推进机制加速实施

全面实施园区智能制造中长期发展规划和智慧园区中长期发展规划，园区智能制造生态体系加快构建。智能制造高效推进。中国信息通信研究院在园区挂牌成立湖南办事处（长沙经开区智能制造推进中心）；出台《长沙经开区智能制造、工业互联网行动指南》，重点鼓励中小企业分场景、多阶段、持续性地开展智能化技术改造；山河智能、长城金融获评国家级智能制造示范企业，7家企业获评省级智能制造试点示范企业（车间）。智慧园区加快建设。“一档两库一平台”项目通过预验收，构建了智慧园区建设的数据基础和底层框架；

博世长沙引进博世万物互联项目，探索智慧城市、智慧园区建设；大陆集团将园区作为智慧城市、智能交通及出行服务三大领域的全球核心技术在中国落地示范的第一站。工业互联网平台效应逐步显现。“根云”平台成为首个国家级工程机械行业工业互联网测试平台，在推动传统企业智能化改造升级上成效明显，如蓝思科技实现长晶炉质量、加工参数100%的可追溯性，每年减少企业用电成本近1000万元；优力电驱开发的“优力云”实现了电动车电池工况远端管控，成为三一创投基金首位青睐对象。

2. “三智一自主”产业布局初现雏形

智能装备方面，铁建重工第二产业园致力于打造全球规模最大的高端地下工程装备制造基地。智能网联汽车方面，采用“互联网、平台、共享”新思维研发生产的三一智能网联重卡项目已形成年产2.2万台整车产能。智能终端方面，蓝思科技以黄花生产基地为载体积极布局5G产业链。自主可控及信息安全方面，国科微电子凭借自身掌握的固态存储安全核心技术，与中国长城、中电港合力打造国产存储品牌。

（四）聚焦改革创新，发展活力充分释放

1. 改革创新激发动能

深入学习贯彻全市园区工作座谈会精神，提出切实增强责任意识、危机意识、整体意识、创新意识、重点意识、服务意识、纪律意识，按照“四个结合”① 努力推动园区高质量发展。结合改革开放40周年和落实《湖南省产业园区体制机制创新试点工作方案》，在星沙时报及其融媒体平台开设“解放思想、深化改革”专栏，区县全体领导和部门开展广泛讨论，提出了长沙经开区新一轮改革创新发展的思路和举措，进一步凝聚了园区改革创新发展共识。

2. “四新”经济蓬勃发展

新技术加速突破。铁建重工隧道智能化注浆装备填补了国内空白；静芯微电子在国内率先成功开发芯片级TVS器件；微智医疗新一代智能视网膜研发

① “四个结合”：推动现实发展空间扩张与未来发展空间扩区有机结合、推动现有产业转型升级与未来产业发展定位有机结合、推动传统发展动能优化与未来新动能培育有机结合、推动传统观念理念革新与未来体制机制改革有机结合。

突破多项技术瓶颈。新产业不断涌现。中南源品生物致力于打造干细胞与再生医学产业基地；顶立科技积极发展金属3D打印产业。新业态稳步发展。建立中部首个区块链产业园——星沙区块链产业园，出台《关于支持区块链产业发展的政策（试行）》，成立全国首个区块链安全技术检测中心，引进天河国云、浪潮集团等15家知名企业，成功主办“链”上星沙领航未来——区块链院士高峰论坛、承办2018国际区块链大会，区块链产业规模效应和集聚效应初步显现。新模式快速兴起。三一智能网联重卡成功上市，开创了商用车制造与互联网深度融合的新模式；京东全球首个由机器人完成配送任务的智能配送站在园区投入试运行；推动创新创业载体建设，全年新建工业地产载体17.3万平方米，引进小微企业近500家，三一众创空间获评国家级专业化众创空间和国务院双创示范基地。

（五）聚焦环境营造，发展氛围日益浓厚

1.“软环境”持续优化

“放管服”改革持续深化。积极申报相对集中行政许可权改革试点，实施项目审批“3230”工程①。扎实推进“最多跑一次”改革，为企业提供免费全程代（帮）办、免费政务快递、容缺受理等服务，园区143项政务服务事项中有141项实现“最多跑一次”，比例达98.6%。完善线上审批平台，在全市园区中率先启动“多规合一”审批平台试运行，服务大厅增设综合窗口，项目报建实现“一窗进、一窗出”。“宽进”环境有效激发了市场主体活力，园区已有市场主体8336家，增长66%；新增市场主体3438家，增长82%。精准服务企业深入开展。扎实开展“千人帮千企百日大行动”，紧紧围绕“快、实、严”的总体要求，15名区领导带领14个职能部门、28个小分队140名帮扶队员，每周深入至少6家企业开展走访。活动开展以来，共走访企业700多批次，收集企业提出的问题584个，其中需园区解决的477个，已办结415个。

---

① 项目审批“3230”工程：园区工业项目报建事项审批环节一律不超过3个，承诺办理时限缩短至法定时限2/3以内，且80%以上事项授权至部门分管负责人及以下人员审批；实现2类审批事项（企业开办，企业投资项目备案、施工合同备案、监理合同备案等备案类事项）即来即办；深化并联审批，推行项目报建审批免费代办服务，从立项至施工许可全流程区县办理承诺时限压缩到30个工作日以内，实现园区事园区办。

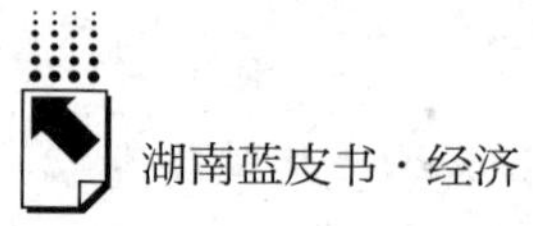

每周召开政策兑现会商会，按“一企一策”原则“量体裁衣”、精准施策。

2. “硬环境”品质提升

完善基础设施建设。按照市“一圈两场三道”建设两年行动计划要求，完成人行道27.3公里、自行车道29.5公里建设。以打通13条断头路为重点，完成东七路、小塘路贯通工程，黄兴大道及其片区、盼盼路及其片区、黄花及大众片区等基础设施提质改造项目有序推进。积极推动人才公寓建设。湖南黄金集团产业员工生活配套园项目计划建设人才公寓5672套，建设任务占全市1/3，有关经验得到市政府主要领导的高度肯定。积极完善公共服务配套。天达中学、天华二小如期开学，湘郡未来实验学校扩建、湖南三博脑科医院项目动工开建，长沙师范学院附属幼儿园项目成功签约。

（六）聚焦打好攻坚战，发展底线坚守筑牢

1. 全力打好防范化解政府性债务风险攻坚战

按照保重点、控总量的原则，全面清查2018年政府投资计划，停工、暂缓、调减项目15个，压减投资7.43亿元，园区政府性债务风险总体可控。撬动社会资本、民间资本参与园区建设，保留入库的4个PPP项目完成投资20.23亿元。推进平台公司市场化融资，已在银行间市场交易商协会注册25亿元定向债务融资工具和20.5亿元中票融资业务，降低了融资成本，保障了资金链安全。

2. 全力打好污染防治攻坚战

坚定政治站位，全力以赴推进中央环保督察“回头看”和省委巡视交办件办理，中央环保督察“回头看”30件交办件已办结29件，省环保督察18件信访件已全部销号，星沙水厂取水头上移项目的全面完成得到中央环保督察组的充分肯定。采取“一企一策”方式，做到既抓好环保问题整改又保障企业合法权益，确保重点企业正常生产经营。扎实落实大气污染防治特护期工作和“六控”“十个严禁”要求，全年区县领导带队开展现场巡查39次，巡查企业及建筑工地67家次；52个在建项目全部安装扬尘在线监测系统；园区单独启用2台雾炮车，有效控制了道路扬尘。2018年园区空气质量优良天数排名全市10个国控站点第一位。统筹推进“黑臭水体”治理，城西污水处理厂、城南污水处理厂扩容提质项目通水运行，城区排口截污设施提标全面完

成，整改双桥港、梨江港流域（雨污分流区）错接、混接点129处。

3. 全力打好精准脱贫攻坚战

扎实推动龙山县召市镇对口帮扶工作，投入帮扶资金1600万元，实施产业扶持、基础提质、就业扶助、爱心助学、特困救助等11个项目，联点的青坪村、岩门口村成功脱贫摘帽。有序开展开慧镇开慧村联点帮扶工作，聚焦产业扶贫和民生问题综合施策，全年投入扶贫资金340万元。

4. 全力打好安全生产攻坚战

制定《县区安全生产一体化管理办法（试行）》，严格落实领导带队“一月一检查”工作机制，共检查企业418家次。园区工贸行业、建筑施工及特种设备生产安全事故实现“零发生”，消防领域实现“零伤亡”，安全生产形势总体平稳可控。

二　2019年工作展望

2019年，长沙经开区将全面贯彻党的十九大及中央、省委、市委经济工作会议精神，坚持稳中求进工作总基调，落实“六稳”要求，紧扣“两个率先”发展目标，坚持区县一体、融合发展，坚持先进制造业与现代服务业“双轮驱动”，深耕“产业项目建设年”“营商环境优化年”，持续打好三大攻坚战，突出抓好智能制造、四大产业链建设、“四新”经济培育、发展空间拓展、体制机制创新等重点工作，以转型创新引领园区高质量发展，主要经济指标保持10%以上增长。

B.28
2018年长沙高新区发展报告及2019年展望

长沙高新区政策法规局（法制办）

2018年，长沙高新区围绕“挺进全国十强，建设一流园区”总目标，以推进国家自主创新示范区建设为主线，着力招大引强、项目建设、产业转型和改革创新，不断推进新旧动能转换和经济高质量发展。全年麓谷园区实现企业总收入3600亿元（预计数，下同），增长12.5%；实现规模工业增加值增长11%；完成全社会固定资产投资221亿元，增长8.5%；实现高新技术产值1691亿元，增长8.6%；完成财政总收入175.84亿元，增长75.4%，一般公共预算收入102.23亿元，增长11.7%，其中税收收入98.38亿元，税占比达96.2%，地方一般公共预算收入43.92亿元，增长12.2%；完成进出口总额36亿美元，增长60%。在科技部全国高新区综合评价排名中居第12位，较上年提升一位；在工信部赛迪研究院发布的“中国产业园区竞争力100强”排行榜中，位居第10位。

一 2018年发展成效

（一）聚焦创新驱动发展，加快构建创新生态

1. 自主创新能力不断提升

科技创新、智能制造、移动互联网、人才引进和科技金融等各项扶持政策推陈出新，“麓谷创新指数”连续四年保持增长。96.5%的规上企业实现研发投入倍增，规模工业企业研发经费占规模工业增加值比重为15%。全年发明专利申请量3311件。新增瞪羚企业33家，总数达79家，新增高新技术企业

270家，总数达888家（占全市56%，占全省20%），新增新三板挂牌企业7家，总数达75家（占全省31%，占全市53%），新增上市企业1家，总数达42家（占全省35%，全市63%）。加快科研成果产业化，打造了一批科技含量高、质量过硬的拳头产品，天仪研究院全年成功研制并发射10颗小卫星；中联环境发布全球首款无人环卫作业车；华曙高科发布全球最大打印幅面的尼龙高温增材制造解决方案；航天环宇第一批C929宽体大飞机的工艺装备正式下线；长缆科技发布500kV交直流电缆附件2款新品获中电联鉴定认可，填补国内技术空白；光琇-自兴联合发布全球首款人类染色体智能分析云平台。全年园区企业新获国家科学技术奖3项，中联重科、中冶长天等5家企业6项专利获2018年中国专利奖，威胜集团荣获国家电网、中国仪器仪表学会科学技术一等奖，麓谷企业7项专利获第二十届中国专利奖，在2018年度国家科技奖励大会上麓谷企业参与或主持的两个项目分别获二等奖，累计获得国家级科技进步奖及技术发明奖23项。

2. 创新平台建设不断夯实

获批建设国家科技资源支撑型创新创业特色载体，荣获湖南省创新创业带动就业示范区，与中国电子、国防科大共建长沙军民融合先进技术研究院，全省首个北斗军民融合协同创新中心挂牌成立，中国（长沙）知识产权保护中心正式运行，潇湘科技要素大市场建成启用，创业服务中心获评全国优秀孵化器，获批国家跨境电商综合试验区，搭建“长沙高新区进出口商品展示中心”。新增华自科技等企业国家级平台4个，累计获批国家级创新平台77个，新增航天环宇等25个省级创新平台，累计获批省级创新平台200家，国家级研发机构数量居全国高新区第3位。

3. 人才吸引力不断增强

全年新增科技部“科技创新创业人才”4人，省“百人计划”专家7人（占全市的78%），入选“湖南省引进100个科技创新人才”15人（占全市的58%），通过长沙市高层次人才认定292人（占全市的48%），新引进国防科大转业人才78名，总数达112名。目前，园区拥有国家高端人才25人，省“百人计划”专家65人，市“313计划”、“3635计划”专家226人，长沙市高层次人才认定296人，高新区“555人才计划”专家180人，海内外高层次人才数量全省领先，人才总量突破18万人。全年获批国家级博士后科研工作站3个（全省8个），省博士后协作研发中心4个，省级“海智计划项目”3个（全省6个），省级“海智基地示范项目”2个（全省3个），市院士专家工作站8个，入选省市引智项目72个。全年园区兑现各类人才奖励4500多万元，办理40余名高层次人才子女就学、配偶就业及人才公寓等事宜，人才服务不断优化，人才活力不断释放。

（二）聚焦高质量发展，加快产业转型升级

1. 主导产业提质增效

“两主一特”产业优势进一步突出，占规模工业总产值比重达80%，其中新能源与节能环保、新材料产业产值增长30%以上，分别达到195亿元、145亿元。重点企业效益稳步增长，全年新增税收过百万元企业142家，总数达853家；新增税收过五百万元企业161家，总数达271家；新增税收过千万元企业29家，总数达146家；新增税收过五千万元企业11家，总数达29家；新增税收过亿元企业4家，总数达到13家；中联重科及其关联企业实现税收达8.1亿元，中联环境实现税收4.8亿元。

2. 智能制造统领升级

聚焦智能制造主攻方向，加快信息技术与制造业深度融合，智能制造试点示范，新增三诺生物、远大住工、科霸汽车等3家国家级智能制造项目，市级以上智能制造试点示范企业（项目）达到100个，其中国家级14个，占全市51.8%，获批建设长沙人工智能产业集聚区，杉杉能源等一批企业荣膺单项冠军示范企业、单项冠军培育企业、单项冠军产品。深入推进互联网+先进制造业发展，组建中电工业互联网，成立人工智能产业技术研究院，园区3192家企业注册长沙工业云平台。

3. 新兴产业加快发展

移动互联网产业内涵提升，全年引进互联网企业1794家，注册资本总额95.79亿元，年产值达380亿元，移动互联网企业总数达到6671家；2018互联网岳麓峰会全新升级，参会企业达6000家，参会人次突破2万；柳枝行动共筛选项目4279个，孵化项目466个，帮助56个项目获得3.6亿元融资。军民融合产业集聚发展，长沙军民融合先进技术研究院、国家级军民融合咨询机构福松咨询落户麓谷，投资30亿元的通达电磁能高端装备产业化项目和投资

25亿元中电科军民融合8英寸集成电路装备验证工艺线项目相继开工，长沙北斗产业特色示范园和国家北斗示范基地落户。抢占新技术、新业态发展高地，出台区块链产业发展政策、人工智能“黄金十条”，挂牌成立湖南区块链产业园、组建长沙人工智能产业技术研究院，积极申报创建国家网络安全产业园，建设全国首个和包支付产业园，率先开展“和包支付交党费、团费、工会费”工作，助力长沙打造中国“移动支付第三城”。

（三）聚焦新旧动能转换，加快推进项目建设

1. 招大引强取得新的突破

积极开展产业链招商、上门招商和“二次招商”，全年共签约重大产业项目68个，总投资达745亿元，其中，引进投资过100亿元项目2个（杉杉能源项目、桑德集团项目），投资过50亿元项目2个（中国长城总部项目、浙江电咖新能源项目），投资过10亿元项目8个，新引进500强企业项目5个（中国长城、中国电科、中兴通讯、清控、杉杉能源）。

2. 项目建设彰显新的速度

全年举办项目开、竣工等重大活动8批次，累计开工重大产业项目31个，竣工产业项目28个，开、竣工率分别为155%、140%，项目规模、建设进度、开工数量、投资质量均创园区历史新高。重点项目建设加速推进，北斗微芯、中兴通讯等60个重大产业项目入选省“五个100”重点工程，中联智慧产业城项目加紧推进，总投资达1000亿元，建设全球规模最大、品种最全的工程机械和农业机械综合产业基地；投资200亿元的杉杉能源10万吨锂离子电池正极材料生产基地项目从签约到开工仅30天，从施工到投产仅188天，成为长沙高新区历史上“洽谈最快、签约最快、开工最快、竣工最快、投产最快、见效最快”的重大产业项目。

3. 产业链建设取得新的成效

因链施策，精准发力，编制“两图两库”及产业链“作战图”，成立长沙市移动互联网产业链专家委员会、长沙市自主可控及信息安全产业联盟、长沙市3D打印产业技术创新战略联盟和增材制造共享中心。新增产业链国家级平台4个，获得国家专项资金支持5000万元，新增产业链省级平台15个。牵头推进自主可控计算机及信息安全、航空航天、增材制造和移动互联网四大产业

链建设，其中，自主可控及信息安全产业链、增材制造产业链和航空航天（含北斗）产业链分别新引进企业9个、3个和7个，总数分别达到84家（占全市90%）、12家（占全市75%）、16家（全市的全部）。

（四）聚焦营商环境优化，加快提升城乡品质

1. 全面深化“放管服”改革

强力推进“一次办、马上办、网上办、就近办”改革，502个事项实现“最多跑一次”，占全部政务服务事项的97%；197个民生类事项向街道、社区（村）下沉；依托“互联网+政务服务”平台，推进政务服务事项办理标准化，网上可办率达96%；政务大厅全新亮相，“互联网+政务服务”平台上线运行，全面实现线上主办、现场导办、扫码快办；大力推进投资建设项目“一次性审批”，工业项目建设从立项到竣工验收承诺44个工作日办结，企业申报材料压缩32%，审批效率提高4倍；相对集中行政许可权改革试点方案获市政府常务会议审定通过，“证照分离”改革试点经验作为全省典型经验推介。

2. 深入开展企业帮扶工作

加大政策支持力度，召开自主创新政策落地兑现大会，全年兑现产业扶持资金4.5亿元，累计发放扶持资金17.47亿元，167家企业获长沙市移动互联网产业专项资金支持。持续开展“两帮两促”活动，掀起“千人帮千企百日大行动”高潮，组成12个帮扶小分队围绕290家重点企业“面对面、点对点、一对一”开展帮扶，共解决问题338个，解决率92.8%，有力提升企业发展信心。全年新增企业6540户（18户/天的企业入园速度），增长30%，园区累计入驻企业总数达26723家。

3. 加快产城融合步伐

高标准顶层设计，“多规合一”编制完成，加强重大片区和土方平衡专项规划编制工作。加快市政道路建设，美丽乡村示范路等30公里市政道路建成通车，推进17条产业项目配套道路建设，累计完成投资7.5亿元。加快19个造绿复绿项目建设，新增绿地面积20.27公顷。全国首批“地下综合管廊”试点项目红枫路、雪松路综合管廊项目主体施工完成并通过验收。开展“电力630攻坚”，完成延农220千伏变扩建工程和龙王港220千伏变电站配套110千伏线路工程。开展“公交都市”创建工作，基本实现中心城区公交站点500

米覆盖率98%以上。建设幸福美丽新乡村，实施治厕、治垃圾、治房、治水、治风等民生项目，改善农村人居环境。

（五）“三大攻坚战”推进有力

1. 有效化解债务风险

加强资金调度和预算管理，全年压缩政府投资项目18个，压减额度20.42亿元，减少政府债务6.67亿元。强化财税征管、土地出让和债券发行，实施新的财税体制，全年实现土地收入71亿元；积极发行PPN债券、专项债、备案发行债权，累计筹措资金58.67亿元。严格控制一般支出，有力保障重点支出，行政支出显著下降。

2. 污染防治成效显著

强力推进环境大治理，严格落实“六控”“十个严禁”，坚决打赢蓝天保卫战。落实“河长制”“湖长制”，对“两河”实行24小时在线视频监控。新建雷锋河污水处理设施，建成启用雷锋河截污干管、肖河一体化水处理设施，肖河治理顺利通过国务院督查检查。全面实施生活垃圾分类收集、分类清运。不折不扣抓好中央环保督察“回头看”和省委巡视组交办件的整改落实，省级环保督察组交办件12件全部办结。

3. 脱贫攻坚持续推进

深入开展精准扶贫，加大对湘西龙山桂塘镇、望城乔口盘龙岭村的帮扶力度，产业扶贫、就业扶贫和基础设施建设扶贫有效推进，累计投入扶贫资金2500余万元。

二 2019年发展思路

2019年，长沙高新区将认真贯彻党的十九大精神和习近平总书记系列重要讲话精神，按照省市经济工作会议部署和中央、省市巡视巡察整改要求，围绕“挺进全国十强，建设一流园区”的总目标，深入推进“实力高新、动力高新、活力高新、魅力高新”建设，继续打好“三大攻坚战”、抓好“项目建设攻坚年”“营商环境优化年”“基层党建夯实年”“推进改革深化年”，按照“六稳”要求，狠抓产业转型、招商选资、项目建设、产城融合、改革创新、民生保障等工作，进一步提升园区产业发展水平，推动经济高质量发展。

一是着力推进产业高质量发展。树立产业链思维，狠抓产业链建设，以智能制造为核心，促进先进制造业与现代服务业融合发展。抢抓人工智能、自主可控及信息安全、5G技术等新技术、新业态和新应用，鼓励和支持企业加大技术改造和智能化改造力度，打造更多智能化企业、智能化产品、智能化管理。围绕“三智一自主”，突出发展智能装备、智能终端和自主可控及信息安全，促进形成产业集群效应。提升新兴产业集聚效应，推进军民融合产业园、北斗产业园、和包支付产业园、区块链产业园和国家网络安全产业园“五大载体”建设。大力培育瞪羚企业、小巨人企业和独角兽企业，加强高新技术企业认定和管理，力争实现新的突破。

二是着力推动创新驱动发展。以建设长株潭国家自主创新示范区为契机，进一步提升自主创新能力，加强创新体系建设。发挥企业在技术创新决策、研发投入、科研投入和成果转化的主体作用，大力促进科技创新和成果转化。推进创新平台建设，抢抓国家和省市重大项目、技术攻关和基础设施布局机遇。建立健全以需求为导向、以企业为主体的产学研一体化创新机制，加快形成多形式、多层次的科技企业孵化体系。优化提升人才环境，加快引进高层次人才，加大高层次人才培养力度，围绕重点产业、重点技术领域、重点建设项目等，吸引更多优秀团队、高端人才、领军人物创新创业。做优做强金融服务，深化科技与金融结合，完善金融政策体系，加强金融监管，培育上市企业梯队。

三是着力推进重大项目建设。坚持“项目为王、项目为先”理念，深入开展“项目建设攻坚年”活动，按照“精准、舍得、执着”原则，突出建链、强链、补链、延链，进一步提升招商引资水平，以500强企业和项目为重点，引进一批资本密集型、技术密集型、科技创新型的龙头企业和龙头项目，围绕“两主一特”、产业链、产业集群和战略新兴产业，积极开展集产业、技术、市场、资本、人才于一体的集成化招商。推进重大产业项目建设，按照“一个项目一名领导联点，一个部门负责，一名专人联络，一抓到底”的工作模式，重点抓好中联智慧产业城、浙江电咖等25个产业项目新开工，加快推进杉杉能源、中电科、通达电磁能等34个续建项目建设。加快道路基础设施建设进度，重点推进道路建设、保障房项目建设，提升要素保障能力，确保重特大产业项目周边路网配套，强化项目用地清表、清零，积极做好土方平整、杆线迁移、水电气等工作。

四是着力提升“三大攻坚战”成效。防范化解重大风险，坚持控增量、调结构、守底线，重点推进平台公司市场化转型，严格压缩预算内行政支出，强化资金收支平衡，积极创新融资模式，综合利用PPN债券、专项债、备案发行债权等融资方式，多举措筹集发展资金。持续打好“蓝天保卫战”，全面落实“六控”“十个严禁”工作部署，按照“三年治本”要求，重点解决大气污染、重度污染和颗粒污染问题，建立排污控污长效机制，实施龙王港高新区流域综合治理，完善雷锋河、肖河流域截污干管、污水处理等环保基础设施建设，加强全流域水质监测，巩固提升“两河”治理成效。持续开展精准扶贫，按照中央及省市扶贫要求，积极创新扶贫举措，重点帮助扶贫点开展特色养殖、农产品销售等产业扶贫，培育发展盘龙岭村湘绣培训中心等特色项目，实现群众就地就业，确保龙山桂塘镇、望城盘龙岭村在2020年如期实现脱贫。

五是着力优化营商环境。以深入开展“营商环境优化年”“推进改革深化年”活动为契机，全面推进各领域、各环节的改革创新提升工作。深入推进“放管服”改革，进一步减环节、压时限、提效率，加快推进关联性事项“全链条”、一次性集中审批、信用承诺审批。扎实开展相对集中行政许可权改革试点工作，行政审批与政务服务局挂牌运作，实现“一个大厅办业务，一枚公章管审批”。全面深化国务院“证照分离”改革试点，有效解决“准入不准营”问题，积极为市场主体减负松绑。畅通公共服务渠道，全面深化“互联网+政务服务”，加快推进基层工作平台建设，全面打通机关、街道、社区三级公共服务事项审批通道。精准帮扶企业发展，坚持实体经济发展“两个毫不动摇”，以优化营商环境为抓手，以政策落地落细为目的，以500家骨干企业为重点，持续深入开展“千人帮千企”“两帮两促”活动。

六是着力提升城乡品质。进一步强化规划引领，加强“多规合一”成果应用实施。以完善基础配套、提升环境品质、优化社会民生、创新治理模式为重点，着力打造品质高端、功能完善、服务一流、群众满意的现代化生态科技产业新城。提高公共服务能力，巩固提升“一圈两场三道”建设品质，加快完善小区及周边配套设施建设。推进公共文体设施建设，持续改善社区卫生服务条件，不断提高办学质量，加快建设智慧园区。深入开展“四民”活动，全面提升城乡社区（村）治理社会化、专业化和法治化水平，加快形成共建、共治、共享治理格局。深化平安园区建设，加强道路交通安全、消防安全、食品药品安全专项治理，深入开展信访积案和社会矛盾化解，确保社会大局稳定。

七是着力提升开放发展水平。深入对接“一带一路”、长江经济带、粤港澳大湾区等国家战略，全面落实开放型经济“2+4”政策。以长沙获批国家跨境电商综合试验区为契机，加快跨境电商产业园及公用型保税仓建设，引进和培育一批跨境电商龙头企业。进一步发挥国际科技商务平台作用，加强对外交流，力争引进更多外向型经济实体。积极开展税务通关协调，着力提升通关服务效率。要发挥“工业化住宅产业联盟”“工程装备制造产业联盟”“机电产业联盟”及“大健康产业联盟”四大产业联盟作用，积极鼓励装备制造、绿色建筑、节能环保等优势产业“抱团出海”，大力支持中芯供应链、安克创新等一批外向型企业推动加工贸易、服务贸易创新，着力做大进出口总额。

B.29
2018年株洲高新区发展报告及2019年展望

株洲高新区管委会

株洲高新区于1992年12月经国务院批准为国家级高新技术产业开发区，下辖河西示范园、田心高科园、董家塅高科园。2000年底，高新区与天元区（即河西示范园）进行职能归并、效能整合，实行“园政合一”体制。经过26年耕耘，株洲高新区已成为中部地区乃至全国独具特色、极富魅力的投资沃土，综合实力在全省产业园区排前三。

一 2018年发展报告

2018年，株洲高新区统筹推进各项工作，较好完成了全年目标任务。株洲高新区GDP达820亿元，增长8.0%，总量占株洲市比重达到31.2%。营业收入、技工贸总收入双双突破2200亿元。主要指标保持了稳中趋优的好势头，经济发展质量和效益稳步提升。

（一）产业发展的基础更实

大力振兴实体经济，着力培育轨道交通、通用航空、新能源汽车三大动力产业和电子信息、新能源、新材料、生物医药、节能环保五大新兴产业，扬长避短提高规模工业增速。新增规模以上企业50家，总数达361家，认定瞪羚企业30家。一是扎实推动产业集聚。围绕“3+5+2”产业体系，重点推进田心轨道交通城、董家塅航空城、天易电子信息科技城、新马汽车产业城等园区建设，引导企业向园区集聚，加快形成一园一特色、一园一品牌的发展格局。目前基本建成以核心系统、精密制造、关键零部件为主的轨道交通创新创业园，以高端科技创新、研发、成果转化为主的动力谷自主创新园，以长城电脑为龙头企业的新一代电子信息技术产业园，正在建设以北京汽车、时代电动为代表的新能源汽车产业园和以山河科技、容创航空为代表的航空科创园。二是全力推进项目建设。全年铺排省级“5个100”项目62个，中车物流基地项目、四为·第四代建筑项目等98个重点产业项目开工建设。长城平板项目、九方智能制造及改造升级项目等52个重点产业项目实现竣工投产。国家两机重大专项快速推进，通用机场成为全省第一家获批颁证A2机场，山河科技与美国三角鹰联合研制的重油发动机年底取得FAA认证后将在园区投产，翔为通航取得民航135部运营资质并成立航校。昌龙汽车附件、湖南新能源机动车检测中心、株洲国际赛车场、奇点汽车等一批汽车产业项目开工建设，为株洲高新区打造新能源汽车产业基地奠定了坚实的基础。三是不断强化要素保障。从资金、土地等方面为企业发展提供“保姆式”服务。成立动力谷产业投资发展集团，为园区企业提供优质投融资服务。区级财政直接用于企业发展的资金超过3亿元，争取国家对企业的补助资金突破10亿元，创历史新高。动力谷自主创新园、轨道交通创新创业园、航空科创园、天易科技城自主创业园等片区开发提速，配套路网加速建成，各项设施日趋完善，提升了产业承载能力。全年完成征拆交地15700亩，报批园区土地6000余亩，新建和建成厂房近67万平方米。强力推进“清低治违”行动，加大低效和闲置土地开发利用，收回和启动建设闲置土地2835亩，拆除违章建筑43万平方米。

（二）创新创业的生态更优

全区研发经费投入41.5亿元，占GDP比重的5%，远高于全市平均水平；全年新增高新技术企业52家，总数达到215家；高新技术产业增加值增长9.6%。获评全国科技创新百强区。一是着力打造创新创业载体。中国动力谷自主创新园开园三年来，先后获批国家海智计划基地、国家级科技企业孵化器、轨道交通国家专业化众创空间等资质和荣誉，已有超200家企业入驻，累计实现营业收入近60亿元。2018年申请专利1100余项，万人发明专利拥有量达到29.8件，专利申请量和专利授权量均居省、市前列。二是积极建设创新创业平台。新增市级以上企业科技创新平台31家，其中国家级创新平台11家，实施省、市重大科技创新和重大产品创新项目109个，完成投资57.6亿元。株洲升华科技有限公司等60余家企业利用科研院所资源实施了科技成果转化。三是大力开展招才引智行动。进一步制定完善人才政策，出台引进培育“中国动力谷技能人才”等四项人才配套政策。全年新引进的高层次人才425名，优秀青年人才1261名，优秀技能人才573名，进站院士7名，新设立院士工作站5家。预计发放人才奖励补贴资金超3000万元，较上年度增加1000万元以上。

（三）开放崛起的质量更好

努力提升国际化水平，发展开放型经济，打造全方位开放格局，获评全省发展开放型经济优秀园区。一是融入国家战略格局。积极对接国家“一带一路”倡议，全力实施“高校（科研院所）对接行动、500强（央企）对接行动”等“十大行动”，着力引进一批战略性投资者、战略性项目和战略性产业。以中车株机、时代电气、长城电脑等为代表的266家外贸企业，带动外贸进口、出口总额增长均在35%以上。引进内资197.5亿元、外资7.44亿美元，总量均居全市第一。株洲信息港、美国日蚀公务机、IGBT二期等269个项目签约进区，合同引资1047亿元，其中引进三类“500强”项目10个，50亿元以上项目8个。二是对接国际国内市场。充分发挥轨道交通装备、硬质合金、航空装备等产业的先发优势，推进创新创业机制、金融服务机制等改革，加强与国内外产业资本的对接与合作，组建创新创业服务中心和产业发展投资集团，助推株洲打造世界级先进制造业中心。积极启动湘欧快线延伸至株洲工作，2018年9月完成签约，2019年1月发出首列班车。加强与美国加州“硅谷”、西雅图“云谷”及德国“碳纤维谷”合作交流，设立海外招才引智推介平台，实现“四谷”联动。三是深化“放管服”等各项改革。以“最多跑一次”改革为引领，积极争取并承接67项市级经济权限下放，率先启用“行政审批章”，基本实现“中心之外无审批”。作为全省唯一的县市区代表在全省深化“放管服”改革推进会议上做了典型发言。研究出台《关于加强国有企业国有资产监督管理的意见》《国有公司考核评价办法（试行）》等制度，强化了对国有资产和国有企业的监督管理和考核激励，有力推进了国有企业转型升级。园区增量配售电改革加快推进，株洲兴新电力有限公司挂牌成立。制定实施《促进非公有制经济发展的十条意见》和《支持“株洲台湾工业园”发展的若干政策（试行）》，助推民营企业高质量发展。

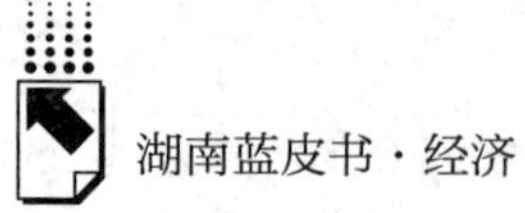

（四）城乡统筹发展的水平更高

坚持以人民为中心的发展思想，把增进民生保障作为一切工作的出发点和落脚点，努力为群众提供更高水平的公共服务、更优美的人居环境、更可靠的社会保障，积极创建城乡统筹幸福区。一是城市管理更精细。建设更高水平的文明城市，高质量完成全国文明城市测评复审、国家园林城市复审，荣获“全国新型城镇化质量百强区”称号。城管重心下移，城市管理综合考评年度排名全市第一。“建宁驿站”建设在全市示范推进，一批林荫停车场建成使用。旧城提质完成棚户区改造4100余户、老旧小区改造18个。二是乡村面貌更亮丽。大力实施乡村振兴战略，加快发展现代农业，建设“美丽乡村”和南部片区响水国家级田园综合体，发展壮大村级集体经济。开展农村人居环境整治，建成三门镇污水厂，启动三门镇美丽乡村建设整镇推进及14个美丽乡村示范创建工作。农村基础设施更完善，建成村道40公里、“点亮天元”工程224公里。打好“环境治理”攻坚战，有效整治了大气污染、污水直排湘江、黑臭水体等问题，空气优良天数较上年增加41天，湘江水质持续优于国家Ⅲ类标准。三是民生保障更坚实。持续加大重点民生领域投入，民生支出占比超过70%。切实保障教育优先发展，凿石小学建成开学，完成了一批义务教育标准化学校建设和薄弱学校提质改造。打造更加完善的城乡社会保障体系，攻坚克难，积极协调争取省、市相关政策支持，妥善解决了三门镇、雷打石镇等5个镇（街道）3600余名被征地农民社保遗留问题。全力推动就业工作，获得全省创业带动就业示范区荣誉。助推医疗卫生体制改革，城乡居民大病保险制度实现全覆盖，推进基层医疗单位与市级医院建成医疗联合体，医疗水平和服务能力大幅提升。

二　2019年展望

2019年是新中国成立70周年，也是推动高质量发展的关键之年。我们将始终坚持以习近平新时代中国特色社会主义思想为指导，以供给侧结构性改革为主线，深化市场化改革、扩大高水平开放，加快创新引领开放崛起，继续打好“三大攻坚战”，深入开展“产业项目建设年”活动，确保高新区总量增长

8%以上，力争进入全国国家级高新区前30名，坚守全省园区前三甲。

主要做好以下几个方面的工作。

（一）坚决打好三大攻坚战，守住发展底线

一是坚决防控好债务风险。严格落实中央、省、市有关化债要求，不断完善政府债务风险防范和化解机制，形成刚性债务化解方案，严控隐形债务增量，综合运用预算偿还、债券置换、整改消化等方式逐步化解隐形债务存量，确保实现化债目标。牢固树立过“紧日子”“苦日子”的思想，压缩一般性支出，提高资金使用效率。着力引导国有企业平衡好债务化解和发展的关系，坚决守住不发生系统性区域性金融风险的底线。二是坚决推进好污染防治。牢固树立“绿水青山就是金山银山”的理念，持续打好蓝天保卫战、碧水攻坚战和净土持久战。全面整改解决中央、省环保督察交办以及群众反映的突出环境问题，确保不发生重大生态环保事件。三是坚决巩固好脱贫成果。完善稳定脱贫长效机制，确保脱贫户持续增收。积极调动社会各方力量参与扶贫事业，大力发展村级集体经济，扶持薄弱村发展现代农业，加快推动株洲高新区集体经济薄弱村和城乡贫困居民实现脱贫增收。

（二）加快推动产业转型升级，增强发展动力

一是完善现代产业体系。围绕“3+5+2”产业体系，聚焦9条工业新兴优势产业链及11条细分产业链，实行链长负责制，着力建链、延链、补链、强链。着力升级打造轨道交通城“一镇四园”，即田心轨道特色小镇、轨道交通物流产业园、创新创业园、轨道交通主机产业园、轨道交通动力包产业园。以开发“两机重大专利”核心片区和通用机场核心片区为重点，深入推进航空城建设。充分发挥北京汽车、中车时代电动等龙头企业优势，做优做强汽车产业，引入研发、做大规模、做优配套，形成有影响力的汽车及新能源汽车制造产业集群。以长城电脑和株洲信息港为龙头，发展壮大电子信息产业，积极协调中国电子将研发基地引入株洲高新区，并加大投入力度，积极争取国家、省、市在政策、资金方面的支持，形成集研发、生产、配套于一体的计算机产业链条，打造国家级“自主可控计算机整机生产基地”。加大规模企业和高新技术企业培育力度，力争全年新增规模工业企业55家以上，新认定高新技术

企业55家。二是推进创新驱动发展。主动融入国家自主创新示范区建设，加强创新载体和平台建设，打造发展新引擎。鼓励企业组建产业联盟、技术联盟、标准联盟，支持企业建立研发中心、重点实验室。全年新增市级以上企业创新平台21家，其中国家级3家以上，省级7家以上。完成国家轨道交通、新能源汽车两大知识产权运营中心建设，组建国家智能网联汽车院，建立中国电科AI智能成果转化平台。全面推进“中国动力谷双创人才”政策落地落细，充分释放政策效应，在引进培育、创新创业、服务保障等方面持续发力。全年引进高端创新项目35个，引进人才团队7个，院士、“千人计划”专家、领军人才等22名。三是加强招商引资和加快项目落地。紧盯“高大上”、着眼“500强”、瞄准“小巨人”，推动招商引资从关注投资额度、企业数量向注重亩均效益、项目品质转变。综合运用驻点招商、以商招商等方式，着力引进一批投资体量大、产业关联高、带动能力强的好项目。全年力争引进新项目190个，引资595亿元，其中，产业项目130个，投资50亿元以上的3个。深入推进“产业项目建设年”活动，不断增加有效投资，切实提高投资效益。积极对接省“五个100”工作部署，开发、储备、引进一批重大项目。进一步强化落实“意向项目抓签约、签约项目抓开工、开工项目抓竣工、竣工项目抓投产”的工作推进机制，确保项目快开工、快建设、快投产、快达效。全年确保新开工重点项目80个，竣工重点项目51个。全力推进奇点汽车、株洲信息港、株齿动力总成、中小型航机燃机等产业项目建设。四是开展“温暖企业”行动。认真落实习近平总书记在民营企业座谈会上的重要讲话精神，坚持“两个毫不动摇”，实行“四联”机制，开展民营企业大走访，为企业送信息、送政策、送服务、送温暖，把“帮在实处、帮在宽处、帮在高处、帮在深处”贯穿到企业帮扶各个方面、各个环节。推动《关于促进民营企业发展的十条意见》落地见效，全面实施市场准入负面清单制度，支持民营企业在政府采购和政府投资项目建设中发挥重要作用。着力构建“亲”“清”新型政商关系，深入开展“一企一策”帮扶活动，严厉惩处对企业乱摊派、乱检查、乱收费等违纪违法行为。

（三）着力强化园区提质，挖掘发展潜力

一是拓展园区发展空间。坚持高起点规划、高标准建设的原则开发园区。

深化园区产业布局规划，进一步完善新能源汽车产业园、新一代电子信息技术产业园、军民融合产业园、人工智能产业园等特色产业园区规划编制。争取尽快出台《长株潭国家自主创新示范区条例》，全力推动自创区调区扩区。积极协调市委、市政府启动城市总规和土规的修编，争取指标向高新区天易科技城等园区倾斜。尽快启动五云峰片区的开发建设，促进华侨城、启迪哈工等项目落地。二是完善园区功能配套。高起点建设水、电、气、路等基础设施配套。适当布局商务和生活服务设施，满足企业和员工需求。推动优质教育、医疗、居住等生活配套向园区延伸，完善网络信息、咨询服务、营销策划、法律服务等生产性服务体系。加快丰树物流园建设，加快引进安博等一批知名物流企业，为园区发展提供配套支撑。着力推进标准厂房建设。突出完善田心轨道交通特色小镇的功能配套，基本完成“3234”路网工程，形成内外畅通的交通网络。全年完成标准厂房竣工面积不低于50万平方米。三是提升园区发展效益。持续推进“清低治违”。出台《工业地产管理办法》，着力抓好园区闲置土地的清理处置，建立低效工业用地、“占而未用”项目退出机制，盘活存量建设用地，提升工业用地精细化管理水平，提高园区土地效益。坚决维护规划的科学性、严肃性，保持控违拆违的高压态势，确保各园区违章建筑“零增长”，严格按照规划干到底、建设好、管到位。加快推动天台工业园和金德工业园整体转型升级。在开发方式上，积极培育引进集开发、管理、服务、运营为一体的园区运营商，探索国有企业与运营商“双主体”开发方式，或采取托管模式，推动园区开发方式创新。强化园区管理升级，加大改革力度，推动体制机制创新，提升园区管理服务水平。

（四）切实深化改革开放，提升发展活力

一是全力推进体制机制改革。在国家新一轮机构改革的大背景下，结合高新区、天元区的实际情况，稳步推进园政管理“五化”改革，减少管理层级，构建统一高效、扁平化管理的格局，确保全面完成政府机构改革，实现高新区、天元区的深度融合。二是全面优化营商环境。继续大力推动“最多跑一次”改革，积极推动“互联网＋政务服务”平台建设，打造“厅网通办、智慧政务”品牌，提供“不见面”审批和“指尖上的服务”。推进“证照分离”“多证合一”等改革落地见效，实现企业开办、商标注册时间再缩减。大力推

进增量配电改革试点实施工作，努力打造省级改革样板，确保兴新电力公司6月份实现试运行，切实为园区企业降低综合用电成本。金融服务方面，充分发挥动力谷产业投资集团的作用，为中小微企业发展提供金融服务。进一步完善营销帮扶体系，帮助北京汽车、长城电脑等龙头企业巩固国内市场、开拓国际市场。三是稳步扩大对外开放。积极争取获得国家有关部委和协会组织的支持和认定，举办中国的“柏林展”，将“田心论坛”打造为世界轨道交通技术展、产品展的国际品牌。搭上全省建设“一带一部”开放发展先行区的顺风车，深入实施“十大行动”。积极参加“港洽周”等重要经贸活动和会展活动，推动更多的优质产品、产能、服务走出去，支持长城电脑、时代电动等外贸企业加大出口力度。鼓励对核心零部件、先进技术、关键原材料实现引进、消化、吸收再创新。鼓励优势企业通过实施跨国并购战略，以投资换技术、换市场，占领行业制高点。确保实际利用外资增长10%，内联引资增长10%，外贸进出口总额占全市50%以上。

（五）统筹推进城乡发展，凝聚发展合力

一是着力推进城市提质。以“城乡统筹·幸福株洲”为主题，继续实施“十大文明行动”、“十大专项整治行动”，建设新时代更高水平的文明城市和卫生城市，把“全国文明城市”“国家卫生城市”的金字招牌擦得更亮。严格实行城管考核办法，充分发挥考核“指挥棒”和“鞭子”的作用。抓好数字城管指挥中心升级，启动“四网融合”项目，提高城市管理智能化水平。突出抓好一批市政基础设施建设。主动加强湘芸路等重要路段的路面管养，重点推进规划107路等路段建设，加速“两湖两园一带”（星月湖、万丰湖二期、浣溪沙公园、博古山公园和神农生态带）的建设和提质改造。抓好一批老旧小区改造，完成一批央企小区“三供一业”的移交改造。二是着力推动乡村振兴。加快响水国家级田园综合体运营，推进雷打石农产品加工园建设，积极对接唐人神、恒大高科等一批好项目落地，推动南部片区的整体开发。进一步加快现代农业人才培育，为乡村振兴强化人才保障。继续实施农村人居环境整治三年行动。全力推进25个村创建“美丽乡村”，力争2020年，有1个国家级精品村、3个省级示范村通过验收。三是着力强化民生保障。以深入实施劳动就业和社会保障城乡一体化、教育基本现代化、文化强区、健康天元、社会

治理现代化等五大工程为抓手，着力解决群众反映强烈的“读书难、读书贵”“看病难、看病贵”等老大难问题。进一步加快学校建设，确保菱溪中学、东湖小学2019年秋季建成开学，抓紧推进天易长鸿学校建设。加快引进民办教育，积极洽谈湖南师大附中和雅礼中学，争取合作办学；鼓励一批民办幼儿园转公办幼儿园；抓好学前教育专项治理和校外培训机构专项治理。进一步健全医疗服务体系，启动医疗卫生机构服务能力三年行动计划，启动一批镇（街道）卫生服务中心和村（社区）卫生室建设改造。大力引进医疗人才，构建科学合理的薪酬分配体系，通过较好的福利待遇，让优秀的医疗人才进的来、留得住。抓好基层医疗改革，提升基本医疗和大病保险保障水平，认真落实医保支付方式改革和异地就医结算政策。在创业就业、公益养老、文化体育、棚户区改造、农村危房改造、农村安全饮水、农村公路建设、社会治理等方面，着力补齐民生领域的短板。

B.30
2018年常德经开区发展报告及2019年展望

李育智*

2018年，常德经开区以习近平新时代中国特色社会主义思想为指导，深入贯彻中央、省委、市委经济工作会议精神，组织和动员全区上下，凝心聚力、锐意进取，加快建设新德山，努力实现新作为，不断开创高质量发展新局面。

一 2018年工作回顾

2018年，全区上下大力推进开放强市产业立市战略，全力实施“千百十”工程，奋力向千亿园区新时代迈进，经济社会发展继续保持了稳中有进、稳中向好的态势。全年完成技工贸总收入918亿元，增长14.6%；规模工业总产值452亿元，增长14%；固定资产投资同比增长14.6%；实现一般公共预算收入20.19亿元，增长11.6%。

1. 招大引强持续突破

继续突出招商引资工作首位度，全面实施全员招商，加强对外交流合作，不断提升园区开放发展水平。坚持立足国内、放眼全球，在500强企业和外资项目引进上取得了新的突破。上海复星医药、法国施耐德、大唐华银等500强企业，香港纪鸿投资、艾菲尔特、美时贝尔、曼纽科等外资项目纷纷落户德山。2018年签约项目43个，其中亿元项目30个，10亿元项目8个，引进内外资总额273亿元。

---

* 李育智，常德经济技术开发区党工委书记。

2. 发展后劲持续增强

牢固树立项目为王的工作理念，集中主要精力，选调精干力量，实施各个击破。全年重点推进购地产业项目 55 个，新开工亿元以上项目 30 个，投产项目 13 个。特别是项目推进百日攻坚行动成效明显，昊天汽车二期、金富力锂电二期、诺达科技等项目投产运营，三一机械扩建项目部分投产，中国中药、金海钢构、国柔科技、石墨烯产业园等主体工程封顶，常德中车、重庆药友、智见控股、中通物流等项目有序推进。同时，各级各部门全力以赴促征拆，集中力量攻难点，全年共完成征地 1718 亩，签订集体土地房屋协议 225 户，有力保障了产业项目用地需求。

3. 产业基础持续夯实

把促进产业转型升级作为重要抓手，园区传统产业换挡加速，新兴产业茁壮成长，全年规模以上工业增加值增长 9. 8%，新增规模工业企业 26 家，高新技术企业 11 家，新注册三产企业 405 家。深入开展暖企行动，干部主动联系企业，积极服务企业，对企业诉求第一时间回应、第一时间协调、第一时间解决，全年为企业处理难题 187 个。重点帮助力元新材、武陵酒业、德海制药等一大批企业加快推进技扩改，特别是云锦纺织异地技扩改从搬迁到投产用时不到 1 年，跑出了项目建设的德山速度。协调金德新材、惠生肉业等一批企业解决发展难题，走出发展困境。充分利用好国家级科技企业孵化器和省级众创空间平台，大力引进培育总部经济，促进入驻企业孵化成长，入孵企业已达 158 家，孵化毕业 6 家。三产业龙头企业发展态势良好，湘西北商贸城经营商户超过 400 家，红星美凯龙交易额突破 10 亿元。成功获批“湖南省军民融合产业示范基地”，金天钛业、翔宇设备、昊天汽车、三金药业等一批军民融合产业企业来势可期。

4. 园区形象持续提升

按照“停、缓、调、撤”要求，严控城建项目规模数量，集中推进汉德大道、民建路、兴德路、三一路等产业配套道路建成通车。孤峰塔改造、沅江风光带二期春节前可基本建成。强力推进中央环保督察反馈的 17 件问题整改，积极处理回复中央环保督查“回头看”信访投诉件 8 件，德山污水处理厂提标改造、三岗渠黑臭水体源头截污治理等全面完成。违章建筑零新增，绿化保洁常态化，城市管理水平不断提升。大力盘活土地市场，成功推出金龙电机、

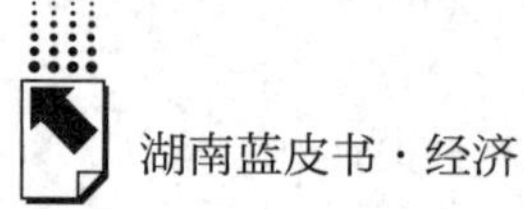

姚湖湾、大桥西等地块净地挂牌出让，吸引碧桂园、浩创、愿景等知名房企进驻德山。全年出让土地2032亩，实现收益15.6亿元，完成收储352亩，开发整理421亩，迈出了片区开发和土地利用的历史性步伐。

5. 民生事业持续改善

坚持以人民为中心，统筹推进民生事业。百年老校莲花池小学提质改造一期工程投入使用，赵家桥小学二期完工，湖师大附属德山学校开学。镇街便民服务中心和村社综合服务平台建成，智慧党建平台运转顺畅。聚力推进脱贫攻坚，深入开展扶贫领域作风问题专项治理。全力打好非洲猪瘟防控战。持之以恒开展违反中央八项规定专项整治，始终保持惩治腐败的高压态势。全面压实安全生产工作责任，连续获得省市先进。持续推进无上访村（社区）建设，扫黑除恶专项行动纵深开展，综治民调工作继续排名全市前列。

二　准确把握高质量发展的新形势、新要求、新机遇

做好新时代园区工作，实现高质量发展，我们必须认清新形势、落实新要求、抢抓新机遇，确保在转型发展的重要关口站位高、思路清、方向明。

1. 明确发展导向

突出质量导向。牢牢把握高质量发展根本要求，努力实现讲求规模与讲求效益并重，注重生产与注重生态并重，做大个体与做长链条并重。要突出特色导向。加大品牌创建力度，引导培育一批“镇园之宝”，形成“特色产业 + 特色品牌”；优化服务、优化环境、优化生态，把特色服务变成特别记忆，吸引客商、留住客商、成就客商，形成“特色服务 + 特色记忆”；挖掘德山文化底蕴，弘扬善德文化，促进优秀传统文化与企业文化深度融合，创造特有的文化地理标志，形成“特色文化 + 特色标志”。突出主体导向。充分发挥市场在资源配置中的决定性作用，厘清政府与市场边界，不断强化企业主体地位，让企业真正做自己的主，干自己的事。

2. 正视发展问题

在前进道路上，我们仍然面临一些困惑和难题。一是出局危机。商务部和生态环保部对国家级园区考核细则做了调整，更加注重环保、科技、创新等指

标。而我们在这些方面短板比较突出，消化历史包袱责任重、难度大，考核出局压力倍增。二是招商困局。受防范化解政府债务风险的影响，一批在建和拟引进的重大产业项目，政府配套资金、资源和市场的压力加大。同时，企业的营商成本、生产经营成本一直居高不下，招商难、安商富商兴商更难。三是人才困境。园区生活配套和公共服务还不完善，人才难引进、难留住。干部思想观念固化，工作方式方法陈旧，驾驭复杂局面、参与经济工作的能力，与工作环境和工作要求还不相适应。

3. 抢抓发展机遇

抢抓政策支持的机遇。中央经济工作会议明确提出，实施更大规模的减税降费，较大幅度增加地方政府专项债券规模，提高直接融资比重，解决好民营企业和小微企业融资难融资贵问题等等；省委、省政府出台《关于促进民营经济高质量发展的意见》，从降低税费、缓解融资难融资贵、营造公平竞争环境等 7 个方面提出 25 条干货十足的政策措施。可以说，这些政策都是对实体经济，特别是民营经济真心实意地帮扶，真金白银的支持。抢抓关心重视的机遇。省委、省政府大力实施创新引领、开放崛起，市委、市政府深入推进开放强市、产业立市，把支持实体经济、支持园区发展放在首要位置。市直部门加大对经开区的支持力度，进一步简政放权，行政审批基本实现“不过河”。周德睿书记、曹立军市长更是在元旦后第一个工作日，专门召开全市非公经济代表人士迎春茶话会，明确指出要真帮实扶民营企业，不断优化环境、优先保障，提供优厚待遇、优质服务。要抢抓园区改革的机遇。

4. 坚定发展信心

要正视困难，更要坚定信心。一是厚重积累带来了信心。目前，常德经开区已经积累了跨越发展的厚重基础，技工贸总收入已经接近千亿，发展实力大幅提升；产业基础配套逐步完善，园区发展环境不断优化；“3 主 2 特”的产业格局逐步形成，产业发展的思路更加清晰。二是强劲来势增添了信心。常德中车、洞庭药业、三一机械等优质企业正在蓄势待发；云绵纺织、武陵酒业、海利化工等传统企业正在换挡发力；力元新材二期、昊天汽车二期、中国中药、金海钢构、翔宇设备、天马电器等在建项目正在加速建成，园区经济增长来势强劲。三是党员干部充满了信心。全区上下团结一心、同力同向，想干事、能干事、会干事的能力不断增强，崇尚实干、狠抓落实的本领不断提升。

三　2019年重点工作安排

2019 年是新中国成立 70 周年，是产业立市三年行动攻坚之年。我们将始终坚持改革创新，聚焦产业建设，实施开放发展，争当区域性产业发展排头兵、新时代园区转型领跑者，加快建设新德山，努力实现新作为，全面开创园区高质量发展新局面，以优异成绩向中华人民共和国成立 70 周年献礼。主要预期目标是：技工贸总收入增长 15% 以上；规模工业总产值增长 15% 以上；固定资产投资增长 15% 以上；一般公共预算收入增长 15% 以上。

实现上述目标，重点要做好以下六个方面的工作。

1. 突出招商引资，在项目建设上实现新作为

坚持项目为王，抓合作、抓引进、抓建设，突出实施招商引资“双百工程”，力争引进项目 100 个，完成产业投资 100 亿元；确保全年引进亿元以上项目 30 个，10 亿元以上项目 10 个；新开工亿元以上项目 24 个，投产亿元以上项目 24 个。

责任要压实。全面推进部门招商，大力实施全员招商，重点推动专业招商，坚持单位“一把手”带头抓招商，分管负责人全力抓招商。挖掘招商信息资源，分解部门招商任务，制定招商责任清单，明确招商责任人员，处级以上局办、镇街、德源公司要引进 1 个以上亿元产业项目，其他单位至少引进 1 个产业项目。按照一切以项目建设论英雄、排座次、定奖惩的原则，严格实行绩效考核，重奖招商有功之臣。

方式要转变。突出精准招商，把握投资导向、跟进投资动向、瞄准前沿方向，对园区重点发展产业的存量企业进行梳理，找准其国内外上下游龙头企业，有针对性地开展定向性、跟进式、精准化招商，做深做透建链、延链、补链文章。开展节会招商，积极参加“对接粤港澳大湾区”“沪洽周”“中非经贸论坛”“德商恳谈会”等大型招商活动，与发达园区、商会和企业结对，促进共建共享。做好亲情招商，充分发挥老乡、校友、园区企业家的桥梁纽带作用，引导德商总部回归、产业回归、资本回归和人才回归。继续选派干部驻点招商，探索开展委托招商，大力实施异地孵化招商，力争在引进 500 强企业、战略性龙头企业和行业领军企业上取得新的突破。

服务要跟进。全面推行“母亲式”服务，实行“一窗受理、一件通用、一人跟进、一站办结”，打通项目建设“最后一公里”。强化项目服务责任，建立入园项目目录清单，项目推进责任清单、项目建设任务进度清单，实行看板管理，严格奖惩兑现。按照重点项目重点推进的原则，对投资5亿元以上的大项目、产值税收效益佳的好项目、技术创新领先的高项目，实行一名区级领导牵头、一个部门负责、一队人马推进的工作机制，做到一刻不停、一以贯之、一抓到底。力争重庆药友、武陵酒业、云港生物等新建项目开工建设，常德中车、智见控股、天马电器、中通物流等续建项目主体完工，中国中药、金海钢构、翔宇设备、力元二期、国柔科技、金康光电二期等项目竣工投产。

2. 突出产业建设，在转型升级上实现新作为

产业建设是园区发展之基、强区之本、镇园之魂。要抢抓振兴实体经济的机遇，大力推进传统产业转型升级，小微企业创新提质，持续培育、发展、壮大、做优产业，提高经济发展质效。力争新增上市企业1家，税收过千万元企业2～3家、过亿元企业1～2家，2～3年内打造1家百亿元规模企业。

促进产业升级。按照高质量发展要求，着力帮扶传统产业转型升级，加快推动新兴产业发展壮大，坚决促进低效产业达标提质。充分利用政策机遇，引导传统产业保持战略定力，专注于技术革新、产品创新、设备更新，不断把管理做好，把品质做优，把品牌做强，加快实现企业转型、技术升级、产品提质，让金健米业、恒安纸业、云锦纺织、常德纺机等一批传统企业发展历久弥新、经久不衰。深耕品牌建设，鼓励和支持更多的优势企业、优质品牌走出去，开展合作交流和市场拓展，逐步培育一批在全省、全国乃至全球叫得响的过硬品牌，让世界爱上德山造。积极培育新兴产业，加快延伸力元新材、长园中锂等新材料、新能源企业的产业链条，着力在引进、整合、促进融合发展上取得成效，力促金富力锂电早日上市发展。下决心淘汰园区落后产能，下大力处理僵尸企业，做到依法依规、公正公平、坚决果断，让绿色产品、绿色工厂成为德山的亮丽名片。

做强专业园区。重点围绕承接产业转移，明确本园区1～2个产业方向。根据“3+2”产业规划，着力打造智能制造及军民融合产业园、德山信息港、德谷科创城、新能源新材料产业园、电镀产业园、新港物流园等专业园区。理

顺管理体制，加快制定园区规范管理考核办法。政府投资建设的园区，由德源集团归口管理，自主经营。既要管好物业，更要管好产业，对不符合产业规划、达不到合同约定的要逐步清退。完善配套服务，加快建设园区共享服务中心，为周边企业提供生产性服务、生活性服务及个性化服务，实施“中心+企业”“中心+园区”管理模式。探索为企业定制“服务包”，既提供惠企政策兑现集成管理，更着眼每个企业及其员工，尤其是高端人才的个性需求，量身定制解决方案。

搭建发展平台。进一步明确德源集团园区开发建设、管理运营的综合服务商定位，加快完善现代企业制度，加速向市场化经营转型。充分发挥国家级科技企业孵化器、省级众创空间的带动作用，吸引中小企业入驻孵化，并配套建设加速器，为孵化企业提供资本、人才、市场等深层次服务，力争年内孵化毕业10家以上，申报高新技术企业4家以上。加强企业自主经营，逐步把工作重点转移到产业（资本）投资、园区开发、资产经营上来，力争年内实现综合收入5亿元。加强资本市场建设，组建并实质运营产业发展基金，通过基金公司和供应链公司，继续推进资本合作、厂房代建、金融服务，为重大产业项目落地提供配套支持。积极参与园区重大平台建设，尽早启动德山港建设，积极申建常德保税物流中心（B型），努力建强对外开放平台。

3. 突出城市更新，在产城融合上实现新作为

始终突出产业配套这个中心，以建设产业高地、生态绿洲、幸福家园为目标，走出一条“以产带城，产城相宜，三生协调”的产城融合发展新路。

坚持以产业规划统领城市规划。产业是脊梁，规划是龙头。进一步完善产业发展规划，按照“3+2”产业规划，优化产业布局，打造南部以装备制造产业为主，中部以新一代信息技术产业为主，东部以生物医药、新材料新能源产业为主的产业集聚区。新引进项目原则上按产业布局选址供地。进一步修订完善城市总体规划，按照产业规划布局，重点满足产业发展和产业工人的生产生活需求，修订完善城市各项专业规划，推进多规合一，促进产业与城市深度融合，共生共荣。进一步突出规划的权威性和严肃性，坚持一张蓝图绘到底、一任接着一任干，实现“规划一张图、建设一盘棋、管理一张网”。

坚持按产业需求配套基础建设。根据产业项目建设需求，科学安排城建配套项目。今年，要重点推进一批道路配套。启动枫林路、长安路、尚德路建

设，加快湖师大附属德山学校周边、东田碑片区道路配套。推进一批商居配套。坚持高起点规划，高水平建设，力促浩创、愿景、碧桂园等商居综合体尽快建成，形成高端商业圈、人流圈。推进一批基础配套。启动南区污水主通道、枉水流域污水通道工程，新建南区压力供水泵站及配套管网，加快崇德路、长安路、莲池路雨污分流改造等。完成新包垸黑臭水体治理、顺隆皮革厂污染地块整治，打好推进绿化提质三年行动收官战，让园区公共服务和功能配套有口皆碑、口口相传。

坚持用商业思维搞活城市经营。牢固树立“经营城市”的理念，按“财政引导、市场化筹资”原则，加快运用政府和社会资本合作的模式，引导社会资本参与城市基础设施建设。通过特许经营权、合理定价、财政补贴等收益约定规则，鼓励社会资本参与集中供热供气、文体活动中心等项目的建设运营。加快推进电力供应市场改革，依托现有资源，着力建设绿色能源供应保障体系。加大云锦老厂区、七一机械厂、德山公园周边、东田碑等片区的开发建设力度，打造集休闲、娱乐、商住、餐饮等于一体的商业综合体，搞活城市经营，提升城市形象，增加城市人气。

4. 突出要素保障，在破解瓶颈上实现新作为

大力实施“三大计划”，着力破解人才、资金、土地等发展瓶颈问题，为高质量发展提供要素支撑。

实施人才兴园计划。修订完善人才引进办法，鼓励和支持企业自主引进高技能、经济管理等紧缺人才。支持园区内各类人才开展重大科技成果转化，鼓励高校、科研院所科技人员到园区创办企业或进入企业转化科技成果。支持高校、职业技术院校与园区建立人才对口培养合作机制。加快建设高层次人才创新创业示范基地，努力把园区打造成为人才智力密集、科技创新活跃、人才作用充分发挥的区域性人才小高地。

实施金融助力计划。进一步加大金融服务业招商引资力度，积极鼓励国内外金融机构进园区设立总部或地区总部，开展金融业务，吸引和鼓励高级金融管理人才和金融业高层次紧缺人才在园区发展，全面提升园区金融服务业发展水平。持续加大产业基金投放力度，做强担保公司，做大小贷公司，多渠道、多领域撬动社会资本支持园区产业发展。

实施土地开发计划。加大土地开发整理和收储力度，着力攻克用地指标不

足和耕地占补平衡难题，为项目落户提供用地保障。强化土地经营，继续加大片区开发力度，持续增加土地收益。稳妥开展批而未供、供而未用、用而未尽、建而未投、投而未达标的“五未”土地处置专项行动，切实盘活闲置低效存量用地。

5. 突出改革创新，在激发活力上实现新作为

结合全省园区综合改革试点，统筹推进机构整合归并，坚持向改革要红利，在改中求变、在变中革新，不断增强园区发展的内生动力。

加快推进行政审批改革。认真落实“放管服”改革要求，深入推进“最多跑一次”改革，整合园区行政审批职能，科学设置政务中心窗口，加快建设“政务服务 + 互联网”平台，实现“网上办、集中批、联合审、区域评、代办制”，真正做到一站受理、全程代办、限时办结。

搞活选人用人机制。打破行政思维，突破体制束缚，突出主业主责，大力探索企业化、市场化的用人管理模式，做到人尽其才，才尽其用。加快组建招商合作中心、项目推进中心、园区发展中心，全面实施聘用和绩效管理。按照突出主业、因事设岗，双向选择、档案封存，以绩定酬、奖优罚劣的原则，面向体制内和全社会公开选聘选配人员，落实绩效考核，充分激发干部激情，增强内部活力。

推进社会管理创新。促进完美社区、智慧党建等平台深度融合，完善综合服务管理，推动社会管理中心向基层下移。加强住宅小区物业管理，着力探索共建共治共享的物业管理机制，持续改善小区居住环境。加大政府购买服务力度，把更多的服务项目交给市场，不断提高社会组织承接服务的能力，推动政府职能向社会组织转移。加快推行“1 + N”社会综合治理模式，着力解决基层社会治理难题。

6. 突出暖企惠商，在优化环境上实现新作为

环境是园区发展的软实力。全区更加重视优化政务环境、市场环境、建设环境和法治环境，努力把德山打造成发展环境新高地。

实施暖企行动。全面贯彻习近平总书记在民营企业座谈会上的重要讲话精神，不折不扣落实减税降费政策，一视同仁支持民营企业参与市场竞争，坚决保障民营企业和民营企业家的合法权益，让民营企业扎下根来，安心发展。继续深入开展“百名干部联系百家企业”暖企行动，与企业家用心交往，对企

业用情帮扶，发现问题用力解难。开展专项整治。以铁的意志、铁的举措、铁的纪律，深入开展优化环境整治行动。重点整治职能部门以及工作人员不作为、不担当、不负责、不服从的“四不”行为，突出查处项目建设中强行阻工、强买强卖、强揽工程等现象，发现一起、查处一起，重拳打击、顶格处罚、绝不手软。谁挡路、就要谁让路，谁搅局、就要谁出局，谁失职、就要谁丢职。

组织综合考评。通过明察暗访、随机抽查等方式，开展优化环境督导检查考核。定期组织服务对象、企业负责人、人大代表、政协委员、优化环境监督员，对部门、镇街优化发展环境工作进行公开测评。测评结果与年度绩效挂钩，连续两次排名靠后的通报批评，取消评先评优资格，连续两年排名末位的坚决采取组织措施。

B.31
2018年浏阳经开区发展报告及2019年展望

浏阳经开区党工委、管委会

一 2018年工作情况

2018年，浏阳经开区以习近平新时代中国特色社会主义思想为指导，深入贯彻党的十九大和十九届二中、三中全会精神，以“产业项目建设年”为总揽，以质量效益为中心，以打好打赢“三大攻坚战”为重点，坚持“精准、舍得、执着”的招商理念，坚持以智能制造、产业链建设推动园区转型升级的发展路径，着力“强产业、补短板、优品质、聚人气”，努力实现“质量变革、效率变革、动力变革”，经济社会呈现稳中向好的态势。

（一）发展质效稳步提升

明确“加快园区转型升级、推动新一轮高质量发展”的目标，启动“二次创业”新征程。转变发展理念，推动管委会由行政性机构向“泛投资”机构转型，将优惠政策、土地、资金等当作投资看待，与园区企业共同成长。

经济运行稳中有进。全年实现规模工业总产值790亿元，同比增长23.8%；高新技术产值748.5亿元，同比增长23.3%，占总产值比重达94.7%；规模工业增加值281.6亿元，同比增长14.4%；完成财政收入40.1亿元，同比增长12.5%；完成固定资产投资184.87亿元，同比增长7%，其中工业固投171.57亿元，同比增长20.1%，工业和生产性服务业占固定资产投资比重为97.2%。

动能转换明显加快。立足“两主一特”产业和显示功能器件、生物医药、环境治理技术及应用三大产业链，培育发展新动能。蓝思科技集团揭牌成立，实现多点支撑、集群发展，成为园区的“华为”；签约启动总投资360亿元的群显科技显示屏制造项目，是全省迄今为止投资最大的产业项目，同时引进蓝思新材料、华壹5G、卓精微等产业项目16个，集面板、显示、触控于一体的显示功能器件产业集群日益壮大。生物医药产业发展获得高度认可，获评中国生物医药最具特色、最具潜力园区，健康产业园、心诺医疗、敬和堂制药等14个生物医药及相关产业项目成功落户。扎实推进智能制造，投资32亿元的蓝思智能机器人项目顺利投产，盐津铺子、华纳大药厂等16家企业获批长沙市智能制造试点，企业转型升级步伐加快。融入“一带一路”发展规划，牵头建设乌干达—湖南产业园，推动优势企业“走出去”。

项目建设重点突破。全年引进项目43个，合同引资285亿元，其中过50亿元项目2个，完成征地3020亩，拆迁162户，雅阁酒店等21个项目实现征拆清零，保障新签约项目加快落地。铺排重点建设项目58个，34个项目实现投产。其中，日写DITO触控传感器项目获评全省“5个100”重大产业建设优秀项目，并位列第一；在长沙市重点项目观摩活动中，蓝思消费电子产品防护视窗组件和盐津铺子烘焙产品智能生产基地项目分别获得第三、第六名，浏阳经开区在五个国家级园区中排名第二，并为浏阳市夺得县市第一名，项目建设成效得到省委、市委高度肯定，成为高质量发展的新增长点。

（二）“三大攻坚战”扎实推进

围绕打赢打胜“三大攻坚战”，更加严谨务实地开展各项工作。风险防控方面，制定了《防控化解政府性债务风险工作方案》，明确十条化债措施，作为后续化解债务的行动指南。向上争取政府债券发行等资金14.25亿元，推进闲置、低效土地清理和土地招拍挂工作，依法挂牌土地25宗1450亩，全年偿还各类债务本息21.72亿元，确保风险可控。污染防治方面，积极迎接中央环保督察“回头看”和省级环保督察，在2015年首次实施三年环保行动计划、推出十大环保工程的基础上，继续出台环保新三年行动计划。开展“春霆”等环保专项执法行动和雨污分流专项整治，坚决落实“河长制”工作。全省园区首个天然气分布式能源项目和再生水综合利用项目正式投入运行，总投资4.5亿元的新污水处理厂建设全面推进，获评湖南省绿色园区。脱贫攻坚方面，做好龙山县苗儿滩镇、小河乡乌石村精准扶贫工作，确保资金到位、措施到位、效果到位。其中，苗儿滩镇今年脱贫 319 户，隆头社区自来水厂和苗市社区办公楼已竣工，黄桃基地实现产出；小河乡乌石村已脱贫 67 户，种植优质水稻、烤烟、菊花、魔芋等经济作物 1000 余亩，发展文化产业，打造“农民画室一条街”。

（三）改革创新环境更优

探索符合发展实际的改革方案，努力在改革难点和痛点问题上找突破。推进“最多跑一次”改革。在全省率先将企业开办时间压缩至 3 个工作日，381 个事项实现“最多跑一次”。按照“三集中、三到位”原则，政务大厅推行窗口集中受理改革，打破分窗受理传统模式，由原来的 11 类窗口 44 人，调整为 9 类窗口 31 人。实施全省唯一试点产业项目“先建后验”改革，审批时限从 21 个管理环节 53 个工作日办结，缩减为 10 个管理环节 17 个工作日办结，减少资料 91 项，审批效率大幅提升。开展“证照分离”改革试点，惠及企业 290 余家。设立警务服务大厅，让企业和群众“就近办，方便办”。平台公司成功转型。推动湖南金阳投资集团市场化改革，进一步明确主营业务，提升核心竞争力，是全省园区中率先完成从政府投融资平台顺利转型为市场化经营的国有企业，全年实现总收入 1.45 亿元，主营业务收入增长 11.68%。深化人事制度改革。对 39 名中层干部实行聘用和任期管理，实施中层干部竞争上岗，选拔 7 名优秀年轻干部充实中层岗位，树立鲜明用人导向，激发队伍干事热情。营商环境持续优化。深入开展“千人帮千企百日大行动”，完善重点企业、项目委领导联系制度，走访企业 300 余家，解决问题 350 余件。全年拨付各类产业扶持资金 2.63 亿元，指导企业申报各类项目 100 余项，向上争资 7500 余万元。组织企业参加各类招聘会 21 场，帮助企业招工 2 万余人。搭建银企对接平台，为 13 家企业放款授信达 18 亿元。建强公共服务平台，云普检测顺利通过 CNAS 国家资质认可，并成为中部地区唯一一家获得 A2LA 国际资质认证的电子信息产业服务平台。产业化服务中心获评湖南省中小微企业核心服务示范机构，为企业研发、孵化提供坚实保障。

（四）社会事业协调发展

践行“以人民为中心”的发展理念，着力补齐城市功能短板，全力维护社会稳定。树立产城融合新形象。按照市委决策，园区托管浏阳高新区，合力打造金阳新城。引进湖南电子科技职业学院本科校区、韵达物流、五星级雅阁酒店等产业配套项目13个，金阳·紫星商务区正式开工建设，现代服务业实现新突破。实施教育优先方针，与湖南师范大学、吉首大学等战略合作深入推进，主动对接联合办学、技术转化。长郡附属小学完成主体建设，预计提供学位2400个。开通融长公交，与长沙地铁无缝对接；健康大道北延线建成通车，中心片区与北片区实现融合发展。落实推进就地城市化政策，发放购房补贴和春风助学奖金共612万元。组织惠民演出23场，惠及企业职工和居民2万余人次，群众获得感不断增强。创建平安和谐园区。开展企业安全生产检查123家次，下发整改文书56份，连续五年实现安全生产“零事故”。投入8000余万元高标准建设中心消防站，投入500万元打造“雪亮工程”。大力开展“百企联防、群防群治”大巡防和“扫黑除恶”专项活动，稳妥做好信访维稳工作，调解纠纷168起，排查隐患652条，办理办结网上信访74件，完善了政府负责、社会协同、公众参与、法治保障的社会治理体制，平安创建氛围日益浓厚。

二 2019年工作思路

2019年，我区将深入贯彻党的十九大和十九届二中、三中全会以及中央、省委、市委经济工作会议精神，落实中央“六稳”工作要求，坚持稳中求进工作总基调，坚持新发展理念，坚持推动高质量发展，坚持以供给侧结构性改革为主线，坚持深化市场化改革、扩大高水平开放，坚持创新引领开放崛起，继续打好三大攻坚战，紧扣“产业项目建设年”“营商环境优化年”两个重点，保持定力、提振信心、担当作为，全力推动新一轮高质量发展。

经济工作的主要预期目标是：力争实现规模工业总产值、规模工业增加值、一般公共预算收入同比增长10%；完成财政总收入44亿元，同比增长10%；工业固投同比增长12%左右。计划新引进项目30个以上，完成实际投资60亿元以上；铺排重点建设项目55个，年度总投资162.6亿元，集中力量推动群显科技显示模组等一批重大项目完成年度建设任务。全年批回建设用地

1500 亩，完成征地 1300 亩，项目平地 1500 亩，去存量土地 1500 亩。

为实现上述预期目标，重点抓好以下四个方面工作。

（一）坚持不懈推动高质量发展

1. 聚焦项目攻坚

理顺项目建设机制，坚持“每月一调度、季度一总结、半年一观摩”。铺排重点建设项目 55 个，其中新开工 34 个、续建 21 个，年度计划总投资 162.6 亿元。扎实推进群显科技显示模组、韵达湖南快递电商总部基地、敬和堂制药、北园污水处理厂、湖南电子科技职业学院等重点新建、续建项目建设，加快健康产业园、联东 U 谷、长沙智中心等“园中园”项目建设。抢抓农村土地制度改革三项试点机遇，探索在集体建设用地上建设经营性教育配套、公共设施的供地方式。围绕重大产业项目落地实施精准拆迁，坚持“三大清零”攻坚，继续做好已征未批土地报批工作，全面清理已批已征已用土地，明晰产权归属，解决遗留问题。完成路基、路面建设 3 公里以上，建成捞刀河路、腾达路、康平路东延线等道路。

2. 实现招大引强

坚持“精准、舍得、执着”的招商理念，紧紧围绕“两主一特”产业定位，以显示功能器件产业链、生物医药产业链、环境治理技术及应用产业链为重点，瞄准产业链高端和终端开展精准招商。创新招商方式，采取点对点招商、以商招商、小分队招商、“园中园”招商等模式，力争接触一批、引进一批、孵化一批优质产业项目，全年引进相关产业项目 30 个以上，继续抓好优质教育资源等产业配套项目的引进和落地。把好用地准入门槛，健全节约集约用地管理、评价机制，进一步提高工业用地价格、容积率、投资强度标准，全面提升招商质量。

3. 助推企业发展

坚持走智能制造推动企业转型升级的路子，出台企业信息化、智能化改造和扶持智能制造产业的激励政策，推动智能制造扩面升级，新增长沙市智能制造试点企业 15 家以上。巩固“千人帮千企百日大行动”，建立走访服务企业的长效工作机制，推动政策精准入企，加强政产学研用合作，推广本地产品本地用。围绕供给侧结构性改革新要求，积极落实“三去一降一补”的政策举措，支持企业入规、“升高”、上市，新增规模以上工业企业10家以上，力争推动1~2家企业上市。加大对低效企业、“僵尸企业”的清理力度，盘活存量，淘汰落后产能。融入“一带一路”发展规划，积极筹建乌干达湖南产业园，引导优势企业“走出去”。搭建交流平台，组织企业参加全国、省市相关展会活动，扩大企业知名度。支持金阳投资集团深化市场化改革，做优做强主营业务。

（二）持续发力推进三大攻坚

1. 继续打好防范化解重大风险攻坚战

坚持控增量、调结构、守底线，将化解政府债务与扩大有效投资相统筹。积极争取政府债券、企业债券额度及上级项目资金，增加可用财力。优化财政支出结构，明确资金保障重点，严格压缩一般性支出，突出增加产业发展和基础设施投资，有效带动社会投资，提高财政资金配置和使用效率。研究经营性用地与工业用地收支平衡，创新片区开发模式，减少土地征拆和报批的资金沉淀，控制土地开发成本。创新企业扶持方式，整合企业扶持资金，壮大融资担保基金，规范招商政策兑现。

2. 继续打好污染防治攻坚战

大力推动区域和行业环保问题解决，确保区域环境质量稳中有升，打好打赢“蓝天碧水保卫战”。全面巩固中央、省级环保督察成效，深入实施环境保护三年行动计划（2018~2020年），抓好大气、水污染防治。提升智慧环保水平，加强环境实时在线监测。落实“河长制”工作要求，确保联点河流水质稳定达到ⅢC及以上。执行排水许可制度，加强企业排水监管，持续推进雨污分流改造。加强环境应急能力建设，提高突发环境事件应对能力，积极回应群众关切，重点整治污水外溢、异味扰民、超标排污、噪音扰民等领域突出问题，增强人民群众的环境获得感。

3. 继续打好精准脱贫攻坚战

对标对表做实脱贫工作，巩固、扩大脱贫攻坚成果。以党建促脱贫，将“党建+扶贫”覆盖到村级建设各个领域。以产业促脱贫，在龙山县苗儿滩镇，扩大黄桃种植、蜜蜂养殖等产业经济效益；在小河乡乌石村，合理利用荒山荒土栽种果树，发展林下经济和小规模家禽养殖。以就业促脱贫，帮助贫困户优先在村办企业就业，同时加强与园区企业联系，增加就业机会。

（三）持之以恒优化营商环境

1. 提效政务服务

推进各部门职能职责流程再造，制定工作手册。深化工业项目“先建后验”试点，扩大试点覆盖面，力争成为全省取消社会类投资建设项目初步设计审批试点单位。深入推进商事登记改革，继续实施“最多跑一次”“证照分离”等改革措施，使商事登记更加便民便企。加强“互联网+政务服务”平台推广使用，提高全程“网上办”事项比例；探索“帮代办”服务，扩大办理事项范围。强化协同技术应用，推动数据资源共享交换和信息资源开发利用，构建全方位信息安全防护体系，保障信息安全运行。搭建高效引才平台，开展“春风行动”、校企合作、中高端人才引进、网络招聘等各类引才活动；完善人才服务体系，落实政策、注重引导、营造氛围，帮助企业引才育才留才。

2. 鼓励担当作为

树立重实干、重实绩的用人导向，坚持严管与厚爱相结合，引导干部勤学善思、爱岗敬业、积极进取。持续推进薪酬体制、人事制度改革，继续实施干部员工“全员聘任制”和中层干部“任期制”，科学制定考核评价体系，合理安排绩效指标，形成鲜明的用人和奖惩导向。针对干部本领恐慌、经验盲区、能力弱项，开展精准培训，切实提高干部职工服务经济工作的专业知识、专业素养、专业能力，努力成为经济工作的行家里手。加强机关管理，进一步提升机关工作环境和后勤服务水平。

（四）着力协同区域经济社会发展

1. 理顺体制机制

落实经开区托管高新区统筹管理体制改革方案，把“五统一分”落到实处，形成“1+1>2”的叠加效应。成立专门班子，负责托管高新区工作，加快融合进程，全面统筹经开区、高新区的年度计划、数据统计、征拆政策、整体规划、对外宣传口径、重大活动安排、智慧园区建设等，进一步深化园镇体制改革，促进“两园四镇”协调发展，合力建设金阳新城。

2. 加快产城融合

加快雅阁、维也纳酒店和金阳·紫星商务区（一期）建设，提升现代服务业配套水平。优化公共交通网络，稳步推进金阳新城内部公交改革。做好教育专项规划，统筹园区教育资源均衡普惠发展，建成长郡浏阳附属小学，实现秋季招生办学。继续开展文化惠民工程，为企业职工、居民提供各类文化艺术盛宴。推动城市精致管理，优化产业功能布局，细化“退二进三”和“退二优二”方案，实行“一企一策”精细化管控。针对违法建设、渣土扬尘、人行道秩序、餐饮污染、户外广告、校园及市场周边环境开展专项整治行动，按照市容精美、设施完善、景观精致的标准，打造2~3个示范街（区）。组织新建定向公共租赁住房269套，棚户区改造124套。

3. 共建和谐园区

加强法治建设，组织各类法制宣传、教育活动，打造企业法治、安全文化宣传阵地。强化基层社会组织建设，深入开展百企大联防活动，加强社会面巡逻，定期开展隐患排查和整治，提高群众见警率，及时处置突发事件。组织交通、治安、消防等系列专项治理活动，营造平安和谐发展氛围。认真落实“三联三保”工作制度，进一步压实信访工作责任，构建信访工作大格局，逐步破解信访难题，积极化解矛盾纠纷，预防和减少各类犯罪行为。强化企业安全生产主体责任落实，确保实现全年安全生产“零”事故。

B.32 2018年宁乡经开区发展报告及2019年展望

张　毅*

一　2018年园区产业发展情况

全年完成规模工业总产值同比增长31.6%，规模工业增加值同比增长12.5%，固定资产投资同比增长19.7%，财政收入同比增长14.6%，税收同比增长17%；工业用电量、蒸汽用量、工业用水量分别同比增长22%、13.5%、11.1%；新增规模工业企业21家，新增高新技术企业14家；荣获国家绿色园区、国家小型微型企业创业创新示范基地、全省十大"平安园区"示范单位、长沙市知识产权密集型园区、长沙市"五个100"工程推进优秀单位等荣誉。

（一）聚焦主导产业，招商引资实现新突破

一是招商机制不断优化。创新事业部招商运行机制，坚持看团队、看技术、看装备、看产品、看预期"五看"标准，全面提高招商项目入园门槛，突出智能制造品质要求，制定"一图两库两表"，深入推进产业链精准招商。全年签约项目33个，合同引资159亿元，其中"两主一特"产业项目28个，占85%。二是招大引强积极作为。投资17亿元的中伟新能源二期，投资10亿元的润达智能装备、好益多乳业、金源新材等重大项目成功签约。开展"对接500强作战季"，签约中车易沃、联塑绿色建材等6个500强项目。三是开放发展持续扩大。引进康师傅饮品、荣成环科等12家外向型企业，助力优钢

---

* 张毅，宁乡经济技术开发区党工委副书记、管委会主任。

铸造、斯洛柯等16家企业外贸破零倍增，进出口贸易额、实际利用外资额分别同比增长9.7%、10.8%。

（二）聚焦项目建设，效率品质得到新提升

一是统筹调度更务实。严格落实“产业项目建设年”要求，扎实推进重点产业项目建设“841”攻坚行动计划、产业项目建设百日大会战，强化现场调度、一线帮扶、合力攻坚，及时高效解决项目建设问题180多个。二是项目进展更高效。全年共调度重点产业项目73个，42个项目开工建设、24个项目竣工投产。好益多乳业实现当年签约、当年建设、当年投产、当年观摩，合纵科技项目5个月时间完成6栋厂房建设。全面完成省“五个100”项目建设目标任务，长沙市重大项目管理考核继续排名前列。三是要素保障更给力。完成征地1530亩，腾地3160亩，拆除违法建筑2万多平方米，新增报批用地2400亩，盘活存量土地1300多亩。发展北路、蓝月谷东路等6条道路建成通车，7条电力专线竣工送电。

（三）聚焦科技创新，产业提质培育新亮点

一是智能制造夯实了基础。积极引导飞翼股份、桑铼特等企业，与长沙智能制造研究总院等机构开展智能化改造合作。新增康程护理、金健米制品、赛福饲料等3家省级智能制造试点示范企业（车间），中伟新能源、优卓乳业等18家市级智能制造试点示范企业。二是政策落地加快了速度。修订园区“创新三十条”，共向112家企业和个人发放创新扶持资金1570万元。积极开展“千人帮千企百日大行动”，共为企业解决各类问题150多个，协助企业争取各级政策资金1.2亿多元。积极落实“人才新政22条”，办理人才新政业务107件。三是创新发展取得了实效。推动40多家企业增资扩股，新增授权专利648项，实现技术交易合同成交额1.4亿元、技术交易额7500万元。楚天科技荣获国家科技进步奖二等奖、国家知识产权示范企业；长沙格力暖通获批国家和省级绿色工厂；中岩建材、迎春思博瑞、恒佳新材等获批省小巨人企业；中财化建、赛福饲料获批省企业技术中心；加加食品、中伟新能源、康程护理获批省科技创新计划项目；通石达获批省首台（套）重大技术装备；皇氏优氏乳业获批省“百项专利转化推进计划”重点项目；恒佳新材获批省绿

色工厂、省重点新材料产品首批次应用示范奖励项目；标朗住工正式启动湖南省首家诺贝尔科学家工作站，并获批长沙市院士专家工作站；加加食品获评首届长沙市市长质量奖。

（四）聚焦营商环境，服务水平迈上新台阶

一是政务改革深入推进。简化审批环节、减少审批层级、压缩审批时限，设立专职代办员，实行全过程代办，社会投资项目审批时间由65天缩短到38天，其中工商注册由法定时限15个工作日，缩短到承诺时限2个工作日；明确56项“最多跑一次”事项；实现企业工商登记网上预约和企业登记全程电子化。二是企业成本有效降低。42家企业继续实施养老保险缴费费率过渡试点，全年累计可享受优惠1000余万元。成立园区风险补偿基金和融资担保公司，为企业融资3300万元；通过股权质押和动产抵押等，达成融资15亿元；定期举办银企对接会，引导金融机构有效化解企业融资难、融资贵问题。三是经济服务主动作为。全面压实企业安全生产主体责任，全年未发生安全生产事故。制定园区企业上市行动计划，新增入库企业10家。为企业招聘到岗员工3000多人，新建、盘活人才公寓331套，协调解决了企业职工子女就学问题。实行“警务进厂”，为企业和项目提供优质高效的“保姆式”警务服务。总工会荣获省先进开发区（工业园区）工会，指导加加食品成功创建全国模范职工之家。

（五）聚焦三大战役，中心工作取得新进展

一是债务化解积极稳妥。积极消化存量，严格控制增量，停、缓、调、撤12个政府投资项目，顺利完成年度化债目标。二是污染防治动真碰硬。开展全国污染源普查工作，完成347家清单企业清查；覆绿裸露黄土4015亩，覆盖率达99%；污水处理厂建成运营，回用水厂主体建成；启动20公里雨污管网新建和改造工程，竣工12.6公里；开展“除臭剿劣”专项行动，有效治理沙河左干渠、发展路明渠、长冲河等“黑臭水体”；对22家重点涉水企业安装视频监控，进行全天候监管；19个非法采砂点全部取缔。三是精准脱贫扎实推进。务实做好龙山县红岩溪镇对口帮扶工作，到位年度帮扶资金1000多万元，14个帮扶项目完工，对口帮扶工作得到长沙市委高度肯定；按宁乡要求全面完成对口帮扶双江口镇的年度任务。

二　2019年产业发展形势分析

（一）立足新起点，今年的政策形势将更好

中央经济工作会议明确了稳中求进的总基调，明确了深入推进供给侧结构性改革“巩固、增强、提升、畅通”八字方针，实施更大规模的减税降费政策，较大幅度增加地方政府专项债券规模，重点解决好民营企业和小微企业融资难、融资贵的问题，创造公平竞争的制度环境，鼓励中小微企业加快成长。省委经济工作会议提出“六个倾斜”，出台了力促民营经济高质量发展“25条”，继续深入开展“产业项目建设年”活动，重点抓好“五个100”重大项目。长沙市委经济工作会议提出突出产业优先，推动资源要素向产业、企业和实体经济倾斜，持续推进22条产业链建设，深化“千人帮千企”活动成果。宁乡市将工业项目审批权限全部下放园区，把支持园区发展摆在首位。一系列政策叠加，真金白银投放市场，真心实意帮扶企业，为园区和企业高质量发展带来了前所未有的政策红利。

（二）立足新起点，园区的比较优势将更大

宁乡是省会长沙的城市副中心，现有的石长铁路、长益高速、金洲大道、岳宁大道已与大长沙无缝对接、融为一体，一系列国家和省、市重点工程的实施，将加快融城步伐，极大提升宁乡的区域价值。高铁东西大动脉、全长1600多公里的渝长厦高铁已全面建设，将在宁乡设站，计划2023年竣工运营；长益常城际铁路将实现长沙至宁乡、益阳、常德公交化；长益高速复线建设顺利，计划2020年竣工通车；规划的地铁12号线已获国家发改委批准；宁乡铁路货运站已打通铁海联运、湘品出湘等外向型渠道。多元复合和多式联运的大交通体系将推动宁乡新的一轮大发展。园区紧邻宁乡主城区，共享45万人口的省会副中心城市的配套资源，生活便利，房价较低，企业劳动用工稳定，居民幸福指数高，是一个宜业宜居的园区。园区发展空间优势明显，长益高速以北和金玉工业集中区发展空间大、基本农田少，适合布局大项目、发展大工业。园区生产要素成本优势明显，热能供应价格比市

内园区低35%；土地成本低于长沙市其他园区30%以上；三个110千伏变电站和十条万伏线路今年将建成，全面解决企业双回路、高可靠供电需求。园区大开发的骨架已全面拉开，路成网、园成型，储备了近5000亩熟地，积聚了发展的势能。

（三）立足新起点，产业的发展态势将更强

经历20年的发展积淀，园区目前已初步形成智能家电、绿色食品和新材料三大产业集群，规模以上工业企业达200多家，具备了一定的产业基础。2018年，园区税收过千万的企业有42家、过1亿元的企业有3家；园区企业获批市级以上智能制造试点示范企业有41家，其中国家级4家、省级4家。园区“两主一特”产业增长势头强劲，先进装备制造、食品、新材料三大产业分别同比增长43%、17.6%、42.5%。一批龙头企业发展迅猛，格力暖通上年产值达55亿元，同比增长71%。今年，随着一批在建项目即将投产、一批投产企业产能释放、一批优质企业产销两旺，园区产业可持续发展的态势将更加强劲。

三　2019年工作思路、目标和重点

园区经济工作指导思想：以习近平新时代中国特色社会主义思想为指引，全面贯彻党的十九大精神和中央、省、长沙市经济工作会议及宁乡市委全会精神，以“打造千亿主导产业，争创全国一流园区”为奋斗目标，深入开展“产业项目建设年”和“营商环境优化年”两大活动，始终聚焦产业链建设、战略招商和要素保障三大重点，稳中求进，强基固本，攻坚克难，全力推进高质量发展，致力打造智能制造示范区，为建设现代化宁乡担当更大作为。

园区主要经济指标预期目标：规模工业总产值同比增长15%以上，规模工业增加值同比增长13%，固定资产投资同比增长16.8%，财政收入同比增长15%，税收同比增长15%，亩均税收同比增长15%以上，研发与试验发展经费投入占工业增加值比重4.5%以上，新增入规工业企业26家，全面完成宁乡市和长沙市下达的绩效考核任务。

（一）以高质量发展为总揽，着力推进产业升级

产业是立园之基，质效是兴园之本。要按照高质量发展要求，大力发展先进制造业，在“三智一自主”定位中找到着力点，在“五大新经济形态”中找到突破口，推动园区新一轮产业提质提档。一是打造千亿元产业。重点聚焦智能制造，按照产业链思维，培优扶强本土企业，招大引强战略企业，做好盘活存量、做大总量、提升质量三篇文章，做长产业链、完善供应链、提升价值链，全面打造特色鲜明、要素集聚、生态成圈的产业集群。未来5年，力争园区“两主一特”产业保持15%以上增长，2023年主导产业突破千亿元大关；再用5年，重点打造智能家电、绿色食品、新材料三大千亿元产业集群，力求园区在产业能级和品质上实现大跨越。二是培育百亿元企业。企业兴，园区兴。未来5～10年，重点培育和引进10家产值过100亿元的大企业。园区目前已有3家企业制定宏伟计划，正在加速实现百亿元蓝图。格力暖通今年计划完成产值70亿元，7月实现二期大型商用空调竣工投产，明年产值突破百亿元大关，一、二期共可实现产值150亿元。重点支持中伟新能源加快二期建设，今年实现产能5万吨、产值70亿元，力争明年突破100亿元。支持楚天科技拓展国际市场，放大收购德国诺脉科的整合效应，力争6年内产值超100亿元。积极支持加加食品、联塑绿色建材、合纵科技等百亿级种子企业加快发展，着力引进美的、海信、小米等百亿级企业，园区将为这些百亿级梦想企业提供全方位支持、全要素保障、全周期服务。三是壮大上市板块。企业上市是企业品牌和品质的标志，上市企业的多少是一个地方高质量发展的“晴雨表”，市委、市政府将推进企业上市作为高质量发展的重要举措来抓。在继续大力引进上市企业入驻的同时，制定企业上市五年行动计划，重点支持本土优秀企业上市。未来5年要培育10家上市企业，重点支持松井新材、中伟新能源、邦弗特新材、好益多乳业等企业上市，鼓励飞翼股份在新三板转板上市，促进盛泓机械、海铝股份等企业进入新三板和区域性股权交易市场。四是建设智造集群。重点推进智能制造“扩面、提质、创牌”工程，进一步加大对智能制造的资金扶持力度，精准支持企业加快实现硬件自动化、软件智能化和工艺自主化，力争每年打造1个国家级专项、2个省级专项和10个以上市级专项，5年内市级以上智能制

造企业总数达到100家以上，打造更多智能化企业、智能化产品、智能化管理，推动新旧动能转换，实现产业转型升级，加速成为长沙建设国家智能制造中心的一支生力军。

（二）以产业链建设为主线，着力实施品质招商

今天的招商结构就是明天的产业结构。要坚持精准、舍得、执着的招商理念，按照打造产业链的思维，务实高效开展品质招商。一是保持定力。始终坚守“两主一特”产业定位，以智能家电、绿色食品和新材料为重点，进一步完善“两图两库两池两报告”，持续推进三大产业链建链、延链、补链、强链，建立专业、专人、专责的优秀招商团队，集中优势人力、物力、财力，以久久为功、锲而不舍的精神，打好产业链招商攻坚战，引进产业链投资过亿元企业10家。二是精准发力。精确锁定产业链上市企业和世界500强、中国500强、制造业500强企业，主动研究企业需求，敏锐捕捉企业区域性布局信息，从解决企业的痛点入手，激活企业的投资兴奋点，以钉钉子的作风，着力引大引强、引优引好，推动战略招商与开放发展双促双赢。全年力争引进10个上市企业投资项目，确保引进1个投资过50亿元的重大项目，真正让大项目成为园区的顶梁柱。三是挖掘潜力。充分挖掘现有优质企业的资源，进一步优化营商环境，以优惠的政策和优质的服务，推动企业二次投资和增资扩产，鼓励生“二胎”“三胎”，重点加速推进联塑二期、中伟新能源三期、合纵科技二期、小洋人二期、绝味二期等优质项目接连开花结果。发挥龙头企业带动作用，扎实开展以商招商，引进一批产业链上下游配套企业。重点推动智能家电产业链建设，着力打造智能家电产业集群，引进压缩机、电机、冷凝器、电路板、风机等核心配套企业，不断提高本地配套率，实现集群发展、多赢发展。四是聚集能力。栽好梧桐树，引来金凤凰。大项目、好项目的区域竞争十分激烈，需要优质平台承接。园区要对接长沙市土地利用总体规划修编和宁乡市城市总体规划，进一步拓展发展空间。继续加大北部片区市政道路和配套设施的投入，进一步提高园区承载能力，进一步完善学校、小区商业、医院和文化设施等生活配套，全面提升园区成熟度，力求早日实现路等项目、地等项目、房等项目，进一步增强招大引强的底气。

（三）以重点工程为抓手，着力加速项目建设

项目建设是园区经济工作的“牛鼻子”，坚持一切围绕项目转、一切紧盯项目干。全年计划实施产业项目70个，力争12个项目进入省“5个100”、3个项目纳入省重点工程、51个项目列入长沙市重大项目，确保30个项目开工建设、40个项目竣工投产。一是抓实重大项目。要坚持大抓项目、抓实大项目，全力推进“四个10大”项目，重点抓好长沙格力、中伟新能源、懋天世纪等10大税源项目，跟进保姆式服务，确保园区税源的半壁江山可持续增长；按时按质推进圣元乳业、健坤精密智造、联塑绿色建材等10大开工项目，做到固投实施到位；重点推进康师傅饮品、格力智能装备、合纵科技等10大项目如期竣工投产，加速释放产能，形成新的增长点；重点推进发展北路北延线、蓝月谷九年制学校、人才公寓等10大配套设施建设，做优园区环境，通过力推大项目，实现大投入、形成大支撑、促进大发展。推选格力智能装备、金源新材、美宜佳食品3个项目纳入全市产业链观摩项目；加快建设进度，加大投资强度，提升装备水平，打造代表宁乡、长沙乃至湖南产业发展的标杆项目和精品工程，力促一批成熟项目实现当年签约、当年动工、当年投产、当年达效，不断刷新“宁乡速度”。二是打造优质平台。智能制造产业小镇是产业园区转型升级的发展方向，是国家政策支持的重点，也是园区招商引资和平台升级的重要抓手。要按照生产、生活、生态“三生共融”理念，借鉴德国产业小镇、江浙产业小镇的成功经验，全面打造产业“特而强”、功能“聚而齐”、形态“精而美”、机制“活而新”的智能家电智造特色产业小镇。依托格力电器、海信科技两大智能家电龙头企业的行业影响力，整合南丰电机、美盈森、光纬金电、鸿域注塑等27家上下游配套企业，盘活玉屏山国际产业城、长沙智能终端产业园等孵化平台和标准厂房，利用旺宁新村、人才公寓等配套资源，科学规划5.9平方公里，以打造智能家电产业集群为目标，高起点、高品质规划智能家电核心区、智创岛、孵化区、门户广场、生活区五大功能区，打造成一个服务龙头企业高品质发展的产业平台、一个承载园区千亿级梦想的产业集聚区、一个代表长沙创建国家智能制造中心的产业示范区。今年要力争列为全省重点支持的20个产业小镇，完成3200亩土地的征拆清零，启动20万平方米大跨度、大间距、大承重的标准厂房建设。推动格力模具和装备基地

尽快落地建设，引进10家以上产业链企业入驻。三是推进科技创新。发挥国家小微型企业双创示范基地、省级海智计划基地、省级留创园、市级台创园等双创品牌优势，加快建设长沙智能终端产业园、蓝月谷众创空间、星创天地等双创载体，培育引进更多研发机构、重点实验室、创新人才，联合院校院所做好协同创新，推动科技创新成果就地转化和产业化。重点支持加加食品、飞翼股份等创建国家级企业技术中心、国家级工程研究中心，引导楚天科技加快建设中德联合技术创新中心。全年新增10家以上高新技术企业、授权专利520件以上。四是严实责任机制。坚持以项目论英雄、排座次、定奖惩，建立抓项目建设的新责任机制，集中精兵强将抓项目建设，全面推行一线工作法，实行项目领衔、问题交办、限时办结、督查考核、讲评通报等“五制”；实行一个项目一张甘特图，挂图作战，将任务分解到每一个责任主体、将项目建设进度精确到每一天，确保项目建设落实有力、推进有效。

（四）以打好四大战役为重点，着力破解要素瓶颈

“兵马未动，粮草先行”，优质的要素是推动高质量发展的基础。要全力破解融资化债、征拆清零、污染防治、电力保障四大瓶颈，打好四大资源要素攻坚战，加快构建低成本、高效率、全周期的要素保障体系。一是打好金融风险防范战。既要牢牢守住不发生区域性、系统性金融风险的底线，又要把握推动新一轮高质量发展的主线，通过发展来解决发展中的问题。要“五管齐下”，精准施策，加快土地招商出让，盘活存量资金；抓住中央较大幅度增加地方政府债券规模和金融资源向实体经济倾斜的政策机遇，加快申报企业债和政府债，探索发行外汇债；加速平台公司市场化转型，积极争取国开行、农发行等政策性银行支持，加快债务置换，调优债务结构，降低融资成本，提高片区开发效益，全年新增融资到位资金60亿元。二是打好征拆拔钉清零战。理顺园区和乡镇街道的征拆体制，强化乡镇街道的主体责任，加强部门的协调配合，形成征拆合力。刚性执行征拆政策，坚持一把尺子量到底，切实做到依法征拆和阳光征拆；重点破解“久拆不动”“拆而不净”的顽疾，强力打通项目落地“最后一公里”。全年新启动征拆项目8个，完成征地2400亩；完成扫尾项目12个，实现“清零交地”2000亩。三是打好污染防治攻坚战。建设智慧工地，重大项目安装扬尘在线视频监控系统；持续推进裸露黄土覆绿、“除臭

剿劣”、“六控十严禁”、非法采砂专项整治等工作；回用水厂投入正式运营，全面完成雨污分流改造工程，让园区天更蓝、地更绿、水更碧、气更净。四是打好电力630攻坚战。力争经城变电站、高家塘变电站在9月底前投入使用，确保沩丰坝变电站年底建成运营，同步建好格力智能装备、康师傅饮品、中伟新能源等项目10千伏配套线路，着力推动檀树湾变电站、金玉变电站纳入储备，满足园区未来十年的电力需求，改写园区电力供给的新格局。

（五）以优化营商环境为主题，浓厚高质量发展氛围

营商环境就是营未来、赢发展，营商环境建设永远在路上。一是提高行政效能。要以省事、省心、省时、省钱为目标，提速、提效和提质行政审批服务。深入推进“三集中三到位”，将授权事项审批全部进驻政务大厅，确保“只进一张门”，实现企业办事不出园区、一站办结。完善权力清单，做到“法无授权不可为”；完善责任清单，做到“法定职责必须为”；完善负面清单，明确企业不该干什么；细化流程清单，让企业办事一目了然。大力推进“互联网+政务服务”平台建设，加快“一网通办”，确保“最多跑一次”，力争“一次也不跑”。探索推行容缺办理、并联审批和区域评估结果共享机制，简化审批环节，减少审批层级，精简申报材料，深入开展商事制度改革，确保所有审批事项在法定时限内再提速30%以上。二是优化发展环境。重点在政策落地、施工环境、企业帮扶上下功夫，为项目建设和企业发展保驾护航。深入宣传、解读好上级政策，个性化指导企业积极申报，防止政策“空转”，提高政策到位率，增强企业获得感。出台“产业项目建设年”争先创优活动奖励办法，设立产业发展贡献奖、产业链建设奖等七大奖项，奖励优秀企业、优质项目和优秀员工，树立崇尚贡献、尊重奉献的社会风尚，传播正能量、弘扬正导向。继续争创全省“平安园区”示范单位，建设一流的园区综治指挥中心，整合综合巡查执法力量，形成“市区部门+乡镇街道+企业项目”的群防群治机制，持续深入开展“扫黑除恶”专项斗争，重拳打击强揽工程、非法阻工等破坏经济建设领域的违法行为。以“亲”为根本、以“清”为保障，常态化开展“千人帮千企”活动，用个性化服务为企业量身定制服务方案、成长计划和专属“政策包”，把信心和温暖传递给企业。三是严实干部作风。干部作风的好坏直接影响一个地方营商环境的好坏。增强法治思维，运用法治

方式，完善依法管理、决策、执行和监督机制，强化“合同至上”的契约精神，建立诚信体系，进一步浓厚法治氛围。要将“打造千亿主导产业，争创全国一流园区”作为全体园区人共同的事业梦想和价值追求，切实增强高质量发展的责任感和使命感。牢固树立配合协作、团结干事、荣辱与共的意识，增强内外联动，区企同心同向，以团结凝聚干事创业合力。要积极投身推动发展第一线、服务企业最前沿，在忠诚履职、攻坚克难中彰显作为、展示形象。领导干部要带头为企业项目担当、为园区发展担当、为担当者担当，形成凭实绩论英雄的良好导向。要弘扬实干精神，改进文风会风，强化“马上就办，马上办好”的服务要求，重点整治形式主义和官僚主义，不做表面文章、不搞形象工程、不求短期效应，多做打基础、管长远的工作，多用企业家思维想企业之所想、急企业之所急，从企业最欢迎的事情做起、最不满意的问题改起、最受益的事情抓起。坚决落实全面从严治党总要求，落实“三重一大”事项决策机制，把纪律和规矩摆在前面，深入开展法纪教育和警示教育，强化廉政风险防控，有效规范权力运行，扎实开展专项整治，深化干部队伍建设，让廉洁成为园区干部队伍的底色。

B.33

2018年怀化高新区发展报告及2019年展望

怀化高新技术产业开发区管理委员会

2018年以来，怀化高新区抢抓升级国家级高新区的重大机遇，奋力实施“创新引领开放崛起”战略，统筹推进“一极两带”和“一个中心、四个怀化”建设，扎实开展产业项目建设年活动，主要工作保持了稳中抬升的势头。

一　2018年1～11月工作情况

（一）主要经济指标

1～11月，完成技工贸总收入92亿元（省里调整后的数据，上年全年80亿元），同比增长22%；完成工业总产值62.92亿元，工业增加值24.97亿元，同比增长10.2%（市局核定增速9.1）；完成固定资产投资49.52亿元，同比增长17%，其中工业投资完成36.66亿元，同比增长16%；完成基础设施投资12.85亿元，同比增长18%；完成一般公共财政预算总收入5.73亿元，同比下降10.49%，占年度任务71.13%。新增4家规模以上工业企业（本业农机、污水处理厂、鸿华电子、钐鑫文化旅游），生物质发电、科捷铝业和乔伟木业等3家企业正在申报入规，有望年内获批。

（二）重点工作

1. 三园同建步入新征程

国家高新区：2018年2月28日，经国务院批准升级为国家级高新区，园区步入高质量发展阶段。国家农科园：经过地方申请、材料审查、现场考察、视频答辩等程序，完成了2018年国家农业科技园区验收工作。核心区重点区域规划成果已完成。狂欢王国游乐综合体项目、花海项目、冷链物流+室内滑雪场项目已完成对接引进。与怀化职业技术学院签订了区校合作框架协议。农科所、正清药香谷及葡萄特色小镇项目已开工建设，并已完成12.84千米的杆线迁移工程。怀化医药健康产业园：《怀化市医药健康产业园规划》概念性规划已通过市规委会审批。毛家园大桥建成通车。引进项目1个；累计完成征地707亩；招商及融资等工作同步推进。

2. 招商引资来势喜人

截至11月底，实现招商引资到位资金63.92亿元，完成全年任务的101.5%，同比增长23.4%；完成中国燃气区域总部及研发中心项目、年产5000吨动力电池用镍钴锰酸锂三元正极材料项目、羽顺壁挂炉及配件生产项目、年产1000台高档数控机床（整机）项目等34个项目签约，正式入园协议项目28个，完成全年签约任务数的140%；投资5000万元以上项目28个，完成全年任务数的160%；投资1亿元以上项目12个，完成全年任务数的133.33%；5亿元以上项目5个，超额完成全年任务数；10亿元以上项目2个，超额完成全年任务数。

3. 项目建设快速推进

2018年，高新区共有市级重点项目29个（调整后），其中基础设施项目4个，产业项目25个，计划完成投资43.75亿元。截至11月底，完成投资42.83亿元，完成年度计划的97.45%，预计12月底100%完成全年建设任务。其中，乔伟木业项目、电动汽车充电设施研发生产基地、智能小家电项目、节能防火保温新材料项目等6个项目已完成投产。新签约22个项目中，年产10000套精密模具加工生产项目、竹纤维生态制品、自动化电器设备、强特康体健身器材、新型包装材料、海绵工程项目、年产5000吨动力电池用三元正极材料等16个项目均已开工建设。

4. 科技创新持续发力

截至11月底，高新区完成高新技术产品产值48.12亿元，占规模以上工业总产值的80.16%，指导企业申请专利94件，已授权60件。累计申报高新技术企业18家，新增高新技术企业5家。正清制药、科捷铝业、东尤水汽能等3家企业被列入湖南省100个重大科技创新项目。高新区今年共选送41个参赛项目参加第五届湖南省创新创业大赛，其中有13个项目晋级怀化分赛区决赛并进入湖南省行业半决赛，报名参赛和获奖项目数均居全市第一。怀化分赛区决赛中高新区选送项目占全市参赛项目的44.8%，湖南东尤水汽能热泵制造有限公司、怀化三心成数控科技有限公司等9家企业获奖。湖南省行业半决赛中，怀化高新区选送的湖南汉臻环境科技有限公司智能全能污水处理系统项目夺得大赛初创企业组比赛第一名。2018年8月，怀化高新区积极组织特色载体项目申报工作。通过竞争，成功获得省里支持和推荐，现该项目已获批并在实施中。

二　现存问题

一是公共财政收入进度滞后。受经济运行下行、企业税收减免以及统计督查影响，园区财政收入距离实现15%的增速有很大差距。二是新增规模以上工业企业有所放缓。部分企业认识不到位，配合程度低，入库意愿不强，达规企业受税收影响未能及时入库。三是建设资金极其短缺。因政府债务清理、入股农商行和收购农商行不良资产、处理正清集团公司历史遗留问题以及承担怀化国家农科园、怀化市医药健康产业园等建设，高新区累计偿还、投入、沉淀资金20亿元以上，再加上融资环境紧张，新引进项目要求代建厂房、给予设备采购、搬迁、物流等各项补贴，园区建设资金已捉襟见肘，难以为继。

三　2019年工作思路

2019年，是全面贯彻落实党的十九大各项决策部署以及国家级高新区建设的第二年，是实施“产业园区三年提升计划”的攻坚之年，做好全年工作，意义重大。

2019年工作总体要求：坚定维护以习近平同志为核心的党中央权威和集中统一领导，全面贯彻落实党的十九大和十九届二中、三中全会及中央经济工作会议精神，以科技创新为引领，以项目建设为根本，持续招大引强，持续深化改革，持续转变作风，全面完成产业暨产业园区三年提升计划目标任务，为国家级高新区建设打基础、注活力、强筋骨、树形象。

（一）聚焦“三园同建”主阵地，为园区建设打基础

国家高新区：严格按照建设五省边区创新驱动绿色发展示范区的定位和目标，大幅提升园区综合实力和发展水平，2019 年，力争技工贸收入、公共财政收入、固定资产投资、规模工业增加值等主要经济指标增速排名全省园区中上游，通过 3 年的努力，进入全省园区三十强。国家农科园：以乡村振兴为抓手，稳妥推进国家农科园重点项目建设，避免同质竞争，实现错位发展，力争引进涉农项目 5 个以上。加强产学研合作，积极引进农业科技人才，探索农业与大数据、人工智能结合应用，进一步优化提升技术环境。怀化医药健康产业园：完善毛家园大桥后续相关工作。启动舞水防洪堤、舞水风光带、舞水路、财富西路等五大基础设施项目建设。切实解决好土地报批资金难题，加强征地拆迁及招商引资工作，力争引进企业 5 家以上。

（二）聚焦实体经济主战场，为园区建设注活力

坚持招商引资不动摇。打好“国家级高新区”金字招牌，坚持产业招商的大方向，突出领导招商、以商招商、精准招商和产业链招商，立足产业升级、结构转型，瞄准相关上、下游关联企业，抢抓沿海产业转移的东风，力争在新能源新材料以及电子信息领域寻求突破。紧盯中金润电子信息产业园项目、新能源汽车生产基地、装配式钢结构产业化基地项目、雅丽电子智能手机等产业带动能力明显的重大投资项目，着力成功引进 2～3 个具有行业带动作用的项目。坚持培育主导产业不动摇。力争通过 3 年的努力，培育三大百亿元产业集群。即以骏泰科技、东尤水汽能项目为核心，以千源铝业、湘鹤电缆、红宝科技、科捷铝业等企业为基础，培育百亿元新材料新能源产业集群。以正清制药、天骑医学为龙头，以康源药业、百草生物、井思功能饮料、意中源民族医药等企业为基础，培育百亿元生物医药产业集群。以金升阳为龙头，金益环保、深圳润诚达、华亚数控、鸿华电子、智能小家电为基础，培育百亿元电子信息和装备制造业产业集群。坚持狠抓项目建设不动摇。把经济发展作为首要任务牢牢抓在手上，用高度负责的精神、夙夜在公的态度，切实抓好项目建设。严格按照“产业项目建设年”要求，扎实推进产业及产业园区三年提升计划。着重抓好市重点项目建设，特别是对列入省“五个 100”笼子的项目，

紧盯看牢，及时帮助企业解决建设中所遇困难，确保项目早开工、早投产、早受益。

（三）聚焦要素保障主推力，为园区建设强筋骨

强化科技保障。坚持政府引导，企业主体，夯实平台基础，鼓励发明创造，引进高新项目，不断提升园区科技水平和科技实力。重点支持骏泰科技院士工作站、正清集团博士后科研工作站和青风藤研究院、东尤水汽能国家级检测实验室、“侗医药研究湖南省重点实验室”等科技创新平台建设，力争新增专利80件，新增国家高新技术企业6家，高新技术产品产值占规模以上工业总产值的60%以上。强化资金保障。采取发行企业债券、中票、厂房贷、物流园区贷等多种方式，筹措建设资金和偿债资金，保证园区基本建设投资要求，为全年发展提供核心要素保障。加强与国家、省市相关部门的汇报衔接，力争全年向上争取资金1亿元以上。强化用地保障。持续加大征地拆迁力度，按期做好腾地供地工作。加强与省、市国土部门的汇报衔接，力争报批土地1000亩。全面清理闲置土地，对园区“开而不发，圈而不建，征而不用”的土地进行清理整顿，依法收回土地使用权。

（四）聚焦扩容提质主方向，为园区建设树形象

持续完善基础配套。牢固树立产城融合发展理念，坚持靠发展环境引项目，围绕重点区域、重点项目，启动6号路北沿线道路建设，强化南区二大道场平区域水、电、暖、气等基础设施配套建设。持续提高管理效能。加快智慧城管平台建设，推进城市管理向精细化、数字化、智能化转变。加强对主次干道基础设施的维护和管理，继续推进渣土运输、扬尘污染、马路市场、环境卫生等整治行动。强化园区规划管控，加强规划范围内巡查，加大控违拆违力度，坚决整治抢栽抢种、乱搭乱建等乱象。加大宣传力度，提高居民素质，增强城市认同度。持续提升园区品位。将北区范围内已征用土地上的房屋全部拆迁到位、场地平整到位、基础配套到位。实施滨江路景观绿化亮化工程，完成池黔路和办公楼区域及洪翔商业广场亮化工程，着力提升园区品位和对外形象。

专 题 篇

Expert Reports

B.34
金融支持湖南融入“一带一路”的建议

袁建良*

湖南省在创新引领、开放崛起发展战略的指引下，积极对接融入“一带一路”，开放型经济呈现出追赶式跨越发展的良好势头，但仍然面临整体开放水平不高、未形成“走出去”的优势产业和名片、“走出去”项目融资渠道不畅、企业识别和防控风险能力不足等问题，迫切需要解决。资金融通是“一带一路”建设的核心内容之一，发挥着引导资源配置和优化投资效果的作用。本文就如何建立银政企三方合作关系，以金融助力湖南融入“一带一路”提出若干建议。

一 湖南省参与“一带一路”倡议成效显著

1. 外贸迅速增长

通过主动对接“一带一路”及外贸“破零倍增”工作，2013～2017年，湖南省进出口总额年均复合增长率9.4%，高于全国平均水平7.5个百分点。

* 袁建良，国家开发银行湖南省分行行长。

2017 年，全省进出口总额达到 360.4 亿美元，同比增长 37.3%，增幅位列全国第四、中部第一。其中出口 231.72 亿美元，同比增长 31%，进口 128.68 亿美元，同比增长 50.4%。

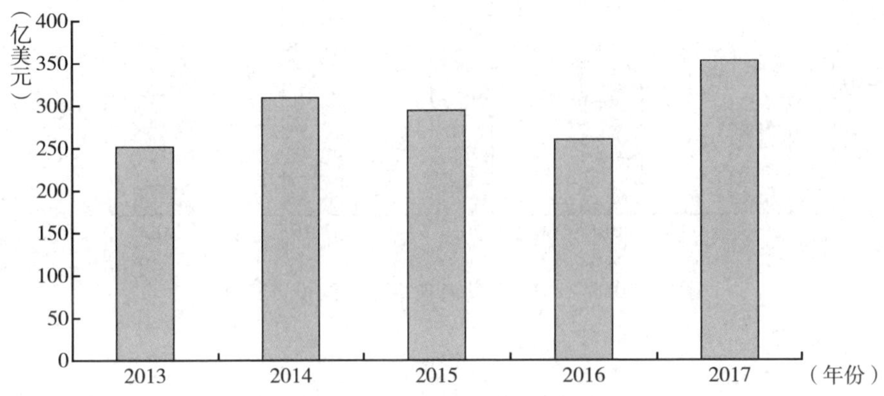

图 1　2013～2017 年湖南省进出口规模

资料来源：湖南省统计年鉴。

通过融入“一带一路”，湖南省积极开拓新兴市场。2017 年全年，与“一带一路”沿线国家共实现进出口额 87.01 亿美元，同比增长 41.1%，占全省进出口总量的 24.14%；在非洲市场实现进出口额 20.83 亿美元，同比增长 52.4%。

2. 企业对外投资质量迅速增长

2013 年以来，湖南对外合同投资总额从 13.84 亿美元增长至 20.07 亿美元，五年累计合同投资总额 113.41 亿美元。企业投资遍布六大洲 87 个国家和地区，涉及矿产资源开发、对外贸易、新能源、工程机械等多个领域，对外投资规模保持快速发展，投资规模不断扩大。在“走出去”的过程中，湖南装备制造、新能源、新材料、生物制药和电子信息等战略性新兴企业强势出击，快速融入国际市场，一大批优势企业在境外设立了制造基地、研发中心等。新增的“走出去”企业主要集中在高端制造、生物医药和现代农业等战略性新兴产业领域，通过“走出去”有效扩展了市场、延伸了产业链。投资方式不断扩大，通过设立海外营销平台、设立海外生产基地和境外园区类投资，实现了国内国际两个市场的良性互动。并购方面，并购模式由完全控股向部分股权收购转变，通过收购标的公司部分股权从而获取对方的技术资源，提升企业核心竞争力。

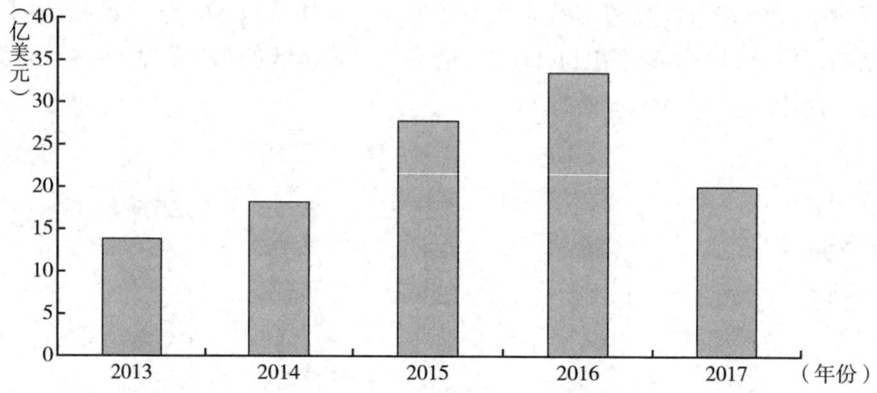

图 2　2013～2017 年湖南省中方合同投资额规模

资料来源：湖南省统计年鉴。

3. 工程承包能力迅速增长

对外承包工程企业自主能力增强，逐步实现了由“借船出海”向“驾船出海”转变。同时，企业自身的资金实力、技术和经营管理水平均有了大幅提高，工程项目承包方式逐步由简单的工程施工模式拓展为 DB 模式（设计－建造）、BOT、EPC＋F 一体化总承包模式（设计－采购－施工＋融资）、PPP 模式等。对外承包工程合同额从 2013 年的 22.13 亿美元增长到 2017 年的 40.57

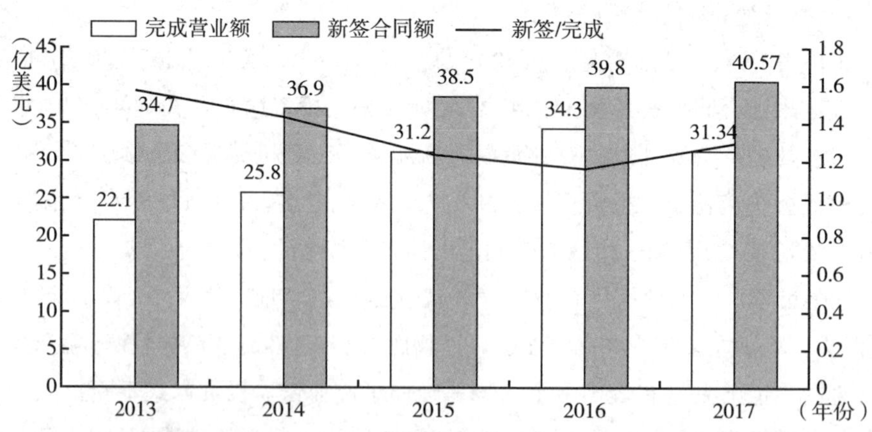

图 3　2013～2017 年湖南省对外承包工程业务规模

资料来源：湖南省统计年鉴。

亿美元，年均复合增长率16.36%。2017年总承包项目合同额18.32亿美元，占比超过45%。在工程承包项目中，公益及准公益性的基础设施项目仍占绝大多数。

二　面临的主要问题

1. 经济外向度不足

湖南对外贸易总量偏低，外贸依存度较低，2018年上半年湖南进出口额占全国比重仅为0.92%，排在全国第19位，对外依存度仅排在全国第28位，这与湖南省地区生产总值前9的地位极不相称。

2. “出海”质效不优

目前，多数湘企仍处在“走出去”的初级阶段，单体投资规模偏小，与外国跨国公司相比，在品牌、跨国经营和风险应对等方面还存在差距，在全球价值链中的地位和影响力还相对较弱。投资方向仍然以获得工程承包、并购资源、销售产品为目的，缺乏全球性的战略布局和规划，投资的质量和效益不尽如人意。多数企业带有较强的短期性和盲目性，风险识别和防控能力不足。从现阶段看，全省“走出去”企业中，产业集聚的效应仍不明显，暂未形成真正的集群式和集约式发展。

3. 企业“名片”不响

湖南有着排名全国前10的经济总量，在多年的快速发展过程中，形成了以三一、中联为代表的工程机械装备、以中车株机为代表的轨道机车装备、以隆平高科为代表的现代农业企业、以湖南卫视为代表的文化创新产业等优势产业。然而这些优势企业的国际市场开拓能力不足，海外投资成功率有待提高。在工程施工领域，除了驻湘央企水电八局、中建五局外，湖南仅有湖南建工1家企业进入中国对外承包工程企业100强。大部分湖南企业受限于规模、区域、经验等因素限制，在重点国别、优先领域、关键项目等方面，很难赢得与境外优势企业、央企、沿海地区企业的竞争。总体来看，湖南还没有形成像华为、联想、海尔、万达、复星、吉利等标志性的民营或地方企业，对湖南企业与产业链“走出去”的带动效应不够。

4. 融资渠道不通

调研发现，融资难和融资贵是企业在“走出去”过程中反应最为突出的问题，资金供应不足、流动不畅严重影响了“走出去”项目的健康发展。一是企业在境外投资设立的公司由于资信状况和运营前景不明朗，难以直接获得外国银行的贷款。二是湖南省海外投资主体多为民营企业和中小企业，本身信用结构不足，还款保障不稳定，导致国内金融机构对于此类贷款十分谨慎。三是信息不对称难以消除，银行很难充分掌握境外或与境外关联主体信息，企业也不了解全方位的融资渠道和金融工具，容易产生信息不对称而影响操作的问题。四是银行金融工具仍比较单一，在汇率风险控制、信用风险评估等方面的助力能力相对较弱，银行海外机构网点少、规模小，且主要集中于一些经济发达国家，很难对接湖南对外承包工程项目国家或地区。五是部分央企与省级子公司的项目采用委托实施模式，导致省级子公司因主体不一致而出现融资问题。

三　湖南省全面融入“一带一路”实现开放崛起战略的金融支持建议

1. 发挥政府组织协调优势，搭建平台整合资源

发挥政府牵头作用，搭建与完善相关合作平台。一是搭建政银信企合作平台，形成政银信企项目库共建、信息共享和工作共商机制，包括加强与丝路基金、亚投行、国开行等机构的战略协作机制，建立项目库动态管理机制，对有关信息予以定期通报；二是筹建成立湖南省企业“走出去”融资担保专项服务平台，支持解决对外承包工程重大项目启动难题与中小工程企业的融资难题；三是完善央企对接平台，发挥政府中介作用，搭建好省内企业与央企的项目对接平台，进一步推动湖南企业“借船出海”；四是完善湖南企业“走出去”的信息服务体系，开设“一带一路”信息服务平台，为湖南企业提供宣传推介、信息发布、项目对接、融资支持、培训服务、咨询沟通、风险防范等功能与服务；五是建立差异化的支持政策，如湖南对外合作专项资金政策可向有实力、讲诚信的企业倾斜，致力培育有竞争力的骨干企业，鼓励承揽投建运

营一体化项目，增强龙头企业的竞争力，打造品牌效应。

2. 充分借助“一带一路”背景下国家通道、国家平台、国际机制

一是加强与国家相关部委衔接，争取湖南省项目更多地纳入国家“一带一路”规划，更多地享受相关政策红利。如充分利用湖南省与国家发改委已建立的国际产能和装备制造合作委省协同机制，积极参与国家重大国际产能合作项目及铁路、电力等重大装备“走出去”建设项目。二是加强与国家驻外使领馆及“一带一路”沿线国家的驻华使领馆的联系，畅通沟通交流机制，搭建省内企业与沿线国家企业项目对接平台。三是加强与央企的项目对接合作，带动省内重大项目落地。四是用好现有国际合作平台。把中非经贸博览会办成中非经贸合作的盛会，搭建中外合作平台，让企业在对外投资合作中发挥主体作用，拓宽中外合作领域，尤其是加强与非洲地区在科教文卫、农业、基础设施建设、金融等方面的合作。

3. 发挥规划先行作用，做好项目库建设与对接

以国开行融资规划优势为依托，共同深入研究对接国家“一带一路”倡议的配套措施，落实相关支持政策，可结合湖南省“走出去”实际情况和重点领域、重点地区，积极参与国家层面“一带一路”协调机制，做好与国家“一带一路”规划对接，有效整合省内外各方资源，完善各项业务支持政策，制定对接“一带一路”专项业务计划，搭建“一带一路”重大项目库。引导并支持企业加强自身的“走出去”战略规划，为“走出去”企业提供财务顾问、融资顾问等信息咨询服务，参与重大项目进程，创新项目融资交易结构和风险分担机制，帮助企业破解融资瓶颈。

4. 组建银企联合体，推动优势产业链向海外延伸

以湖南省现有 20 个新兴优势产业链为基础，重点打造“工程机械 + 施工”“育种 + 农场 + 农业机械 + 政府援助”、“中医 + 中药 + 医院 + 医疗设备 + 检测”“住宅工业 + 钢材企业 + 水泥企业”“变压器 + 电缆 + 电表”“轨道 + 地铁 + 磁悬浮”等链条，整合上下游企业与金融机构，组建以产业链为核心的联合体，建立利益联结机制，共享资源、共享利益、共担风险，整体推进产业链“抱团出海”。

5. 以重点项目引领发展，促进实体经贸合作和融资落地

以基础设施建设、国际产能合作等为抓手，做实“一带一路”重大项目

工作机制，推动一批战略性突出、综合效应明显、融资金额大的重大项目取得实质性进展。一是帮助企业做好项目的包装和策划，对“一带一路”重点项目开设审批绿色通道，缩短项目运作周期。二是做实“一带一路”重大项目库，建立重大项目统筹调度机制和对口联系机制，协调省内外各方资源，解决项目推进过程中遇到的难题。

6. 深化金融合作，充分利用现有多元化融资体系

探索金融合作机制，发挥开发性金融、政策性金融、商业银行、国际多边金融机构的多层次支持作用，积极加强与亚行、亚投行、世行、金砖银行，丝路基金、中非基金、中国—东盟海上合作基金等机构合作，用好对外投资基金，利用境内外债券市场融资渠道，实现国内国际市场共用、直接间接融资并举的多样化融资机制，多措并举化解企业融资难融资贵问题。上合组织银联体、中国—东盟国家银联体、中国—中东欧银联体、中国—阿拉伯国家银联体等多边金融合作机制，可引导更多资源服务“一带一路”建设；可通过银团贷款、同业授信等方式，与“一带一路”参与国金融机构开展合作共同服务项目；可积极引导丝路基金、中国—阿联酋共同投资基金、中非发展基金、中拉产能合作基金、东盟—中国系列基金等“一带一路”对外投资基金，发挥中长期权益资本撬动作用；可借助债券银行优势，发行“一带一路”专项债，引导社会资金参与共建“一带一路”。

7. 完善人才保障，促进国际业务发展

建立“一带一路”国际化人才信息库，提升国际化人才管理和服务水平；建立国际化人才培养激励机制，可设立国际化人才培养专项基金，鼓励企业在引进人才的同时重视本土人才的国际化；有计划地安排专业技术人员参加国际业务培训，加强政府主管部门、企业以及国际机构之间的交流活动；加强“一带一路”重点课题研究，鼓励政府、企业、科研院所及高校相关人员发挥专业才干，积极参与“一带一路”等领域的探索性研究。

B.35

优化湖南空间布局，培育区域发展新动力

朱　翔*

优化湖南空间布局，要更多地考虑协调性、开放性、公平性、生态化和可持续性由区域发展总体战略上升到区域协调发展战略，更加注重与国家重大战略的呼应对接，更加注重湖南四大板块的协调发展，更加注重中心城市和城市群的辐射带动作用，更加注重资源型地区的转型发展，更加注重老少边穷地区的脱贫攻坚，更加注重区域与城市的对外开放。

一　湖南优化空间布局思路

1. 适度非均衡发展

湖南是一个面积较大、人口众多的省份，“三农”比重大，经济底子薄，对外开放程度还比较低，湖南的工业化和城镇化水平都要低于全国平均水平。湖南地理环境差异甚大，湘西、湘南、湘东多山，湘北多水。在这样的情况下，湖南应采取非均衡发展战略，优先发展中心城市、重点园区和开发区、交通运输便利的地方。选择投入—产出效益较好的地域，采取得力措施进行重点培育，使之成为充满活力的发展轴心，再建设一系列以交通干线为骨干的发展轴，形成强有力的点轴发展系统，辐射带动所在地区的发展，进而形成高效率、开放型的区域开发网络。注重发展的阶段性：前期强调点轴式非均衡发展，培育先导产业和支柱产业；后期强调多极网络式相对均衡发展，壮大现代服务业，形成开放型经济结构。

2. 构建开放型的区域空间结构

湖南应充分发挥高铁、高速公路的连通效能，积极对接国家一级开发轴

---

* 朱翔，湖南师范大学教授、博士生导师。

线，主要是京广线、长江和海岸带。以长株潭为中心，以岳阳为湘北门户，以郴州为湘南门户，以怀化为湘西核心，形成以京广线为纵轴、沪昆线为横轴的空间开发格局。依托京广线、沪昆线，以长沙、株洲、湘潭、岳阳、衡阳等城市为支撑，打造京广线、沪昆线经济走廊。依托岳阳、宁波、广州、深圳等港口城市，以建设通畅安全高效的运输大通道为目标，共同建设临江临海战略支点。突出中心城市的辐射功能，强化经济腹地的支撑能力，通过高效率的交通线路，形成点轴结合、绿带为屏的网络开发系统。注重空港、高铁、高速公路的开放拉动作用，积极对接“一带一路”、长江经济带、海岸带、大湾经济区、北部湾等国家战略。培育经济增长新空间，推动形成核心引领、板块联动、极带互动、多点支撑的竞相发展新格局。构建开放型、过渡性、生态化的空间结构，突出中心城市的辐射功能，通过现代化的交通线路，形成点轴结合、覆盖全省的网络开发系统。

3. 把城市群作为新型城镇化的主打形态

湖南现划分为四大经济板块，即长株潭、大湘西、湘南、洞庭湖区。以此为基础，构建四大城市群，即长株潭城市群、湘北城市群、湘南城市群和大湘西城市带，辐射带动所在地区以及周边区域的发展。湖南城市群建设的要点是：一是培育强有力的增长极，重点发展中心城市，狠抓扩容提质，壮大支柱产业。二是形成合理的城市等级体系、职能体系和空间体系，改进系统功能，提升整体效益。三是构建开放型的空间结构，培育门户和口岸以增强发展活力。四是强调特色发展。突出城市群的产业特色和文化特色，借此提升其内涵和品位。五是注重阶段性。前期强调以点轴为重点的非均衡发展，侧重培育支柱产业；后期强调以网络为重点的相对均衡发展，侧重发展现代服务业，培育开放型的产业结构和空间结构。

4. 加强创新引领，建设智造强省

突出“创新驱动、质量为先、绿色发展、结构优化、人才为本”的思路，重点推动新一代信息技术、智能装备、轨道交通、新能源汽车、新材料、新医药、航空航天等领域的发展，创建智造强省。弘扬工匠精神，狠抓质量提升，推进与国际先进水平对标达标，来一场湖南制造的品质革命，增品种、提品质、创品牌，创建中国智能制造示范引领区。结合湖南发展实际，重点扶持轨道交通、电子信息、新材料、汽车制造、工程机械、航空航天、新医药、节能环保等领域。不断提高制造业的数字化、网络化、智能化水平，完善以企业为主体、市场为导向、政产学研用相结合的产业创新体系。

5. 推进绿色发展，建设美丽湖南

构建绿色低碳循环发展的经济体系，构建市场导向的绿色技术创新体系，壮大节能环保、清洁生产、清洁能源等产业。推进能源生产和消费革命，构建清洁低碳、安全高效的能源体系。推进资源全面节约和循环利用，降低水耗、能耗和物耗。倡导简约适度、绿色低碳的生活方式，创建节约型机关、绿色家庭、绿色学校、绿色社区，鼓励绿色出行。推进荒漠化、石漠化、水土流失综合治理，强化湿地保护和恢复，加强地质灾害防治，严格保护耕地，加强天然林的保护。构建国土空间开发保护制度，完善主体功能区配套政策，建立以国家公园为主体的自然保护地体系。打赢蓝天保卫战，实施流域环境和城市环境的综合治理，加强农业面源污染防治，加强固体废弃物和垃圾处置。实施重要生态系统保护和修复重大工程，优化生态安全屏障体系，构建生态廊道和生物多样性保护网络，提升生态系统质量和稳定性。

二　基本框架

1. 国家中心城市

长沙市　湖南省、我国中部、长江中游地区的中心城市，突出创新引领职能，尽快建设成国家中心城市。

2. 湖南省中心城市

岳阳市　湖南省和长江中游地区重要的港口城市，洞庭湖区中心城市，重要的工业基地和旅游城市，湖南对接长江的主要口岸。

常德市　湘西北中心城市，重要的交通枢纽和工业基地。

郴州市　湘南中心城市，湖南重要的工业基地，湖南对接华南沿海的主要门户。

衡阳市　湘中南中心城市，湖南重要的工业基地和交通枢纽。

怀化市　大湘西中心城市，湖南西部主要的交通枢纽，湖南对接西部大开发的主要门户。

邵阳市　湘西南地区中心城市，湖南主要的工业基地和交通枢纽。

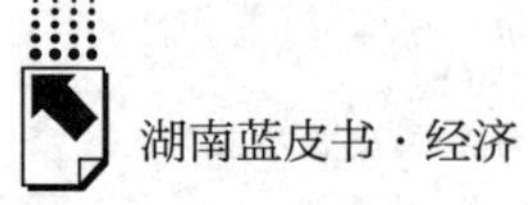

3. 核心城市群

长株潭城市群 我国中部、长江中游地区主要的城市群之一，科技教育文化创新基地，国家资源节约型和环境友好型综合配套改革试验区。

4. 区域性城市群

湘北城市群 以岳阳、常德、益阳、澧县—津市为核心，对接国家长江发展轴，重点发展先进制造业、农产品深加工和港口型经济。

湘南城市群 以郴州、衡阳、永州为核心，对接华南沿海，尤其是粤港澳大湾区和北部湾，积极承接沿海产业转移，重点发展先进制造、出口加工、农产品深加工和旅游服务业。

大湘西城市带 以怀化、邵阳、娄底、张家界、吉首为核心，对接国家西部大开发，重点发展先进制造、农产品深加工、观光旅游、商贸物流、现代服务等产业。

5. 一级发展轴

京广线 连接岳阳、长沙、株洲、衡阳、郴州等城市，与此基本平行的有京广高铁、京港澳高速、107 国道。以长株潭为核心，以岳阳为北部增长极，以衡阳和郴州为南部增长极。京广线贯穿省内人口稠密、经济发达、企业密集的区域，区位优越，交通便利，向北对接长江，向南对接粤港澳，中介区位优势突出。直接带动 6 市 55 个县市区，总面积 7.76 万平方公里。重点打造先进制造、现代服务、外向型产业走廊，作为湖南主体发展轴。

沪昆线 连接株洲、湘潭、娄底、怀化等中心城市，东西之间经济梯度差明显。与此基本平行的有沪昆高铁、沪昆高速、320 国道。东连鄱阳湖生态经济区乃至长三角，向西对接国家西部大开发，东部属于长株潭城市群，西部属于武陵山协作区。直接带动 6 市 52 个县市区，总面积 8.46 万平方公里。重点发展精品钢材、有色加工、先进制造、食品加工、商贸物流等产业，作为湖南主体发展轴。

6. 二级发展轴

枝柳线 连接张家界、吉首和怀化，纵贯湘西全境。是张吉怀旅游带的主轴线。沿线群山绵延，风光瑰丽，旅游资源丰富。适合发展国际旅游、全域旅游和民族风情旅游。把农产品深加工、先进制造业的发展与脱贫攻坚、生态环境保护紧密结合起来。

石长线 连接长沙、益阳、常德、张家界等城市，斜贯洞庭湖区，把长株潭和湘西北连接起来。沿线农业发展，城镇密集。侧重发展现代农业、农产品深加工、先进制造。加强益阳与长株潭的发展联系，加强常德与长江的发展联系。

湘桂线 连接衡阳与永州，向西南延伸可达北部湾和凭祥，是湖南“借船出海”的重要通道。侧重发展观光旅游和文化旅游、农产品深加工、先进制造业。

洛湛线 连接常德、益阳、娄底、邵阳、永州5市，纵贯湖南中部，作为新兴的区域经济发展轴线，把长江发展轴、洞庭湖区、湘中山地、南岭山区和华南沿海连接起来。

三 区域建设要点

1. 把长沙市建设成国家中心城市

加紧创建国家中心城市，着力打造国家智能制造中心、国家创新创意中心、国家交通物流中心，实施高新技术引领和优秀文化带动。长沙的规划发展，需要强化国际视野、国家思维和创新谋划，完成四大转型：由区域性中心城市向国家级中心城市迈进；由内陆中心城市向国家枢纽城市转型；由传统工业城市向国家创新城市升级；由一般省会城市向国家“两型”城市提升。加快建设和谐宜居、富有活力、独具特色的现代化大都市。长沙的产业建设，突出创新引领功能。侧重大数据、云计算、智能制造、新材料、新能源、生物工程、节能环保等领域，对工程机械、汽车及零部件、传统的加工制造业进行改造提升。新时期长沙市的宏观格局，以湘江为生态轴，划分为湘江东岸与湘江西岸两大部分。湘江以东部分为“提升侧”，重点改造老城区，建设好高铁站—国际会展中心—飞机场新兴产业走廊，侧重商业商务，发展金融、总部、中介、互联网、创意设计、娱乐休闲等部门。湘江以西部分为“创新侧”，依托大学、研究所、开发区、工业园区，作为湖南创新创业的引擎，建立以企业为主体、市场为导向、产学研深度融合的技术创新体系，将湘江新区打造成全国一流的创新平台。

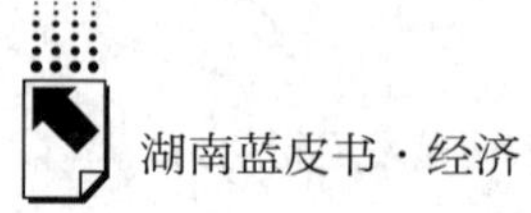

2. 推进长株潭城市群一体化建设

下决心推进三市行政一体化建设，统一规划，统筹布局。依托长株潭国家自主创新示范区建设平台，探索城市群一体化创新发展模式。推进公交、健康、社保“一卡通”建设；加快三市交通一体化建设；整合三市技术、人才、创新平台等资源，促进产业协同发展、企业协同创新、环境协同治理；三市共建交通网络、物流网络、电力系统、信息系统、环保系统、预警应急系统；推行“一张图”规划、“一盘棋”建设和“一体化”发展；探索建立行政管理协同机制、科技创新融通机制和生态环保联动机制；三市建成区沿湘江呈品字形分布，形成一江、两岸、三城、多组团、绿心的空间结构；保护好长株潭城市群的绿心。

3. 推进洞庭湖区生态发展

洞庭湖区包括岳阳、常德、益阳三市，以京广线、石长线、长岳高速为发展轴。发展多式联运，形成以湖区中心城市为枢纽，以环湖公路为纽带的综合交通运输网络。抓紧修建长沙—益阳—常德高铁线路。推动澧县、津市融合建设津澧新城。重点发展粮食、水产品，鼓励发展水禽、蔬菜、双低油菜、适度发展生猪、草食动物、棉麻丝、园艺作物、休闲农业，构建湖区现代农业体系。构建集生态观光、休闲度假、文化体验于一体的国内外知名湖泊型旅游胜地。重点建设好岳阳新港区，推进航道畅通、枢纽互通、江海联通和关检直通，加快临港产业发展，建成全省能源基地、石化基地和长江中游区域性航运物流中心。着力推进水环境综合治理，加快建设高标准农田和现代农业基地。推进环湖公路网、滨湖生态城镇体系建设，打造环湖生态文化旅游圈。

4. 推进湘南地区开放发展

湘南地区包括郴州、衡阳、永州三市。加强与大湾经济区、北部湾经济区的对接，重点对接深圳、广州、香港、澳门、珠海、厦门等中心城市，以及盐田、黄埔、高栏、湛江、防城等港口。围绕三市优势产业，加大技术引进和项目建设力度，促进示范区转型升级、绿色发展和创新发展，把湘南示范区建设成为中部地区承接产业转移的大平台、跨区域合作的引领区、加工贸易的集聚区和转型发展的试验区。郴州作为湘南主体增长极，着力对接珠三角、东盟，重点建设好公路口岸、铁路口岸、出口加工区和湘南国际物流园，推进电子、新材料、新能源、绿色食品基地建设，培育南岭生态观光旅游圈。推进郴资桂一体化，打造湘南增长极。做大做强衡阳中心城区，以及周边的重点开发区。以衡阳、永州为核心，推进湘桂经济走廊建设。壮大冷水滩中心城区，突出先进制造、交通物流、旅游服务等功能。将零陵区建设成历史文化旅游基地。建议道县撤县设市，作为永州南部的中心城市，辐射带动宁远、江华、江永、蓝山、新田等县的发展。

5. 扶持大湘西地区加快发展

大湘西包括怀化市、张家界市、湘西土家族苗族自治州、邵阳市和娄底市。切实把握好长江经济带、武陵山片区、湖南“一带一部”的建设机遇，重点发展生态立体农业、特色资源加工、民俗风情旅游和区域商贸物流等特色产业，建设一系列特色产业基地。构建现代化的区域性交通网络体系，构建地方特色鲜明的旅游网络体系，集原始生态、神秘山水、民风民俗、生态休闲于一体。建立土家族、苗族、侗族原生态环境文化遗产保护地。率先发展怀化、吉首、张家界、邵阳、娄底等中心城市，将其培育为强有力的增长极。怀化作为大湘西主体增长极，中西结合部重要的交通物流枢纽，湘、鄂、黔、渝、桂边界的中心城市，主动对接西部大开发，加速推进鹤城、中方、洪江、芷江一体化建设。统筹大湘西的旅游开发，以张家界为龙头，以芷江、里耶、崀山为重点，加快创建高品质的旅游线路。加快推进精准脱贫，支持特色优势产业做大做强。

B.36
国家战略空间重组与创建长株潭国家中心城市

刘茂松*

随着中国工业化的深度发展，党中央在“沿海大开放、西部大开发、振兴东北和中部崛起”等四大板块战略的基础上，推进国家战略布局重组，提出“一带一路”倡议、长江经济带建设、京津冀协同发展、粤港澳大湾区等四大优化空间布局的顶层战略，实行经济地理的革命性重塑，面向世界强势撬动全面开放的新版块，拓展中国经济高质量发展的战略空间。“一带一部”是党中央对湖南在新时代国家战略空间大格局中的重要定位，是湖南创建长株潭国家中心城市率先中部崛起的重大战略支撑。

一　长株潭是“一带一部”战略区位核心区

湖南“过渡带”与“结合部”经济地理战略新定位的内涵，集中体现为“融东促西”集聚发展的长株潭核心增长极。从区域经济发展理论上分析，“过渡带”是指介于两类不同经济社会发展水平区域之间且又同周边区域有着密切联系的经济区域，反映区域间经济社会发展关系的过渡性，即发达地区与落后地区之间的生产要素、商品交易和产业转移的经济通道，具有传递性、吸纳性和集聚性三大机理性特征，其区位优势就是承接和吸收发达地区梯度转移的生产要素。通常“过渡带”发展的前期由于自身的经济发展能力不强，一般处于“过道效应”为主的分散状态；而到中后期“过渡带”的不断发展和积累使其经济吸纳能力提高，就进入了以生产要素“集聚效应”为主的增长

* 刘茂松，湖南省首届院博士专家咨询委员会委员，湖南省经济学学会名誉理事长，湖南师范大学教授、湖南经济研究所所长、博士生导师。

极状态，产生了极化效应和扩散效应。具有极化效应和扩散效应的经济增长极才是“结合部”的全面形成。所以，具有生产要素融合功能的“结合部”是“过渡带”发展的高级状态。

湖南属于长江中游地区，南毗广东、通港澳台，东临江西、通苏沪杭，北连湖北、通江入海，西接川渝，通东南亚，是我国东部与中西部两大经济地域的连接带，具有承东启西、贯通南北、辐射周边的重要中枢功能。20 世纪 90 年代我国纵向通道优势远大于横向通道，特别是沪昆大通道尚未贯通，那时湖南的生产力在空间上一直按南北向分东线（京广线）、中线（洛湛线）、西线（焦柳线）三条纵线布局，三线之间缺乏横线联通，且水运又日渐式微，无法形成网圈集聚的空间经济格局，只能从事分散的小规模粗放生产。虽然也在一定程度上发挥了承接南部珠三角地区的“过渡带”功能，但对东部长三角地区的承接则很薄弱，“结合部”的融合功能没有发挥出来，总体上处于“过道效应”为主的阶段。进入 21 世纪以来，我国铁路、公路和航空交通快速发展，形成了普通铁路八纵八横、高速铁路五纵五横十联新体系和由 7 条首都放射线、9 条南北纵向线和 18 条东西横向线组成的国家高速公路网的新综合交通版图，这样全面改变了湖南省南北纵向分散布局的旧格局，具备条件运用京广线、包柳线、沪昆（成）线三大通道，形成了全省“三纵三横”大通道格局（“三纵”指南北向的京广线、洛湛线、焦柳线；“三横”指东西向的黔张常—常岳九线、沪昆线、湘桂线）。而“三纵三横”大通道格局的中心枢纽是由京广、沪昆、渝厦三大高速铁路及高速公路通道交汇的长株潭，构成了我国长江以南大型高铁枢纽中心，且通过湘江经洞庭湖联通长江，便又构成了长江黄金水道的流域型枢纽。这样，长株潭就已全面形成了水陆双联双通“一带一路”和长江经济带的枢纽型节点大都市格局，既是全国经济地理的中心区，也是国内市场半径最佳的中心区位。特别是以长株潭为中心的商圈市场规模庞大、承接和运营国内外中高端产业转移的潜力极为可观。湖南加上周边四省一市一区人口近 4 亿，占全国的近 1/3；“3 小时高铁经济圈”覆盖的市场至少占全国总人口的一半，具有巨大的商圈辐射优势和产业投资的市场价值。上海大众汽车公司之所以投资 120 亿元选择在长沙经开区建设国内第八家工厂，就是因为在长沙布点可辐射周围 1000 公里以内 7 亿人的消费量。所以，2012 年《福布斯》中文版发布的 2011 年中国中部 6 省商业城市排行榜中，长沙超过武汉位列中部之首。正是这种得天独厚的中心区位优势，为长株潭建成具有工程机械、轨道交通、汽车及零部件、电子信息、新材料、钢铁冶金和文化创意等七个千亿级产业集群和四家千亿级产业园区的核心增长极提供了优越的区位条件和广阔的营销市场，目前已成为“两型社会”建设、“中国制造2025”以及高新技术自主创新的三大国家战略示范区，具有国家大格局的重要战略地位。

二　长株潭发挥国家战略示范区作用需要重塑空间集聚格局

城市间的要素聚合和各种产业经济活动在空间集中产生的集聚经济效应以吸引经济活动向一定地区靠近形成向心力，以拓展发展空间和提高经济密度，正在成为推动我国经济高质量发展的新动能。因此，长株潭作为国家战略示范区和湖南经济发展的核心增长极，必须彻底打破以往分散布局的旧格局，按照枢纽型节点大都市的建制重塑空间经济集聚格局，以强劲的高质量发展新动力，大幅度提高城市有效供给效能，推进新旧动能转换，全面实现国家战略试验和示范的目标。国内外的实践表明，城市供给效能的形成和提高需要通过城市建设所形成的全要素集聚功能来完成，包括要素的互联互通（含人流、物流、资金流、技术流、信息流和地理交通结构的联通）和产业智能化发展等。

从空间经济视域来看，长株潭最大的优势是三市建制区的同城化。单从交通出行的数据分析，长沙公路对外联系以株洲和湘潭为主，共占48%，而株洲与长沙、湘潭的联系则高达66.3%，湘潭与长沙、株洲的联系更高达80%左右。所以，长株潭培育释放高质量发展新动能，最首要也是最关键的是深度推进三市城区一体化，创建千万级人口规模以上的具有国际化水平的国家中心城市，形成湖南乃至我国中部地区强大的要素集聚和产能辐射中心，着力提高城市品牌效能，实施“一心+两带两岸一网”的空间布局工程，全面释放城市空间要素集聚的发展新动能，充分发挥国家示范区的战略功能。

1. “一心+”：长株潭绿心+新经济发展试验区。三市地理交汇结点区面积达522.87平方公里，是目前世界上最大的城市群绿心，聚集了“山、水、洲、垸、园”等独特的优质生态资源，具有“绿水青山-金山银山”的巨大价值。由此，应根据习总书记“两山理论”，在依法保护和发挥生态屏障功能的前提下，对绿心地区进行科学整治和合理有效利用，转化绿心的高附加值，实现生态价值的延伸和升级。建议依法科学规划长株潭绿心及周边地区，以长沙南部片区（天心区、雨花区）为核心，连接株洲云龙和湘潭昭山“两型”示范区，在严格生态保护的前提下，创办长株潭绿心＋新经济发展试验区。首先，建设绿心生态国家森林公园，重点发展生态化、个性化、精细化、智慧化、体验化、全周期的生态医疗康养和旅游休闲产业，依托湘雅五医院等医疗和养老机构的辐射与集聚功能，打造和引领医学研究、医疗服务、康复护理、休闲娱乐、体育健身、康养教育、文化演艺、康养产品和交通食住行一体的医养娱相结合的全产业链。同时加强对片区内环境整治优化，观光景点提质升级，建设观光漫行道和配套的公共服务设施等，依托长沙石燕湖、湘潭盘龙大观园景区和长沙跳马镇开发绿心森林休闲旅游产品，打造集休闲养生、旅游度假、田林康养、农耕体验、体育健身为一体的生态旅游休闲产业基地。借鉴浙江经验，对村社农居进行文化村庄、农居文化创意工作室和民宿等的改造升级。其次，科学衍伸绿心的生态服务价值，构建新经济动能孵化转换生态圈。依托湖南地理信息产业园和湖南自兴人工智能研究院等平台，创建以大数据、人工智能、创意设计、数字健康、职业教育、智能物流、总部经济、瞪羚企业和独角兽企业集聚为主的长株潭新经济业态空间布局中心区，做大做强智能机器人、新能源汽车及零部件为重点的智造产业链集群，发挥新动能释放的先导和引领作用。

2. “两带”：湘江新兴经济产业带和浏株智能制造产业带。湘江新兴经济产业带以长株潭自主创新示范区为主体，联通长沙高新区、大学科技城、望城经开区、含浦职教城、金霞经开区、马栏山文创产业园、雨花经开区、暮云科创基地、湘潭高新区、湘潭经开区和岳塘经开区等，并链接岳阳城陵矶临港产业新区和绿色化工产业园，主要突出科技创新、人工智能、文化创意、教育培训以及新材料、高端装备、新一代信息技术、绿色精细化工等高新技术产业和智能化物流与港口产业布局；浏株智能制造产业带以长沙经开区为主体，联通浏阳经开区、隆平高科技园、株洲田心高科技园、轨道科技城、株洲高新区、服饰产业园等，并链接衡阳松木经开区，主要布局工程机械、轨道交通、航天航空、乘用汽车、电子信息、特变电工和生物医药等智能制造产业。以上“两带”分别同长株潭北部渝厦发展轴和南部沪昆发展轴交集，在北部聚联星马组团、高铁组团、老城组团、岳麓组团、望城组团、宁乡组团，辐射带动益阳和常德；在南部聚联湘潭中心组团、湘潭南部组团、湘潭西南部组团、株洲中心组团、株洲西部组团、株洲南部组团、株洲东部组团，辐射带动娄邵和怀化。这样可充分发挥长株潭核心增长极作用，强力推动全省新旧动能转换。

3.“两岸”：长株潭湘江两岸整体人文自然风貌文化走廊。长株潭湘江两岸文化景观和自然景观资源丰富，其观光旅游、休闲旅游和体验旅游的开发潜力巨大。据有关资料，长株潭三市行政区范围内的湘江两岸南起株洲市天元区雷打石镇，北到长沙市望城区乔口镇，长度约138公里，其中长沙范围内长度90公里，湘潭28公里，株洲20公里。三市两岸有17座湘江洲岛，其中有桥梁连接的洲岛有6座，步行可达的洲岛2座，还有一级支流河港5条。在两岸横向500米范围内有发展动能良好和具备发展潜力的城区7个，如滨江新城商务区、北辰三角洲、洋湖垸总部、九华板块和天元板块等，还有湘江古镇群、岳麓山及天心阁历史文化节点、窑湾及城正街历史文化街区、株洲工业文化遗址节点4个历史文化展示点。总的设想是，统一整合上述人文自然景观资源，本着尊重历史、保护自然的原则，以人文为筑底，以原生态为景色，以湖南文化走廊为目标，构筑一条串联历史、现在与未来城市功能区域河流的“千年潇湘脉”，打造以多个山体、水体、湿地形成的湘江自然风光廊道的长株潭“百里诗画廊”。

4.“一网”：三市同城化大综合交通网道。围绕长株潭核心区构建高快速路网络，打造三城区半小时交通圈。其一，落实长株潭“三干两轨四连线”交通工程，启动芙蓉南路长沙和湘潭段以及湘潭境内接株洲段快捷化改造，启动洞株公路至株洲城区的快速化建设和潭州大道至湘潭九华大道快速化改造，申报建设“长沙西—湘潭北—株洲西”和“长沙南—株洲西”两条轨道快线，启动潇湘大道—滨江路、新韶山路—昭山大道、昭云大道—云峰大道、湘潭大道—铜霞路等四连接线建设。同时，将高快速路与各大物流园和综合保税区联通，建构多重交通枢纽。其二，整体拉通长株潭湘江滨江大道包括湘钢路段、仰天湖与湘潭莲城大桥路构和昭山路段，并联通月亮岛、蔡家洲、傅家洲、柳叶洲、橘子洲、柏家洲、巴溪洲、杨梅洲等观光岛洲，并在长株潭湘江两岸修建风景观赏的慢行道。其三，利用既有铁路廊道提级，打造辐射四向的城际铁路，形成以长沙为核心有序建立高效、便捷、安全、绿色的环长株潭城市综合交通体系。岳阳方向利用原京广线开通长岳城际铁路；益阳、常德方向利用石长铁路复线富余能力开通石长城际铁路；娄底方向，利用长株潭城际与湘黔线衔接开通长沙-湘潭-娄底城际铁路；衡阳方向构建株洲-衡阳城际铁路形成长沙-株洲-衡阳城际铁路。

总之，长株潭最大的优势是三市经济社会联系一直比较密切，具有同城化的经济地理特质，完全能够通过空间集聚格局的重组，集中突破一批支撑创新发展的关键共性技术、前沿引领技术、现代工程技术和基础核心技术的研发创新，抢占新经济制高点，高标准建设高质量发展国家战略示范区，助推国家重大战略全面实施和湖南开放崛起。

三　重塑长株潭空间经济集聚格局势必实现经济社会管理一体化

目前，长株潭管理体制的分治阻碍了三市经济社会发展的一体化，生产要素难以按照高质量、高效率的要求进行统筹配置，无法在要素集聚的基础上全面实现分工配套协作的产业链集群，核心增长极的极核尚未完全形成，难以全面和充分发挥国家战略示范区的重要作用。因此，实现长株潭三市经济社会管理一体化，创建国家中心城市是势在必行的。

检索现有文献研究结果，从理论上讨论一体化，一般是指多个原来相互独立的主权实体通过某种方式逐步结合成为一个单一实体的过程，基本特征在于自愿性、平等性和主权让渡性。在这一过程中制度创新就成为实现一体化的基本前提和保障。而“区域一体化”则是近些年使用频率很高的一个热词，这个概念通常是指按照自然地域经济内在联系、经济流向、民族文化传统以及社会发展需要而形成区域多主体联合体。这其中作为一体化基础的区域经济一体化是建立在区域分工与协作基础上，通过生产要素的区域流动，推动区域经济整体协调发展的过程。由此可见，以经济为基础的区域一体化，其区域范围的界定会深刻影响各种协商和争端解决机制的实施效果和贸易自由化的实现，因而这是一个能够进行多边经济合作的地理范围，而这一范围就是在市场经济规律支配下的经济活动域所，往往大于主权国家或地区的地理范围即行政区划。于是，区域一体化便涉及了同行政区划的协调与整合问题，不然的话就会极大

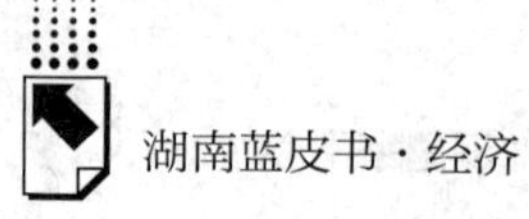

地影响经济社会的发展。长株潭一体化的现状和困惑，说明了解决这个问题的重要性和迫切性。

行政是行政主体对国家事务和社会事务以决策、组织、管理和调控等特定手段发生作用的活动。这种管理活动首先和主要的是由在任何社会中都是最大和最具权威性的公共组织——政府来承担和完成的。行政属于国家范围的公务活动，而国家是由国土、人民（民族）、文化和政府四个要素组成的。国家为了实行有效管控一般都要进行分级管理而实行区域划分，形成了行政区划结构。在这里，行政一体化主要是指社会化大生产发展到大区域经济阶段后，通过行政区划调整，按经济区要求配置行政区构架，以消除多元行政摩擦对经济跨界发展的掣肘，打造大区域中心，带动产业集群式区域经济一体化发展。应该说，这是当前我国深化改革的重要课题之一，其意义十分重大。

如何推进长株潭经济社会管理一体化，课题组设计了三种模式进行比较分析，最后选择长株潭国家中心城市模式。

——长株潭联盟模式。联盟是指两个或两个以上的独立的国家或民族为了共同的利益和行动通过正式协定（条约或合同）建立的集团。这种联盟也就是基于追求各自利益而统一行动并具有高效动作能力的共同体。从理论与实践来分析，这种利益共同体式的长株潭联盟模式是对现在的长株潭城市群模式的提升，即由松散的经济地理圈进化到联合的经济组织体。长株潭三市虽然在地理距离上接近，通过这些年推动一体化，在交通和环保设施以及公交和通信方面相互联通的水平提高，但三市在经济社会的组织层面并没有联结为一个命运共同体，缺乏长株潭整体认同，各自的利益诉求远大于整体利益甚至冲击和削弱了整体利益，发散式的离心力超过和抵消了聚合式的向心力。联盟模式就是从组织层面解决三市离心力的一体化设计，其基础是长株潭三市主体的联合，通过部分权力转让组成利益共同体。在构建联盟的做法上，首先由省人大立法出台《湖南省长株潭联盟条例》，并由湖南省人民政府成立“湖南省长株潭联盟领导小组”，在其主持下三市政府签订《长株潭联盟契约》，具体明确规定联盟的发展方向、经济社会目标、行政办事程序和三市权责利配置等，根据授权原则和辅助原则，组建联盟理事会，确定联盟的权力配置、行政程序和行权机制等。

——长株潭都市新区模式。城市新区是工业化推进的产物和必然选择。从空间经济学的视角来分析，城市化伴随经济、人口和用地规模的扩大，城市中出现了一系列经济问题、社会问题和环境问题即拥挤效应，基于产业成本的规律性作用，于是会推动一些产业与企业向成本相对低的郊区迁移，这样便形成了都市新区。在长株潭三市中，长沙作为省会城市其经济规模量级已超万亿元，并需要进一步发展，但由于受老城区的限制，生产力的布局势必向郊区转移，与株洲、湘潭和岳阳产业扩张区域接壤。而随着以高端装备制造为主的产业集聚发展，株洲和湘潭也各自都在向郊区扩展并同长沙对接，最终完全能够建成有支柱产业链连接和支撑的、经济社会一体化的长株潭大都市，构成国家战略型新区。所以，长株潭兼有战略型和郊区化两类新区的核心要素，具备以大都市区构架建设战略型新区的所有基础。基于此，都市新区模式也构成长株潭一体化行政管理体制的重要选项。其操作方式是由省人大常委立法出台《长株潭大都市新区政府条例》，在基本保留三市现有行政建制不变的基础上，组建具有行政权威性和统一性的长株潭大都市新区政府，负责长株潭三市跨界区域的公共事务，如规划、交通、公交、社保、环保、科技、教育、就业和产业与市场的布局等，直接对省委、省政府负责。

——长株潭国家中心城市模式。国家中心城市是在全国具备引领、辐射、集散功能的“塔尖城市”，体现国家战略、国家意志、国家使命和国家形象。空间经济学认为，城市的规模与体量是一个经济中心极化与带动能力的基本体现，是优化生产力空间布局的一个非常重要的因素。当一个城市的规模和体量达到与其区位和趋势相匹配的程度后，其资源配置能力、人才聚集能力、财富生产能力就会呈指数级增长，这也是大城市与小城市最大的本质区别。现在省际竞争更多地表现为城市群的竞争力，而城市群的竞争力更多地取决于省会城市的竞争力。湖南作为一个经济总量进入全国前十的大省，当前的主要矛盾是要做大做强省会增长极，以提高实施国家战略的能力。而做大做强省会城市目前最现实、最有效的选择就是长沙、株洲、湘潭经济社会和行政管理一体化，申报创建副省级国家中心城市，实现优势资源及生产要素的全面整合，联合配套打造具有国际中高端水平的支柱产业链，形成比肩武汉特大城市量级的竞争实力。

据上所述，由于全球化进程加快，国际竞争优势的基本单元已演化为特大型城市与大都市圈，这已成为衡量一个国家或地区经济社会发展水平的重要标志，成为推动一个国家或地区经济发展的主要动力。湖南作为我国新时代内陆枢纽型的人口和经济大省，迫切需要有一个千万级人口规模以上的超级核心城市，才能适应我国新型城市群化和国际超大都市圈加快发展的大趋势。正是基于此，湖南要实现经济高质量发展和现代城市经济高度繁荣，在国内甚至国际竞争中占据战略高地，助推国家高端战略的全面实施，就必须推动长株潭一体化创建国家中心城市，并依托这个巨型的经济中心辐射带动周边岳阳、常德、益阳、衡阳、娄底五市，形成环长株潭大都市圈。

B.37

补齐发展短板　做强实体经济

——长沙市实体经济发展调研报告

长沙市人民政府研究室*

近年来，长沙市委、市政府推出了一系列振兴实体经济的组合拳，成效明显。在加快推进高质量发展、建设现代化长沙的新征程中，进一步立足优势、挖掘潜力、扬长补短，做大做强做优实体经济，意义十分重大。

一　短板在哪里?

（一）市场主体综合实力亟待提高

1. 总量偏小

截至2017年底，长沙市场主体80.74万户，与深圳、重庆、成都、广州、南京相比，总量偏少。其中深圳市场主体总量306.1万户，是长沙的3.79倍；南京人口与长沙相当，市场主体总量是长沙的1.38倍。每万人市场主体1020户，比深圳、南京、成都分别少1423户、294户、180户(图1)。

2. 结构不优

2017年，长沙企业与个体工商户数量比为0.52∶1，在中部6省会城市中处于末位，前五位分别是郑州（0.85∶1)、合肥（0.81∶1)、武汉（0.66∶1)、南昌（0.63∶1)、太原（0.63∶1)，表明长沙市场主体低端业态比重偏高。

3. 质量居中

2017年长沙高新区拥有瞪羚企业34家，在全国排名第14位，其中武汉东

---

* 课题组成员：王德志、马琤、袁金明、左文星。

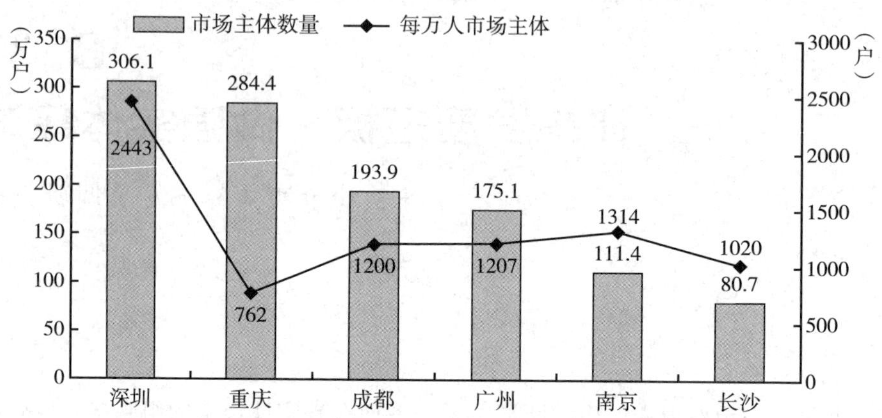

图1 2017年长沙与国内部分城市的市场主体情况对比

资料来源：各地统计年鉴。

湖高新区瞪羚企业数是长沙的2.1倍，中关村瞪羚企业数更是达到长沙的19倍（表1）；独角兽企业仅“58到家”1家企业，而同在中部的武汉有5家，北京、上海、杭州更是达到70家、36家和17家。

表1 2017年国内主要城市高新区瞪羚企业排名情况

单位：家

排名	高新区	瞪羚数	排名	高新区	瞪羚数	排名	高新区	瞪羚数
1	中关村	650	8	西安	56	15	济南	31
2	上海张江	271	9	成都	55	16	无锡	30
3	深圳	117	10	天津	54	17	合肥	29
4	广州	111	11	厦门	49	18	南京	28
5	苏州工	82	12	苏州	42	19	东莞	24
6	杭州	74	13	重庆	36	20	佛山	23
7	武汉东湖	73	14	长沙	34	21	益阳	22

资料来源：《国家高新区瞪羚企业发展报告（2017）》，科技部火炬中心。

（二）产业链整体水平亟待提升

1. 龙头企业不强

2017年，长沙产值过百亿元的企业13家，而广州48家、杭州40家以上、武汉34家，成都29家，南京21家，分别是长沙的3.7倍、3倍以上、2.6倍、2.2倍和1.6倍。

2. 转型升级不快

传统产业占比仍然较大，高新技术产业占比偏小，2017年，长沙高新技术产业企业1594家、总产值11400亿元，实现增加值3510亿元，占规模以上工业总产值的比重为28.4%，分别比杭州、广州、南京低21.7、18.6、17.49个百分点。

3. 产业链条不优

一方面，产业链垂直整合不够。表现为产业上下游和关联产业不匹配，配套能力相对较弱，企业核心零部件本地配套率较低。以工程机械产业链为例，全市60%的工程机械零部件依赖进口，工程机械配套件产业仅能满足主机企业生产要求的10%。另一方面，产业链横向资源配置不优。比如电子通信设备制造业分散在浏阳经开区、长沙经开区和长沙高新区3大园区，占比分别为47.8%、24.2%、15.3%，产业内部横向联系不够，存在同质化竞争现象。

（三）实体经济持续发展能力亟待增强

1. 工业投资后劲不强

2017年，长沙工业投资2211.8亿元，同比增速为6.7%，占固投比重为29.2%。成都市工业投资总量是长沙的1.4倍，增速是长沙的5倍，占GDP的比重高出长沙2.8个百分点（表2）。

表2　2017年经济总量前六省会城市规工及工业投资情况

单位：亿元

城市	规工情况		工业投资情况					
	增速(%)	排名	工业投资	排名	增速(%)	排名	占比(%)	排名
成都	9.0	1	3008.72	1	33.9	1	31.99	1
广州	5.2	6	736.26	6	3.1	4	12.44	6
杭州	7.0	4	861.48	5	0.5	6	14.7	5
南京	6.0	5	1778.79	4	1.0	5	28.62	4
武汉	7.7	3	2404.95	2	13.6	2	30.55	2
长沙	8.5	2	2211.8	3	6.7	3	29.2	3

资料来源：各地统计年鉴。

2. 投入产出效率不高

2017 年，长沙固定资产投资效果系数（固定资产投资效果系数 = 报告期地区生产总值增量/同期固定资产投资额 ×100%）为 0. 16，在万亿 GDP 省会城市中处于末位（成都、广州、杭州、南京、武汉分别为 0. 18、0. 31、0. 25、0. 19 和 0. 19）。从园区看，以 2017 年为例，“两区九园”中亩均税收最高的隆平高科园为 27. 98 万元/亩，而杭州高新区同期最高水平达到 180 万元/亩，亩均税收差距悬殊。

3. 全社会研发投入不足

2017 年，长沙 R&D 投入 252. 85 亿元，占 GDP 比重为 2. 4%，同期武汉、杭州、上海 R&D 投入分别是长沙的 1. 7 倍、1. 69 倍、4. 5 倍（图 2）。

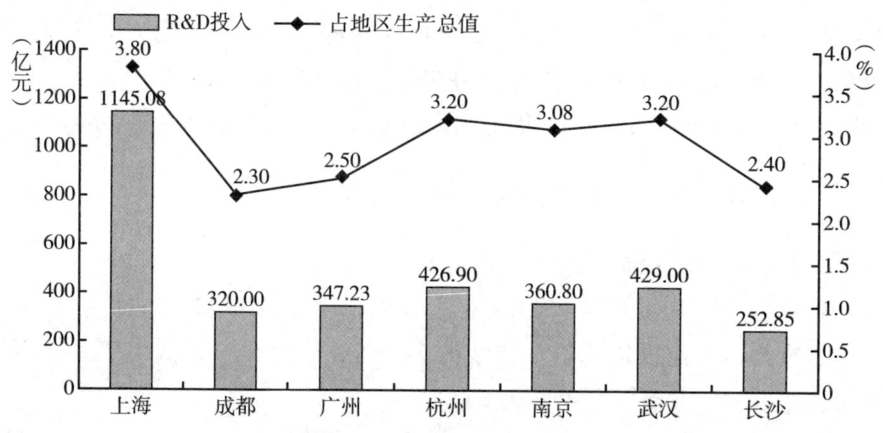

图 2　2017 年主要城市全社会研发投入对比情况

资料来源：各地统计年鉴。

二　原因是什么？

（一）营商环境有待优化

1. 行政审批不够便捷高效

近年来，长沙大力推进“放管服”改革，推动了投资建设项目“一次性审批”，“先证后照”“43 证合一”等商事制度改革举措，并产生积极效果。但与上海自贸区“负面清单”“证照分离”制度、杭州“最多跑一次”、南京“不见面审批”等先进城市的改革举措相比，仍有较大差距。在经济总量前六位省会城市中，长沙工业投资项目开办耗时需要 42 个工作日，比广州多 14 个工作日、比杭州和南京多 11 个工作日、比成都多 7 个工作日、比武汉多 6 个工作日（图 3）。

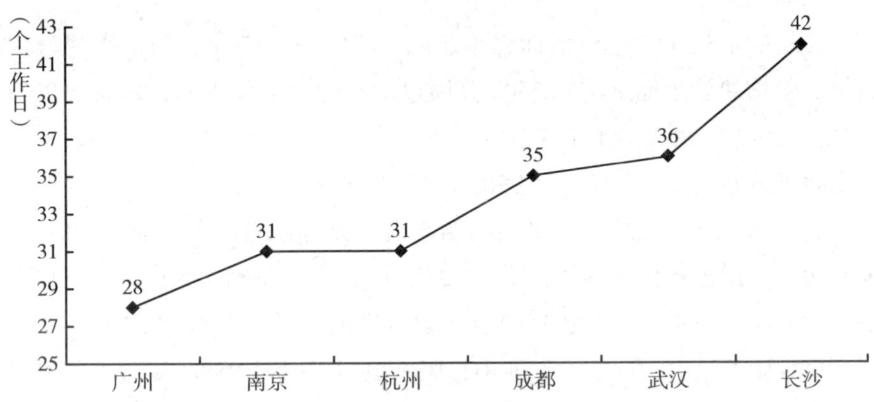

图 3　经济总量前六位省会城市工业投资项目开办耗时对比情况

资料来源：长沙市行政审批局。

2. 商务成本未能形成显著优势

在企业经营成本方面，长沙工业水价指数 0.84，工业天然气价格指数 0.27，工业电价指数 0.81，房价指数 0.86，职工工资成本指数 0.76，商务成本综合指数居全国第 21 位，优势并不突出。

3. 服务能力仍有提升空间

一是服务平台有待完善。有关公民户籍、教育、就业和企业工商、税务等信息都处于分散碎片化状态，未能实现共享互认，给企业和群众办事带来不便。二是窗口人员队伍有待加强。目前，长沙市服务窗口人员薄弱，窗口工作人员大部分为政府雇员，工资水平相对较低，流动性大，由此导致在一些审批环节中，窗口人员因业务不熟练很难真正把一次性告知落实到位。三是服务标准不完善。标准化服务指南的编制还不尽完善，有些程序步骤、流程节点还不够清晰明了，一些事项群众前来办事不知从何下手。

（二）要素保障有待加强

1. 人力资源瓶颈

随着产业链的快速发展，技术工人需求急剧增长，其中蓝思科技、比亚迪、伟创力 2018 年用工需求分别达到 5 万人、2.6 万人、1 万人，电子信息、工程机械、汽车及零部件、生物医药等行业劳动力资源供不应求。

2. 土地供应瓶颈

一是年度下达建设用地指标逐年递减。2012～2017 年，长沙市建设用地报批量、年均建设用地量均在 3500 公顷以上，受政策的影响，省国土资源厅下达长沙市的建设用地指标逐年递减，今年甚至低于 960 公顷，而项目建设用地需求将维持在高位，供需矛盾突出。二是用地成本越来越高。因长沙可开发耕地后备资源稀缺，耕地占补平衡问题突出，异地补充成本太高，2017 年 12 月的水田指标网上竞价平均单价高达 73 万元/亩。三是刚性约束更加严格。受绿心规划、林地审批、征地拆迁等政策因素影响，一些土地动不得、用不了。如天心区、雨花区有 500 多个工业项目因土地利用规划与绿心规划冲突退出。

3. 资金瓶颈

从金融业发展看，金融业增加值总量偏小，2017 年仅为 686.06 亿元，分别为重庆（1813.73 亿元）、成都（1604.30 亿元）、南京（1355.05 亿元）、杭州（1055 亿元）、武汉（1024.75）的 37.8%、42.8%、50.6%、65%、66.9%。从融资能力看，2017 年，长沙金融机构各项贷款余额 16027.07 亿元，约为广州的 50.76%、武汉的 66.9%、杭州的 54.7%、南京的 63.7%、成都的 54.6%。

（三）开放水平有待提升

1. 国际货运通道偏少

2017 年长沙才开通至胡志明市首条国际货运专线；2017 年，货运量仅 2.43 万吨，而郑州已开通全货机航线 24 条；郑州新郑机场同期货邮吞吐量已突破 50 万吨，跻身全球货运机场 50 强。同时，陆上对外国际货运通道仅中欧班列（长沙），且运营效率与先进城市仍有差距，2017 年中欧班列（长沙）开行 166 列，而成都、重庆、郑州、武汉中欧班列开行数量分别是长沙的 4.7 倍、4.2 倍、3.0 倍、2.3 倍（图 4）。

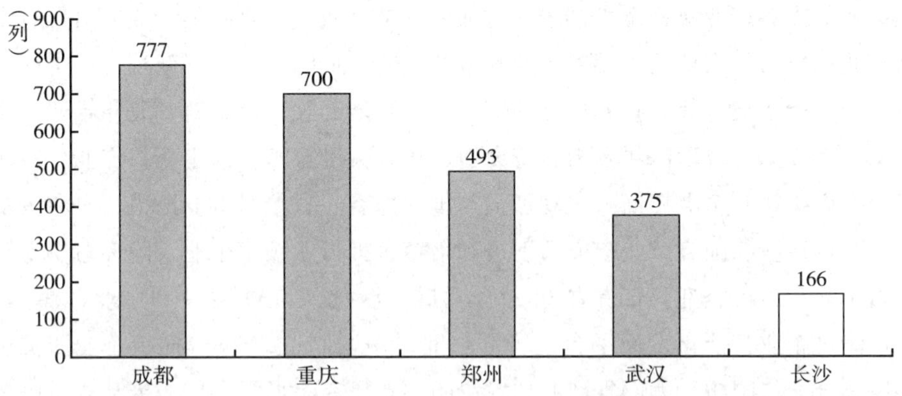

图4　中欧班列开行数前五位城市对比

资料来源：长沙市人民政府口岸办公室。

2. 口岸平台建设滞后

目前长沙除黄花机场为一类口岸外，霞凝铁路口岸、长沙新港水运口岸均为二类口岸，且只有进境食用水生动物、进境冰鲜水产品两个指定口岸，与重庆、郑州8个特殊商品指定口岸差距明显。

3. 通关效率有待提升

与广州、深圳等沿海城市报关可以365天24小时预约服务、全电子化自助操作相比；长沙的海关通关申报手续相对繁杂，一些企业因此以赴省外报关的形式走外省出口，如比亚迪长沙公司生产的车辆60%经由深圳海关出口，在长沙市报关的仅为40%。

三　怎么补短板？

实体经济发展的关键在园区，园区发展的关键在产业，产业发展的关键在营商环境。推动长沙实体经济高质量发展，要找准差距、精准发力，旗帜鲜明地推进工业强市、园区兴工、产业立园、项目促产。

对策一：突出提升产业竞争实力。一是加快完善产业生态链。以智能制造为统领，按照“两主一特”“一主一特”的园区功能定位，聚焦高端装备与人工智能、电动汽车与新材料、信息终端与显示器件、生物健康与基因技术、视频产业等优势产业链，全力推进建链强链补链延链。二是瞄准产业前沿打造未来产业竞争力。密切关注国家产业政策新趋向、追踪产业发展新动态，采取资金整合、资本投入等方式筹措专项资金，在智能驾驶、区块链、北斗导航深度应用、大数据等方面深耕发力，着力引进核心关键技术，催生新兴产业。三是强化招商统筹和精准招商。主动加强与国家部委、省厅对接、汇报，争取更多项目布点长沙。围绕产业链突出引进和培育一批行业领军企业、隐形冠军、独角兽企业和瞪羚企业。四是推进融合发展。深化“互联网+制造业”融合，打造满足企业智能化发展平台，培育一批“中国制造2025”样板企业。推进军民融合，与国防科大、省产业技术协同创新研究院加强合作，推动省军民融合科技创新产业园建设。

对策二：突出增强科技创新驱动能力。一是着力优化创新生态。以岳麓山国家大学科技城为载体，以中南大学、湖南大学、国防科大等为重点，进一步健全校地合作、产学研合作机制，加快推进科技成果转移转化。二是增加全要素创新投入。着力构建全要素创新投入新机制，针对创新创造的全过程、全领域，重点在社会研发经费、高新技术产业发展、专利发明、园区科技创新能力、企业智能化改造等方面形成引导激励机制。三是强化人才支撑。全面落实长沙人才新政22条，加大国内国际先进人才引进力度，大力培养重点产业科技创新团队，加强一线工人技能培训。同时，对现有存量人才根据其贡献给予补贴和奖励，避免人才流失。四是深化国际科技合作。加大国外先进科技引进力度，利用创新资源弥补长沙在战略新兴产业发展方面的劣势和短板。建设和发展国际技术转移产业园区，鼓励外资企业、国际知名大学在长沙设立技术转移机构与合作办公室。

对策三：加快形成全面扩大开放新格局。一是强化重大开放平台建设。加快申报建设以长沙为核心区的中国（湖南）自由贸易试验区；开通更多国际客运航线和货运航班，加快“中欧（长沙）班列”运营扩容提质；加快海关特殊监管区域建设，拓展黄花综合保税区功能，加快建设铁路一类口岸和汽车整车、水果、药品等指定口岸。二是加快重点区域对外贸易发展。鼓励支持企业参与“一带一路”沿线国家基础设施建设，主动承揽国家援外项目建设，推动优势产能加快“走出去”。特别是抓住非洲国家扩大与湖南经贸合作交流的契机，落实好对非经贸合作的各项措施，不断深化对非合作交流。三是探索商品出入境通关效率提升新机制。争取、推动长沙行政区域内海关业务相对集中管理，由星沙海关整合隶属于长沙海关的现场业务处、驻黄花机场办事处两个派驻机构，统一管辖长沙市全境范围内的海关业务。全面推进通关作业无纸化、通关一体化等通关作业改革，提升通关效率。

对策四：创新突破用地瓶颈制约。一是划定“红蓝两线”。工业红线用于保障产业长远发展而划定的工业用地底线，严控线内工业用途的改变，坚决杜绝城市更新把工业区转为其他功能；工业蓝线是为保障工业用地规模而划定的、可稳步转型的工业用地引导线，可在此空间范围内，有序引导产业转型升级。二是发展“飞地经济”。进一步加强与岳阳、湘潭、株洲等周边城市的合作，探索产业转移、区域合作等“飞地”模式，实现产业链的统一规划、分工协作、有序转移；加强与湘西地区联系，以“长沙总部 + 飞地制造”发展模式，共建合作园区，探索产业扶贫新途径。三是探索“税地联动”。根据企业近 3 年来平均纳税情况保障重点企业拿地外，要求获得土地的企业，10 年内不得迁离长沙。对于获得土地后发展状况不佳的企业，研究建立适当的退出机制或补偿土地价款机制。

对策五：构建与高质量发展相适应的金融服务体系。一是破解融资难题。支持企业到主板、中小企业板、创业板和美国、中国香港等国（境）外资本市场上市挂牌。发挥政府产业投资基金作用，引导支持各类基金发展，通过合作引进的方式，做大基金小镇规模，最大限度地激活社会资本，支持实体经济发展。二是丰富金融业态。以长沙高新区首获国家促进科技和金融结合试点园区为基础，发展科技金融；借鉴北京中关村质押融资“智融宝”产品等模式，创新推出以知识产权质押融资服务及相关产品等。三是防范化解风险。深入推进互联网金融风险专项整治，规范民间金融发展，坚决打击非法集资；按照“停、缓、调、撤”的总要求，在政府投资项目建设、PPP 项目审批、平台公司转型等方面谋良策、出实招，切实防范金融风险。

对策六：持续做大做强做优市场主体。一是大力培育独角兽企业。在全市遴选建立准独角兽企业库，对发展势头迅猛、技术创新突出、影响力极大的准独角兽企业采取“一事一议”方式给予支持。二是大力培育瞪羚企业。实施高新技术企业加速培育工程，立足现有产业优势，把握细分产业领域，从价值链高端切入，促进成长速度快、创新能力强、专业领域新、发展潜力大的本土企业成长为瞪羚企业。三是大力扶持中小微企业。以成长型中小微企业、国家高新技术企业、上市培育企业为基础，根据企业需求制定针对性扶持政策，构建民营经济“小升规、规改股、股上市”成长扶持机制。四是大力推进企业服务。对企业土地、资金、用工等困难和问题实施挂牌督办，切实为企业排忧解难，解决服务企业“最后一公里”难题。通过3年努力，使全市市场主体达到150万户（家），企业个体比达到全国省会城市中上游水平。

对策七：坚定不移打造国际一流营商环境。一是持续降低企业成本。深入推进实体经济降成本专项行动，切实降低企业用电、用地、用工等要素成本和制度性交易成本；进一步贯彻落实国家、省涉企行政事业性收费政策，完善市本级行政事业性收费目录清单和涉企行政事业性收费目录清单制度，切实做到“涉企收费进清单，清单之外无收费”。二是加快提升服务效率。积极开展“营商环境优化年”活动，加快推进“最多跑一次”改革，突出抓好“四个一”（“一张网”“一张表”“一个厅”“跑一次”）、“四个办”（“网上办”“就近办”“减证办”“帮代办”），为市场主体和群众提供便利、舒适的政务办事服务。三是大力推进简政放权。清理整顿行政审批中介服务，推进中介服务市场化。深入推进园区行政审批制度改革，严格落实“两集中两到位”，与群众、企业紧密相关的政务服务事项应放尽放至社区、园区。

B.38

加快发展绿色金融　打造区域金融中心

张庆和*

金融是现代经济的核心，是促发展的“发动机”、转方式的“助推器”。近年来，长沙金融产业呈现出发展加速、结构优化、风险稳控的良好局面，有效助推产业转型升级、资本市场繁荣和实体经济发展，但也存在一些突出问题。为更好推动高质量发展、加快建设现代化长沙，应加快发展绿色金融，努力将长沙打造成区域金融中心。

一　近年来长沙金融产业加速发展取得的显著成效

一是发展持续加速。2018 年，全市金融产业增加值达 513.38 亿元，为 2015 年的 1.4 倍，占地区生产总值的 6.7%；金融产业创税 156.99 亿元，为 2015 年的 1.12 倍；存、贷款余额分别比 2015 年增加 32.5%、49%。金融产业已成为长沙市重要的支柱产业、税收收入的主要增长点（图表 1）。

二是结构持续优化。湖南金融中心加快建设，麓谷基金广场、湘江基金小镇挂牌成立，至 2018 年底，全市共有银行 42 家、地方法人证券公司 3 家、证券分公司 38 家、上市公司 67 家（其中 A 股上市公司 61 家，总市值 5229.99 亿元，数量和总市值均居中部城市首位）、期货公司 3 家、保险公司 57 家、融资性担保公司 71 家、小额贷款公司 52 家，有效引导金融机构服务科技创新、服务小微企业等，初步形成了多元化、多层次的金融服务体系。

三是风险持续稳控。稳步推进防范化解重大风险攻坚战，严格对融担公司、典当公司、小贷公司的监管，加强对非法集资、金融诈骗等犯罪行为的打

* 张庆和，民盟长沙市委主委、长沙市市场监督管理局局长。

击，有效维护金融秩序、防控金融风险、保障群众权益，金融产业稳步发展的整体环境持续向好。

表1 2015~2018年长沙市金融业增加值情况

年份	存款余额		贷款余额		税收		金融业增加值占GDP比重(%)
	总量（亿元）	增幅（%）	总量（亿元）	增幅（%）	总量（亿元）	增幅（%）	
2015	14065.66	24.8	12323.87	15.0	139.97	30.0	5.9
2016	15488.77	10.1	13866.96	12.5	140.08	0	6.1
2017	17141.83	10.7	16027.07	15.6	148.88	6.3	6.5
2018	18633.60	8.7	18360.89	14.6	156.99	5.4	6.7

资料来源：长沙市统计局。

二 当前长沙金融产业发展存在的突出问题

一是实力不强。与广州、武汉、郑州、合肥相比，长沙的金融机构数量、资产总规模总体偏少，本外币各项存款余额、金融产业增加值等还有较大差距，尤其是本土法人保险机构仅有1家，金融产业综合实力和辐射能力不强。

二是布局不优。长沙的金融机构分布还比较分散，虽然近年来湖南金融中心、湘江基金小镇发展迅猛，芙蓉中路金融街正在加快提质升级，但与武汉华中金融城、郑东新区金融集聚核心功能区、合肥金融港、贵州国际金融中心相比，聚集度、竞争力、品牌效应等有待进一步提升。

三是创新不够。长沙的新金融产品数量偏少、体量不大，虽然2018年9月长沙市明确提出要建设“和包支付产业园”、打造“中国移动支付第三城”，但众筹、网络理财、网络小贷等互联网金融企业和业务刚刚起步，金融后援产业尚未真正破题，复合型创新型互联网金融人才供给不足，新兴金融业态发展滞后。

三 加快长沙现代金融产业高质量发展的对策建议

应立足建设现代化长沙的新起点，认真贯彻中央“六稳”尤其是“稳金融”要求，大手笔谋划、大力度推进绿色金融发展，努力将长沙打造成区域性金融中心，为加快推动长沙高质量发展、辐射带动湖南加快发展、更好融入长江经济带提供支撑。

1. 明确目标路径，加快绿色发展

一是抢抓发展机遇。2017 年6 月，国务院决定在浙江、江西、广东等5 省建设绿色金融改革创新试验区，人民银行、财政部、发改委等7 部委联合印发了《关于构建绿色金融体系的指导意见》，据悉这一试验区还将继续扩容，长沙应抢抓机遇，主动申报、抓紧创建国家绿色金融改革创新试验区。二是借鉴外地经验。学习浙江、江西、广东等地及北京、深圳、厦门等城市发展绿色金融的先进经验，立足产业发展趋势、长沙既有优势，加快推进绿色金融发展。三是提前统筹谋划。结合市“十三五”金融发展规划，尽快出台金融产业绿色发展的顶层设计，重点完善绿色金融标准体系，创新金融产品和金融服务，加强风险防范，推进绿色环境信息披露，提升金融机构能力建设。

2. 聚焦“一江两岸”，加快集聚发展

一是科学规划。坚持高起点、高品位、高规格规划、建设湖南湘江新区滨江新金融聚集区，今后新引进的金融机构都应优先落户该区，努力打造成长沙的“陆家嘴”；提升芙蓉中路金融聚集带金融企业品质，同时加快“腾笼换鸟”，腾退不符合发展要求、产业布局的企业。二是完善配套。完善湖南湘江新区滨江新金融聚集区、芙蓉中路金融聚集带市政设施等，加快改造片区路网，结合“一圈两场三道”建设，有效解决“通行难”“停车难”问题；提质周边购物、教育、医疗、健身、娱乐等生活服务配套。三是精细管理。成立专业公司，对各金融楼宇实行统一的出租、物业服务等管理，提供高品质的日常服务。

3. 坚持精准发力，加快赶超发展

一是补齐短板。重点引进银行、保险、证券、基金等区域总部，补齐金融总部短板；谋划建设湖南湘江新区保险产业园，加快组建农业保险公司，补齐保险业短板；加快设立市级资产管理公司，组建市级担保公司，补齐融资担保机构短板；加快组建金融租赁公司，重点引进培育会计、审计、资产评估、保险经纪等中介机构，补齐中介服务短板。二是创新业态。创新科技金融发展模式，打造集科技银行、融资担保、天使投资、上市挂牌等服务于一体的科技金融服务体系，重点建好麓谷基金广场，开发针对性强的产品缓解科技企业“融资难”。创新文化金融发展模式，完善无形资产评估、质押、托管、流转、变现等管理办法，鼓励金融机构向文化企业提供特色融资产品。创新互联网金融发展模式，引进支持湘籍知名互联网企业家来长发展，重点建好和包支付产业园，支持互联网企业发起或参股第三方支付、移动支付等机构。三是拓展融资。加强与港交所、深交所、上交所的战略合作，完善企业上市绿色通道制度，力争到2020年上市企业达100家。抢抓2019年发行1.39万亿元地方政府新增债务的机遇，积极争取更多发债份额以缓解建设资金难题。鼓励企业通过融资工具、资产支持证券、境外债等筹集发展资金。稳步开展农村承包土地经营权、农民住房财产权“两权”抵押贷款试点等，有效将农村资源变成资金。

4. 服务实体经济，加快协同发展

一是服务重大项目建设。落实全市“产业项目建设年”活动要求，鼓励支持各金融机构对重大项目予以优先支持、倾斜投资，重点投向40个省重大项目、1050个市重大项目，真正做到资金跟着项目走，积极扩大有效投资。二是服务重点产业发展。聚焦七大战略性新兴产业、22条工业新兴及优势产业链，设立产业投资子基金，支持产业企业发展。加强与私募股权投资机构合作，引导一批基金管理公司来长设立、运营产业基金。三是服务重大片区开发。引导各金融机构主动参与六大片区开发建设，尤其是在岳麓山国家大学科技城、马栏山视频文创产业园推出知识产权质押融资等创新举措，帮助园区将更多无形资产变为有形资金，助推长沙打造经济新增长极、城市亮丽新名片。四是服务中小微企业壮大。用活市小微企业创业创新天使投资基金，重点投向初创企业、早期项目，有效撬动社会资本投入。引导金融机构适当放宽贷款条件，扩大抵质押品范围，同时进一步优化贷款利率，有效化解中小微企业融资难、融资贵等突出问题。

5. 强化保障机制，加快跨越发展

一是严格风险防控。贯彻落实中央新的金融监管要求，全面落实防控金融风险党政领导责任，持续有效抓好防范化解重大风险攻坚战。建立与中央、省金融机构风险防范联动机制，健全金融预警监测平台，加强对金融风险的识别反应、预警防范和化解处理。尤其要高度关注、有效化解上市公司股票质押风险。二是加大扶持力度。全面兑现系列金融产业发展扶持政策，将财源性存款和公共性存款向重点金融机构倾斜，加快完善并落实金融机构引进、培育、发展等激励办法，对重点金融机构入驻、上市、重组等按“一事一议”制度予以专项扶持。三是引进培育人才。加强与省、市属高校合作，重点培养金融管理等专业人才。制定并落实金融产业“一企一策”引才办法，重点在住房、医疗、子女教育、父母养老等方面实施“点对点”服务，帮助解决金融人才生活需求，并建立落实专门的交流学习机制助力成长。四是创优发展环境。深化“放管服”改革，全面提升金融机构的引进、落地等行政审批效能，打造稳定公平透明、可预期的一流营商环境。严厉打击群众反映强烈的各种非法金融活动，公布并落实金融机构“黑名单”管理办法，加大维权保护力度优化金融消费环境。

B.39
对长沙融入长江经济带发展的调研思考

王启贤*

推动长江经济带发展是党中央做出的重大决策，是关系国家发展全局的重大战略。长沙作为湖南省会、长江经济带重要节点城市，必须深入学习贯彻习近平总书记关于长江经济带发展战略思想和重要指示精神，牢固树立生态优先、绿色发展的理念，正确把握好推动长江经济带发展的五个关系，在思想上、政策上、措施上、行动上对标，努力在湖南实施长江经济带发展战略中体现省会担当，在湖南新一轮高质量发展中发挥更大作用，助力打造长江经济生态带、黄金带。

一　前段发展的成效可圈可点

近年来，长沙市牢固树立“绿水青山就是金山银山”理念，坚持生态优先、绿色发展，采取切实有力的措施，深入推动长江经济带发展战略在长落地实施，取得了阶段性成果。

（一）强力推进环境保护治理

坚持以改善环境质量为核心，加强环境治理，人民群众的环境获得感稳步提升。一是大力实施“清霾、碧水、静音、净土”行动。强化“车、油、气、尘、企”五气共治，严格落实“六控”措施，淘汰黄标车29497辆，全面打响“蓝天保卫战”；以“一江六河”治理为重点，持续推进长沙湘江保护与治理“一号重点工程”，实施水污染防治项目246个，整治建成区黑臭水体88处；加强土地污染项目治理，坚决守住了土壤环境质量底线。2017年，全市

* 王启贤，湖南省青年社会科学工作委员会特约研究员、湖南省情研究会理事。

空气优良天数为268天，优良率73.42%；SO_2、PM_{10}、$PM_{2.5}$年均浓度值分别下降18.7%、5.5%、3.7%；城市饮用水水源地水质达标率为100%，湘江长沙段出境断面水质稳定达到Ⅲ类。二是积极推动退耕还林、还湿。在洋湖湿地开展“退耕还湿”试点，在望城区湘江段、长沙县捞刀河段、浏阳市捞刀河段、宁乡市靳江河段、沩水河段开展“退耕还林还湿”试点，总面积超过400公顷，为湘江流域水生态安全提供有效屏障。三是不断加强生态绿心保护。组建绿心联合执法队伍，实现常态化执法监管，有效遏制了绿心地区违法违规行为。从2017年起每年安排生态补偿专项资金3600万元，对绿心地区乡镇（街道）和群众实行全面生态补偿。四是持续提升绿化覆盖率。连续实施两轮“三年造绿大行动”，加强绿道建设，完成绿化提质、改造、新建面积共40301公顷。全市共有国家级森林公园5家、国家级湿地公园5家、省级森林公园7家，建成区234家公园，2017年森林覆盖率、绿化覆盖率分别达54.82%、41.5%。

（二）扎实推进河道岸线整治

通过规范管理，强化管护关系，加大监督执法力度，有效保护河道岸线，保障了防洪安全和水生态安全。一是科学编制管理规划。目前，湘江干流岸线保护规划已统一由省水利厅组织编制，其他六河岸线的《规划工作大纲》《规划任务书》及规划费用的测算工作已完成。二是加强河道岸线治理。河道管理工作纳入考核，建立和完善河道管理长效机制。组织各区县（市）对河道及岸线违章建筑物予以拆除，清理河滩种菜，清除非法码头、岸坡垃圾及废弃物，多次开展河岸披绿工作。三是重点开展砂场整治。2016年起长沙市湘江库区河道管理范围内禁止从事采砂和采矿活动。2017年，库区范围以外的长望浏宁发布河道砂石禁采通告，境内河道实行全面禁止采砂。

（三）着力推进产业转型升级

紧紧扭住产业发展这个“牛鼻子”，不断优化产业结构，推动产业向高端化、绿色化、智能化、融合化迈进。一是推动工业智能化发展。出台了《长沙智能制造三年行动计划》，组建了长沙智能制造研究总院，开展了智能制造企业试点示范，长沙制造加速向“长沙智造”转变。2017年，新认定高新技术企业800多家，增幅居中部首位，高新技术产业增加值3511亿元，增幅达14.5%，占GDP比重达33.3%。2018年一季度，规模工业增加值同比增长8.1%，高于全省平均水平0.5个百分点；电子信息设备制造业、汽车制造业、电气机械器材制造业和轨道交通设备制造业发展迅猛，四行业规模工业增加值增速分别为21.7%、8.9%、13.5%和34.9%。二是推动服务业高端化发展。大力实施服务业发展“三百工程”，三产业增加值近三年年均增幅达11.3%。其中“互联网+”等新业态迅猛发展，电子商务交易额达4210亿元，增长30.9%；现代物流实现总额增长10%；在规上服务业中，互联网及相关服务单位营业收入增长62.3%。三是推动农业生态化发展。坚持农业生态化、标准化、园区化发展，2017年完成农产品加工业总销售收入2060亿元，同比增长15%。休闲观光农业、会展农业实现收入520亿元。四是推动园区集群化发展。“五区九园”规模工业企业占全市规模工业企业“半壁江山”（49.6%），规模工业前100强企业93家在园区；2017年“五区九园”实现规模工业增加值1988.35亿元，同比增长11.9%，近5年增长均超过2位数，工业主阵地、主战场、主力军作用彰显。

（四）持续推进两型绿色发展

狠抓两型社会综合配套改革，着力落实供给侧结构性改革“1+7”、“工业30条”等系列政策，大力发展两型产业，全面强化节能降耗减排，绿色生产生活方式得到大力推广。一是全面淘汰落后产能。完善市场化退出机制，采取分类退出、政策引导、经济补偿等措施，关停“两高”企业和“五小企业”。坪塘老工业基地的21家污染企业全面关闭退出，成为全国“两高”产业区域整体退出样板工程；建立项目污染排放总量审核、环评质量考核和集体审批制度，严格项目准入门槛，否决高污染高能耗项目500多个。2017年，淘汰落后产能企业36家，关闭小企业20家；共计淘汰落后水泥产能198.4万吨、落后造纸产能20万吨、落后制革产能75万标张、落后化工产能6万吨、落后花炮产能8万箱。二是全面推行清洁生产。出台《长沙市重点用能单位节能低碳行动实施方案》，涵盖334家重点用能单位。实施“千家企业清洁生产审核绿色行动”，鼓励企业贯彻国家绿色制造标准体系，推进工业重点领域节能降耗。积极推广十大清洁低碳技术，实施一批清洁低碳技术推广示范项目。

单位 GDP 能耗连续两年下降 9. 04%；六大高耗能行业综合能源消费量 305. 38 万吨标准煤，下降 2. 9%。三是全面推广绿色生活。率先全国开展绿色发展考核评价体系研究与试点，探索建立市对区县、园区绿色发展评价指数体系。探索生活垃圾智能分类常态运行机制。全市公交出行分担率达 36. 9%，城区新能源与清洁能源公交车占比达 80. 2%。2017 年实施装配式建筑项目面积约 300 万平方米，新增绿色建筑面积 1292. 45 万平方米，85 个项目取得绿色建筑设计标识。梅溪湖国际新城获批全国首批绿色生态新区。

（五）全力推进内陆开放高地建设

充分发挥“一带一部”区位优势，抢抓长江经济带战略重大机遇，全面实施开放崛起战略，推动与长江经济带城市互动对接。一是建设口岸平台。目前，全市拥有国家一类口岸 1 个（长沙航空口岸），口岸作业区 2 个（霞凝铁路口岸和霞凝水运口岸），特殊监管区 2 个（长沙黄花综保区和金霞保税物流中心），监管中心（仓）8 个，指定口岸和查验场 6 个，公共信息平台 1 个〔湖南电子口岸（长沙）公共信息平台〕。二是拓展开放通道。目前，长沙开通国际和地区客货运航线共计 31 条，其中客运航线 30 条，全货运航线 1 条；国际和地区通航城市 40 个，覆盖 5 大洲。中欧班列（长沙）出口、回程班列，每周稳定开行 3 ~4 列；霞凝港水运口岸开通每周 7 班至上海的“五定班轮”。三是发展外向型经济。2018 年 1 ~3 月实际利用外资 14. 9 亿美元，同比增长 13. 1%；加工贸易进出口额同比增长 11%。黄花综保区、金霞保税物流中心分别实现进出口额 2. 05 亿美元、1. 08 亿美元。进出口企业业绩“破零”394 家、“倍增”283 家。

（六）协同推进环长株潭城市群发展

加快环长株潭城市群发展是贯彻落实长江经济带重大国家战略的重要举措。一方面，强化示范辐射带动作用。坚持创新引领，突出省会担当，高效推进长株潭衡“中国制造 2025”试点示范城市群、长株潭自主创新示范区各项试点示范工作，不断拓展“3 +5”城市政产学研用合作，舞活推进长株潭一体化的“龙头”，辐射带动岳阳、常德、益阳、衡阳、娄底等城市发展，城市群整体竞争力大幅提升。另一方面，加快交通网络互联互通。长株潭城际铁路开通运行，株洲和湘潭与省会长沙形成“1小时经济圈”，以长株潭为核心的“两纵两横”高速公路网局部建成，“3+5”城市群高速公路、快速公路形成四通八达的密集网络。长沙城区共有94条公交线路与长株潭城际铁路接驳，实现了城际铁路站与公交线路站的无缝对接。规划建设长益高速复线、长张高铁、城际铁路延长线、长沙汽车南站综合枢纽、长沙高铁西站，环长株潭城市群交通通达度将大幅提升。

二　制约发展的瓶颈亟待突破

对照《长江经济带发展规划纲要》提出的发展目标要求，长沙当前还存在一些困难短板和亟待大力破解的难点问题。

（一）生态保护形势依然严峻

一是安全隐患仍然存在。湘江既是饮用水源，又是航运通道、纳污水体，湘江库区水环境依然存在较大环境隐患，浏阳河城区段、圭塘河、龙王港等湘江支流水质还未完全达到水环境功能区标准要求，需要持续大力整治。二是重点难点问题突出。30多年经济高速发展、传统的经济增长模式下遗留累积的隐性环境问题，现在集中凸显。空气质量改善进入瓶颈期，持续改善的任务艰巨；土壤污染治理项目整体进展较慢，治理成效不明显。三是基础设施建设滞后。污水处理厂及配套管网、垃圾填埋场和垃圾焚烧厂等基础设施建设滞后，不能满足城市快速发展的需要。浏阳河三角塘泵站截污设施工程尚未完成，暂时存在污水直排现象；沩水河流域内，部分城镇生活污水截污管网建设未到位，污水收集处理能力不足，存在生活污水直排现象；捞刀河长沙县城西污水处理厂尚在建设，导致土桥撇洪渠暂未截污。四是重点改革突破不够。生态环境保护责任、环境损害赔偿、生态预警等改革仍需加快推进；生态补偿、排污权交易、环境污染责任险等改革仍需继续深化；产业转型指导政策、两型消费引导政策、资源环境新技术研发推广应用支持政策不足。

（二）产业竞争优势亟待培育

一方面，产业结构仍需优化。经济外向度不高，开放平台亟须加快建设。

服务业占 GDP 比重低于全国平均水平，特别是中高端服务业、生产性服务业一直是“短板”，必须加快补齐。制造业中烟草等传统产业占比仍然过大，北斗导航、工业机器人等新兴产业发展较快，但体量仍然偏小。另一方面，产业链条有待拉长。科技资源优势尚未转化为产业优势，上下游产业配套能力较弱，配套企业不多、企业关联度不高、互补性不强。支柱产业关键原材料、零部件主要从省外、国外购买，工程机械主导产品、材料和电子信息产业本地配套率不到 50%。

（三）要素保障瓶颈难以突破

一是“钱”的问题。今年以来，受防范政府债务风险影响，政府平台融资渠道收窄，融资环境趋紧，民间投资意愿不足，项目建设融资问题日渐突出，企业融资难、融资贵的困境难以改善。绿色发展试点和示范项目、退耕还林还湿试点项目，资金保障缺口都很大。二是“地”的问题。2018 年，省国土厅明确表示长沙的用地指标要低于 2017 年的 960 公顷，无法满足重大产业项目用地供应。可供开发的耕地后备资源稀缺，异地补充成本高，耕地占补平衡问题更加突出，2018 年长沙需补充耕地占补平衡指标缺口 2000 公顷。三是“人”的问题。国内许多城市推出吸引高学历人才落户的政策力度更大，导致长沙市高端人才难引进、难留住，产业链高端人才短缺。尤其是具有高级技术职称人员不断被外地企业高薪“挖走”，对新时代高质量发展极为不利。四是“港口”的问题。现长沙新港下游 20 公里范围内集结了 8 个具备作业能力的码头，港口数量多、规模不大、功能不齐，同质化低价恶性竞争相当激烈，造成岸线资源浪费、安全环保无保障。省政府为整合岳阳城陵矶、长沙霞凝港水运资源，将霞凝港定位为城陵矶港的“喂给港”，外贸集装箱运输业务流失；加之汽车滚装码头投入运营后，适航的现有滚装船较少，湘江长沙航电枢纽通航受限，港口危货作业资质很难续批等原因，长沙新港发展遭遇瓶颈。

（四）协调联动机制有待健全

一是行政执法难。比如，砂石管理涉及多个环节、多部法律法规和政策性文件及多个部门；非法采砂，吸砂船皆为非法改装船舶，流动性强，目前各地市之间监管执法标准不统一，存在认识不统一和配合不到位的情形，导致外地非法吸砂屡禁不止、屡打不绝，给长沙的专项治理带来一定冲击。水务行政执法缺乏强制手段，目前水务执法部门对非法船只没有扣押权和检查权，没有权力采取其他强制手段。二是协调难度大。湘江流域各地执法部门和相关职能部门之间业务衔接不紧、联动不畅，没有形成执法合力，特别是边界地区留有空白，交界水域的非法行为监管难度大。退耕还林还湿涉及林业、水务、农业、国土、规划、环保等多个部门，有些工作必须高位协调才能推进。三是互联互通难。由于行政管理体制的问题，长株潭三市各部门之间尚未建立定期、不定期的沟通渠道，缺乏主动对接的协调机制，跨地区的项目协调难度大。如城际干道的建设、公交一卡通系统和城际公交开通，没有省政府和省直部门的统筹，很难协调推进。一些重大的涉铁、涉电项目省级层面协调难度大，前期工作缓慢，项目审批落地难而影响进度。

三　推动发展的举措必须抓实

为贯彻落实习近平总书记在武汉座谈会上的重要讲话精神，推动长江经济带发展的重大决策部署落到实处，长沙市出台了《关于坚持生态优先绿色发展在深入实施长江经济带发展战略中推动长沙高质量发展的三年行动计划（2018—2020年）》，着力实施“打造生态文明建设高地、绿色发展高地、新旧动能转换高地、科技创新高地、内陆开放高地”五个专项行动。下一步，建议立足区域条件、资源禀赋，在改善生态环境、促进转型发展、打造发展平台、创新体制机制等四个方面采取系列措施，抓好工作落实。

一是突出生态优先绿色发展。从生态系统整体性和流域系统性着眼，将生态修复摆在压倒性位置，像爱惜眼睛一样爱惜生态环境，重点实施污染防治攻坚、岸线综合整治、生态修复、农村环境治理四大工程。一是加强流域治理。围绕湘江保护和治理“一号重点工程”，坚决打好碧水攻坚战。严格水域岸线等水生态空间管理，推进亲水生态岸线建设。建立覆盖“一江六河”全流域的生态涵养带，恢复山水林田湖草生态原貌。加强河湖水生态修复，建立以湘江、浏阳河、沩水河为主体的水系廊道网络，推进圭塘河、梅溪湖、后湖、大众垸等河湖连通工程，开展东湖、靳江河等湿地建设。全面落实“河长制”改革措施，完善“一河一策”治理体系，抓好“一江六河”和黑臭水体整治两大重点，深入实施“水十条”，加强湘江干流长沙段和株树桥水库等饮用水源保护，加强乡镇污水处理厂、污水管网等基础设施建设，提高污水处理出水排放标准。落实好巡河、执法、整改三大举措，彻底解决水污染存量问题，遏制水污染增量问题，确保清流入湘江、汇长江。二是强化协同治理。坚持“不挖山、不填水、不砍树”，建立健全生态环境保护红线制度，用心呵护好长沙的山山水水、一草一木。统筹山水林田等生态要素，着力解决大气、水和土壤等环境领域存在的重点问题，引导生态治理向纵深推进。继续大力实施非法采砂整治、岸线整治、水土保持、河湖水生态修复等工程。打好打赢污染防治攻坚战，切实改善空气、水等环境质量。重点是打好蓝天保卫战，落实“六控”“十个严禁”等防治措施；深入推进净土持久战，加强土壤环境基础性工作。三是提升生态品质。探索“湖长制”“山长制”，构建山水林田湖生命共同体。推进城市湿地生态修复，加快构建自然湿地生态系统，实施退耕还林还湿还草工程。积极创建国家生态园林城市，开展高质量的国土绿化行动，不断新增城区绿地，实现城乡发展与生态环境完美融合。

二是推进产业转型创新发展。坚持在发展中保护、在保护中发展，通过生态修复倒逼产业转型升级，以打造新技术、新业态、新模式、新消费为目标，促进传统产业转型提质、新兴产业跨界融合、形成规模，实现品牌价值高端化。一是深入推进产业链建设。抓住智能制造这个核心，依托长株潭衡“中国制造2025”试点示范城市群、长株潭自主创新示范区等平台，积极培育22条工业新兴及优势产业链，加快融入沿江产业链发展，大力培育百亿级、千亿级企业，打造高端装备制造世界级产业集群。深入推进国家循环经济示范城市建设，建设循环经济示范园区，构筑多条循环经济产业链。二是推动园区“腾笼换鸟”。推进园区循环化改造，积极发展节能环保、清洁生产、清洁能源等绿色产业。加大工业互联网应用力度，推动工程机械、汽车及零部件、食品加工等传统产业转型升级，新增一批智能制造示范企业，打造一批智能制造技术与装备产业集聚区，加强园区公共服务平台建设，提升资源利用水平和环境治理效率。三是科学引导产业发展。围绕畜禽粪污资源化利用、建筑垃圾资源化利用、垃圾焚烧发电、食品加工等开展招商，大力发展循环有机产业。高质量建设岳麓山大学科技城、马栏山视频文创产业园、高铁会展新城、临空经济示范区、湖南金融中心、南部新城“六大片区”，形成各具特色的城市功能区。推进现代服务业集约化发展，新经济总量指数位居全国省会城市前列。四是强化重大项目支撑。结合全省“五个100”工程实施，面向行业龙头、产业高端、企业总部、科研机构，实施招大引强，加大引资引智引技力度。紧紧围绕加快新旧动能转换、推动高质量发展，每年谋划一批带动作用大、技术含量高、市场效益好的重大项目。对重大项目建立绿色通道，实行首问负责制，进一步提高服务效能。

三是推动互联互通融合发展。深入推动长江经济带发展战略，必须加强对接，深入融合，夯实区域合作共赢发展的平台。一是加强水铁公联运。充分发挥水路、铁路、公路一体化多式联运的优势，加快长沙新港三期建设，全力打造千万吨级港口，以河港、陆港、空港“三港”为依托，建成可通江达海、直通国际的立体交通网络。二是加强城市群合作。发挥好省会龙头作用，携手株洲、湘潭，辐射带动衡阳、岳阳、常德、益阳、娄底等城市发展和洞庭湖生态经济区建设，共同推进环长株潭城市群高质量发展。协同打造国家级长江中游城市群，以更开放的姿态融入、更大的气魄合作，加快推动产业错位发展和公共服务联动共享。积极承办长江中游城市群省会城市会商会，深化泛珠三角等区域合作，推进湘赣合作示范区建设。三是加强大平台对接。持续推进重大开放平台建设，充分发挥国家级湘江新区、国家临空经济示范区等战略平台作用，加强与长江经济带国家级战略平台的合作，共同探索改革路径，将外地先进经验“嫁接”到长沙，推动长沙内涵式发展。

四是推动深化重点领域改革。全面落实供给侧结构性改革“1+7”政策，加快重点领域改革步伐，为落实长江经济带发展战略、推动高质量发展提供有力支撑。一是完善生态保护机制。加快推进自然资源资产统一确权登记试点、生态补偿、两型标准认证、生态环境保护责任、生态环境损害赔偿和责任追究等制度建设。完善污染监测预警体系，运用高新技术实施全面监控和重点监管，提升监管效率和覆盖面。严厉打击非法涉砂行为，依据省里的条例法规，配套制定规章制度和实施细则。二是打造内陆开放高地。不断完善多类型、多层次、多功能的口岸开放平台体系，加快申请验收水果指定口岸，争取成功申报铁路临时开放口岸，做好木材指定口岸申报准备工作。健全对外开放体制，借鉴上海自贸区经验，推进投资、贸易、金融、监管等领域制度创新。对接“一带一路”重点国家和重点地区，建立“湘企出海+”综合服务平台长沙专区，支持工程机械、生物医药、文化传媒、装配式建筑等优势产业抱团出海，大力发展开放型经济。三是倡导绿色生活方式。建立绿色生产和消费的政策导向，强力推行生活垃圾减量分类，构建分类投放、分类收集、分类运输、分类处置体系，加快垃圾终端处理设施规划建设，尽快实现城区垃圾分类覆盖面达到80%以上，生活垃圾回收利用率达到35%以上。四是持续优化营商环境。积极对标北上广深等发达地区，围绕打造稳定公平透明、可预期的国际一流营商环境，加快实施优化营商环境三年行动方案和“最多跑一次”改革，实现企业和群众到政府部门办事“只上一张网、只看一张表、只进一个厅、最多跑一次”，形成区域最低的商务成本，打造优质高效的政务环境。

B.40

推动湖南物流高质量发展的研究报告

肖 靖　尹国杰*

物流业是支撑国民经济发展的基础性、战略性、先导性产业。物流高质量发展是经济高质量发展的重要组成部分，也是推动经济高质量发展不可或缺的重要力量。当前湖南要把推动物流高质量发展作为改善产业发展和投资环境的重要抓手，培育经济发展新动能的关键一招，以物流高质量发展为突破口，加快推动提升湖南国民经济综合竞争力。

一　湖南物流业发展的基本情况

2018 年，湖南省物流业运行总体平稳，主要经济指标处于合理增长区间，多数领域发生了明显变化，呈现出稳中有进、稳中向好、稳中趋优的发展态势，正朝着高质量发展方向迈进。

1. 行业降本增效取得的明显成效

统计数据显示，2018 年全省物流规模平稳增长，物流收入大幅增加、费用水平持续下降，呈现出“两增一降”的发展趋势。2018 年，全省社会物流总额为 108576.2 亿元，按可比价格计算，比上年度增长 8%，高于全国平均水平 1.5 个百分点；社会物流总费用为 5551.8 亿元，同比增长 4.78%，增幅低于全国平均水平。社会物流总费用与 GDP 的比率为 15.2%，比上年度下降 0.1 个百分点；物流业总收入为 3572.7 亿元，比上年度增长 8.5%。样本企业和重点企业汇总的数据显示，60% 的企业经营盈利，比上年增加 10 个百分点，

* 肖靖，主管药师，中国物流学会特约研究员，中国现代青年硬笔书法家协会会员，中国法学会会员，湖南省开发区协会办公室主任；尹国杰，高级物流师，湖南省物流与采购联合会会长，湖南星沙物流投资有限公司董事长。

25%的企业收支持平，比上年增加5个百分点，15%的企业处于亏损状态，比上年减少5个百分点。

2. 企业转型升级进程明显加快

随着企业组织形态变革，资产重组、联盟合作、经营创新、产业集群、品牌建设等改革创新力度的加大，企业组织集中度、业务经营集约化、管理规范化水平明显提升。特别是企业组织结构长期存在的“多而不大，大而不强”的格局逐步发生变化，“品牌兴企”逐步成为企业的自觉行动。一批实力雄厚、模式先进、行业领先的企业正在迅速成长。2018年，全省拥有国家级物流示范园区2个，新增优秀物流园区10个，新增A级物流企业31家、5星级通用仓库13个、仓储金牌服务企业6家，新增高新技术企业15家。上年全省物流行业评选出的“综合实力20强企业”、13个优秀物流园区，在经营规模、资产实力、管理水平、人员素质等方面的水准比前几年都有不同程度的提升。

3. 物流网络建设力度明显加大

2018年，全省高速公路新增通车里程305.7公里，通车总里程达6724.6公里；新改建国省干线公路1005.2公里；新改建农村公路36631.3公里；新建码头泊位9个。到2018年末，全省公路总里程240059.8公里，内河航道总里程11967.7公里。基本形成了陆路通、空运快、水运畅的综合交通运输格局。特别可喜的变化是，各地普遍重视交通运输通道建设与物流园区、枢纽站场、港口码头、分拨配送中心等物流网络节点有效对接，着力解决“最后一公里”、“肠梗阻”等微循环问题。企业普遍反映，近年来物流运作效率的提升，交通与物流的融合发展功不可没。

4. 新旧动能转换活力明显增强

一是智慧物流创新引领变革。物联网、云计算、大数据，人工智能等新一代信息技术加快在物流领域应用。以信息技术为支撑，“互联网+”物流的创新商业模式改变传统产业发展方式。2018年，全省电子商务交易额首次突破一万亿元，同比增长27%，其中网络零售额达到2000亿元，同比增长30%；全省快递业务量完成78932万件，同比增长33.37%。上年全省物流行业评选表彰的20个“湖南现代物流创新奖”，标志着全省物流创新已经初见成效。二是供应链物流创新释放新动能。一些优势物流企业，主动对接生产制造、商贸流通、农产品生产组织，着力打通物流各个环节，积极发挥供应链服务商

"链主"作用，努力提高运作效率和经济效益。目前长沙、株洲、衡阳三市，已列入国家8部委供应链创新与应用试点城市，有望形成一批上下游协同、智能化连接的供应链示范企业。三是物流标准化带动效率效益的提升。2018年，一些企业主动转变观念，自觉推广应用已经出台的国家和行业相关标准，用标准化规范经营和管理。有的还制定了团体或企业标准，用以规范操作流程。变化最大的是常德、怀化两个国家标准化试点城市，托盘循环共用体系和主干网络初步形成，托盘标准化率明显高于全省其他市州，配套设施设备标准化改造加快升级，物流包装标准化水平明显加快。据50多个有试点项目的企业反映，试点前后相比装卸效率提高2~3倍，成本费用降低20%左右。

5. 国际物流发展条件明显改善

2017年，全省实施开放崛起五大行动，开放平台进一步夯实，国际物流更加畅通。长沙黄花机场开通了36条国际航线，新开通的国际全货机航线畅通了外贸空中通道。岳阳城陵矶港，上通川渝，下达长江及沿海各主要港口，万吨巨轮可通达岳阳。长沙铁路货运中心长北货场，一列列"湘欧快线"班列满载电子产品、鞋服、五金等货物，运往欧洲、中亚、中东等区域。随着条件的改善，全省国际物流规模快速增长。2018年，全省进出口总值达3079.5亿元，同比增长26.5%，增速位列中部第一、全国第四。其中出口2026.7亿元，同比增长29.5%；进口1052.8亿元，同比增长17.6%。长沙黄花机场的国际货物吞吐量达3.1万吨，同比增长130%。湖南城陵矶国际港务集团完成集装箱吞吐量61.6万标箱，同比增长16.2%。

二　制约湖南物流业高质量发展的主要问题

纵观2018年全省物流业运行形势，物流业较好地发挥了对全省经济发展的支撑作用，行业运行总体平稳，发展势头良好，但也存在着某些制约高质量发展的问题。

1. 物流能力存在结构性过剩

主要表现在这样四个方面：一是公路货运市场"车多货少"。到2018年底止，全省拥有营运货车314547辆，其中上年新增货车12207辆，同比增长4.04%。而货运总量只增长2%。随着"公转铁"的强力推进，公路"车多货少”的问题将更加突出。二是低端仓库比重过大。据不完全统计，至2018年底止，全省有物流仓库面积约4500万平方米，其中标准通用仓库面积只占40%左右，60%左右的仓库是厂房和作坊改造、临时简易建筑，既占用了大量的土地资源，又造成了大量资源闲置，还干扰了市场秩序。三是部分地区冷库资源使用率较低。目前长株潭三市已建成的冷库能力约55万吨，空库率占1/3。四是市场经营主体“散小差弱”现象突出。据调查，全省物流行业有小微经营公司和个体经营户约4.2万家，随着信息革命的加速推进，大多数小微企业和个体经营户将面临生存危机。

2. 物流效率效益并不理想

近年来，全省社会物流总费用与GDP的比率有所下降，但仍然高于全国平均水平。造成费用成本居高不下的原因是这样几个方面：一是运输结构不够优化。2018年，全省货物运输分式构成比例是：公路占88.44%、铁路占1.92%、水运占9.13%、航空货运和管道运输占0.5%。显而易见，公路占比过大，铁路和水运占比偏小。铁路和水运具有的载重量大、运距长、能耗少、成本低的优势未能发挥。二是基础设施设备不配套。投入不足，导致物流基础设施建设相对滞后，现代化的仓储、多式联运转运等设施配套性和兼容性较差，从而造成了不少的迂回运输，重复装卸、多次腾挪。据调查，物流环节中的搬倒腾挪转运费用占运输成本的20%左右。三是多业联动不足。物流业与制造业、农业、商贸流通、电子商务联动不足，加之第三方物流服务功能单一，不能满足客户多方位、多样化服务需求，从而导致渠道不畅、环节增多、成本升高问题长期存在。四是基础设施连接不充分。物流园区与铁路、港口、机场、产业园区连接不够，存在“最后一公里”问题，多式联运衔接困难。

3. 制度性交易成本仍然偏高

企业反映的主要问题仍然集中在“两高三难”：一是税负高。物流各环节税率不统一，不利于物流一体化运作。多数个体司机无法为上游企业提供增值税发票，企业进项税抵扣不足，导致税负“不降反升”。据样本企业统计，2018年税收同比增长5.88%。二是收费高。公路通行费占物流企业运输成本的1/3。三是通行难。各地货车限行范围越来越广、限行时间越来越长，大大增加了城市内配送成本。四是用地难。一些地方政府过分强调投资强度和税收贡献而限制物流用地。五是审批难。物流企业普遍具有网络化经营特点，各地非法人分支机构设立仍遇到许多麻烦。

4. 物流绿色化发展压力加大

党的十九大报告将污染防治作为决胜小康社会的三大攻坚战之一。日益严峻的环保要求倒逼物流绿色化转型。新能源电动车物流车逐步替代燃油车，柴油货车要逐步退出市场。绿色仓储、标准化托盘循环共用、集装箱和挂车共享租赁，单元化器具等应用推广，港口码头要治污等，这些都需要有大量的资金投入和完善的政策保障。如何减轻发展中的“阵痛”，这也是值得认真研究的重大问题。

三　推动湖南物流高质量发展的若干建议

物流业是支撑国民经济发展的基础性、战略性、先导性产业。物流高质量发展是湖南经济高质量发展的重要组成部分，也是推动湖南经济高质量发展不可或缺的重要力量。2019 年，全省各级各部门应当更加重视物流工作，坚持把推动物流高质量发展作为当前和今后一段时期培育经济发展新动能，改善区域产业发展和投资环境的重要抓手，为促进形成强大国内市场，增强经济内生发展动力，提升国民经济整体竞争力奠定坚实基础。围绕不断推动湖南物流高质量发展这一主题，我们建议如下。

1. 更加重视发挥规划的引领作用

根据国家的有关部署，结合省内实际情况，重点办好四件事：一是研究出台《湖南省推动物流高质量发展形成强大国内市场的实施方案》，重点围绕如何构建高质量物流基础设施网格体系、增强高质量物流服务实体经济能力、培育物流高质量发展的内生动力、完善促进物流高质量发展的营商环境、健全物流高质量发展的政策保障体系等方面做文章、下功夫。二是研究制定《湖南省实施物流枢纽建设行动方案》，主要是督促指导省内 5 个国家物流枢纽网格建设承载城市编制好建设规划，落实好重大项目。同时，可考虑结合“十四五”物流发展规划研究，提出全省构建物流枢纽实施方案。三是研究出台《湖南省开展物流降本增效综合改革试点方案》。通过上述规划和政策的引领，规范行业发展秩序，指引行业发展方向，防止和避免过度重复建设和造成新的资源浪费。

2. 精心组织物流降本增效试点

一是认真做好综合改革试点方案的编制和申报工作，争取列入国家首批试点省份。二是抓重点、求突破、见成效。紧紧围绕省内企业反映较为集中、行业关注度较高的制约物流降本增效和创新发展的突出问题，研究制定针对性强、务实管用的创新性政策，“破难点、通堵点、解痛点”，综合施策、标本兼治，切实增强企业的政策获得感。三是分解目标任务、落实部门责任担当，实行上下互动、部门联动，形成整体合力，齐心协力共同推进物流降本增效综合改革。

3. 着力推进物流试点示范工程项目的建设

要加大国家级示范物流园、智能化仓储物流基地，多式联运、供应链体系建设、城乡高效配送、无车承运等试点示范工程项目建设的力度。同时也要抓好省级物流示范园、农村三级物流配送、托盘标准化、交通枢纽站场等项目的建设。这些试点示范项目，涵盖了物流新业态、新技术、新模式的创新，具有典型引领、榜样示范、行业带动等作用。因此，务必加强跟踪管理、调度指导，提高资金使用效益。同时，做好总结推广工作，发挥好头雁效益。

4. 培育和激发物流市场主体活力

高质量发展需要高质量的物流企业。要引导企业积极推进组织、模式、业态和管理创新，走规模化、集约化、智慧化、标准化发展的新路子。鼓励企业重视品牌建设、注重人才培养、强化诚信经营，不断提升服务能力和水平。要保护和激发企业家精神，鼓励他们大胆创业创新。要培育壮大骨干企业，对各种所有制的物流企业一视同仁，加强梯度培育和引导扶持，加快“个转企”、“微升小”、“小升规”，培育一批创新能力强、成长性好的“专精特新”、“小巨人”企业，一批具有核心竞争力、细分领域市场占有率高“隐形冠军”、“单项冠军”，一批自主创新能力强、技术水平先进、省内外市场占有率高的大型企业和企业集团。

5. 加快推进物流绿色化发展

引导企业逐步摆脱当前对“高投入、高消耗、高排放、低产出、低效益、低科技含量”传统发展路径的依赖。要鼓励清洁能源车辆在物流领域的推广应用，引导标准托盘循环共用、集装箱多式联运、挂车共享租赁等装备设施共享。多方联动，形成合力，进一步加快湖南物流业向绿色化方面转型升级。

附　　录

Appendix

B.41
2018年湖南经济与产业发展大事记

1月8日，在北京举行的2017年度国家科技奖励大会上，由湖南省单位主持和参与完成的17个项目获奖。其中，由湖南省单位主持完成的6项，参与完成的11项。此次最大的亮点是，由湖南杂交水稻研究中心为第一完成单位的“袁隆平杂交水稻创新团队”获国家科技进步奖一等奖（创新团队），也是中部地区唯一获此殊荣的团队。

1月11日，中国铁建新型轨道交通装备产业园在长沙经开区开工。其中，全球设计时速最高、国内首条智能化中低速磁浮试验线——长沙中低速磁浮试验线也在园区同步动工。

3月23日13时9分许，一架海南航空HU421航班从长沙黄花国际机场起飞，在历时约12个小时飞行后，抵达英国伦敦希思罗机场。这是湖南首次开通直飞英国的航线。自2014年6月开通直飞法兰克福的首条洲际航线以来，长沙已先后开通8条洲际直飞航线。

3月29日，全省首批科技扶贫专家服务团成立暨2018~2019年度科技特派员选派动员部署会在长沙召开。

3月30日，湖南省统计局发布数据，2017年湖南省有资质建筑业企业共完成建筑业总产值8422.86亿元，同比增长15.3%，首次迈上8000亿元台阶。

4月9日，《省政府办公厅关于促进建筑业持续健康发展的实施意见》提出了7个方面22条举措，旨在进一步加快湖南省建筑业改革发展步伐，推动湖南省向建筑业强省迈进。

4月12日，由国务院发展研究中心与湖南省政府联合主办的第36届中日经济知识交流会在长沙开幕。中方首席代表、国务院发展研究中心主任李伟，日方首席代表、佳能全球战略研究所理事长福井俊彦出席开幕式并致辞。

4月13日，在长沙召开的全省产业项目建设年活动暨重点项目推进会发布，湖南省今年将建设168个重点项目。项目投资总额1.12万亿元，其中今年计划投资3813亿元。

4月13日，由长沙银行、长沙信息产业园、长沙高新区国税局、长沙高新区地税局和湖南融赋齐家计算机科技有限公司共同搭建的“纳税公共服务平台”正式上线，该平台系中部地区首个自由工作者纳税公共服务平台。

4月17日，总投资50亿元的伟创力长沙智能制造产业园项目在望城经开区举行开工仪式。该项目从签约落户到正式开工，前后用时不到3个月，成为湖南省产业项目“招大引强”的典范。

4月20日，湖南“质量提升行动年”启动仪式在长沙举行，并发布湖南省十大质量提升行动。十大质量提升行动包括：农产品、食品药品、重要消费品、装备制造、建设工程、服务业、环境等领域的质量提升行动以及质量基础提升行动、质量专家巡回团咨询服务行动和湖南精品名牌培育行动。

4月24日，全球首款环卫智慧作业机器人在长沙中联环境惊艳亮相。

5月8日起，株洲的市民可以刷二维码体验全球首条智能轨道快运系统示范线。该示范线开始进入为期三个月的试运行阶段，这标志着由中国中车自主研制的智轨新型轨道交通制式已初步具备商业化运营能力。

5月8日，省统计局发布，一季度全省省级及以上产业园区实现技工贸总收入10372.36亿元，同比增长13.3%，这是全省园区首次在一季度实现技工贸总收入破万亿元。

5月10日，光明日报社和经济日报社在第十四届中国（深圳）国际文化产业博览交易会上联合发布了第十届“全国文化企业30强”名单，中南出版传媒集团股份有限公司和芒果传媒有限公司获选“30强”企业，天舟文化股份有限公司入选提名企业，创湖南历史最佳成绩。

5月18日，全国知名民营企业携手湖南助推中部崛起大会在长沙举行。

5月18日，湖南省政府办公厅发布《关于进一步激发民间有效投资活力促进经济持续健康发展的实施意见》，出台23条实施细则，并明确到具体责任部门。

6月12日，在湖南湘江新区智能系统测试区开园仪式上，长沙正式发布全国首条开放道路“智慧公交”线路——开放道路自动驾驶公交示范运营线路有关情况。

6月28日，全国装配式建筑交流大会暨第四期装配式建筑评价标准宣贯会在长沙召开，为国内首家装配式建筑科技创新基地落户湖南正式揭牌。

7月5日，世界品牌实验室日前发布2018年《中国500最具价值品牌》排行榜。国家电网以4065.69亿元的品牌价值位列榜首，腾讯、海尔位居其后。7家湘企品牌榜上有名，分别是湖南广播电视台、中联重科、三一集团、湘电集团、长丰集团、唐人神和九芝堂。

7月6日，浏阳市、江永县、汨罗市和屈原管理区等4名新伙伴入驻“新湖南云”大家庭，目前这个大家庭的成员已达102个。湖南日报社浏阳融媒体中心也正式挂牌，据悉，这是湖南省首家区县融媒体中心。

7月8日，2018全球工程机械制造商50强榜单在北京发布。入围的50家企业中，中国与日本企业数量并列第一，都为12家；美国企业6家；德国企业5家。12家中国企业中，湖南企业最多，有三一重工、中联重科、铁建重工和山河智能4家企业上榜。

7月20日，省委办公厅、省政府办公厅印发《广电、出版等省管企业改革重组方案》。

7月26日，目前全国唯一的“中药材特色小镇”——邵东县廉桥镇热闹非凡，全国最大的中药材物流基地——中国·廉桥中药材仓储物流交易中心开业。

7月28日，省委、省政府召开高规格的推进广电出版深化改革工作会议，省委书记杜家毫出席并作重要讲话。此轮推进广电、出版等省管企业改革重组，既是对标贯彻习近平总书记关于文化改革发展工作重要讲话精神、推动国有资本做强做优做大的具体举措，也是自我加压、突破瓶颈、提升核心竞争力的重大契机。

8 月 16 日，省委书记杜家毫主持召开部分外向型企业主要负责人座谈会，分析研判全省开放型经济发展形势，听取大家对做好下一步工作的意见建议。

8 月 17 日，省统计局发布数据，下半年开场，湖南工业经济划出“微笑上扬”曲线。7 月份，全省规模工业增加值同比增长 6.3%，增速比 6 月份提高 2.2 个百分点，高于全国规模工业平均增速 0.3 个百分点。

8 月 18 日，省统计局在官网发布，1～7 月，湖南房地产开发投资 1930.29 亿元，同比名义增长 11.3%。其中，约七成投资投向住宅开发，投资额同比增长 23.6%。

8 月 21 日，国务院国资委国企改革“双百行动”名单出炉，湖南省共有 12 家企业入选，包括 5 家省属国有企业，7 家在湘央企子企业。

8 月 21 日，省统计局发布数据，1～7 月，全省新增“四上单位”994 家，与上年同期相比，增加 200 家，增长 25.2%。

8 月 22 日，11 时 30 分，一列装满北汽株洲产的汽车车壳货运班列，从株洲中南金属材料物流大市场专用线驶出，4 天后将到达目的地江苏常州。这是广铁集团长沙货运中心与北汽株洲分公司合作开行的湖南首趟商品车配件货运班列。

8 月 27 日，世界领先商业战略咨询机构波士顿咨询公司近日发布 2018 年“全球挑战者”榜单，全球 100 家新兴经济体代表性企业入选。中联重科等 25 家中国企业上榜，是工程机械行业唯一上榜企业。

9 月 10 日，华菱衡钢“180PQF 无缝钢管智能工厂改造试点示范项目”近日通过专家评审和网上公示，标志着钢管行业首个国家级智能制造试点示范项目正式落地。

9 月 26 日，2018 湖南国际旅游节开幕，主题活动丰富多彩、亮点纷呈。作为旅游节系列活动之一的文化旅游战略合作协议签约仪式在醴陵市举行，标志着“湖南入境旅游全球战略合作伙伴计划”正式启动实施。

9 月 27 日，长江中游城市群省会城市第六届会商会在长沙召开。国家发改委地区司，国家科技部高新司，武汉市、长沙市、合肥市、南昌市有关负责人，以及八个观察员城市、三个区域合作特邀城市的领导等出席。

10 月 7～9 日，以“湘江智谷・驱动未来”为主题的湖南・德国经贸合作对接活动在长沙举行，来自湘德 180 余名企业代表相聚梅溪湖畔，深入挖掘在智能制造、智能网联汽车等领域的研发与合作潜力，全力打造产业合作“新引擎”。

10月9日，中国兵器装备集团有限公司增材制造研究应用中心在长沙成立。

10月16日，广汽三菱研发中心和零部件产业园开工及广汽三菱发动机工厂投产活动在长沙经开区举行。广汽三菱将实现发动机等核心零部件和配套件的本地生产，这意味着湖南汽车产业进入新的阶段。

10月23日，科技部行文批复同意《湖南创新型省份建设方案》，支持湖南建设创新型省份，力争2020年前率先进入创新型省份行列，为实现高质量发展和建设创新型国家提供有力支撑。

10月24日，第三届亚太低碳技术高峰论坛在长沙开幕。来自37个国家和地区的53家国际机构的代表齐聚远大城，聚焦国际低碳技术交流合作和促进减碳减排。

10月27日，在长沙金霞经开区，省商务厅为湖南进出口商品展示交易中心授予“湖南省跨境电商生态产业园”的牌子，湖南省首个跨境电商生态产业园正式挂牌成立。

10月30日，省财政厅发布消息，《湖南省湘江流域和洞庭湖山水林田湖草生态保护修复工程试点方案（2018－2020年）》已顺利通过财政部、自然资源部和生态环境部组织的竞争性立项评审，入围国家第三批山水林田湖草生态保护修复工程试点。按照计划，今后3年总投资79.13亿元，支持湘江流域和洞庭湖生态修复。

10月30～31日，在湘西土家族苗族自治州召开的湘鄂渝黔四省市政协助推武陵山片区旅游产业扶贫合作座谈会上，四省市文化和旅游部门签署《湘鄂渝黔旅游产业扶贫合作框架协议》。

11月1～5日，第十六届中国国际农产品交易会暨第二十届中国中部（湖南）农业博览会在长沙国际会展中心举行，全球农业南南合作高层论坛同期在长沙召开。

11月3日，在第十六届中国国际农产品交易会暨第二十届中国中部（湖南）农业博览会系列活动中，湖南省推介了50个休闲农业创新创意产品，发布了20条休闲农业与乡村旅游精品线路。

11 月 5 日，全球首个以“进口”为主题的国家级展会——首届中国国际进口博览会在上海开幕。此次“进博会”湖南组织了 2700 余家单位、超 5000 人报名注册，步步高、友阿、通程、高桥大市场、芙蓉兴盛等重点商贸流通企业均报名参会采购。

11 月 12 日，省市场监管局局长向曙光为湖南建工乡村发展有限公司颁发湖南省全面推行“证照分离”改革后的首张营业执照。

11 月 18 日，“长沙黄金街”建设启动仪式今天在芙蓉区举行，该项目预计今年年底动工。据悉，建成后的“长沙黄金街”，将成为全国首条“文旅 + 黄金产业”特色街。

11 月 30 日，湖南省与韩国庆尚北道在长沙签署建立友好省道关系协议书。

12 月 6 日，株洲市交通运输局发布《株洲市智能轨道快运系统管理办法（试行）》，使试运行半年的全球首条“智轨”第一次有了“行为准则”。

12 月 9 日，工信部近日公布 2018 年制造业“双创”平台试点示范项目名单，湖南省 3 家企业的项目榜上有名。分别是湖南有色中央研究院有限公司申报的五矿集团战略金属“双创”汇聚平台，属于产业链级“双创”资源汇聚平台；邵东智能制造技术研究院有限公司申报的基于互联网的轻工行业智能装备“双创”共享平台，并属基于互联网的研发设计能力开放平台、孵化能力开放平台；湖南省金峰机械科技有限公司申报的农机制造企业一体化“双创”汇聚平台，为企业级“双创”资源汇聚平台。

12 月 16 日，湖南省人民政府和国家自然科学基金委员会在北京签署协议，正式加入国家自然科学基金区域创新发展联合基金，成为首批加入的 4 个省份之一。未来 5 年，双方将共同出资 4 亿元，重点围绕生态农业、现代种业、新材料、自主可控信息技术等相关领域，开展基础研究和应用基础研究。

12 月 24 日，长沙黄花国际机场发布，经国际权威航空运输研究认证机构 SKYTRAX 评定，黄花机场获评“SKYTRAX 国际四星级机场”。这是内地（大陆）第五家、中部首家获此评定的千万级客流量机场。

B.42
全书参考文献

[1]《湖南经济工作会议在长沙举行》[N],《湖南日报》2018 年 12 月 27 日。

[2] 许达哲:《湖南省政府工作报告》[N],《湖南日报》2019 年 2 月 1 日。

[3]《中央经济工作会议在北京举行》[N],《人民日报海外版》2018 年 12 月 22 日,第 02 版。

[4]《"贯彻落实"中央经济工作会议精神》,〔EB/OL〕http://finance.people.com.cn/GB/8215/415669/422818/index.html。

[5] 唐婷:《跑出高质量发展加速度》[N],《湖南日报》2019 年 1 月 27 日。

[6] 李静、唐朝昭:《稳就业增收入高质量发展更有底气》[N],《长沙晚报》2019 年 3 月 7 日。

[7] 李世兰:《城市经济高质量发展探索与借鉴》[J],《合作经济与科技》2019 年第 6 期。

[8] 张玲:《湖南:加快文化强省建设步伐,促进文旅融合》[N],《中国文化报》2019 年 1 月 31 日。

[9] 科学技术部火炬高技术产业开发中心,北京市长城企业战略研究所《国家高新区瞪羚企业发展报告(2017)》[J],第 12 页。

[10] 粤港澳大湾区研究院《中国城市营商环境报告(2017)》[J],第 16 页。

[11] 蒋龙平、杨红伟、高祖吉:《聚焦高质量发展 践行"四好"理念》[N],《中国交通报》2019 年 1 月 17 日。

[12] 肖艳、何北海、黎熊:《开放崛起,迈上新征程》[N],《湖南日报》2019 年 1 月 14 日。

[13] 胡伟林:《关于湖南省 2018 年国民经济和社会发展计划执行情况与 2019 年计划草案的报告(摘登)》[N],《湖南日报》2019 年 2 月 11 日。

[14] 曹娴、张泽鹏:《今年再培育 300 家"小巨人"企业》[N],《湖南日报》2019 年 1 月 24 日。

[15] 袁延文:《实施“百千万”工程 加快推进农业现代化》[J],《农村工作通讯》2019 年 2 月 25 日。

[16] 王茜、余旭华:《长沙高新区 势如破竹开新局》[N],《湖南日报》2019 年 2 月 11 日。

[17] 王茜、余旭华:《春江水暖 麓谷先行》[N],《湖南日报》2019 年 2 月 21 日。

[18] 熊远帆、黄姿:《长沙经开区工程机械产业产值破千亿元》[N],《湖南日报》2019 年 1 月 22 日。

[19] 熊远帆、黄姿:《努力奔跑,执着追梦》[N],《湖南日报》2019 年 1 月 31 日。

皮书起源

“皮书”起源于十七、十八世纪的英国，主要指官方或社会组织正式发表的重要文件或报告，多以“白皮书”命名。在中国，“皮书”这一概念被社会广泛接受，并被成功运作、发展成为一种全新的出版形态，则源于中国社会科学院社会科学文献出版社。

皮书定义

皮书是对中国与世界发展状况和热点问题进行年度监测，以专业的角度、专家的视野和实证研究方法，针对某一领域或区域现状与发展态势展开分析和预测，具备原创性、实证性、专业性、连续性、前沿性、时效性等特点的公开出版物，由一系列权威研究报告组成。

皮书作者

皮书系列的作者以中国社会科学院、著名高校、地方社会科学院的研究人员为主，多为国内一流研究机构的权威专家学者，他们的看法和观点代表了学界对中国与世界的现实和未来最高水平的解读与分析。

皮书荣誉

皮书系列已成为社会科学文献出版社的著名图书品牌和中国社会科学院的知名学术品牌。2016 年，皮书系列正式列入“十三五”国家重点出版规划项目；2013~2019 年，重点皮书列入中国社会科学院承担的国家哲学社会科学创新工程项目；2019 年，64 种院外皮书使用“中国社会科学院创新工程学术出版项目”标识。

S 基本子库
UB DATABASE

中国社会发展数据库（下设 12 个子库）

全面整合国内外中国社会发展研究成果，汇聚独家统计数据、深度分析报告，涉及社会、人口、政治、教育、法律等 12 个领域，为了解中国社会发展动态、跟踪社会核心热点、分析社会发展趋势提供一站式资源搜索和数据分析与挖掘服务。

中国经济发展数据库（下设 12 个子库）

基于“皮书系列”中涉及中国经济发展的研究资料构建，内容涵盖宏观经济、农业经济、工业经济、产业经济等 12 个重点经济领域，为实时掌控经济运行态势、把握经济发展规律、洞察经济形势、进行经济决策提供参考和依据。

中国行业发展数据库（下设 17 个子库）

以中国国民经济行业分类为依据，覆盖金融业、旅游、医疗卫生、交通运输、能源矿产等 100 多个行业，跟踪分析国民经济相关行业市场运行状况和政策导向，汇集行业发展前沿资讯，为投资、从业及各种经济决策提供理论基础和实践指导。

中国区域发展数据库（下设 6 个子库）

对中国特定区域内的经济、社会、文化等领域现状与发展情况进行深度分析和预测，研究层级至县及县以下行政区，涉及地区、区域经济体、城市、农村等不同维度。为地方经济社会宏观态势研究、发展经验研究、案例分析提供数据服务。

中国文化传媒数据库（下设 18 个子库）

汇聚文化传媒领域专家观点、热点资讯，梳理国内外中国文化发展相关学术研究成果、一手统计数据，涵盖文化产业、新闻传播、电影娱乐、文学艺术、群众文化等 18 个重点研究领域。为文化传媒研究提供相关数据、研究报告和综合分析服务。

世界经济与国际关系数据库（下设 6 个子库）

立足“皮书系列”世界经济、国际关系相关学术资源，整合世界经济、国际政治、世界文化与科技、全球性问题、国际组织与国际法、区域研究 6 大领域研究成果，为世界经济与国际关系研究提供全方位数据分析，为决策和形势研判提供参考。

法律声明